刑事弁護の展開と刑事訴訟

大出良知 著

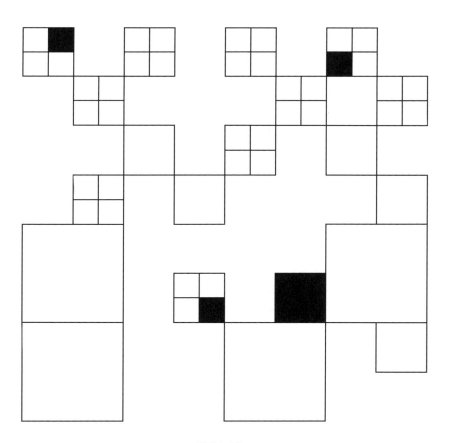

◎はしがき

　本書は、第1部の「日本国憲法下における刑事弁護の歴史」を中心に構成されており、第2部以降は、第1部での検討に資することになった著者の著作だけではない諸活動の主な断片を収録させていただいている。その意味では、本書はいわゆる「論文集」ではなく、強いて位置づけるならば、「活動の記録」ということにでもなるであろう。それも一部のということになる。

　そのテーマは、「刑事弁護の充実・強化」である。1970年代末から弁護士の方たちとの共同の機会を得たことで、1980年代末からの当番弁護士制度の創設、被疑者国選弁護制度の導入といった「刑事弁護の充実・強化」にいくらかなりとも関わる機会を与えていただくことになった。また、日本国憲法の下での「刑事弁護の展開」を歴史的に振り返る機会を得たこともあり、著者の関わりをも含めてまとめておきたいと思ったのが本書出版の動機である。

　とはいえ、第2部以降に収録させていただいた文章の多くは、1980年代から1990年代に執筆等したものであり、その後の事態の変化を反映できていないだけではなく、相互にあるいは第1部と重複していたりもする。しかし、第2部以降の文章は、前述のように、第1部の歴史的検討の各時代状況の検討の基礎を成しているか、第1部では充分言及しきれていない領域に関わる当該時点までの検討ということになっている。従って、各時点での各テーマに即した著者の認識を示しており、「活動の記録」という意味もあり、基本的に執筆等の当時のままの内容で収録させていただいている。ご了承いただきたい。

　収録文章の初出情報等は、簡単に各部章節冒頭に記載させていただいている。しかし、本書の性格からして、各部、各章、及び各節の位置づけ、ないし相互関係については、全体的な視点からの補足的な説明が必要かと考えられる。

　特に、第2部第2章「刑事弁護による刑事手続改革へ」及び第3章第2節「被疑者国選弁護制度実現を目指して」は、1980年代後半から1990年代初頭にかけて、刑事弁護の活性化を目指す法律家団体（ないし弁護士会）の活動と共同

する機会を与えていただいた際の発言等であり、その経緯自体に、当時の刑事弁護の展開との関係では、いくらかなりとも客観的意味を見出すことが可能かと考え、収録させていただくことにした。

　また、第2部は、後述の第3章第1節を除いて、いずれもその初出の性格上注記を付していないか最少限にとどめている。但し、第1部での検討の基礎となっている部分については、第1部で補わせていただくことになっている点も多い。その点もご了承いただきたい。

　なお、第2部第1章「1980年代半ばまで司法動向の特徴と課題」は、執筆当時、本書との関係での司法の動向に関わる課題は、既に刑事司法に関わる事態打開の方策の追求ということになっていたが、司法をめぐる問題状況は、刑事を含む全般にわたって打開を必要と考えられる深刻な事態に立ち至っていたと著者は認識しており、そのことを確認しておくために収録させていただいた。1990年代に、刑事弁護の活性化による刑事司法改革の追求、特に当番弁護士制度の創設をも1つの契機にした司法全般の改革を必然化する問題状況が、既に1980年代半ばには頂点に達していたと考えられるとの趣旨でもある。

　第3章第1節「刑事弁護の憲法的基礎」は、第2部の他の章節とは異なり、一応論文としての体裁を整えているものの、同節冒頭に記述しているようなその執筆の経緯から、同所に収録させていただいた。また、時系列的にも、第2章第1節の講演、第2節の報告レジュメ、第3節の助言者発言とつづき、第3章の第2節の講演との間に位置する弁護士会の行事に関わっての論述であったからでもある。日本弁護士連合会の刑事弁護の充実・強化への取組みの重要な画期になったと言うべき1989年の人権擁護大会（松江）シンポジウムの実行委員会にオブザーバーとして出席を許され、議論に参加させていただいたことで執筆を要請されたものである。シンポジウムにも助言者として出席させていただいたが、シンポジウム自体での発言の記録が残されていないことも、この論文を収録させていただいた理由の1つである。当時、刑事訴訟における刑事

弁護の位置づけについての議論がなかったわけではないものの、歴史的経緯を振り返ることで刑事訴訟を牽引・改革する担い手として刑事弁護を想定する視点から、その位置づけを歴史的に論じる議論は必ずしも多くはなかったように思われる。そこで、日本国憲法の下での刑事弁護について、法制度の形成、理論及び実務の展開を可能な範囲でトレースし、刑事訴訟において刑事弁護がどのような位置を占めてきたのか、またその位置はどのように変遷してきたのか、そして、刑事弁護による刑事訴訟の改善・改革にどのような可能性があるのかをシンポジウムの目的に即して実践的視点から理論的に探ることにした。

この検討が、その後の第1部の総合的視点からの本格的な歴史的検討に資することになった。それゆえ、第3章第1節の不充分な点については第1部において、全面的に補充、補正している。また、歴史的検討ということでは、異なった領域について対象年代は短いものの、第3章第1節以前に検討した「再審法制の沿革と問題状況（戦後）」鴨良弼編『刑事再審の研究』（成文堂・1980年）81頁以下、第3章第1節と第1部の間に検討した「Ⅱ　日本の刑事手続はどのような歴史を歩んできたか？」村井敏邦編著『現代刑事訴訟法』（三省堂・1990年）24頁以下（『同第2版』〔1998年〕24頁以下で補充）、及び後に簡単に言及する本書第3部第3章「被疑者取調問題の展開」（1991年・1999年）等をも基礎としており、合わせて参照いただければ幸である。

なお、第1部の時期区分と第2部第3章第1節「3．弁護権論の系譜」、第3部第3章「被疑者取調問題の展開」の時期区分が異なっている。後二者は、対象年代を異にしているだけでなく、基本的には「弁護権論」や「取調問題」の展開を対象にした時期区分であり、前者は、対象年代が長くなったこともあり、戦後改革期（第1章）と21世紀部分（第7章）を除き、10年単位での総合的視点からの刑事弁護の展開を検討し、各時代区分の刑事弁護に関わる顕著な動きによって特徴を表示する方法を採ったことによっているからである。

さらに、第1部は、前述したように、言ってみれば刑事弁護に関わる全ての

検討を糧にしてしており、第2部はもちろん、第3部の各章節も、多かれ少なかれ、第1部での検討の基礎を成しており、その意義・要点を簡単に明らかにしておくことが便宜であろう。

　第3部第1章「刑事弁護の隘路の克服へ」は、日本国憲法・現行刑事訴訟法制定当初から実践的に刑事弁護をリードしてきた、いわゆる「先進的」刑事弁護の「先進性」が対抗した刑事手続環境と当番弁護士が対応を求められている刑事手続環境の異同を検討し、当番弁護士による裾野の拡大によって刑事弁護が志向すべき刑事手続環境の形成のための課題を明らかにしようとした。すなわち、政治的予断と闘い、無罪立証を強いられた「先進的」弁護活動に、刑事裁判の鉄則を前提とした刑事手続環境を形成する余地はなかったと考えられるのであり、新たな時代の刑事弁護の裾野を拡大するためにもその前提として、「先進性」の隘路を乗り越える必要があると考えての検討であった（第1部第2章41頁以下も参照）。

　第3部第2章「刑事弁護による『調書裁判』の克服へ」、及び第3章「被疑者取調問題の展開」は、被疑者弁護の最大の課題である取調問題に関わって、前者では、調書裁判の本質を明らかにできればと考えての検討と、後者では、刑事弁護の展開を異なった視覚から照射するという意味合いから、その展開の歴史的経緯を明らかにしようとしている。そこで確認し得たことは、現行法の下での「調書裁判」が制度的枠組みとして必然化しているわけではなく、運用の結果であること。また、その運用の中心は、検察ではなく警察であり、取調問題の展開の経緯から明らかになったことは、警察による刑事手続支配、すなわち「警察司法」の実現である（第1部第5章92頁参照）。そして、それが運用問題である限りは、刑事弁護の対抗により克服可能であることを主張している。なお、刑事警察の強化策の展開による「警察司法」への経緯については、「刑事警察の四〇年と『刑事警察充実強化対策要綱』」『警察の現在』（日本評論社・

1987年）50頁以下によって検討したところに拠っている。合わせて参照いただければ幸である。

　第4章「刑事弁護への期待と課題」各節と第5章「刑事司法改革と刑事弁護」各節は、各章節冒頭に示したようにいずれも1995年に創刊した『季刊刑事弁護』誌上に執筆したものである。第4章では、刑事司法改革が現実化する可能性が生まれてきた状況の中で、事態打開を求められている喫緊の各論的課題のいくつかにつき刑事弁護への期待を表明させていただいている。また、第5章では、司法制度改革審議会の意見書が公表され、刑事司法改革が緒についたことを受け、その行方を見極めるとともに、理論と実務を架橋し、研究者と実務家の共同により、刑事弁護を活性化させることによる刑事司法改革を目指して創刊した『季刊刑事弁護』が、刑事司法改革が本格化するなかで、創刊10周年（2004年）を迎えたことで、あらためて創刊の意味を確認し、さらに裁判員裁判の実施にあたって、新たな刑事司法をめぐる事態を受け、刑事弁護への期待を述べさせていただいた。

　ところで、本書で言及できていない刑事弁護をめぐる直近の動きにも簡単にだけ触れておくことにする。2016年の刑訴法改正により、被疑者国選弁護は、勾留全事件にまで拡充されることになり、一部の事件についてではあるものの取調べ全過程の録音・録画も行われることになった。そのことで、原則黙秘の弁護活動が、あらためて慫慂されることにもなってきている。そして、その実効性を確保するために、より早期の、すなわち日本国憲法34条が保障する身体拘束（逮捕）直後からの弁護人の援助が実現されなければならない。ということもあって、日本弁護士連合会（日弁連）は、2017年11月に第14回国選弁護シンポジウムを、「もう待てない！　逮捕段階からの全件弁護の実現を」をテーマに横浜で開催した。現在なお当番弁護士が対応している逮捕段階からの公的弁護制度の実現を目指してのことであった。

さらに、本（2019）年10月に徳島で開催される日弁連の第62回人権擁護大会シンポジウムでは、その第1分科会が、前述の松江シンポジウムから30年を迎えるということで、一層の刑事弁護の充実・強化を目指し、「取調べ立会いが刑事司法を変える〜弁護人の援助を受ける権利の確立を〜」をテーマに開催している。本書でも紹介しているように（9頁以下、24頁以下参照）、「被疑者取調べへの弁護人の立会い」は、現行憲法・刑事訴訟法制定過程で課題化して、既に70余年が経つ。松江シンポジウムから30年、遅きに失したとはいえ、徳島シンポジウムが、あらためて課題化した「弁護人の立会い」の実現への確実な第一歩になることを大いに期待したい。

　なお、著者は、2002年2月28日から2004年7月6日まで、内閣府に設置された司法制度改革推進本部の「公的弁護制度検討会」並びに「裁判員制度・刑事検討会」の委員を務めることになり、被疑者国選弁護制度の導入を中心とする公的弁護制度の制度設計並びに裁判員制度及び関連する刑事手続の制度設計に関与することになった。本書で、その経緯、議論の内容を直接の対象にする検討を行う余裕はなかったが、いずれの検討会についても、現在なおその議事録や配付資料等は公開されており、議論の内容については、以下のURLから確認していただくことが可能である。
https://www.kantei.go.jp/jp/singi/sihou/kentoukai/07koutekibengo.html
（公的弁護制度検討会）
https://www.kantei.go.jp/jp/singi/sihou/kentoukai/06saibanin.html（裁判員制度・刑事検討会）

　2019年9月末日

　　　　　　　　　　　　　　　　　　　　　　　　大出　良知

刑事弁護の展開と刑事訴訟

目次

はしがき ii

第1部 日本国憲法下における刑事弁護の歴史

第1章　戦後改革における刑事弁護 3

1. 日本国憲法と刑事弁護 3
2. 憲法改正論議以前の改革論議 5
3. 憲法改正論議における刑事弁護 8
4. 日本国憲法の下での改正論議 11
5. 条文案の変遷 16
6. 国会審議へ 22
7. 戦後改革の意義 26

第2章　刑事訴訟法の施行前後から　平野『刑事訴訟法』前後まで（1950年代） 28

1. 日本国憲法施行後の刑事手続の運用状況 28
2. 刑事訴訟法の施行と被疑者弁護 30
3. 被疑者弁護をめぐる攻防 33
4. 被告人弁護をめぐる状況 37
5. 1950年代の刑事手続環境と刑事弁護 41

第3章　誤判問題の展開から　学生公安事件前夜まで（1960年代） 43

1. 刑事手続をめぐる問題状況 43
2. 誤判問題の展開と弁護権論をめぐる新たな動き 46
3. 弁護実務の実情 50
4. 1960年代の刑事手続環境と刑事弁護 57

第4章　学生公安事件から
「弁護人抜き裁判法案」まで（1970年代）⋯⋯⋯60

1. 刑事手続をめぐる問題状況⋯⋯⋯⋯⋯⋯⋯⋯60
2. 集団的公安事件と弁護⋯⋯⋯⋯⋯⋯64
3.「弁護人抜き裁判法案」をめぐる攻防⋯⋯⋯⋯⋯73
4. 弁護実務の実情⋯⋯⋯⋯⋯⋯⋯78
5. 1970年代の刑事手続環境と刑事弁護⋯⋯⋯⋯⋯⋯⋯85

第5章　死刑確定囚再審から被疑者弁護の
充実・強化への胎動まで（1980年代）⋯⋯⋯87

1. 刑事手続をめぐる問題状況⋯⋯⋯⋯⋯⋯⋯87
2.「検察官司法」の実相⋯⋯⋯⋯⋯90
3. 平野論文のインパクト⋯⋯⋯⋯⋯93
4. 接見交通権をめぐる展開⋯⋯⋯⋯⋯97
5. 被疑者弁護の充実・強化へ⋯⋯⋯⋯⋯99
6. 1980年代の刑事手続環境と刑事弁護⋯⋯⋯⋯⋯103

第6章　松江人権シンポから
司法制度改革審議会まで（1990年代）⋯⋯⋯105

1. 刑事手続をめぐる問題状況⋯⋯⋯⋯⋯⋯105
2. 松江シンポと当番弁護士制度の発足⋯⋯⋯⋯⋯⋯109
3. 当番弁護士制度の展開⋯⋯⋯⋯⋯112
4. 刑事弁護センターと被疑者弁護⋯⋯⋯⋯⋯119
5. 被疑者弁護をめぐる新たな展開⋯⋯⋯⋯⋯123
6. 被疑者弁護の到達点とその意義⋯⋯⋯⋯⋯127
7. 1990年代の刑事手続環境と刑事弁護⋯⋯⋯⋯⋯131

第7章　刑事弁護の質的向上の到達点と課題
─21世紀を迎えて……133

1. 21世紀を前にしての問題状況……133
2. 新たな弁護態勢の創設へ……136
3. 弁護活動の質をめぐる議論の経緯……138
4. 司法改革関連法成立までの弁護士会の対応……142
5. 司法改革関連法成立後の弁護士会の対応……147
6. 刑事弁護の質的向上の新たな段階へ──結びにかえて……153

第2部　刑事弁護担い手論の展開

第1章　1980年代半ばまでの
司法動向の特徴と課題……161

1. はじめに……161
2. 80年代統治政策と司法……162
3. 司法統制─人的側面……163
4. 司法合理化の現状……165
5. 裁判内容統制の現状……166
6. 全体的な特徴……167
7. われわれの課題……168

第2章　刑事弁護による刑事手続改革へ……171
第1節　[講演]刑事手続再生への道はあるか……171

1. 刑事手続は絶望的か……171
2. 戦後刑事手続の流れ……172
3. 取調べ問題の展開……174

4. 公判手続の問題··················176
5. 鍵を握るのは弁護人··················176
6. 刑事弁護対策委員会を··················177

第2節 ［報告レジュメ］刑事弁護の実践的可能性の 追求へ··················178

1. 問題の所在··················178
2. 弁護権を中軸とする刑訴法理論の構築へ向けて··················179
3. 実践的弁護可能性の追求へ向けて··················181

第3節 ［助言者発言］プロレオ刑事訴訟法学の 構築を目指して··················182

1. はじめに　183
2. 東大裁判が刑事裁判に与えた影響··················183
3. 弁護権と当事者主義刑事訴訟法理論··················185

第3章　憲法・刑事訴訟法における刑事弁護の位置·······187

第1節　刑事弁護の憲法的基礎··················187

1. はじめに··················187
2. 日本国憲法と弁護権··················189
3. 弁護権論の系譜··················194
4. 課題は何か··················199

第2節　被疑者国選弁護制度実現を目指して··················201

［講演録I］憲法からみた当番弁護士制度の今日的意義

1. はじめに··················201
2. わが国における弁護権保障の歴史··················203
3. 現行規定とその運用··················204
4. 学説による憲法規定の再評価··················207

5. 刑事弁護をめぐる状況と被疑者国選……………212

6. おわりに…………218

[講演録Ⅱ]憲法からみた被疑者国選弁護

1. はじめに…………224

2. 戦後改革における官選弁護から国選弁護への議論…………225

3. まとめの発言…………230

第3部 刑事弁護による改革可能性

第1章　刑事弁護の隘路の克服へ……………239

1. はじめに…………239

2. 刑事弁護の50年…………240

3. 刑事弁護の主体的条件……………242

4. 刑事弁護の課題…………245

第2章　刑事弁護による「調書裁判」の克服へ……………247

1. 「調書裁判」の構造……………247

2. 担い手の動きと事態打開の可能性……………250

3. 刑事弁護の可能性……………252

第3章　被疑者取調問題の展開……………256

1. はじめに…………256

2. 戦後改革における被疑者取調(1945年〜1948年)……………257

3. 人権侵害的取調の横行(1949年〜1953年)……………262

4. 捜査の適正化と弾劾的捜査観(1953年〜1963年)……………266

5. 適正化から刑事警察の「強化」へ（1963年〜1970年）⋯⋯⋯⋯**269**
　6. 裁判所の変質と取調否定説（1970年〜1982年）⋯⋯⋯⋯⋯**273**
　7. 取調問題の新たな展開（1982年〜1988年）⋯⋯⋯⋯⋯⋯**278**
　8. 「事件に強い警察確立」へ（1989年〜1996年）⋯⋯⋯⋯⋯**281**
　9. おわりに──取調の位置と代用監獄問題⋯⋯⋯⋯⋯⋯**286**

第4章　刑事弁護への期待と課題⋯⋯⋯⋯⋯⋯**290**

第1節　逆転無罪事件からみえてくる刑事弁護の課題⋯⋯⋯**290**
　1. 特集の趣旨と意義⋯⋯⋯⋯⋯⋯**291**
　2. 無罪判決の統計上の位置⋯⋯⋯⋯⋯⋯**292**
　3. 有罪率99.9％の実態⋯⋯⋯⋯⋯⋯**295**
　4. 無罪獲得の条件⋯⋯⋯⋯⋯⋯**297**

第2節　当番弁護士による被疑者弁護の展開⋯⋯⋯⋯⋯⋯**300**
　1. 特集の趣旨と課題⋯⋯⋯⋯⋯⋯**300**
　2. 刑事弁護の40年⋯⋯⋯⋯⋯⋯**302**
　3. 当番弁護士活動の9年⋯⋯⋯⋯⋯⋯**303**
　4. 被疑者弁護の変化と課題⋯⋯⋯⋯⋯⋯**306**

第3節　保釈の実状と刑事弁護⋯⋯⋯⋯⋯⋯**308**
　1. 保釈の現状⋯⋯⋯⋯⋯⋯**308**
　2. 保釈減少の原因⋯⋯⋯⋯⋯⋯**310**
　3. 保釈拒否の実相と刑事弁護の課題⋯⋯⋯⋯⋯⋯**312**

第4節　事件報道の現状と刑事弁護の課題⋯⋯⋯⋯⋯⋯**314**
　1. 犯罪報道をめぐる問題状況⋯⋯⋯⋯⋯⋯**314**
　2. 犯罪報道の現場の実情⋯⋯⋯⋯⋯⋯**316**
　3. 刑事弁護の対応方策⋯⋯⋯⋯⋯⋯**318**

第5章　刑事司法改革と刑事弁護 ·················· 322

第1節　刑事司法改革の行方 ·················· 322
1. はじめに ·················· 323
2. 審議会での論議の経過 ·················· 324
3. 自白偏重手続の克服 ·················· 325
4. 公的費用による被疑者弁護制度の確立 ·················· 327
5. 裁判員制度の導入の波及効果 ·················· 329
6. 刑事弁護の一層の活性化を ·················· 331

第2節　『季刊刑事弁護』と刑事司法改革 ·················· 332
1. 『季刊刑事弁護』創刊の意義 ·················· 332
2. 『季刊刑事弁護』の10年 ·················· 333

第3節　裁判員制度と刑事弁護人の役割 ·················· 336
1. 裁判員制度の目的 ·················· 336
2. 裁判員制度導入の経緯 ·················· 337
3. 裁判員制度の基本枠組み ·················· 339
4. 人数問題の意味 ·················· 340
5. 裁判員の常識による裁判を ·················· 342
6. 死刑にどう向き合うべきか ·················· 344
7. 傍聴者も裁判員 ·················· 344

あとがき ·················· 346

第1部
日本国憲法下における刑事弁護の歴史

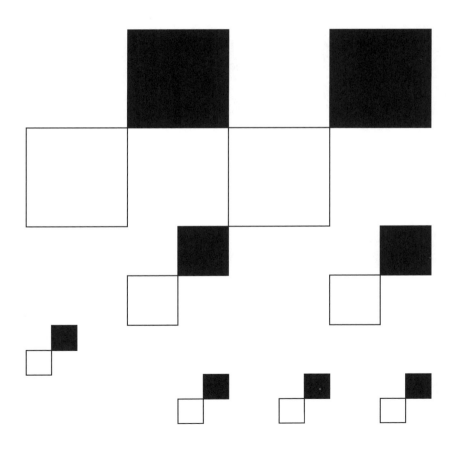

第1部第1章から第6章までは、後藤昭=高野隆=岡慎一編著『実務体系・現代の刑事弁護3・刑事弁護の歴史と展望』（第一法規・2014年）に「第1部刑事弁護の歴史」の第4章から第9章として、日本国憲法下での20世紀中の刑事弁護の歴史について論述したものであり、その原稿に依って補正の上、収録させていただいた。

第1章

戦後改革における刑事弁護

1. 日本国憲法と刑事弁護

　日本国憲法は、その31条以下に、直接的にはアメリカ合衆国の法制の影響を受けながら、多くの具体的な刑事手続における人権保障に意を尽くした規定をおくことになった。その基本的な指向は、被疑者・被告人の地位を強化し、手続の主体として位置づけることで、当事者主義的手続構造を実現しようとしていたと考えられる。その基軸の一つが、被疑者段階からの弁護人依頼権であった。我が国において初めて、しかも憲法が、身体を拘束された被疑者に拘束された当初から弁護人に依頼する権利を保障し、「拘禁理由開示請求権」をも認めた（憲34条）。さらに、憲法は、被告人に国選弁護依頼権を付与することにした（憲37条3項）。

　この憲法を受けた刑事訴訟法は、弁護権について概ね次のような規定を置いていた。

①すべての被疑者・被告人及びその法定代理人等にたいする弁護人選任権の保障（30条[*1]）

②身体拘束時の被告人あるいは被疑者に対する弁護人選任権の告知（76条、77条、203条1項、204条1項、211条、216条、272条）

③身体拘束中の被疑者・被告人の弁護人選任の申出権及び申出を受けての裁判所等の通知義務（78条）

---

*1　以下、第1部においては、特に断らない限り、現行刑事訴訟法の条文を意味する。「旧」を付している場合には、1922（大正11）年に成立した旧刑事訴訟法（大正11年法律第75号）の条文を意味する。また条文及び文献の引用にあたっては適宜旧漢字を新漢字にあらためている。

④被告人に対する国選弁護制度（36条、37条）

⑤被疑者・被告人の弁護人等との秘密交通権（39条1項）

⑥被疑者・被告人・弁護人等の勾留理由開示請求権・開示公判立会権・意見陳述権（82-84条）

⑦公訴提起時の被告人に対する弁護人選任権の告知（272条）

⑧被告人の必要的弁護制度（289条）

　さらに、旧法では、官選弁護人として司法官試補を選任できることにしていただけでなく（旧43条1項）、裁判所・予審判事の許可があれば「弁護士ニ非サル者」を弁護人に選任することができたが（旧40条2項）、現行法の下では弁護人は、原則として「資格を有する」者（憲法37条3項）、すなわち弁護士でなければならないことになった（31条1項）。

　これらの新しい規定の内容が全体として、旧法時代に比して、極めて大きな前進であったことは言うまでもない。さらに、憲法に、具体的な弁護活動に関わって、取調べへの立会や接見交通権をも規定しようという動きがあったが、最終的に実現しなかった。また、刑事訴訟法の各規定は、憲法を拡張した規定もあるものの、必ずしも憲法の規定を忠実に反映したわけではなく、不十分性を残した規定もある。上記①は、身体を拘束されていない被疑者・被告人をも含むことにしている。しかし、④に関わって、被疑者に対する国選弁護制度は設けられなかった。⑤では、被疑者と弁護人の接見制限を可能にした（39条3項）。⑥については、被疑者・被告人と弁護人のどちらか一方が不出頭でも開示公判を開廷できることにした（83条3項）。⑧は、旧法時代より範囲が拡張されたが、起訴後に限定されている、等である。

　以上全体としては、被疑者にも早い時点から弁護人の援助を保障しようという指向に貫かれていたといってよい。不十分性を残した点も、捜査の必要性との対抗関係が基盤にあったことは否定し難いであろうが、他方で、短期間の身体拘束（逮捕・勾留）を前提とした保障であったという見方もあり[2]、また、後述のように、弁護士の数を含めた対応体制の不十分性が背景にあったことも

＊2　三井誠「弁護人選任権」法学教室153号（1993年）101～107頁。

指摘しておかなければならないであろう。いずれにせよ、初めて保障されることになった被疑者に対する弁護権に比して被告人に対する保障が規定上も充実していたことは間違いない。

以下順次、その成立経過を確認しておこう。

2．憲法改正論議以前の改革論議

第2次世界大戦敗戦後の改革の中で、連合国総司令部（以下、総司令部という）によって、刑事司法に関わって最初に課題化されたのは、1945（昭和20）年10月4日付の「政治的市民的宗教的自由ニ対スル制限ノ撤廃ニ関スル覚書」や、10月11日付のマッカーサー連合国最高指令官による「日本民主化に関する五大改革の指示」によって示された。治安維持法をはじめとする自由を抑圧していた法令とそれらの法令の遂行のために設置された一切の組織・機関の廃止であり、なかでも「秘密の検察」の廃絶が強く求められていた。[*3]そのこともあってであろうが、刑事司法改革は、「検察機構ノ整備」からはじまっていた。とはいえ、その論議の基調は、捜査当局に強制捜査権限が認められていないことが人権蹂躙を引きおこす原因であったとする戦争末期の捜査権限の拡充・強化による人権蹂躙の回避という改革構想の延長線上のものでしかなかった。[*4]

その論議の過程の中で10月下旬には、弁護に関する改革の中心的論点であった被疑者への弁護権の付与もいち早く話題になることになった。明確に表示されることになったのは司法省刑事局がまとめたと思われる「強制捜査権ニ関スル規定要綱」（10月31日付）においてであり、「被疑者ハ辯護人ヲ選任シ一

---

*3　敗戦直後の経緯については、刑事訴訟法制定過程研究会「刑事訴訟法の制定過程（三）」（松尾浩也担当）（以下「制定過程（X）」（担当者名）というように表示する）法学協会雑誌91巻10号（1974年）46頁以下、東京大学社会科学研究所編『戦後改革4司法改革』（東京大学出版会・1975年）184頁以下〔小田中聰樹〕。後に、小田中『現代刑事訴訟法論』（勁草書房・1977年）36頁以下参照。

*4　「制定過程（二）」（松尾浩也担当）法学協会雑誌91巻8号（1974年）103頁以下、東京大学社会科学研究所編・前掲『戦後改革4　司法改革』189頁以下〔小田中聰樹〕（小田中・前掲『現代刑事訴訟法論』40頁以下）参照。

定ノ限度ニ於テノ辯護権ヲ行使セシメ得ルモノトスルコト」（21項）とされて
いた。[*5]

　さらに、「終戦ニ伴フ新事態ニ即応スル司法制度ヲ確立スル為」に、11月16
日に司法省内に設置された「司法制度改正審議會」も、同月22日付で作成し
た「司法制度改正審議會諮問事項ニ対スル方策（仮案）」に、諮問事項である「新
情勢ニ鑑ミ犯罪捜査ニ関シ人権ヲ擁護スベキ具体的方策如何」に対する「方策
案」の一項目として、「被疑者ハ辯護人ヲ選任シ或程度ノ辯護権ヲ行使セシメ
得ルモノトスルコト」を用意していた。[*6]

　このような被疑者の弁護権をめぐる議論は、直接、被疑者弁護の充実・強化
を目指したものではなかった。あくまでも、「犯罪捜査ニ関シ人権ヲ擁護」す
るための方策の一つとして「検察権行使ノ適正ヲ確保スル為」の措置として位
置づけられたものだった。この位置づけは、「司法制度改正審議會」が、答申
である「犯罪捜査ニ關スル人権擁護ノ具體的方策」（12月18日付）[*7]を確定する
まで変わらなかった。答申では、前述の「方策案」の「或程度ノ」がさらに「法
令ノ範囲内ニ於テ」と変えられたが、いずれにせよ制限的な内容が想定されて
おり、具体的な中味としても司法省が想定していたのはそれまでの「豫審ニ於
ケル辯護権」と同程度のものでしかなかった。その点についてのやりとりを、
12月5日に行われた「第二回第二諮問事項關係小委員會」の「議事録要旨」
から抜粋して紹介すると以下のようなことであった。[*8]

＊5　井上正仁ほか『日本立法資料全集121 刑事訴訟法制定資料全集 昭和刑事訴訟法編⑴』27頁（信
　　山社・2001年）。なお、井上正仁ほか『日本立法資料全集121－134』には、「制定過程（X）」（担
　　当者名）において紹介されている資料と実質的に同一の資料が、改訂版等も含めて日付順に整理
　　されており、その場合には井上正仁ほか『日本立法資料全集121－134』に拠って引用するこ
　　とにする。なお、引用にあたっては井上ほか・前掲『日本立法資料全集121－134』と表示する。
＊6　井上ほか・前掲『日本立法資料全集121』43頁。
＊7　井上ほか・前掲『日本立法資料全集121』84頁。
＊8　最初の佐藤委員の発言は、井上ほか・前掲『日本立法資料全集121』62頁、後の林委員の発言
　　以下は、井上ほか・前掲『日本立法資料全集121』64頁。〔　〕内は原資料による補正である。
　　なお、予審における弁護についての旧刑事訴訟法の規定は以下の通りである。
　　第44条2項　予審ニ於テハ弁護人ノ立會フコトヲ得ヘキ予審處分ニ關スル書類及証拠物ヲ閲覧
　　　　　　　　シ且其ノ書類ヲ謄寫スルコトヲ得
　　　　　　3項　弁護人ハ裁判長又ハ予審判事ノ許可ヲ受ケ証拠物ヲ謄寫スルコトヲ得
　　第302条　予審判事公判ニ於テ召喚シ難シト思料スル証人ヲ訊問スル場合ニ於テハ検察官及

佐藤藤佐委員（司法省刑事局長）　被疑者ニ弁護人ノ選任ヲ認メルコトニ付テハ其ノ弁護権ノ範囲ニ付テハ難カシイ問題ガアルト思フガ、豫審ニ於ケル弁護権ヲ大体目安ニシテ居ル。

林逸郎委員（第二東京弁護士会会長）　被疑者ノ弁護権ハ豫審ノ場合ト同程度ヲ考ヘテ居ルトノコトダガ、今日豫審ノ弁護ニ付テハ被告人〔モ〕満足シテ居ラヌコトヲ承知デアルカ。

佐藤委員　豫審ハ尋問ハ密行ダガ、其ノ他ニ付テハ弁護人ノ立會ガ出来ルト考ヘテ居ル。

林委員　被疑者ニ弁護人ガ附クト云フコトハ捜査ノ邪魔ニモナロウガ兎ニ角モット明ルクスル様ニ考ヘラレナイカ。現状デハ満足デキナイ。

　いずれにせよ、この時点では、被疑者に対する弁護権の保障は、第二義的・間接的なものでしかなく、「支配層の先取り的対応策」*9の域を出ないものだった。その基調は、結局、マッカーサー草案（1946年2月13日）を受けた憲法改正論議がはじまるまで変わらなかった。とはいえ、ともかく被疑者に弁護権を認めようとしていたことでは一貫していた。

　なお、被告人の弁護については、見るべき議論は、まったくといってよいほど記録に残っていない。「戦時司法法規中戦時終了後モ存置スルヲ相當トスル規定調（刑事局關係）」（10月31日付）が、戦時刑事特別法が、弁護人の選任時期を制限したり（第20条2項）、訴訟関係書類の謄写について裁判長の許可を要することにしていたり（第21条1項）、訴訟関係書類の閲覧場所を裁判長が指定することにしていた（第21条2項）制限を廃止することにしていたのみである。その場合でも、弁護人の人数を制限していた規定（第20条1項）

　　　　弁護人ハ其ノ訊問ニ立会フコトヲ得
　　2項　第百五十九条ノ規定ハ前項ノ場合ニ之ヲ準用ス
　第303条　検察官、被告人又ハ弁護人ハ予審中何時ニテモ必要トスル処分ヲ予審判事ニ請求スルコトヲ得
　　3項　弁護人ハ予審判事ノ許可ヲ受ケ書類及証拠物ヲ閲覧スルコトヲ得
　　因みに準用されている旧第159条は、「立會フコトヲ得ヘキ者ヘ通知スヘシ但シ急速ヲ要スルトキハ此ノ限ニ在ラス」と規定している。
*9　前掲『戦後改革4』（小田中）197頁（小田中・前掲『現代刑事訴訟法論』46頁）。

の廃止に代えて重複弁論禁止の規定を設けることを求めていた。[*10]

3．憲法改正論議における刑事弁護

1945年10月9日に成立したばかりの幣原喜重郎内閣に対して、前述の10月11日付のマッカーサー連合国最高指令官による「日本民主化に関する五大改革の指示」が示されることになり、憲法の自由主義化も求められていた。そのことに対応するため、10月25日には、松本蒸治国務大臣を委員長とする「憲法問題調査委員会」を設置することになったが、この委員会での改正論議においては、翌年2月1日に毎日新聞紙上で明らかにされた「憲法問題調査委員会試案」も含めて、日本国憲法第34条、第37条に相当するような規定についての議論は、一切確認できない。[*11]

それは、「憲法問題調査委員会」の動きと並行して、政党その他の民間で作成された多くの憲法改正案においても同様であった。[*12]

そのような国内での憲法改正論議に関連して、日本国憲法の規定につながったと思われる総司令部の動きを最初に確認できるのは、1945年12月6日付で総司令部の陸軍少佐ラウエルが用意した「レポート・日本の憲法についての準備的研究と提案」の「附属文書A権利章典」中において、「被疑者は無罪の推定を受けること。弁護士を依頼する権利が逮捕の時から認められること（An accused shall be presumed innocent, shall have the right to counsel from

---

*10　井上ほか・前掲『日本立法資料全集121』28頁以下。なお、戦時刑事特別法の弁護人数制限についての規定は、以下の通りである。

　　　第20条　弁護人ノ数ハ被告人一人ニ付二人ヲ超ユルコトヲ得ズ

　　　　2項　弁護人ノ選任ハ最初ニ定メタル公判期日ニ係ル召喚状ノ送達ヲ受ケタル日ヨリ十日ヲ経過シタルトキハ之ヲ為スコトヲ得ズ但シ已ムコトヲ得ザル事由アル場合ニ於テ裁判所ノ許可ヲ受ケタルトキハ此ノ限ニ在ラズ

　　　第21条　弁護人ハ訴訟ニ関スル書類ノ謄写ヲ為サントスルトキハ裁判長又ハ予審判事ノ許可ヲ受クルコトヲ要ス

　　　　2項　弁護人ノ訴訟ニ関スル書類ノ閲覧ハ裁判長又ハ予審判事ノ指定シタル場合ニ於テ之ヲ為スベシ

*11　佐藤達夫『日本国憲法成立史第一巻』245頁以下（有斐閣・1962年）、同『日本国憲法成立史第二巻』732頁まで（有斐閣・1964年）参照。

*12　佐藤・前掲『日本国憲法成立史第二巻』732-883頁参照。

the time of arrest）」を、無罪推定、迅速・公開裁判を受ける権利、二重の危険等々とともに要求していたことである。[*13]

　さらに、ラウエルは、12月中頃に総司令部に提出された私的グループによって作成された憲法草案について意見を述べるように命じられ、翌1946年1月11日付で「私的グループによる憲法草案に対する所見」としてまとめた「幕僚長に対する覚書」を作成している。[*14] その中で、この憲法草案は、拷問禁止などの内容を含むものの、なお「若干の不可欠な規定が入っていない」[*15] として次のように述べていた。[*16]

　「拷問を禁止する第9条の規定に加えて、法執行機関がサード・ディグリーの手段〔拷問〕を用いることを少なくするため、刑事被告人（the accused）は自己に不利益な証言を強要されないことを定める規定、および逮捕された場合ただちに弁護人を依頼する権利（the right to counsel immediately upon his arrest）を認める規定を、憲法に設けることが必要であると考える。自白は、弁護人の立会いのもとでなされたのでないかぎり、いかなる法廷手続においても、これを証拠にすることができないという憲法上の規定が必要であるとの意見の表明があった。それは極端な規定である。しかし、日本の法律家には、それは司法の運営を不当に妨げるものではないという意見をもつ者が数多く存する。」

　この文中にある「意見の表明」の主体が誰であったかは定かではないが、この「意見」は、2月13日になって日本政府に交付されたいわゆる「マッカーサー草案」起草の直前と思われる時期に総司令部民政局長に提出された「民政局長のための覚え書き〔人権の章についての小委員会案〕」において、一旦は次のように条文化されていた。

＊13　高柳賢三ほか・前掲『日本国憲法制定の過程Ⅰ』（有斐閣・1972年）9頁。同書に収録された英文該当個所の本文への挿入は、著者。以下同様。

＊14　この文書は、高柳ほか・前掲『日本国憲法制定の過程Ⅰ』27頁以下に収録されているが、その作成された経緯とともに、若干異なる日本語訳が、佐藤・前掲『日本国憲法成立史第二巻』830頁以下にも収録されている。

＊15　高柳ほか・前掲『日本国憲法制定の過程Ⅰ』35頁。

＊16　高柳ほか・前掲『日本国憲法制定の過程Ⅰ』29頁。

「自白は、それが被告人の弁護人の面前でなされたものでない限り、効力がない。」

　この条文は、現行憲法38条２項に該当する条文の一部として用意されたものであるが、この小委員会案には、他に現行憲法第34条と第37条に該当する条文も用意されていた。第37条については、現行とほぼ同様の条文になっているが、第34条については、次のような条文が含まれていた[17]。

「また、何人も、外部との連絡を一切遮断されたままで留め置かれることはなく」

　この条文は、外部との接見交通の確保を意図したものと考えられている。そして、この条文は、マッカーサー草案まで残ってくるが、前述の弁護人の立会に関わる条文は、マッカーサー草案までの間に民政局長ホイットニーの意見によって削られることになる。その経緯は、次のように報告されており、興味深い[18]。

「ホイットニー将軍は、『自白は、それが被告人の弁護人の面前でなされたものでない限り、効力がない』とした規定が賢明なものかどうかを、問題にした。この規定は、犯罪を犯した直後に自然になされた自白を用いることを禁ずるものである。弁護人のついていないところでなされた自白も、強迫されずになされたのであれば、証拠能力を認められるべきである、と彼は述べた。ラウエル中佐は、この規定は、日本独特の悪習を防止する役目を果たす、と述べた。日本では、伝統的に、検察官は、自白をえるためには、精神的肉体的拷問をしたり、おどしたり、どんなことでもする、と彼は述べたのである。ホイットニー将軍は、日本において自白が広く濫用されていることは認めたが、強制、拷問もしくは脅迫による自白または不当に長く抑留もしくは拘禁された後の自白は、これを証拠とすることができない、と規定すれば、濫用の防止が十分に設けられたといえるであろうと述べた。」

　この意見交換のあったのは、1946年２月９日であり、２月13日には、マッ

＊17　高柳ほか・前掲『日本国憲法制定の過程Ⅰ』281頁。なお、接見交通権の制定過程については、
　　　三井誠「接見交通問題の展開」法律時報54巻３号（1982年）8頁以下参照。
＊18　高柳ほか・前掲『日本国憲法制定の過程Ⅰ』213頁。

10　　第１部　日本国憲法下における刑事弁護の歴史

カーサー草案が日本政府に対して交付されている。そのマッカーサー草案に残った接見交通に関する条文（第31条）[19]も、マッカーサー草案に基づいて日本側が起草した草案、要綱からは削られてしまった。

その理由は、日本側当局者と総司令部担当者との「逐条審議」の際に、「『何人モ交通禁断者トセラルルコト無カルヘシ』の語句があったが、その正確な意味をたずねたところ、はっきりした答えがなかったし、実際上も憲法に規定するまでのこともあるまいということで、これを削ることに意見が一致した」というのである。[20]

4．日本国憲法の下での改正論議

マッカーサー草案に基づく憲法草案がほぼ確定していく中で、憲法改正を前提とした検討作業が司法省の刑事局別室内で本格化することになる。その刑事局別室内で作成された「刑事訴訟法改正方針試案」（4月30日付）が、ようやく弁護権について、「第三（弁護及び補佐）」として次のような改正方針を正面から提示することになった。[21]

「被告人のみならず、被疑者も常に弁護人を依頼して、その公正な援助を充分受けることができるやうにし、さらに、新憲法の規定の趣旨に従ひ、官選弁護の制度を拡充し、資力がないため弁護人を依頼できない者にも、充分弁護の機会を与へるようにするとともに、弁護人の地位と品位の向上をはかるため必要な方法を考へること。」

この時点になって、明らかに弁護権自体の拡充・強化を直接方針化することになっている。しかも、文脈からは、被疑者にも「官選弁護」を認めようとしていたと考えられる。また、捜査手続に関わって、憲法草案を受けて、身体を拘束された際に、「直ちにその理由を告げ」ることと、勾留理由開示への立会

---

*19　その外務省訳が、佐藤達夫『日本国憲法成立史第三巻』（有斐閣・1994年）37頁に、新訳が、高柳ほか・前掲『日本国憲法制定の過程 I』281頁。
*20　佐藤・前掲『日本国憲法成立史第三巻』126頁。
*21　井上ほか・前掲『日本立法資料全集122』（2007年）356頁。

権を規定すること、さらに、「弁護人と会う機会を与えること」として、憲法上は削除された接見交通権についての規定を設けることも方針化された。[22] とはいえ、この段階では、なお、一般的・宣言的方針にとどまっている。さらにこの方針が、具体化されるまでにはなお時間が必要であった。具体的には、8月5日になって、刑事局別室が、前述「刑事訴訟法改正方針試案」を基礎として作成した「刑事訴訟法改正要綱試案」に弁護権についての詳細が以下のように示されることになる。[23]

　第二　被疑者の弁護権を次の要領により認めること。
　　一、弁護人の選任
　　　イ、被疑者は、弁護人を選任することができるものとすること。
　　　ロ、被疑者の法廷代理人、保佐人、直系尊属、直系卑属及び配偶者並びに被疑者の属する家の戸主は、被疑者のために、独立して弁護人を選任することができるものとする。
　　　ハ、勾引又は勾留せられた被疑者には、弁護人を選任する機会を失はせないやう、特に配慮を払ふこと。
　　　ニ、勾留中の被疑者であって、貧困その他の理由により弁護人を選任することのできないもののためには、官選弁護人を附するものとすること。
　　二、弁護権の範囲
　　　イ、勾留に対する異議申立権。
　　　ロ、勾留の取消、保釈、責付、勾留の執行停止を請求する権利。
　　　ハ、証拠保全請求権。
　　　ニ、検事の押収、捜索、検証、鑑定に立会の権利。
　　　ホ、弁護人は故意に捜査を妨げるやうな行動を採ってはならないものとすること。

＊22　井上ほか・前掲『日本立法資料全集122』357頁。
＊23　井上ほか・前掲『日本立法資料全集123』（2008年）302頁以下。

第三　官選弁護の制度も次の要領により整備拡充すること。

　一、被告人が貧困その他の理由によって、弁護人を依頼することができ
　　ないときには、裁判所は申請により、被告人のため弁護人を選任でき
　　るものとすること。

　　　勾留中の被疑者によっても亦、同様とすること。

　二、官選弁護人は、弁護士及び司法官試補の外、弁護士試補の中より選
　　任することができるものとすること。

　　　なお、簡易裁判所の管轄に属する事件の被疑者のためには、前項の
　　規定によることが困難な場合に限り、裁判所書記の中からも弁護人を
　　選任することができるものとすること。

　三、（略－官選弁護人の報酬等）

第四　弁護人は被告人又は被疑者一人について、三人を超えることができな
　　いものとすること。

第五　被告人又は被疑者一人について数人の弁護人があるときは、主任弁護
　　人を定めて裁判所又は検事に届出でなければならないものとすること。

　　　前項の場合において、弁護人に対する通知又は書類の送達は、主任弁
　　護人になせば足りるものとすること。

　第二の一ロは、旧法の被告人についての規定（第39条2項）を引き継いだ
もの。ハについて具体的に想定されていたのは、憲法草案を受けての身体拘束
時の弁護人選任権の告知、被疑者が弁護人を指定して選任を申し出た場合の弁
護人への通知である。また、ニの「官選弁護」については、第三の二に規定さ
れているように、旧法の被告人に対する官選弁護人の選任の場合と同様（第
43条）、弁護士以外に、「司法官試補」を選任できることにしているだけでなく、
この段階で想定されていた「弁護士試補」、さらに、簡裁事件の場合に、前三
者からの選任が困難であれば、「裁判所書記」からの選任を想定している。

　第二の二ロでは、被疑者に保釈を認めることが前提にされているが、保釈請
求権だけが、旧法（第115条）の被告人の場合の規定を引き継いでいる。二ニも、
旧法の被告人の場合の規定を引き継いでいる（第158、178、227条）。

弁護人の数についての制限は、旧法の被告人の場合にはなく、戦時立法によって設けられたものである。

この「刑事訴訟法改正要綱試案」は、8月6日に司法法制審議会第三小委員会に提出され、審議された。[24]

弁護に関わっては、主として、官選弁護、人数などが論議されたといわれ、立案に関与していた団藤重光東京大学助教授（起草幹事）のメモを、主な論点について要約的に紹介すると次のとおりである。（　）は、著者の注記である。[25]

　　　鈴木喜三郎　（官選弁護の）選任は、弁護士会から推薦するやうな方法をとってほしい。

　　弁護人の人数は、弁護士会の自治にまかせてほしい。その方が円満に行く。殊に、公判に立ってからのこと。

　　　宮城実　鈴木委員の官選弁護の方法、弁護士会では困ることがある。

　　人数の制限－裁判所が適当に制限することを得るものとしてはどうか。被告人が弁護人の場合の「見舞弁護」。四十人、五十人といふこともある。

　　　鈴木喜三郎　官選弁護人名簿を弁護士会で作るやうにしたらどうか。

　　　飛鳥田喜一　横浜弁護士会では数が少い。したがって、官選弁護人名簿をつくることはできない。人数が少いと選任がむづかしい。なほ、弁護人の数は制限することを得る程度にしてほしい。

　　　刑事局長　実際上の運用としては、弁護士会に相談することになる。

　　　大阪弁護士会　鈴木委員に賛成。弁護士会に選任の嘱託をすることもできるものとしてほしい。弁護人の数も制限されたくない。

　　　刑事局長　弁護人の人数は適当な数に制限できるものとしてはどうか。

---

[24]　司法法制審議会は、司法大臣の諮問機関として、司法大臣の諮問に応じて、憲法改正に伴う司法関係諸法制の改正に関する重要事項を審議するために、1946年7月9日に設置された。第三小委員会が刑事訴訟法を担当し、法曹三者と研究者等の20名の委員と23名の幹事によって構成されていた。その中の、宮城実、佐藤藤佐、木村亀二が起草委員、飯塚敏夫、植松正、山本謹吾、団藤重光、野木新一、横井大三が起草幹事であった。「制定過程（八）」（小田中）法学協会雑誌92巻7号（1975年）101頁参照。なお、井上ほか・前掲『日本立法資料全集123』4頁以下も参照。

[25]　井上ほか・前掲『日本立法資料全集123』326頁以下。

この論議について、注意を要するのは、人数制限の問題より、「官選弁護」への弁護士の対応可能性と弁護士会の果たすべき役割についてである。

　しかし、決を採ったのは、人数制限の問題についてだけであり、その点について先に確認しておくならば、「全然無制限」は、少数で、「必要と認めるとき」制限するという意見が多数を占めた。[26]その結果に基づき８月８日付「刑事訴訟法要綱試案」において、第四の人数制限の問題について、「弁護人の数は原則として制限しないこと。但し裁判所が特に必要と認めたときはこれを制限することができるものとすること。」と修正された。[27]

　この点については、さらに、第三小委員会の論議を受けて、８月９日に開かれた司法法制審議会総会・臨時法制調査会第三部会[28]においても議論になった。やはり団藤メモによれば、その結果、制限を必要とする意見が多く、[29]その結果、８月17日付「刑事訴訟法改正要綱案」の第四も、「裁判所は特に必要と認めたときは辯護人の數を制限」できるとし、「但し二人以下に下すことはできない」と修正されることになった。[30]

　次に、興味深い議論があった「官選弁護」についても確認しておこう。これも、団藤メモによれば、まず、官選弁護人として選任できるのを、弁護士に限るべきであるという意見があった。この意見には、憲法上は、弁護士に限られるという理解も示されている。さらに、憲法34条（現行37条）が、「被疑者を含むか」という疑問が出されている。これに対して、法制局事務官の今枝常男委員が、「三四条としては、含まぬと、私はおもふ」と応じたとあり、その後

＊26　井上ほか・前掲『日本立法資料全集123』372頁。
＊27　井上ほか・前掲『日本立法資料全集123』386頁。なお、「制定過程（九）」〔小田中〕法学協会雑誌92巻10号114頁参照。
＊28　臨時法制調査会は、憲法改正に伴う法律制定のために調査審議をおこなう総理大臣諮問機関として、1946年７月３日に設置された。そのうち第三部会が、司法関係の法律を担当。とはいえ、その委員・幹事は、司法法制審議会に包摂されており、一体となって立案に当たっていたといわれる。「制定過程（八）」〔小田中〕法学協会雑誌92巻７号101頁以下参照。なお、井上ほか・前掲『日本立法資料全集123』４頁も参照。
＊29　井上ほか・前掲『日本立法資料全集124』（2013年）14頁。
＊30　井上ほか・前掲『日本立法資料全集124』102頁。なお、「制定過程（九）」〔小田中〕法学協会雑誌92巻10号119頁参照。

に丸括弧書きで、「法制局全体の意見ではない」との記載がある。[*31]

　要は、現行憲法37条の「資格のある弁護人」の意義、さらに、英文で使用されている「the accused」が、「被告人」と訳されていることが、当初から問題になっていたということであろう。

　このような論議を経て、「刑事訴訟法改正要綱試案」は、「刑事訴訟法改正要綱」（８月８日付、同月17日付、９月11日付）となり、10月23日になって、「刑事訴訟法改正要綱案」（９月11日付）が、無修正で、「刑事訴訟法改正要綱」となった。[*32]　この「要綱」と前記「試案」として紹介した内容との相違点は、以下の２点だけである。[*33]

　①前記第三二に関わって、官選弁護人は、原則として弁護士から選任することとし、「被疑者のためには」、弁護士を選任することが「困難な場合に限り、司法官試補、弁護士試補及び裁判所書記の中からも弁護人を選任できるものとすること」にした。

　②弁護人の人数に関わって、「特別な事情があるときは裁判所は、弁護人の数を三人までに制限することができる」とした。

5．条文案の変遷

　前述のような司法法制審議会や臨時法制調査会第三部会での論議と並行して、司法省刑事局内では、刑事訴訟法草案の起草作業がはじまっていた。日本国憲法の公布前後に、第３次案が起草され、第６次案を最終案として、憲法施行に間に合わせる予定だったといわれる。[*34]　しかし、結果的には、憲法施行には、応急措置法で対応し、第９次案まで起草されることになった。各草案の起草時

＊31　井上ほか・前掲『日本立法資料全集124』15頁。
＊32　「制定過程（九）」（小田中）法学協会雑誌92巻10号125頁以下。
＊33　「要綱」は、井上ほか・前掲『日本立法資料全集124』78頁以下に収録されているが、なお「要綱案」とされている。「制定過程（九）」（小田中）法学協会雑誌92巻10号126頁以下には、「要綱」として収録されている。
＊34　井上正仁「刑事訴訟法制定過程年表」ジュリスト551号（1974年）65頁注（33）参照。

16　　第１部　日本国憲法下における刑事弁護の歴史

期を確認しておくと次のとおりである。[*35][*36]

　　①第1次案（Ⅰと表記）　1946年8月19日〜9月5日

　　②第2次案（Ⅱと表記）　1946年9月14日〜10月2日

　　③第3次案（Ⅲと表記）　1946年10月5日〜12月10日

　　④第4次案（Ⅳと表記）　1946年12月10月〜1947年1月28日

　　⑤第5次案（Ⅴと表記）　1947年2月

　　⑥第6次案（Ⅵと表記）　1947年2月

　　⑦第7次案（Ⅶと表記）　1947年8月16日〜9月12日

　　⑧第8次案（Ⅷと表記）　1947年9月25日

　　⑨第9次案（Ⅸと表記）　1947年10月15日[*37]

　そこで、これらの草案中における弁護に関わる主な条文とその変化を確認しておくことにする。（　）内の数字は、旧法の該当条文であり、（新）は、新設の条文を意味する。〈　〉内は、著者の注記である。また、→はその間の草案の内容に変更があった場合で、⇒は、その間の草案の内容に変化がないことを示しており、基本的に変化がない場合には、各草案の内容にいちいち言及することはしない。なお、条文数の表示を算用数字に改めたほか、旧漢字を新漢字に改めている場合がある。

(1)　選任時期・選任権者

　Ⅰ　総四39条（39）被告人又は被疑者は、何時でも弁護人を選任すること

---

*35　井上・前掲ジュリスト551号（74年）60頁以下参照。

*36　各草案についての出典は、以下のとおりである。

　　Ⅰ井上ほか・前掲『日本立法資料全集126』（2013年）3頁以下。

　　Ⅱ井上ほか・前掲『日本立法資料全集126』96頁以下。

　　Ⅲ井上ほか・前掲『日本立法資料全集126』203頁以下。

　　Ⅳ井上ほか・前掲『日本立法資料全集126』296頁以下。

　　Ⅴ井上ほか・前掲『日本立法資料全集126』406頁以下。

　　Ⅵ井上ほか・前掲『日本立法資料全集126』490頁以下。

　　Ⅶ井上ほか・前掲『日本立法資料全集130』（2015年）3頁以下。

　　Ⅷ井上ほか・前掲『日本立法資料全集130』92頁以下。

　　Ⅸ井上ほか・前掲『日本立法資料全集130』150頁以下。

*37　この第9次案は、井上ほか・前掲『日本立法資料全集130』209頁以下に収録されている「正誤並びに修正（昭和二二年一〇月二〇日）」よってペン書きで修正されており、その修正されたものが、同前209頁によれば「刑事訴訟法改正法律案（法制局審議済）」とされている。

ができる。

被告人又は被疑者の法定代理人、保佐人、直系尊属、直系卑属及び配偶者は、独立して弁護人を選任することができる。

〈総あるいは後述の總は、総則の略で、総四は、総則第4章弁護及び補佐を表す符号である。もちろん、旧法39条では、被疑者は含まれていない。戸主が削られている。〉

II　總四39条2項 → III39条2項 ⇒ IX30条2項

〈IIで「保佐人、配偶者、直系の親族及び兄弟姉妹（並びに世帯主）は」となり、IIIで「保佐人、配偶者、直系の親族及び兄弟姉妹は」となっている。〉

(2)　被選任資格・特別弁護人

I　總四40条（40）弁護人は、弁護士の中からこれを選任しなければならない。

裁判所の許可を得たときは、弁護士でない者を弁護人に選任することができる。

被疑事件について、前項の許可を求むべき裁判所は、その事件を取扱ふ検事又は司法警察官の執務官署の所在地を管轄する第一審裁判所とする。

〈前記「要綱」までに、特別弁護人の項目はない。この段階では、被疑者にも特別弁護人を認めている。〉

VII43条〈3項の被疑者段階での特別弁護削除。この草案では、規則に譲る趣旨とされていたが、「被疑者に特別弁護人を認むべきかにつき問題あり」との（註）あり。〉⇒ IX31条

(3)　人数制限

I　總四43条（新）裁判所は特に必要があると認めるときは、弁護人の数を各々の被告人又は被疑者について、三人までに制限することができる。但し、被疑者の弁護人の制限については、検事の請求あることを要し、且つ、相手方の意見を聞かなければならない。

〈前記「要綱」までに、但書はない。〉

II　總四43条（新）裁判所は、特別な事情があるときは、弁護人の数を各被告人について、三人までに制限することができる。

〈何故か、被疑者についての制限が削られている。〉

　Ⅲ　43条2項（新）被疑者の弁護人の数は、各被疑者について、三人を超えることができない。

　⇒　Ⅸ33条

⑷　**主任弁護人**

　Ⅰ　総四44条（新）被告人又被疑者の一人について、同時に数人の弁護人があるときは、弁護人は主任弁護人を一人定め、全弁護人の連署した書面により届け出なければならない。

〈2項が主任弁護人への通知・書類の送達を規定している。〉

　Ⅱ　総四44条2項　前項の規定により届け出のあった主任弁護人は、その届け出の後に選任された弁護人に對しても、これを主任弁護人とみなす。

〈Ⅱでは、Ⅰ総四44条2項が3項に繰り下げられたが、Ⅲ44条で、2項と3項が入れ　替えられた。〉

　⇒　Ⅶ47条　削除　⇒　Ⅸ

⑸　**国選弁護**

　Ⅰ　総四45条（新）被告人又は勾留中の被疑者は、貧困その他の理由により自ら弁護人を選任することができないときは、裁判所に理由を疎明して、その選任を請求することができる。

　勾留中の被疑者が前項の請求をなすべき裁判所は、その被疑事件を取扱ふ検事又は司法警察官の執務官署所在地を管轄する裁判所とする。

〈職権による場合だけでなく、国選弁護請求権を認め、被疑者にも請求権を認めていた。職権による選任の規定は、旧法と同様、公判部分に規定されていたが、省略。〉

　Ⅱ　〈被疑者国選弁護規定については変更なし。但し、職権選任規定が弁護部分の47条に置かれることになった。〉

　⇒　Ⅲ47条

　Ⅳ　〈勾留中の被疑者に対する国選を削除。同時に、⑹Ⅱ48条2項も削除。〉

　⇒　Ⅸ35条

〈Ⅶには、請求による国選弁護を規定した48条に（註）として、「被疑者の

官選弁護人は認めない方針。」との記載がある。〉

(6) 国選選任資格

Ⅰ 総四48条（43）前2条、第（334）条又は第（335）条の規定により附すべき弁護人は、その裁判所の所在地にある弁護士会に属する弁護士の中から、これを選任しなければならない。

区検察庁の検事の取扱ふ事件につき、勾留中の被疑者について、前項の規定によることが困難なときには、司法修習生又は裁判所書記の中から弁護人を選任することができる。

〈（334）と（335）は、必要的弁護の場合である。〉

Ⅱ 總四48条（43）前2条、公第11条又は第12条の規定により附すべき弁護人は、その裁判所の所在地を管轄する地方裁判所の管轄区域内にある弁護士の中から、裁判長がこれを選任しなければならない。

勾留中の被疑者について、前項の規定によることが困難なときは、司法修習生又は裁判所書記の中から弁護人を選任することができる。

〈公は、公判手続関係条文案の意味であり、11条と12条は、前記（334）と（335）を、若干修正した必要的弁護の場合である。〉

⇒ Ⅲ48条1項・2項

Ⅳ 48条2項削除〈同時に、(5)Ⅳで言及したように被疑者国選も削除。〉

⇒ Ⅴ50条〈2項に、同一の弁護人による数人の被告人の弁護についての規定追加。Ⅵ50条では、3項に旅費、日当等について追加。Ⅶ50条は、1項・2項を規則に譲ることにして削除。3項が1項に。〉

⇒ Ⅷ36条 → Ⅸ36条〈1項に、裁判所等は、弁護人を弁護士の中から選任すべしとの規定追加。1項が2項に。〉

(7) 接見交通権

Ⅰ 総四50条（45）弁護人と勾留中の被告人との接見及び信書の往復は、これを禁ずることができない。

〈Ⅰ総四50条は、旧法45条を引き継いだものだが、Ⅱには、その規定もない。Ⅲまでは、旧法44条に規定されていた、公訴提起後の書類及び証拠物の閲覧・謄写についての規定もなかったが、Ⅲ以降は、Ⅸまで維持された。〉

Ⅷ 38条（新）身体の拘束を受けている被疑者又は被告人は、法令（裁判所の規則を含む。以下同じ。）の範囲内で、弁護人又は弁護人を選任することができる者の依頼により弁護人となろうとする者と接見し、又は書類若しくは物の授受をすることができる。

検察官又は司法警察官吏は、捜査のため必要があるときは、公訴の提起前に限り、前項の接見に関し、その日時、場所及び時間を指定することができる。

⇒ Ⅸ37条

〈この規定は当初、第7次案作成後に「被疑者又は被告人と弁護人との交通権に関する規定の修正」第50条の2（1947年9月16日付）として用意され、[*38]Ⅷに明文化された。Ⅸでは、1項の「なろうとする者」の後に、括弧書きで特別弁護人としての許可があった後に限るとの文言が挿入されたのと2項の「検察官」の後に、「検察事務官」が追加され、「前項の接見」の後に「又は授受」が挿入されて維持されている。〉

(8)　選任の申出

Ⅰ　総九20条（103）3項 前2項の場合に、被告人から弁護人の選任の申出があったときは、直ちにその申出を勾引状又は勾留状を発した裁判所その他の官署に通知しなければならない。

前項の通知を受けた裁判所その他の官署は、弁護人の指定があればその弁護人に、指定がなければその他の一の弁護士會に前項の申出を通知しなければならない。被告人が数名の弁護人を指定したときは、その中の一名に通知すれば足りる。

〈総九及び總九は、総則第9章被告人の召喚、勾引及び勾留を意味している。旧法103条は、2項までの規定であり、3項は（新）とすべき内容である。〉

Ⅱ　總九25条2項（新）前項の場合に、被告人から弁護人の選任の申出があ

---

*38　井上ほか・前掲『日本立法資料全集130』85頁以下に収録されている。その間の経緯については、三井誠「接見交通権規定の成立過程－立法者意思の解明」『平野龍一先生古稀祝賀論文集（下）』（有斐閣・1991年）276頁以下参照。なお、同前277頁によれば、「秘密」交通権が確保されることになったのは、1948年1月19日に、監獄法施行規則の一部が改正され、127条1項但書で監獄官吏の立会が行われないことになってのこととされている。条文案については、後述（本書23頁以下）参照。

ったときは、直ちに、弁護士の指定があればその弁護人に、指定がなければその地の一の弁護士會にこれを通知しなければならない。被告人が數人の弁護人を指定したときは、その中の一名に通知すれば足りる。

　II　總九25条の2（新）勾引又は勾留せられた被告人は、勾引状又は勾留状を発し又は勾引を嘱託した裁判所その他の官署、又は監獄の長に対して、弁護士又は弁護士會を指定して、弁護人の選任を申し出ることができる。

　前項の申出を受けた官署は、直ちに、被告人の指定した弁護士又は弁護士會に、その旨を通知しなければならない。被告人が数名の弁護士を指定して第一項の申出をなしたときは、その内の一名にこれを通知すれば足りる。

　〈後者のIIは、第二次案の二である。[*39]〉

　II　總九25条の2（第二次案の二）→ III110条 ⇒ V117条 ⇒ VIII70条 ⇒ IX69条

　〈III第1項末尾に但書「被告人に弁護人があるときは、この限りではない。」が加えられて、IXまで、ほぼ同様の規定が維持されている。なお、現行207条1項に該当する規定が設けられるのはVII以降であり、VIまでは、被疑者への準用は想定されていない。因みに、規定は、VII267条の3第1項、VIII182条1項、IX180条1項。〉

(9)　捜査についての弁護人の義務

　I　捜一9条（新）弁護人は、特に、捜査を妨げないやうに注意しなければならない。

　⇒ II捜一9条 ⇒ III244条 ⇒ IX170条

　〈捜一は、捜査第1章捜査の意味である。IIで、「特に」の前に「この法律によって認められた権利を行使するにあたっては」が加えられ、IXまで維持された。〉

6. 国会審議へ

＊39　井上ほか・前掲『日本立法資料全集126』120頁以下に収録されている。

前記第９次案が、連合国総司令部に提出され、まず、「刑訴改正小審議会」ということで、連合国側で検討にあたった担当者と法務庁の担当者による逐条的検討が行われている。この検討で弁護に関わって重要と考えられる連合国側からの指摘は、２点であったといってよいであろう。

1点目は、前述(7)接見交通の37条に関わる2点の提案である[41]。第１に、第１項の「なろうとする者と」の後に「、官憲の立会なくして私的に（in private）これと」と挿入するというものであり、「秘密」交通権の明文化である。第2には、第2項の末尾に、現行法に通じる但書「但し、その制限が合理的であり、且つ被疑者又は被告人が防禦を準備する権利を害しない場合に限る。」を挿入するということであった。

２点目は、(9)捜査についての弁護人の義務の170条に関わって、連合国側から「削除したら如何」との要請が行われた。日本側が「検察廳側の意見もきいて見よう」と応じたのに対して、連合国側からは「意見をきくのは自由だが、自分は強く反対する」との強い意向が示された[42]。

以上の担当者間での検討の結果明らかになった検討課題を連合国側がまとめた「プロブレムシート」が用意され、双方の代表者から「刑事訴訟法改正協議会」での検討が行われることになった[43]。

弁護に関わって「プロブレムシート」によって問題にされたのは、２点だけである。1つは、特別弁護人について（第73問[44]）、もう1つは、捜査についての弁護人の義務についてである（第75問[45]）。

特別弁護人については、ここで問題にされた前提が重要である。「プロブレ

---

[40] 連合国側からは、マイヤース、アップルトン、ブレークモアの3名、日本側からは、野木新一、宮下明義、横井大三など複数名が参加している。

[41] 井上ほか・前掲『日本立法資料全集131』（2015年）20頁。

[42] 井上ほか・前掲『日本立法資料全集131』95頁。

[43] 日本側からは法曹三者と研究者合わせて10数名の委員と、裁判所、法務庁の随員が多数参加した。具体的には、眞野毅、馬場義続、円山田作、團藤重光、斎藤金作などである。井上ほか・前掲『日本立法資料全集131』221頁参照。

[44] 最高裁判所事務総局刑事局『新刑事訴訟法制定資料』102頁（1952年）、井上ほか・前掲『日本立法資料全集131』281頁。

[45] 最高裁判所事務総局刑事局・前掲『新刑事訴訟法制定資料』104頁、井上ほか・前掲『日本立法資料全集131』315頁以下。

第１章　戦後改革における刑事弁護　　23

ムシート」は、簡裁事件を除いて、原則として弁護士でなくてはならないとするとともに、但書で、地裁事件についても「弁護士の中から選任できなければ裁判所の同意を得て弁護士でない者を弁護人に選任できる」とすることを勧告していた。その理由は、「被告人のすべてを代表するだけの十分な数の弁護士の資格ある者が日本にいないことは明白である」ということにあった。この要求は、そのままはとおらず、一旦は、簡裁と地裁のいずれも許可制にするとの修正が行われた。最終的には、いずれの場合も許可制とし、地裁については、他に弁護士がいる場合と修正されたが、前提となった認識を看過すべきではない。

　後者は、被疑者の弁護権の拡充が進められているにもかかわらず、その基盤に捜査優位の発想が厳然と存在していたことを示す規定であったといってよいであろうが、「弁護人にわざわざ此のような規定を設くべきであるのか」が問題にされた。その結果、現行196条のように、捜査当局者の人権配慮義務を前面に出した規定に修正された。

　さらに、この間の連合国との折衝においては、「プロブレムシート」になっていない前述した「刑訴改正小審議会」で問題になった接見交通権についても検討され、「立会人なくして」が挿入され、指定権に関わる現行39条3項と同一の条文が用意された。また、第9次案では削除されていた主任弁護人制を内容的にはほぼそのまま復活させたが、その他に基本的な点での修正はなく、国会審議に回されることになった。

　国会では、第2回国会の衆参両議院の司法委員会で、ほぼ同時並行的に審議された。衆議院司法委員会では、注目すべき質疑が行われている。それは、取調べに弁護人に立ち会ってもらう権利の必要性についてである。既に紹介した

＊46　井上ほか・前掲『日本立法資料全集132』（2016年）34頁。
＊47　井上ほか・前掲『日本立法資料全集132』70頁。なお、井上ほか・前掲『日本立法資料全集131』396頁以下も参照。
＊48　井上ほか・前掲『日本立法資料全集132』17頁以下、71頁、141頁、150頁参照。
＊49　井上ほか・前掲『日本立法資料全集132』99頁、153頁以下参照。
＊50　井上ほか・前掲『日本立法資料全集132』395頁。なお、井上ほか・前掲『日本立法資料全集131』398頁以下参照。

ように憲法制定過程でも一旦は、条文化が検討されていたが（本書9頁以下参照）、国会審議においてもあらためて要求されることになった。

　具体的には、中村俊夫委員が、「被疑者の取調べに立会えないとすれば、弁護人を被疑者につけるという意味は、大部分抹殺されてしまうだろう」と問い質した。これに対して、野木新一政府委員は、「今の日本の段階におきましては、そこまでさせることは、捜査の敏活に差支えがある」として、その不十分性は、黙秘権と自由な秘密交通権の保障によって補いうると応えていた。[*51]

　その他に、修正案の提出ということにまでなったのは、主任弁護制と人数の制限である。「これは弁護人の行動を非常に制約すると思うのであります。やはり、自由に弁護人を付して、十分被告人の権利を主張させる途を開かなければならない」というのであり、[*52]「すべてこれを削除したいと思ったのでありますが、そういうわけにもいかぬ事情がありましたので、これは裁判所の規則においてしかるべくやられてよいものだ」として、規則による規定を求め、可決された。[*53]

　これに対して参議院でも、参考人の意見として、弁護人数の制限について、「戦争中の官僚的、偽善的な考えからきている」といった批判、捜査当局者への弁護人選任の申し出が、捜査当局者の恣意的な運用を許す危険性があること、弁護士の絶対数からして、特別弁護人を限定的に認める必要があること、等々が話題になった。その中から、選任権者に関わって次のような修正案が提案された。

　「何人も、被告人又は被疑者の同意を得て、弁護人を選任することができ

＊51　「第二回国会衆議院司法委員会会議録三十七号」（昭和23年6月21日）2頁以下、井上ほか・前掲『日本立法資料全集133』（2016年）502頁以下。ところで、野木も一員として加わり、後日、その著した解説書は、わざわざ立会権の問題に言及し、「被疑者の取調に、被疑者の弁護人が立会権がないのことは、勿論である。しかしながら事宜により、捜査機関が被疑者の弁護人を立ち会わせることは、勿論差支えない。被疑者の弁護人を立ち会わせた場合の被疑者の供述は、第三二二條にいわゆる特に信用すべき情況の下になされたものということができると考える」としていた（野木ほか『新刑事訴訟法概説』121頁（立花書房・1948年））。

＊52　「第二回衆議院司法委員会会議録第四十六号」（昭和23年6月30日）5頁、井上ほか・前掲『日本立法資料全集134』（2016年）270頁。第2章109頁も参照。

＊53　前掲・「第二回国会衆議院司法委員会会議録第四十六号」6頁、井上ほか・前掲『日本立法資料全集134』272頁。

る。」[*54]

　それは、参考人の次のような意見を受けたものと思われる。弁護人選任権者について「何らそういう制限を設けるべきものでない。国民一般誰でも、…弁護人選任の権利があるということにすべきである。そうすることによって、…國の費用で選ぶ弁護人の不徹底な点も、これでカバーできるのじゃないか。…被告人の方で他人が附けた人に不服の場合には、勿論解任する自由があるのでありますから、一向に差支えないと私は考えるのであります。」というのである[*55]。

　いかに弁護人による援助を確実なものにするかを考えた場合、想定し得る一つの結論である。この修正は、参議院の委員会では可決された。しかし、衆議院との両院協議会の場では、参議院側からの再三の要請にもかかわらず、実質的な理由は明らかにされないまま、時間的制約を最大の理由に否決された。[*56]

7．戦後改革の意義

　戦後改革によって実現した刑事弁護をめぐる法状態をどのように評価すべきであろうか。

　まず第1に指摘しておく必要があるのは、冒頭にも確認したように、旧憲法、旧刑事訴訟法の体制下と比較し、格段の前進を遂げたことは間違いないということである。

　しかし、第2に、その前進が刑事弁護によってもたらされるべき被疑者・被告人の人権保障にとって、どこまで有効なものになっていたかである。戦前・戦中の人権蹂躙事件、自白偏重主義に対する反省がなかったわけではないにもかかわらず、連合国総司令部においても刑事弁護にその担保を求めるという点

[*54]　「第二回国会参議院司法委員会議録第五十三号」（昭和23年7月5日）1頁、井上ほか・前掲『日本立法資料全集134』311頁。

[*55]　「第二回国会参議院司法委員会議録第四十号」（昭和23年年6月11日）5頁、井上ほか・前掲『日本立法資料全集133』（2016年）271頁以下。

[*56]　「第二回国会国家行政組織法案、刑事訴訟法を改正する法律案　両院協議会会議録第一号」（昭和23年7月5日）2頁以下、井上ほか・前掲『日本立法資料全集134』332頁以下。

では躊躇があり、ましてや日本政府においてはなおさらであった。それが、被疑者の取調べへの立会問題であった。

　第3に、黙秘権の保障や自白の証拠能力の制限に期待しての決着は、結局は、捜査当局の主導権の下での刑事弁護を超えることにはならなかった。

　その原因の一端は、第4に、弁護側の議論の端々にも現れる意識と認識であったと考えられる。捜査に対抗し、徹底した弁護を実現しようという意識と認識がなお不十分であったということはないのであろうか。

　そして第5に、徹底した弁護を担う態勢は用意されていたのであろうか。「弁護士による刑事弁護」という方向が明確にされたことは前進ともいえようが、そのことで勾留中の被疑者の国選弁護人を司法修習生や裁判所書記に委ねることができなくなり、対応態勢を確保することができず、被疑者国選弁護が最終的に日の目を見なかった一因になったとも考えられる[57]。被疑者・被告人の人権保障のための刑事弁護態勢ではなく、担い手の態勢に合わせた刑事弁護ということになってしまったということはなかったのか、あらためて検証されなければならないであろう。

　いずれにせよその実効性は、運用如何に委ねられたことは間違いない。

＊57　この点について、三井・前掲「弁護人選任権」法学教室153号（1993年）105頁は、被疑者国選制度が実現しなかった理由として、資料的根拠は明確でないが、次の5点をあげ、その中でも⑤が、「より根本的」な背景事情であったと考えられるとしている。①弁護士の数、地域的偏在等。②国家費用の確保に限界がある。③まず被疑者の私選弁護選任権の定着を図ろうとした。④捜査の迅速性・実効性・密行性への配慮。⑤公判中心主義という観点から、起訴前は私選弁護に限定し、公判手続においてこそ国選弁護制度が必要である。

第2章

刑事訴訟法の施行前後から
平野『刑事訴訟法』前後まで（1950年代）

1 日本国憲法施行後の刑事手続の運用状況

　日本国憲法は、1947年5月3日に施行された。しかし、新しい刑事訴訟法は、日本国憲法の内容に即した全面的な改正が必要になり、その改正作業は、憲法の施行に間に合わなかった。そのため、憲法の施行に合わせて「日本国憲法の施行に伴う刑事訴訟法の応急的措置に関する法律」（以下、「応急措置法」という）が施行されることになった。

　しかし、応急措置法は、憲法に形式的に対応した最小限の規定を用意しただけだった。具体的には、身体拘束被疑者の弁護人選任権（第3条）、被告人に対する貧困その他の理由による国選弁護人の選任（第4条）、被疑者・被告人に対する拘束時の弁護人選任権の告知（第6条1項）、勾留理由開示法廷への弁護人の出席（第6条2項）であり、これらを超える部分は運用に委ねられることになっていた。

　しかも、その時点での捜査当局の認識[1]は、特に被疑者の弁護人の権限について「不当に捜査の妨害に亘ることは決して弁護人の職務ではない。此の制度が何処迄好ましい成績を挙げ得るかは弁護人の自重に待つところ大と云わなければならない」としながら、他方で、「弁護人の権限の範囲が明確でない」との認識も示し、「弁護人側は大した権限もない、別に弁護人選任届を出す必要はあるまいと考へているように見える」とも述べている。そして「従前よりは

---

　*1　木戸光男（検事）『新憲法実施の犯罪捜査に與えた影響について』司法研究報告書36輯1号
　　　（1948年）16～17頁。

28　第1部　日本国憲法下における刑事弁護の歴史

起訴前でも積極的に捜査官に折渉するようになったに過ぎ（ず）」、「身柄貰い下げ運動に利用するに至っては寧ろ悪用である」との消極的な評価が示されている。利用の実情としては、「被疑者も誠に気乗り薄」であり、憲法が施行された1947年5月から同年の12月までの38地方検察庁の報告に拠れば、身体拘束被疑者の弁護人選任率は、5.5％と紹介されていた。

まだ秘密交通権についても規定されていない「大した権限もない」状態というのは、捜査当局の理解[*2]では、許可権限を予審判事に代えて捜査当局に留保した旧法の予審における弁護人の証拠物・書類の閲覧謄写権（旧法第44条2項3項、303条3項）であったり、接見も旧法で被告人に認められていた立会人があり、接見禁止も有り得る（旧法第111、112条）一般原則の下で認められるに過ぎないと解されていた。

「勾留中の被疑者との接見通信権」の運用についての警察庁と検察庁の間で交わされた質疑応答として紹介されている主要部分は、以下の通りである。[*3]

問 同一被疑者につき多数の弁護人より接見申込があった場合代表一名を定めて差支えなきや。

答 差し支えなし。（逮捕時間中即ち72時間内に弁護人多数より接見申込があり、捜査上支障あるときは検察官の指揮を受けること）

問 捜査は密行すべきものにつき書類、証拠物の閲覧を拒否し得るものと考へられるが如何。

答 一應拒否しうる。（弁護人側で之につき争うときには検察官の指揮を受けること）

問 接見の度数、時間の制限は監獄法や留置場取締規程を適用して差支えなきや。

答 接見は逮捕時間中弁護人を選任するときは一回丈許せば他は拒否し得る。接見時間は留置場取締規程に依る。送致後は接見の禁止はできない。但し、送致の節併せて接見禁止の申請をして判事より接見禁止の

---

*2　木戸・前掲司法研究報告書15頁。
*3　木戸・前掲司法研究報告書15〜16頁。

命令を受けることが出来るから検察廳に連絡すること。

問　接見禁止のあった被疑者に対し弁護人が面会を求めた場合如何に取扱うのが適当か。

答　面会を求めた弁護人に捜査期間中及び勾留期間中は面会を差し控えて貰うこと、強いて面会を求むる時は主任検事の許可をえせしむること。起訴後引き続き警察署留置場に置く場合も右に準ずること。

2．刑事訴訟法の施行と被疑者弁護

　刑事訴訟法が施行されてからの被疑者の弁護人選任率は、残念ながら確認できない。しかし、身体を拘束された被疑者は、1950年代はじめまでは、逮捕人員が、37〜38万人、勾留人員が、22〜23万人であり[4]、弁護士数が5千人台を推移していたことからすれば[5]、弁護人の援助を受けることが困難な状況にあったであろうことは、容易に推測できる。

　そのような状況ではあったが、新たな被疑者弁護について、憲法の趣旨に沿った解釈が示されることにもなっていた。例えば、立法関与者のコメントとして、黙秘権の告知（198条2項）は、「従前の自白強要の弊風を一掃……しようとする趣旨に出ている」こと[6]、秘密交通権は、「非常に強力であって」、39条2項と3項によって「いくらか制限できる」だけであり、「被告人又は被疑者とその弁護人とは、いやしくも正当な利益を擁護するためには、一体不可分的の緊密性を保持すべきである」としている[7]。また、被疑者の取調べへの弁護人の立会について、立会権を認めているわけではないが、「立ち会わせることは、勿論差支ない」という認識も示されていた[8]。

　ところが、学説の主流は、捜査段階には、「当事者訴訟的構造の萌芽がそこ

---

*4　法曹時報6巻11号（1954年）66頁以下参照。
*5　兼子一・竹下守夫『裁判法〔第四版〕』359頁参照（有斐閣・1999年）。
*6　宮下明義『新刑事訴訟法逐条解説Ⅱ』54頁（司法警察研究会公安発行所・1949年）。
*7　野木新一ほか『新刑事訴訟法概説』40頁（立花書房・1948年）。
*8　野木ほか・前掲『新刑事訴訟法概説』121頁。なお、野木の政府委員としての国会答弁については、本書25頁以下参照。

にみられる」とするにとどまり、身体を拘束されている被疑者に取調べ受認義務を認め、被疑者の黙秘権についても、「自己に不利益な供述」に限って認めるといった限定的な解釈が主張されていた。学説の中には、さらに一歩を進めて、「捜査は、厳密な意味では当事者主義的訴訟構造をもたない」としながら、「捜査機関から原則として強制捜査の権能をうばひ、被疑者に対しては、…弁護人の選任を認め、まがりなりにも、当事者主義的訴訟構造の実現をここにもあらはさうとしている」という見解も生まれていた。しかし、この時点では、憲法の理念を支える理論的バックボーンは未形成であり、弁護権について本格的理論的検討が進むことにもならなかった。

　実務においても、一般的には、そもそも前述のように弁護人に依頼できないなど、弁護人の援助が十分でない中、応急措置法の下で形成された認識と運用が、全てではないにせよ、現行法施行後にも影を落とすことになる。被疑者弁護が、捜査に対するチェック機能を果たすということはおよそ期待できない状況であり、敗戦以降の社会的混乱からくる治安維持の必要性や運用にあたった人的な面での継続性も相まって、旧態依然とした自白獲得を中心とした捜査が継承され、定着していくことになった。

　具体的には、別件を利用した長期間の身体拘束、いわゆる一般的指定の案出による弁護人との接見の制限、黙秘権告知の省略、密室での長時間にわたる苛烈な取調等々、憲法、刑事訴訟法の禁じた捜査活動が跡を絶たなかった。

　また、裁判所もそれらの違憲・違法な捜査活動やその結果得られた自白を容認する姿勢を示していた。ごく一部の例を挙げるだけでも、以下のような自白に任意性を認めていた。拘禁160ないし170日後の自白、黙秘権の告知を欠いた自白、不法不当な拘禁中の自白、弁護人との接見交通権を侵害して得た自

＊9　団藤重光『新刑事訴訟法綱要』（弘文堂書房・1948年）213頁。
＊10　団藤重光『條解刑事訴訟法上』365頁、（弘文堂・1950年）367頁。
＊11　井上正治『新刑事訴訟法原論』273頁（朝倉書店・1949年）。
＊12　接見交通権をめぐる当時の実情及び一般的指定案出の経緯の詳細については、三井誠「接見交通問題の展開－その二」法律時報54巻5号（1982年）90頁以下参照。
＊13　最二小判昭和25年8月9日刑集4巻8号1562頁。
＊14　最三小判昭和25年11月21日刑集4巻11号2359頁。
＊15　最三小判昭和27年11月25日刑集6巻10号1245頁。

白[*16]。また、最高裁は、事実誤認の疑いを理由に死刑判決を破棄せざるをえなくなった二俣事件においても、拷問、強制、脅迫等の存在を認定しようとせず[*17]、検察サイドからさえも批判されていた[*18]。

　そのような実情の下で、冤罪が多発することになっていた。そのことをいち早く認識していたのは、刑事弁護に携わる弁護士ではなく、捜査当局自身であった。既に、1950年代前半には、捜査当局内部で調査が行われていた。捜査当局が冤罪と判断したのは、いずれも犯人として立件したのとは別人の真犯人の現れた事件である。現在の法務省の法務総合研究所の前身である法務研修所が全国の検察庁に照会し、収集した現行刑事訴訟法施行後、1954年5月までに起訴された事件で真犯人の現れたとされる事件が、46件確認されていた[*19]。また、警視庁刑事部捜査課も、全国の警察関係機関からの1953年から1955年までの3年間の報告に基づき、真犯人の現れたとされる事件を53件確認していた[*20]。

　検察が調査を行うことになった理由は、新法の施行後、無罪率が上昇したことにあり、その原因が新法の規定に無理があるためではないかということであった。しかし、その調査の結果明らかになったことは、「捜査官の捜査の心構えの未熟、捜査技術の拙劣等[*21]」が主な原因であり、その実態は、「自白の偏重」であった[*22]。そして、有効な刑事弁護の姿もほとんど見られなかった。控訴審での積極的活動に言及されている例もないわけではないが[*23]、被疑者段階での弁護が話題にされているのは、ごく僅かであり、しかも消極的な評価でしかない。例えば、窃盗事件で、逮捕翌日私選でついた弁護士は、「特別な活動はし

＊16　最二小判昭和28年7月10日刑集7巻7号1474頁。

＊17　最二小判昭和28年11月27日刑集7巻11号2303頁。

＊18　横井大三「二俣事件の判決を読んで」判例時報17号（1954年）1頁。

＊19　『起訴後真犯人の現れた事件の検討』検察研究叢書14（1954年）、『起訴後真犯人の現れた事件の検討（その二）』検察研究叢書15（1954年）、『起訴後真犯人の現れた事件の検討（その三）』検察研究叢書17（1955年）に、そのうちの17件が、整理・分析されて収録されている。

＊20　『㊙犯人誤認事件の実態』刑事警察資料42巻（発行年不詳）。

＊21　前掲『起訴後真犯人の現れた事件の検討』4頁。

＊22　第一件目からそのことが批判されており、同様の指摘は枚挙に暇がない。前掲『起訴後真犯人の現れた事件の検討』21頁参照。

＊23　前掲『起訴後真犯人の現れた事件の検討（その三）』7頁以下参照。

ていないようだ」、あるいは詐欺事件で2ヵ月勾留されていた際、「弁護士の努力も非常に足りなかったのではないか[*25]」といった指摘である。

このような中で発生した冤罪事件が、「真犯人の現れた事件」に限られるわけでないことはいうまでもない。二俣事件だけでなく、最終的には通常手続において救済されたが、一度あるいは二度までも有罪判決を言い渡された事件として、八丈島、幸浦、三鷹、松川、小島、八海、辰野、菅生、青梅等々の各事件、1980年代になってようやく再審で無罪になった、免田、弘前、財田川、梅田、米谷、徳島、島田、松山等の各事件、さらには、現在再審請求中か、かって再審を請求したことがある、帝銀、牟礼、白鳥、丸正等々の事件が発生し、起訴されている[*26]。著名な事件だけでも以上のとおりであり、その外にも多くの冤罪事件が発生していたであろうことは推測に難くない。

3．被疑者弁護をめぐる攻防

とはいえ、被疑者段階から先鋭な対立を生じた事件がなかったわけではない。1949年に発生した三鷹事件や松川事件はじめ、アメリカ合衆国とソビエト連邦の対立を中心とする冷戦構造の確立にともなう政治情勢の変化によって、政令201号(国家公務員の争議禁止)違反事件、公安条例違反事件、政令325号(占領目的阻害行為等処罰令)違反事件をはじめとする労働・公安関係事件が多発することになったほか、公職選挙法違反事件、贈収賄事件などでも、事件の被疑者・弁護人を中心に、憲法・刑事訴訟法を最大限に活用した弁護活動が目指されることにもなった。黙秘権の行使、秘密交通権の活用、勾留理由開示の請求等々である。

例えば、勾留理由開示請求の件数は、次の表のような推移をたどった[*27]。

---

*24　前掲『起訴後真犯人の現れた事件の検討』142頁。
*25　前掲『起訴後真犯人の現れた事件の検討』177頁。
*26　これらの事件の詳細に言及している余裕はないので、『日本の冤罪（法学セミナー増刊）』（日本評論社・1983年）参照。
*27　法曹時報3巻5号（1951年）73頁第22表、同5巻12号（1953年）98頁第7表、同6巻11号（1954年）70頁によって作成したが、統計数値が不明な場合は、空欄にしてある。

	簡易裁判所				地方裁判所			
年	被疑者	被告人	その他	計	被疑者	被告人	その他	計
1949	12	6	62	80	39	64	338	441
1950	41	15	394	450	738	179	3931	4848
1951	124	14	210	348	416	209	869	1494
1952	67	7	172	246	294	190	1381	1865
1953				56				304

　特に1950年から52年にかけての急激な増加は、労働・公安関係事件における権利行使であった。しかし、先鋭な政治的対立を背景にしたこの権利行使は、司法当局によって「極限られた少数の者の訴訟戦術、思想宣伝乃至は裁判所侮辱の具に供せられている状態」[28]と非難され、早くも請求の急増した1950年12月には刑事訴訟法規則が改変され（1951年1月4日施行）、請求方式の変更、請求方式違反請求の却下、陳述時間の制限等々が行われ、急激に減少することになった。

　この改変ではそのほかにも、例えば、私選・国選の弁護人が出廷しない場合の開廷（179条の5、179条の6）、国選弁護人の隣接管轄区域からの選任（29条1項但書）等々、規則によることに疑問のある重要な変更が行われた。

　その上、1953年には、法務・検察サイドから提起された、起訴前勾留期間の延長や権利保釈の除外事由の拡張など捜査の便宜を優先させた逆行的な刑事訴訟法の改変が行われることにもなった。[29]この改変に際しては、さらに、黙秘権の告知方法について、拒否できる供述を「不利益な供述」に限定したり、刑事訴訟法81条によって接見禁止になっている場合に、弁護人との接見に「立会人を置くことができる」ことにしようという案も用意されていた。[30]

　黙秘権の告知については、捜査当局からは、黙秘権の告知の結果被疑者が黙

＊28　最高裁判所事務総局刑事局「昭和二八年における刑事事件の概況」法曹時報6巻11号（1954年）70頁。

＊29　その改変の全容については、横井大三『改正刑事訴訟法概説』（立花書房・1953年）参照。

＊30　その法務・検察当局が立法事実として主張する運用状況の調査結果は、法務省刑事局『部外秘・刑事訴訟法の運用及び改正意見に関する調査（上・下巻）』（検察資料33・1952年）にまとめられている。

秘権を行使し、被疑者にとって不利益な結果を生じているケースが発生しているとの報告も行われていた。しかし、中心的には、公安事件等で氏名を黙秘している被疑者の弁護人選任を認められるかといった問題として顕在化していた。そのため、被疑者の黙秘権の範囲を「不利益な供述」に限定しようとしたのである。

　また、秘密交通権については、捜査に支障をきたすというのが捜査当局の一貫した主張であり、様々な制限の方策が案出されていた。最高検察庁は、新刑事訴訟法の施行に当たって、39条3項の指定について、一般的に接見指定の意思表示をしておき、弁護人からの接見要求があれば、日時等を指定して接見を認める一般的指定という方式を、当初から用意していた。[31]そのような制約の下で、例えば三鷹事件では、起訴前に接見できたのは、弁護届をとる際の30分以内の時間だけであり、[32]松川事件では、接見室における捜査当局による秘聴器の使用や捜査関係者の立会が強行されたという。[33]

　そのような実務運用に即した黙秘権や接見についての提案は、弁護士会や学界の強い反対で実現しなかった。[34]

　しかし、例えば秘密交通権については、検察当局は、「捜査の必要上已むを得ない場合には、選任の際一回、その後起訴までに一、二回、毎回十分ないし二十分程度の接見を許容する程度に止まっても、弁護権の不当な制限とはいえず、違法でない」との認識に立っていた。[35]しかも、東京地裁が三鷹事件に関わる職権濫用事件に対する付審判申立を棄却した決定（1952年5月1日）によれば、「当時東京地方検察庁と弁護士会との間において一般事務上の打合せ

＊31　三井・前掲「接見交通問題の展開－その二」法律時報54巻5号（1982年）91頁以下参照。
＊32　小沢茂「秘密交通権の妨害と人権侵害」自由と正義17巻11号（1966年）16頁。
＊33　大塚一男「松川事件における秘密交通権の侵害」自由と正義17巻11号（1966年）19頁。
＊34　学界からの批判は、日本刑法學會『改正刑事訴訟法－解説と批判』（有斐閣・1953年）、弁護士会からの批判は、日本弁護士連合会「刑事訴訟法改正の問題點に對する意見」自由と正義2巻11号（1951年）55頁以下、自由と正義4巻7号（1953年）2頁以下の「刑事訴訟法改正案についての座談会」及び「アンケート刑事訴訟法改正法案についてどうお考えですか」参照。
＊35　法務研修所『秘・検事研究にあらわれた公安検察の諸問題』検察研究特別資料八号54頁（1953年）。

としてその回数を一回に限ることとする内約があ（った）」ともいわれていた。[*36]

　そして、労働・公安関係事件の中心が手続的には、「法廷」闘争に移行していく中、全体としてみれば弁護人の実質的援助のない密室での自白追及中心の運用は、前述したように確実に定着していくことになる。そのような捜査実務によって生み出された冤罪事件の一部は、後述のように三鷹、松川、青梅などの公安事件をめぐる裁判批判の進展とともに、「法廷」においてその救済が実現する。例えば、二俣[*37]、幸浦[*38]、小島[*39]等の有罪判決が、相次いで最高裁によって破棄されることになった。

　相次ぐ虚偽自白による誤判の発生は、重大な問題と受けとめられ、捜査について一定の「反省」を具体化させることにもなった。[*40]しかし、この段階では、それはあくまでも捜査当局自身の自己完結的な「反省」であり、弁護権の拡充・強化を指向するものにはならなかった。総体としてみれば、なお弁護権をめぐる対立は「限局的であったとみうる」[*41]と評される状況でもあった。一方で捜査当局の対応が「被疑者との面会に関する限り、まことに鷹揚でノンビリしていた」面があった[*42]と同時に、他方では、弁護側が捜査当局の意向を忖度し、検察官が発する「接見書」による接見を了承したり、接見の立会を許容する[*43]といったことが行われていただけでなく、[*44]先鋭な対立を生じていた公安関係事件でも、接見制限に対して法が認めている対抗手段がほとんど活用されていな

---

*36　前掲『秘・検事研究にあらわれた公安検察の諸問題』54頁。当時の実情については、日本弁護士連合会『日弁連二十年』（1970年）273頁以下参照。

*37　最二小判昭和28年11月27日刑集7巻11号2303頁。

*38　最一小判昭和32年2月14日刑集11巻2号554頁。

*39　最二小判昭和36年9月15日刑集15巻8号1442頁。

*40　例えば、警察庁刑事部捜査課編『部外秘・適正な捜査運営のために』刑事警察資料41巻（1956年）75頁以下では、予断と偏見に基づく自白偏重の「経験主義的捜査の残滓」を一掃する必要を強調していた。

*41　三井・前掲「接見交通問題の展開―その二」法律時報54巻5号93頁。

*42　毛利与一「秘密交通権」自由と正義17巻1号（1966年）6頁。

*43　三井・前掲「接見交通問題の展開―その二」法律時報54巻5号94頁

*44　前掲『刑事訴訟法の運用及び改正意見に関する調査（上巻）』94頁以下には、弁護人から立会を求めるといった多数の事例が報告されている。例えば、津地検からは、「当地の弁護人の多くはその潔癖性を証明する為め進んでその立会を求める状況にある」（97頁）と報告されている。

かったともいわれる。[*45]

　この時期、1950年代半ばまでは、学説は、新法によって導入された訴因制度や証拠法等の検討に忙殺され、捜査についてはもちろん、憲法を基礎とした理論的体系化にも手の回らない状態だった。被疑者の取調受忍義務が肯定され、審判の対象や証拠法についても折衷的な見解が主流を成していた。憲法を基礎とした体系的刑訴法理論の出現は、結局、1950年代後半になってからであり、平野龍一『刑事訴訟法』（法律学全集、1958年）まで待たなければならなかった。同書は、理論的には憲法的当事者主義理論の一応の体系化の完成を意味していた。その意義と限界については、第3章で触れることにするが、眼目は、弾劾的捜査観の下での身体拘束被疑者の取調受忍義務の否定、接見自由原則の確立等、被疑者の主体的地位の確立へ向けた権利保障、訴因論を中心とした訴訟追行過程の理論化等々であった。

4．被告人弁護をめぐる状況

　刑事弁護についての戦後改革が、被疑者にも早い時点から弁護人の援助を保障しようという指向に貫かれていたことは間違いない。とはいえ、初めて保障されることになった被疑者に対する弁護権に比して被告人に対する保障が規定上も充実していたことは間違いない。学界から立法に参画した団藤重光も、第一義的には「被告人」の弁護について言及する。公判段階における弁護人の任務は、刑事司法に対する「いわば闘争的な」協力にあり、「被告人の正当な利益を主張してゆずらぬことによって正しい裁判に協力するのである」という。[*46]「背後にはつねに職権主義がひそんで」いるとしながらも、公判手続において「徹底した当事者主義を大きくとり入れた」ことを宣明している。[*47]英米的な「法廷技術」も意識的に追求された。[*48]

---

*45　その実情については、三井・前掲「接見交通問題の展開─その二」法律時報54巻5号93頁以下参照。
*46　『新刑事訴訟法綱要』（弘文堂書房・1948年）82頁。
*47　前掲『新刑事訴訟法綱要』61〜62頁。
*48　例えば、戒能通孝『法廷技術』法律学体系・法学理論篇1（日本評論社・1950年）。

実際にも公判段階における弁護人の援助は、新法施行後、統計的には急速に
拡大していくことになる。1949年１月の簡易裁判所事件の新受事件では、15
％に私選弁護人が付き、10％に国選弁護人、地方裁判所事件の新受事件では、
40％に私選、14％に国選が付いたにすぎなかった。しかし、1949年全体では、
簡易裁判所事件の新受事件39％に私選弁護人が付き、37％に国選弁護人、地
方裁判所事件の新受事件は、62％に私選、37％に国選が付いた[49]。全体で90％
を超える選任率は、1953年まで続き、一旦90％を割り込み、90％台に復帰す
るが、1950年代半ばをすぎて表面上は70％台の選任率が続くことになる[50]。し
かし、1959年までの統計では、追起訴人員が正確に控除されていなかったと
いうことで[51]、1960年について正確に算出した実人員によれば、「地裁では殆
どすべての被告人（計算上は一〇三・四％となる）に弁護人がついており、簡
裁でも九四・〇％の被告人に弁護人がついている[52]」。そして、次第に、国選に
よる選任率が増加をたどることになっており、1950年代末には、実質的に、
地裁では、50％半ば、簡裁では70％を超えることになる[53]。
　ということでもあろうが、国選弁護をめぐっては早くから様々な問題が提起
されてきた。
　弁護士サイドからの指摘の中心は、余りに低廉な報酬にあったが[54]、警察や
裁判所などの偏見や誹謗なども指摘されていた[55]。しかし、そのような背景が
あってのこととはいえ、より重大な問題として提起されることになるのが、国
選弁護の質であった。いち早く、アメリカ合衆国との比較を通して国選弁護に
よって「実質的に十分弁護人の弁護が受けられるようになっているか」という

＊49　「新刑事手続一年間の運用状況」法曹時報２巻８号（1950年）117～118頁。
＊50　「昭和三十二年における刑事事件の概況」法曹時報10巻12号（1958年）60頁以下参照。
＊51　「昭和三十三年における刑事事件の概況」法曹時報11巻10号（1959年）60頁及び「昭和
　　　三十四年における刑事事件の概況」法曹時報12巻10号（1960年）81頁参照。
＊52　「昭和三十五年における刑事事件の概況」法曹時報13巻10号（1961年）102頁。
＊53　前掲「昭和三十五年における刑事事件の概況」102頁。
＊54　有松祐夫「國選の報酬に就いて」自由と正義３巻９号（1952年）55頁は、「いくら安い国選
　　　でも、かく迄安くなるとは一驚せざるを得なかった」として、綿密な計算結果が紹介されている。
＊55　間狩昭「国選弁護制度の正常な運営をはばむもの」自由と正義８巻12号（1957年）20頁参照。

問題提起が学界から行われるようになっていたが、公判前に被告人と面会せず、証拠も確認せず、後に真犯人が現れた本来無罪であるべき事件を有罪にしてしまったといった事件[56]にはじまり、死刑事件について弁護の余地がないとの対応を行った国選弁護人に対する批判が高まったことなどもあり、国選弁護の[57]あり方について本格的な議論が行われることになった[58]。裁判所から遠慮がちに指摘されていたのは、「年配の方のうちには、これはごく例外的なことですが、まま昔の官選弁護のつもりなのか、ほとんど準備らしい準備をしない、検察官の方とも事前に連絡をとっていない、被告人とも会っていないという方があります」（横川敏雄東京地裁判事）[59]や、「被害弁償の点とかあるいは事後の保護関係などについての努力は、国選弁護人の場合には私選弁護人に比してどうして[60]も足りない…事前調査の点についても…熱意が薄い場合がある…裁判所に来て初めて会うという方も、多少はあるように見受けられます」（伊達秋雄東京地裁判事）[61]といったことが指摘されている。

　こうした状況の下で、活発な弁護活動が展開されることになったのは、主として政治的背景を持った事件においてであった。その担い手の中心は、太平洋戦争敗戦後いち早く再建された自由法曹団の弁護士達だった。1946年1月に発生した軍人による物資隠匿を摘発した者が刑事責任を追及されることになった板橋造兵廠事件にはじまり、前述したように冷戦構造が確立する中で、刑事

＊56　平野龍一「弁護人に依頼する権利―アメリカの制度を中心として」自由と正義8巻4号（1957年）15頁。

＊57　「人権座談会」自由と正義8巻10号（1957年）35～37頁。

＊58　1960年6月13日に東京高裁で控訴を棄却された事件の国選弁護人が、同年3月23日に提出した控訴趣意書、同年9月9日の最高裁で行われた上告審での国選弁護人の弁論が問題になった。前者については、損害賠償事件となり、原告（被告人）が勝訴している。東京地判昭和38年11月28日下級裁判所民事裁判例集2336頁、同判決についての評釈として、田宮裕「刑事弁護人の訴訟上の義務」刑事訴訟法判例百選116頁以下（1965年）。また、「座談会・国選弁護制度の実状」自由と正義11巻10号（1960年）31頁以下参照。

＊59　「特集・法律扶助制度」自由と正義11巻11号（1960年）2頁以下で、国選弁護の実情について、原秀男「国選弁護制度運営に対する疑問」、竹内誠「国選弁護に関する統計資料ついて」、秋根久夫「努力の甲斐があった国選弁護」、湯川忠一「国選弁護についての所感」の4本の論稿が掲載されているほか、小野清一郎を司会とし、弁護士の他に裁判官、検察官が出席した前掲「座談会・国選弁護制度の実状」も行われていた（20頁以下）。

＊60　前掲「座談会・国選弁護制度の実状」27頁。

＊61　前掲「座談会・国選弁護制度の実状」29頁。

裁判史上に名前が刻まれることになった松川事件やメーデー事件などの多くの刑事事件が発生することになり、憲法、刑事訴訟法によって保障された権利、権限を最大限に活用した弁護活動が追究された。[62] 被疑者段階での弁護活動については、前述した（本書33頁以下）ところでもあるが、公判での弁護活動も、当初は弁護士会内部からの非難・攻撃にさらされるといったこともあり、裁判所や法務・検察当局によって法的規制が企図されるといったことにもなった。1957年7月に、「法廷等の秩序維持に関する法律」が制定され、最高裁も同じ年に「法廷等の秩序維持に関する規則」、「傍聴規則」等を制定した。[64] さらに、前述した（本書34頁）ような国選弁護人について規制する刑事訴訟規則の改変、刑事訴訟法の改変なども相次いで行われることになった。

　しかし、「公判斗争」との位置づけの下に、法廷外の活動とも一体化させた「大衆的裁判闘争」[65] は、松川事件では、文学者広津和郎の長期にわたる判決批判活動を生み、[66] 広範な社会的関心を喚起し、捜査当局によって隠蔽されていた証拠を開示させるなど裁判所に最終的には「珠玉の真実」（無罪）を発見した[67] と言わしめることにもなった。メーデー事件でも裁判所に公判審理の「八分割方式」[68] を撤回させ、「統一公判」を実現し、騒乱罪の成立を否定させ、無罪への道を開く等、その後の刑事弁護を牽引する成果を上げることになった。

＊62　自由法曹団の弁護活動については、『自由法曹団物語』（労働旬報社・1966年）193頁以下、『人権と公判斗争』（労働旬報社・1966年）参照。この期に自由法曹団が取り組んだ他の主な事件としては、平事件、三鷹事件、青梅事件、白鳥事件、菅生事件、芦別事件、辰野事件、吹田事件、大須事件等をあげることができる。

＊63　例えば、日本弁護士連合會「メーデー騒擾事件の法廷混乱に対する意見書」自由と正義4巻2号（1953年）44頁以下参照。この意見書に対する担当弁護人の「感想」として公表された、布施辰治「メーデー事件公判の法廷混乱に関する意見書を読んで」自由と正義4巻5号（1953年）44頁以下参照。

＊64　その経緯については、小田中聰樹『現代刑事訴訟法論』（勁草書房・1977年190頁以下）参照。

＊65　松川事件については、松川事件対策協議会／松川運動史編纂委員会編『松川十五年－真実の勝利のために』（労働旬報社・1964年）参照。

＊66　広津の批判活動の全容は、『広津和郎全集』第10、11巻（中央公論社・1973、74年）に収録されている。

＊67　仙台高判昭和36年8月8日判例時報275号6頁。

＊68　メーデー事件については、『メーデー事件裁判闘争史』編集委員会編『メーデー事件裁判闘争史』（白石書店・1982年）参照。

5．1950年代の刑事手続環境と刑事弁護

　以上概観してきたところからすれば、1950年代の刑事弁護の状況については、少なくとも次の3点を指摘しておくべきであろう。

　第1に、弁護士総体としては、新しい法体制と刑事手続の実情に、理念的にも実践的にも対応し切れない状態でスタートしている。そもそも被疑者弁護については、選任率が極めて低かったと想定されるだけでなく、通常の事件での活動も極めて低調であった。その前提には、被疑者弁護が、捜査妨害と受け取られることになるという弁護士の危惧・意識が、なお広範に存在していたとも思われる。その典型が、接見に際して捜査当局の立会を容認するといった姿勢にも現れていた。そのような被疑者弁護の不十分な状況も一因となって、旧態依然とした自白偏重の捜査が継続・維持され、多くの冤罪事件を生むことになっていた。

　第2に、被告人の弁護については、必要的弁護の範囲が、法定刑が「短期一年以上」（旧法第334条1項）から、「長期三年を超える」（第289条1項）に拡大されたこともあり、高い選任率を維持することになっていた。しかし、私選弁護は次第に減少し、1950年代末には、国選弁護が多数を占めることになり、それにともなって国選弁護の問題点も顕在化することになってきた。

　第3に、そのような全般的に刑事弁護が低調な状況の中で、一部の事件では、憲法、刑事訴訟法によって保障された被疑者・被告人の権利を最大限に生かした刑事弁護が行われてもいた。捜査当局からの非難攻撃、立法的な制約を受けただけでなく、弁護士会内部からの非難にも抗しながら展開された弁護活動は、裁判批判という国民的な支えをも獲得し、大きな成果を上げることになった。しかし、その対象になった事件のほとんどは、政治的背景をもった事件であり、被疑者・被告人も弁護人も政治的確信をもって無罪を争った事件であり、大きな困難の中、最終的には無罪を立証することによって勝ち取った成果である。

　すなわち、「詐欺や泥棒の場合の公判」とは異なり、「正邪黒白を、公判廷で、人民大衆の眼前で、明らかにするためにたたかう斗争の態度」によって繰り広

げられた弁護活動であり[69]、被告人の無罪を確信し、無罪立証を可能にする組織的な弁護活動であった。それは、政治的予断に対抗するために、意識するとしないとに関わりなく、無罪推定が機能していないという手続環境の下で、無罪立証を強いられ、弁護人も無罪を立証せざるを得ないと考え、無罪立証に意を尽くさざるを得ないという意識にとらわれることにもなっていたと考えられる[70]。その結果、先進的な弁護活動が、そのような意識から脱却し、弁護の立場から無罪推定の原則を実質化させることは、将来の課題とならざるを得なかった。

＊69　岡林辰雄「公判斗争について」前掲『人権と公判斗争』36頁。
＊70　この点については、大出良知・上田國廣「刑事弁護の新しい世紀」日本弁護士連合会編『21世紀弁護士論』（有斐閣・2000年）290頁以下〔大出〕（本書第3部第1章所収）参照。

第3章

誤判問題の展開から学生公安事件前夜まで（1960年代）

1．刑事手続をめぐる問題状況

　1950年代末の平野理論の登場は、学界の動向に大きな影響を与えることになった。あらためて確認しておくならば、その眼目は、第2章で述べたように（本書37頁参照）、日本国憲法による黙秘権保障を基軸とした弾劾的捜査観の下での身体拘束被疑者の取調受忍義務の否定、接見自由原則の確立等、被疑者の主体的地位の確立へ向けた権利保障、訴因論を中心とした訴訟追行過程の理論化等々による当事者主義刑訴法理論の確立であった。そのことで、後述するような当時の相変わらずの自白の獲得と利用を中心とする刑事手続の実態に対する理念的な対抗軸は示されることになったが、実践的な担保をどこに求めるのかが示されたわけでは必ずしもなかった。黙秘権の保障を実効あるものにするために取調受忍義務を否定したものの、拘束されている被疑者の密室での取調を止めようとしない捜査当局の対応を変えさせる具体的な方策が示されたわけではない。捜査当局が、自白獲得のために弁護人との接見を妨げているとの認識から接見自由原則が主張される[2]が、拘束している被疑者に会わせようとしない捜査当局にどう対抗するかは明らかではない。

　確かに、違法な方法によって自白を獲得した場合には、日本国憲法31条を根拠に、その自白を排斥することを求める違法排除説が、いち早く主張されることにはなった。自白獲得のための「違法行為を防圧するためのもっとも有効

---

*1　平野龍一『刑事訴訟法』（有斐閣・1958年）106頁。
*2　平野・前掲『刑事訴訟法』105頁注（四）。

な手段である」という認識が前提になっていた。[*3] とすれば、その判断者は裁判官であり、その意味では、平野当事者主義理論を担うことを期待されたのは、最終的には、当事者（ないし弁護人）ではなく、裁判官であったとも考えられる。それは、当時の刑事弁護の実情を反映していたということでもあろうが、裁判官を担い手とし、その認識を変えさせるための現実的担保が示されていたわけではない。

　しかし、刑事弁護にとって理論的武器が用意されたことは間違いない。直接的な連関はともかく、客観的には、弁護に関わる理論的課題についても徐々に各論的な議論が展開されていくことになる。その基盤となる刑事手続ないし刑事弁護をめぐる問題状況を異なった視角からさらに２つ指摘しておく必要があるであろう。

　１つは、上述した50年代半ばから社会的関心を集めた少なからぬ事件での事実誤認救済の動きがさらに進展し、無罪判決の確定によって決着することになったことである。なかでも特に大きな位置を占めた松川事件は、1961年に差戻審で無罪となり、1963年に、検察の上告が棄却されて[*4]無罪が確定した。もう１件、弁護人の１人であった正木ひろしが、第一審裁判を批判した出版に対して担当裁判長が応酬するといったことなどがあり、大きな社会的関心を集めた強盗殺人事件の八海事件も[*5]、1968年に、ようやく３度目の上告審において、最高裁が死刑等の有罪判決を破棄し、無罪を自判[*6]することで決着がついた。そして、これらの事件での「弁護人のはたらきには目を見はらせるものがある」と評される[*7]ことにもなった。

　また、第２章で触れた松川事件での広津和郎らによる松川裁判批判（本書

＊３　平野・前掲『刑事訴訟法』228頁。
＊４　最一小判昭和38年９月12日刑集17巻７号661頁。
＊５　1951年１月24日に、山口県熊毛郡麻郷八海（当時）で発生した。正木は一審裁判を批判する、『裁判官』（光文社・1955年）、『検察官』（光文社・1956年）を出版。そのそれぞれに第一審裁判長の藤崎晙が、『八海事件－裁判官の弁明』（一粒社・1956年）、『証拠－続八海事件』（一粒社・1957年）によって反論。八海事件の経過については、刊行委員会編『八海事件十八年』（労働旬報社・1969年）参照。
＊６　最二小判昭和43年10月25日刑集22巻11号961頁。
＊７　田宮裕「刑事弁護序説」兼子博士還暦記念『裁判法の諸問題下』（有斐閣・1970年）61頁。

40頁参照）や前述の正木ひろしの八海裁判批判などは、当時の最高裁長官田中耕太郎が、「外部の雑音に迷うな」と訓示する[*8]といったこともあり、その是非をめぐって大論争が展開されることになる。この論争については、自ら論争に関わった家永三郎が、論争を総括し、裁判批判の合法性、正当性、必要性を法律的、社会的、歴史的に論証している[*9]。家永は、その憲法上の根拠として34条、37条１項をもあげ、裁判の公開が批判の自由をも含み、国民に裁判関与権のあることを主張していた[*10]。当時の刑事司法の状況の中で、その適正性を確保するための国民的視野からの弁護権の主張ともいうべきものであり、松川事件等の裁判闘争を支えていたことは銘記すべきであろう[*11]。

　もう１つは、このような動きと並行して、国際的な被疑者に対する権利保障の進展があった。しかも、そのような海外の動きが、さほど時間をおかず我が国でも検討され紹介されることにもなってきていた。最も注目されたのは、アメリカ合衆国の連邦最高裁の判例の動きだった。1950年代から1960年代にかけて、連邦最高裁は、ウォーレン長官の下で「刑事法の革命」を実現しつつあり[*12]、主として捜査手続に関わって急激な変化を見せていた。被逮捕者を遅滞なく裁判官の下へ引致せず、不法に拘禁していた間の自白の排除を確定的なものにしたマロリー判決（1957年）[*13]が生み出され、我が国でもこのマロリー判決までの動きを踏まえた自白の証拠能力についての違法排除説[*14]が本格的に提唱されることになる[*15]。

　弁護権に関わっては、具体的には、国選弁護権の保障を州へ適用したギィデ

＊8　「裁判所時報」184号１頁に掲載された1955年５月26、27日に開催された高等裁判所長官、
　　　地方裁判所長および家庭裁判所長会同での訓示を報じた1955年５月26日付朝日新聞夕刊の見出
　　　し。田中長官の在任期間は、1950年年３月３日から1960年10月24日までである。
＊9　家永三郎『裁判批判』（日本評論社・1959年）。
＊10　家永・前掲『裁判批判』51頁以下
＊11　裁判批判と裁判闘争の位置づけについては、小田中聰樹「現代司法論の展開と今日的課題」
　　　法学セミナー1973年10月号113頁以下参照。
＊12　田宮裕『捜査の構造』（有斐閣・1971年）１頁参照。
＊13　Mallory v. United States, 354 U.S. 449（1957）.
＊14　マロリー判決直後の1958年に、日本国憲法31条を根拠に、わが国で最初に違法排除の考え
　　　方を示したのは、平野龍一『刑事訴訟法』228頁である。
＊15　田宮裕「自白の証拠法上の地位（1）-（4）」警察研究34巻２号21頁以下、同３号３頁以下、
　　　同4号17頁以下、同６号３頁以下（以上、1963年）。

第３章　誤判問題の展開から学生公安事件前夜まで（1960年代）　45

ィオン判決（1963年）、被疑者の弁護人接見要求権を認めたエスコビード判決[16]（1964年）、そしてミランダ判決[18]（1966年）に至り、取調に弁護人に立ち会ってもらう権利を被疑者に認めることになった。ミランダ判決の衝撃は、その前史であるエスコビート判決とともにいち早く紹介されただけでなく[19]、それまでの判例の展開の意義も我が国との比較で明らかにされることになった[20]。

　また、西ドイツ（当時）では、1964年の刑事訴訟法改正によって接見自由原則が確立され[21]、イギリスでも同じく1964年に「裁判官準則」が改正され、一定の制約はあるものの被疑者が秘密にソリシターと接見できるとする原則が確立されることになった[22]。

２．誤判問題の展開と弁護権論をめぐる新たな動き

　前述のような1950年代からの誤判問題の展開によって、主として実務家の間には、誤判問題への系統的、理論的関心が高まることになった。諸外国の誤判事例を収集・分析したジェローム・フランク＝バーバラ・フランク（兒島武雄訳）『無罪－三六の誤判例』（日本評論社・1960年）やマックス・ヒルシュベルク（安西温訳）『誤判』（日本評論社・1961年）が、裁判官や検察官の翻訳によって相次いで出版され、さらに我が国の1940年代から1950年代に発生した誤判について分析・検討した上田誠吉＝後藤昌次郎『誤まった裁判』（岩波新書・1960年）や青木英五郎『事実誤認の実証的研究』（武蔵書房・1960年）[23]等を嚆矢とし、少なからぬ成果が生み出されることになった。

＊16　Gideon v. Wainwright, 372 U.S. 335（1963）.
＊17　Escobedo v. Illinois,378 U.S.478（1964）.
＊18　Miranda v. Arizona,384 U.S.436（1966）.
＊19　例えば、田宮裕「被疑者の尋問に関するエスコビード・ルールの発展」判例時報452号３頁以下（1966年）。
＊20　田宮裕「捜査・自白・弁護」北大法学論集17巻２号（1966年）171頁以下。
＊21　この改正については、光藤景皎「西ドイツ刑事訴訟法一九六四年改正の位置（三）」甲南法学８巻１号85頁以下参照（1967年）。
＊22　この改正については、田宮裕「イギリスにおける『裁判官準則』の改正」判例時報390号（1964年）２頁以下参照。岡田悦典『被疑者弁護権の研究』136頁以下（日本評論社・2001年）参照。
＊23　後に、『青木英五郎著作集Ⅰ』（田畑書店・1986年）227頁以下に収録。

『誤まった裁判』は、松川と八海も含む8事件を分析の対象とし、誤判原因を析出している。[*24] 第1にあげられるのは、ほとんどの事件で拷問、脅迫、誘導によって虚偽の自白が作り出されていることであり、裁判官が被告人の言い分を一切認めようとしないことである。第2には、共犯者の自白を本人の自白と同視しない裁判所の態度があげられる。そして、第3に、共謀共同正犯理論の存在である。共犯者の自白により共謀の責任を問われた際に逃れることは不可能に近い。第4に、証拠開示制度の不備である。最後に、自由心証主義の恣意的運用が指摘されている。

また、裁判官である青木が著した『事実誤認の実証的研究』も、自白、さらに共犯者の自白の危険性を様々な角度から問題にする。そして、自白が裁判官をはじめとする事件関係者に「有力な、暗示的な影響を与える」として、裁判官の「自白の偏重、あるいは自白に対する警戒心の欠除は、単に事実誤認の危険だけに止まらない。それは、必然的に捜査官に対して、自白の追求に熱中する悪弊を生ぜしめる」と指摘する。[*25]

その上で青木は、「自分を被告人の心の中に投げこんで、自分を被告人と同一化したうえで、もう一度自分の立場にもどって考えてみる」という方法以外に良い方法はないという。[*26] 判断者の責任の大きさを軽視すべきでないことはその通りであるにせよ、それ以外に方法を見いだせないというのが現実でもあったであろう。これに対し上田らは、「裁判批判の広汎な世論の力」こそが、公正裁判を実現する力であり、「隣家の市民に加えられた不正に対しても人間らしい関心をもちあわせたい」と結んでいる。[*28]

そのような中、実務的には後述のように、捜査当局による秘密交通権に対する不当な制約に対抗する動きも活発化することになる。その動きを理論的に支えていたのは、アメリカ合衆国での判例の展開を受けた日本国憲法規定の意味の問い直しでもあった。それは、当事者主義刑事訴訟法理論の深化による捜査

---

*24　上田＝後藤・前掲『誤まった裁判』200頁以下。
*25　青木・前掲『事実誤認の実証的研究』3頁。
*26　青木・前掲『事実誤認の実証的研究』214頁。
*27　上田＝後藤・前掲『誤まった裁判』219頁。
*28　上田＝後藤・前掲『誤まった裁判』220頁。

の弾劾化を各論的に支える作業であった。「捜査機関と被疑者が真に並列的な準備を行なうためには、被疑者の地位を捜査機関と実質的対等まで引き上げる必要があるから、弁護人依頼権が保障されなければならない[29]」との認識も示されていた。

　その具体化は、まずアメリカ合衆国における「有能・有効な弁護」の保障の展開を受け、第2章で紹介した平野の問題提起も受けながら日本国憲法37条3項の被告人が「資格を有する弁護人」によって保障されるべき弁護の内実について展開された。単に資格者による弁護というだけでなく「有能・有効な」弁護でなければならず、それは、「資格のある弁護人につきそってもらう」ことを意味すると主張されることになる[30]。その意味は、さらに、「ただ弁護人を持つという形式的な権利ではなく、その援助を受ける実質的な権利であるはずである。そうだとすれば、弁護人と接見する権利は、いわば絶対的な権利であり、少なくとも捜査目的より優先するはずのものである」と敷衍されることにもなる[31]。

　そして、この主張は、後述する弁護人の秘密交通についての一般的指定を違法とする裁判所の判断を受けて、その根拠を日本国憲法34条の被疑者の弁護人依頼権に求める再確認にも進むことになる。34条の抽象性、柔軟性は、その権利内容として、弁護人選任権、自由接見交通権、取調立会権の3つの可能性を包含しているという理解のもとに、その時点（1967年）では、その権利内容を自由接見交通権と理解すべきだというのである。その理由づけに当時の弁護権をめぐる実情の一端が示されている。取調立会権は、「刑事弁護制度の現状や捜査機関や一般の捜査観の現状では実現不可能でもあり、また採用を強行するとまだ逆効果の方が大きいだろう」という配慮でもある[32]。それと同時に、「刑訴法三九条と最もよく調和したものといえるし、弁護権の進歩の歴史からいって、この程度に解するのが妥当であろう」という積極的な位置づけも行わ

＊29　田宮裕「捜査・自白・弁護権」北大法学論集17巻2号（1966年）171頁以下。
＊30　田宮裕「弁護権の実質的な保障（1）」北大法学16巻2＝3号（1965年）287頁以下。
＊31　平野龍一「捜査と人権」『日本国憲法体系』（有斐閣・1965年）267頁。
＊32　田宮裕「接見交通の指定をめぐって」判例タイムズ210号5頁（1967年）。

れていた。また、34条の弁護権は、被疑者に対する「国選を要求するものと[33]
解することができる」ことも指摘されていた。[34]

　以上のような状況変化の中、一般の刑事事件における弁護活動をめぐる動き
も徐々にではあるが進展を見せることになる。まず、大阪高裁が、贓物牙保事
件で捜査当局が被疑者の弁護人選任の申出を事実上無視した弁護人選任権の侵
害をも理由とする自白調書の無効の主張を受け、自白の証拠能力を否定した。[35]
アメリカ合衆国でもマロリー判決は存在したものの弁護権侵害による自白の排
除にはなお時間を要し、我が国でも違法な手続の間の自白を排除しようとする
主張はごく一部にとどまっており、学説による弁護権侵害との関係での問題提
起が行われていたわけではなかった1960年の時点でのこの判決は、「違法排除
説のパイオニア的判例というべきである」と評されることにもなった。[36]

　また、前述の違法排除説が提唱された直後には、公職選挙法違反事件で、手
錠をしたままの取調によって得られた自白に任意性はないという弁護人の上告
に応えて、最高裁が、「反証のない限りその供述の任意性に疑いをさしはさむ
べきである」との判断を示した。さらに、収賄事件で、自白すれば不起訴にす[37]
るという検察官のことばを信じて述べた自白に任意性はないという弁護人の主
張に対しても、「起訴不起訴の決定権をもつ検察官の…ことばを信じ、起訴猶
予になることを期待してした自白は、任意性に疑いがある」との判断も示した。[38]
引き続きいくらか時をおいて、最高裁は、大法廷で、銃砲刀剣類所持等取締法
等違反事件で、偽計（切り違え尋問）を用いて得られた自白の証拠能力を否定
することになり、取調方法の違法を根拠として違法排除説への傾斜を強めた[39]

＊33　田宮・前掲「接見交通の指定をめぐって」判例タイムズ210号 5 頁。
＊34　田宮・前掲「接見交通の指定をめぐって」判例タイムズ210号 7 頁注（6）。
＊35　大阪高判昭和35年 5 月26日下刑集 2 巻 5 ＝ 6 号676頁。
＊36　熊本典道「弁護人選任権侵害による自白」刑事訴訟法判例百選（新版）175頁（1971年）。
　　　なお、本件の解説である、田宮裕「弁護人選任権の侵害と自白」『証拠法大系Ⅱ』27頁（日本評
　　　論社・1970年）は、「違法排除の方向へ一歩を踏み出し」ているが、「なおそれに徹底していな
　　　い意味で過渡的現象を呈した」としていた。
＊37　最二小判昭和38年 9 月13日刑集17巻 8 号1703頁。
＊38　最二小判昭和41年 7 月 1 日刑集20巻 6 号537頁。
＊39　最大判昭和45年11月25日刑集24巻12号1670頁。

とも理解されることになった。以上の判決は、当時常態化していた捜査手法[40]に対する弁護人からの問題提起に対する回答であったことも看過してはならない。[41]

3. 弁護実務の実情

しかし、このような事態の変化が、なお刑事弁護一般の視点から理論的、実践的に総括されることにはなっていなかったといわざるをえない。それは、「一方で刑事弁護の機能についての認識が不十分だからであり、他方では（したがってというべきかもしれない）、弁護活動の実態が必ずしもめざましく前進的ではないからだろう」[42]と指摘されていたこととも関係していたであろう。

1960年代を通して、地裁事件では90％台後半の被告人に弁護人が選任され、簡裁事件では、ほぼ80％の被告人に弁護人が選任されている。そのうち国選弁護人は、地裁事件では、ほぼ40％台半ば、簡裁事件では、50％台から60％前後ということになっていた。[43]その中でも東京地裁管内では、1960年代半ばには、地裁で70％、簡裁では75％に達するまでになっていた。[44]

東京地裁管内では、その担い手は半数以上の弁護士会会員が受任の登録をしており、「若いものだけがやっておるという実情ではございません」ということで基盤は確保されていたものの、裁判所関係者からは、相変わらず「選任[45]されてからも、なかなか顔を見せられない方がある」、「当然第一回公判期日前

---

*40　田宮裕「生きかえった自白法則－違法排除への黎明」ジュリスト470号104頁以下（1971年）。

*41　当時の手錠をしたままの取調の問題状況、実情については、寺尾正二「手錠を施したままの自白」前掲『証拠法大系Ⅱ』57頁以下、山下潔「手錠をかけたままの取調」法律時報38巻9号（1966年）84頁以下参照。また、当時の約束による自白の実情の一端は、兒島武雄「約束による自白」前掲『証拠法大系Ⅱ』49頁以下参照。

*42　田宮・前掲「刑事弁護序説」61頁。

*43　最高裁判所事務総局刑事局「昭和三六年における刑事事件の概況」法曹時報14巻10号（1962年）109頁、同「昭和四一年における刑事事件の概況（一）」法曹時報19巻12号（1967年）132頁、同「昭和四五年における刑事事件の概況（上）」法曹時報23巻12号（1971年）109頁参照。

*44　「〈座談会〉国選弁護」自由と正義17巻12号（1966年）1頁。

*45　前掲「〈座談会〉国選弁護」自由と正義5頁。

に準備すべきものと考えられるような準備さえ怠っておる人がかなりある」といった批判が行われていた[*46]。これに対して、弁護士側からは、「受任した場合には、第一回公判期日が非常に切迫している場合がある[*47]」、さらには、1952年頃までは日弁連の報酬規程とほぼ同一であった国選弁護料が、1966年には、日弁連の報酬規程の約20%、東京三弁護士会報酬規程の10%以下でしかなく[*48]、「弁護人の犠牲において国選弁護活動がまかなわれておるという現状にある[*49]」との反論がある。そして、この報酬問題については、裁判所サイドも「今の報酬は安過ぎる[*50]」と認めざるを得ず、「国選弁護人の弁護活動に対しましては充分これに報いるような報酬額を確保致したい[*51]」と述べざるを得ないものの、事態改善の見通しが立っていたわけではない。

　また、被疑者弁護をめぐる一般的実情については、例えば、検察官から、「被疑者段階における弁護活動については跛行的なものが感ぜられるのである。一部の事件については弁護活動がきわめて活発で、ともすれば弁護権の乱用がみられるに反し、大部分の事件にあっては弁護活動がほとんど行われない[*52]」との指摘があるだけでなく、裁判官からも、「弁護側のほうから、この点（正当な弁護活動——著者注）についてあまり強い主張というのは出ないですね。たとえば接見禁止についての準抗告にしても少ないですね[*53]」と指摘されている。それだけでなく弁護士からも、「不起訴を頼むとか、そういうこと以外に、つまり公判を前提とした弁護なんというのは何もできないので、いわば待っているよりしょうがない。たかだか身柄があるときは身柄を出すということ以外に何もない[*54]」といった発言もみられた。

---

*46　前掲「〈座談会〉国選弁護」自由と正義8頁参照。
*47　前掲「〈座談会〉国選弁護」自由と正義8頁。
*48　前掲「〈座談会〉国選弁護」自由と正義20頁以下参照。
*49　前掲「〈座談会〉国選弁護」自由と正義10頁。
*50　前掲「〈座談会〉国選弁護」自由と正義14頁。
*51　前掲「〈座談会〉国選弁護」自由と正義14頁。
*52　大津丞「被疑者段階の弁護活動に関する考察」判例タイムズ201号（1967年）240頁。
*53　平野龍一ほか「〔研究会〕刑事裁判の実態とその検討〔第6回・完〕」ジュリスト299号（1964年）89頁での千葉和郎（最高裁刑事局第二課長）の発言。
*54　平野龍一ほか「〔研究会〕刑事裁判の実態とその検討〔第1回〕」ジュリスト291号9頁（1964年）での弁護士Bの発言。

これらの点には、弁護側からは、「被疑者をかかえているということは、非常に弱い立場」であることや、接見時間が短すぎて「十分具体的な話を聞けるだけの時間を与えてもらいたい」といったこと、さらに「うっかり捜査の段階で中に入っていくとこっちがひっかかるおそれがある」、すなわち弁護活動が証拠隠滅などの捜査妨害にあたるといった非難を「非常におそれますよ」といった反論も行われてはいた。

　そして、被疑者弁護の最先端では、学説が想定した取調立会とはほど遠いものの秘密交通権についての一般的指定との闘いが展開されていた。日弁連は、1950年代から一般的指定方式に対して再三にわたって批判を繰り返していたが、エスコビード判決の翌1965年に大阪で発生した接見妨害事件は、あらためてこの問題への弁護士会としての本格的な組織的取り組みの必要性を強く認識させることになった。後にこの事件の国家賠償訴訟において最高裁は、接見自由原則を認めることになる（杉山判決）が、逮捕された被疑者に接見するために指定書を持たずに赴いた弁護士が、警察官によって暴力的に押し出され、全治４日間の傷害を負わされることになったのである。大阪弁護士会が、臨時総会を招集し、「弁護権侵害特別委員会」を設置し、調査を行うことにしただけでなく、日弁連も「秘密交通権実態調査特別委員会」を設置し、実態把握と理論的課題への対応に乗り出すことになった。同年に開催された第８回人権擁護大会でも、「一般指定書即時撤廃」決議が行われた。

　さらに、日弁連は、再三の決議にも関わらず事態が一向に好転していないことから「秘密交通権の本義を平易に説明し（た）」パンフレットを作成し、検

＊55　平野龍一ほか・前掲「〔研究会〕刑事裁判の実態とその検討〔第６回・完〕」89頁での伊達秋雄弁護士の発言。
＊56　平野龍一ほか・前掲「〔研究会〕刑事裁判の実態とその検討〔第６回・完〕」90頁での伊達弁護士の発言。
＊57　平野龍一ほか・前掲「〔研究会〕刑事裁判の実態とその検討〔第１回〕」９頁Ａ弁護士の発言。
＊58　平野龍一ほか「〔研究会〕刑事裁判の実態とその検討〔第２回〕」ジュリスト292号57頁（1964年）での伊達弁護士の発言。
＊59　最一小判昭和53年７月10日民集32巻５号820頁。
＊60　日本弁護士連合会・前掲『日弁連二十年』276頁。
＊61　日本弁護士連合会・前掲『日弁連二十年』253頁。

察庁、警察、裁判所に配布したり、機関誌「自由と正義」の翌1966年１月号[*62]において、「秘密交通権」を特集し、あらためて秘密交通権侵害の実態を明らかにし、理論的課題にも応えようとしていた[*63]。そのなかから、前記「秘密交通権実態調査特別委員会」が行ったアンケート調査の結果としてまとめられている内容をそのまま紹介すれば以下の通りである[*64]。

一、接見に際して接見室がない。接見室があっても、それが不備であるために利用できず、やむなく捜査官同席の場所で面会したという事例が、187の回答中実に３分の１に近い。

二、逮捕後の第一回の接見が、弁護人選任届を取ることだけに制限され、被疑者と接見できなかった事例が、179の回答中２割を超えている。

三、取調中若くは調書がとれていないとの理由で、接見を妨害された事例は、183の回答中３分の１に近くある。

四、接見指定の要求をしてから、指定書発行までに要した期間については、24の回答中9件が、その翌日以降四日迄の間に亘っている。

五、接見指定の不当を訴えるものは、168の回答中、実に69件の多数に及び、接見時間が10分乃至15分に制限されたというのが圧倒的に多い。

六、なお甚しきに至っては、被疑者が弁護人と面会した後、捜査官から接見の際の対談内容を問責追及されたとするものが、145の回答中実に35件にも達している。このことは、悪質な交通権の妨害として特に注目すべきである。

　決して充分な調査とはいえないにせよ弁護士サイドが初めて組織的に行った調査であり、実情についての共通の認識を形成する役割は果たしたであろう。

---

*62　その「検察と人権－秘密交通権」と題するパンフレットの内容は、自由と正義17巻１号（1966年）特集の末尾27頁以下に掲載されている。

*63　17巻１号５頁以下。論稿としては、毛利与一「秘密交通権」、関田政雄「憲法破壊の魔術――秘密交通権侵害のトリック」、小沢茂「秘密交通権の妨害と人権侵害」、大塚一男「松川事件における秘密交通権の侵害」、後藤信夫「秘密交通権の実態と判例の傾向」の５本である。

*64　後藤・前掲「秘密交通権の実態と判例の傾向」自由と正義17巻１号24頁。秘密交通権の実情については、ほかに熊谷弘＝鴨良弼ほか「弁護人の秘密交通権をめぐる実務上の諸問題（上）」判例タイムズ230号（1969年）２頁以下、「同（下）判例タイムズ232号（1969年）２頁以下参照。

第３章　誤判問題の展開から学生公安事件前夜まで（1960年代）　　53

それに、調査や特集が、アメリカ合衆国でのエスコビード判決等を意識してい
たことも看過してはならない。また、この実態調査結果も含め特集の論稿の
一部をまとめ、全国の第一線の捜査担当者に送付するということも行われた。

その1966年には、アメリカ合衆国でミランダ判決が生まれることになるが、
その直後には、わが国でも、「接見の自由化への突破口を開いた」として、「く
しくもミランダとほぼ時を同じくして、わが国でもこの大判例が出たのは－ミ
ランダに比べればまだ隔世の感さえあるが－感慨深い。捜査の弾劾化は緒につ
いた」との高い評価も行われた判例が生まれることになった。最高裁は、余罪
を理由に被告人との接見を拒否された弁護人からの特別抗告に対して、「およそ、
公訴の提起後は、余罪について捜査の必要がある場合であっても、検察官等は、
被告事件の弁護人または弁護人になろうとする者に対し、刑訴法三九条三項の
指定権を行使しえない」との判断を示すことになったのである。

そして、翌1967年には、一般的指定を違法とする鳥取地裁の判断が示され
ることになる。一般的指定が行われている場合の接見制限を争うには厄介な
問題が存在していた。一般的指定が行われれば、日時等についての具体的指定
がない限り、弁護人は被疑者に接見することができない。しかし、一般的指定
はそもそも刑事訴訟法が予定していなかったものであり、同法39条3項の指
定処分ではない以上、430条1項による準抗告の対象としての「処分」にもあ
たらず、一般的指定自体の違法性を争うことはできないと一般的に解されてい
た。これに対し、鳥取地裁の決定は、実態として一般的指定のもつ機能に着
目し、一般的指定自体に処分性を認め、次のように判示して一般的指定を違法
として、取り消した。「一般的指定によって弁護人と被疑者との交通権を一般
的に禁止することは、法第八一条、第三九条の趣旨に徴し許されないものと解

＊65 後藤・前掲「秘密交通権の実態と判例の傾向」24頁。
＊66 日本弁護士連合会・前掲『日弁連二十年』278頁。
＊67 田宮・前掲「捜査・自白・弁護権」北大法学17巻2号207～208頁。
＊68 最三小決昭和41年7月26日刑集20巻6号728頁。
＊69 鳥取地決昭和42年3月7日下刑集9巻3号375頁。
＊70 例えば、岐阜地決昭和38年6月2日下刑集5巻5＝6号635頁。また、千葉裕「刑訴法第
　　四三〇条による原処分の変更について」司法研修所報33号（1964年）46頁以下。

する。むしろ、具体的指定による内容が被疑者の防禦準備の道を制限すること
になるような場合に比し、かかる一般的指定による方が…救済の度合も一層強
いものといわなければならない」。

ところで、この事件の弁護人の準抗告理由は、指定権の行使は、「検察官が
現在取調進行中であって之を中断して弁護人が接見しては困るとか、これに近
い状態の時…に限り接見の日時場所を別に指定出来る趣旨の規定であって本件
指定書の如く一般的に予め『別に発すべき指定書のとおり指定する』として弁
護人の接見を全面的に禁止するが如きは甚だしく右規定を逸脱するものであ
る」としており、平野説[*71]を参考にしたことを弁護人も認めている[*72]。また、弁
護人は、この事件が、労働組合員の公職選挙法違反事件であったことも準抗告
で争った理由であり、通常の事件では争わなかったであろうと述べている[*73]。
当時の弁護をめぐる実情の一端を示していたといってよいであろう。

この決定によって事態は大きく動くことになり、下級審の多くは、同様の判
断を示すことになった[*74]。捜査実務にも一般的指定書廃止といった変化の兆し
を見て取ることもできた[*75]。しかし、それで捜査実務が根本的に変わることに
はならなかった。すなわち、一般的指定制度の廃止は、一般的指定書の廃止に
止まり、「一般的指定処分なき接見規制」が行われるようになった[*76]。捜査機関
内部での口頭等での通知により、具体的指定書の持参を要求するといった運用
が行われるようになり、実態としてもその処分性を争うことが難しくされるこ
とになった。その事態打開へは、新たな方策が必要であった。

また、秘密交通権の不十分さと並んで弁護活動を妨げていた問題として捜査
段階での検察官による証拠の不開示が問題化していた。問題の発端は、1950

---

*71　平野・前掲『刑事訴訟法』105頁注（四）参照。
*72　白取祐司「歴史的決定はこうして生まれた」季刊刑事弁護2号（1995年）60頁。
*73　白取・前掲「歴史的決定はこうして生まれた」62頁。
*74　例えば、名古屋地決昭和45年6月29日判例時報615号103頁、東京地八王子支決昭和45年6
　　　月30日判例時報615号105頁。
*75　その間の経緯については、石川才顕「刑訴法三九条三項による接見指定の方法」ジュリスト
　　　565号（1974年）『昭和四八年度重要判例解説』151頁以下参照。
*76　石川才顕「弁護人の接見交通権」法学セミナー1978年10月号43頁、後に『刑事手続と人権』
　　　（日本評論社・1986年）100頁。

年代初めにさかのぼるといわれる。検察官が一切の証拠を弁護人に閲覧させるというそれまでの慣行を特に労働公安事件や公職選挙法違反事件などで破るということになった。[77] 1958年には、松川事件の被告人の無罪を証明する諏訪メモが検察官によって隠匿されていたことが明らかになったといったこともあり、[78] 問題がクローズアップされることになった。ところが、1959年、検察官が裁判所の数次にわたる開示勧告に従わなかったため大阪地裁が行った開示命令についての検察官からの特別抗告に対して最高裁は、根拠規定がないとして開示義務を否定し、[79] 1960年にも同様の決定をすることになった。[80] このような事態に弁護士サイドからは、日弁連がいち早く規定の新設を求める決議（1959年11月）[81] を行ったほか、強い批判の声が上がることになっただけでなく、[82] 裁判官からも「裁判所の固有権（裁判長の訴訟指揮権）」によって事前開示を命じる余地があるとの発言もあった。[83] 最高裁が、訴訟指揮権に基づく証拠開示命令権を認めたのは、1969年である。[84]

　なお、裁判所の証拠開示に対する消極的姿勢は、1950年代末に動き出し、刑事訴訟規則の改正（1961年6月1日）により裁判所主導で進められた「集中審理」方式において、弁護人に秘密交通権の制約とともに大きな負担を強いることになっており、「集中審理」が適正な手続運営ということにならなかった一因にもなっていた。[85]

＊77　その経緯については、佐伯千仞「刑事訴訟における証拠の開示」立命館法学29・30合併号（1959年）98頁以下参照。

＊78　その経緯の詳細は、松川事件対策協議会『松川十五年』（労働旬報社・1964年）207頁以下参照。

＊79　最三小決昭和34年12月26日刑集13巻13号3372頁。

＊80　最三小決昭和35年2月9日判例時報219号34頁。

＊81　毛利与一「検察官手持証拠全部の閲覧請求権」自由と正義13巻2号（1962年）7頁以下参照。

＊82　〈特集〉証拠開示」自由と正義19巻2号（1968年）2頁以下ほか参照。

＊83　佐藤千速「検察官手持証拠の開示」『刑事訴訟法判例百選』89頁（有斐閣・1965年）。

＊84　最二小決昭和44年4月25日刑集23巻4号248頁。

＊85　平野龍一ほか「〔研究会〕刑事裁判の実態とその検討〔第4回〕」ジュリスト294号（1964年）10頁以下参照。また、小田中聰樹『現代刑事訴訟法論』（勁草書房・1977年）159頁以下参照。

4．1960年代の刑事手続環境と刑事弁護

　以上のように、1960年代に入って、被疑者弁護を中心に事態はいくらか変化の兆しを見せてきた。その他の点をも含めての環境変化と刑事弁護の状況をまとめるならば次の5点を指摘できるであろう。

　第1に、先進的に国民の関心も動員し、刑事手続環境の悪さを乗り越えながら展開されてきた松川事件をはじめとする多くの事件が成果をあげて収束に向かったことで、あらためて刑事手続環境のあり様について目が向けられることになった。特に、自白偏重の阻止が明確に課題化され、刑事弁護と捜査との対抗が意識されることにもなり、秘密交通権の実効化を目指す弁護士会としてのはじめての組織的な取り組みが行われることになった。1950年代には、先進的な刑事弁護をめぐり内部対立をも孕んでいた弁護士会としての取り組みは、なお遅々としたものであるものの新たな可能性を示すことになった。しかし、個別の刑事弁護に目を向けるならば、当事者主義理論に相応する実質を備えるにはなお不十分であり、制約も多かった。[86]

　そのような中で、第2に、裁判所も手続環境の改善へ向けて動き出したかの印象をあたえることになる。最高裁の自白の証拠能力についての一連の判断、下級審も含めての秘密交通権についての判断、さらに偽計自白についての大法廷判決の前には、やはり大法廷が実質的に肖像権を認めて写真撮影の限界を論

＊86　そのような中、「刑事訴訟における弁護人の地位は、現今きわめて高い評価を受けている」として、いち早く、「新刑訴によって移植された当事者主義的な刑事手続が、今後完全に根づいてゆくとすれば、わが国においても、やがて右のようなアメリカ的苦悩が表面化してくるであろう」という問題提起も行われることになる。刑事弁護士が、「社会から犯罪人と同一視されがちだ」という悩みであり、いずれ、弁護人のあり方、真実義務をめぐる倫理問題に発展するというのである（松尾浩也「刑事訴訟における弁護人の真実義務」法学協会雑誌79巻2号〔1962年〕186頁）。「当事者主義の生命は、弁護人の活動にかかっている」という問題関心から、なお「いわば初期当事者主義の段階にある」わが国の刑事訴訟への問題提起（松尾浩也「弁護人の使命について述べよ」松尾浩也＝田宮裕『刑事訴訟法の基礎知識』〔有斐閣・1966年〕31頁）であるが、その権限が、第2章で触れたように、理念的に確認されているにすぎないといった状況の我が国における問題提起が、実質をどこまで反映していたかについては疑問が残るといわざるを得ない。

じ、裁判所に差押の必要性判断権を認め、訴訟指揮権による証拠開示命令を[88]認める等々、新しい方向性を示しているとも思われる積極的な判断を示して[89]いた。

　というような裁判所の動きは、第3に、当事者主義刑事訴訟法理論を完成させ、アメリカ合衆国での判例の展開にも刺激され、手続環境の変化を求めていた学説に、積極的に裁判官を担い手とし、その法創造的機能、人権擁護機能に期待した理論展開をも生むことになる。いわゆるデュー・プロセス刑事訴訟法理論である。刑事裁判の社会的機能として不処罰機能を析出し、デュー・プロセスを不処罰機能実現のための基礎理論と位置付け、デュー・プロセス実現のための訴訟構造として当事者主義を措定する。そして、訴訟理論のレベルで「無罪の推定」の法理を媒介として「片面的構成」の理論を展開するのである。[90]こうしてモデル論的には、糺問的捜査観から弾劾的捜査観へ、職権主義から当事者主義へ、さらにつづけて実体的真実主義からデュー・プロセスへという図式が描かれることになった。各論的にも、ほぼ全領域で議論が進展することになったが、多くの問題について既にこの段階で理論的に判例を超えた今日に連なる展開が見られた。例えば、黙秘権、弁護人依頼権、接見交通権、自白法則、証拠開示、訴訟指揮権等をめぐってである。

　しかし、第4に指摘しておく必要があるのは、この時期、裁判所内部では、「訴訟促進」を旗印とする訴訟合理化政策が系統的に推進されていた。前期に「集中審理」方式として体系化されたこの合理化政策は、一方で口頭主義、弁論主義の徹底を、他方で訴訟指揮の強化を支柱にしていた。口頭主義、弁論主義の徹底は、確かに当事者主義化＝近代化を推進することになり、前述のような判例の動きをも支えていたといってよいだろうが、それはあくまでも上からの合理化策であり、被告人の防禦権や「納得」よりも訴訟促進を重視するもの

＊87　最大判昭和44年12月24日刑集23巻12号1625頁。
＊88　最三小決昭和44年3月18日刑集23巻3号153頁。
＊89　最二小決昭和44年4月25日刑集23巻4号248頁。
＊90　田宮・前掲『捜査の構造』、及び同前『刑事訴訟とデュー・プロセス』（有斐閣・1972年）参照。

だった。このような裁判所の状況に加えて、さらに、刑事警察にも新たな動きがあった。1960年の日米安全保障条約改定反対闘争の昂揚に対する治安政策的観点からする警察力の強化という要請を背景に、1963年に発生した二つの誘拐事件での警察の失態を直接的契機として、刑事警察の「強化」が計られることになった。しかし、「捜査の適正化」が、「問題の根本である自白捜査の改善ということは、少しも進捗していない」といわれるような状態での「強化」策の推進は、結局のところ、実質において旧態依然とした自白偏重捜査をあらためて必然的なものにもした。このような刑事手続が、1950年代に発生したと同じような誤判事件を生みだしたとしても不思議ではない。最終的に通常手続で救済された鹿児島夫婦殺し事件や大森勧銀事件、刑が確定しても冤罪を訴えあるいは再審を請求している名張、狭山、袴田等々の事件、それに2011年になり、ようやく再審で無罪になった布川事件である。そして、警察関係者から、自白中心主義的捜査から脱却できないでいるのは検察や裁判所が自白を要求するからであり、警察の力だけで解決できるものではないといった発言もあった。

＊91　小田中・前掲『現代刑事訴訟法論』159頁以下参照。

＊92　3月に発生したいわゆる「吉展ちゃん誘拐事件」と5月に発生した「狭山事件」であり、いずれの事件でも捜査当局が一度は真犯人と接触しながら逮捕できず、被害者が殺害されることになった。

＊93　尾崎幸一（警察大学校刑事教養部長）「今日における捜査の課題」警察学論集20巻11号（1967年）70頁。

＊94　1969年1月15日発生。福岡高判昭和61年4月28日刑事裁判月報18巻4号294頁（差戻控訴審無罪・確定）。

＊95　1969年10月18日発生。最三小決昭和57年3月16日判例時報1038号34頁（上告棄却・無罪確定）。

＊96　1961年3月28日発生。最一小判昭和47年6月15日判例時報669号101頁（上告棄却・死刑確定）。

＊97　1963年5月1日発生。最二小決昭和52年8月9日刑集31巻5号821頁（上告棄却・無期懲役確定）。

＊98　1966年6月30日発生。最二小判昭和55年11月19日最高裁判所裁判集刑事220号83頁（上告棄却・死刑確定）。

＊99　1967年8月30日発生。最二小決昭和53年7月3日判例時報897号114頁（上告棄却・無期懲役確定）。水戸地裁土浦支判平成23年5月24日（再審無罪・確定）。

＊100　丸谷定弘（特別捜査幹部研修所教授）「警察捜査の新しい課題」警察学論集21巻11号（1968年）95頁。

第4章————————————————————————————————

学生公安事件から「弁護人抜き裁判法案」まで(1970年代)

1. 刑事手続をめぐる問題状況

　アメリカ合衆国のベトナムへの軍事介入に対する国際的批判が強まる中、1970年の日米安全保障条約の固定期限終了期が近づくにつれ、政治情勢は大きく動き始めることになる。東京都知事に政権党に批判的な革新候補が当選(1967年)したのをはじめ、そのあり方を含め返還問題が焦点になっていた沖縄でも、革新主席が誕生した(1968年)。政治的主張を掲げた集団的示威行動も活発になっていく。その中で、一部の行動は過激化し、示威行動を規制する公安条例やさらには騒擾罪などの刑罰法規との抵触が問題にされ、集団的公安事件として立件されることになり、後述するように、刑事手続上、刑事弁護という視点から多くの大きな問題を生むことになった。

　しかし、1960年の日米安全保障条約改定の際の国民的な反対運動を経験した警察、検察は、治安政策的観点からする体制強化によって、そのような状況を乗り切ることに成功した。そして、警察は、その「自信」を背景に、新たな体勢整備を行うことになる[*1]。本来、発生した事件に的確に対応し、処理するという受け身の性格をもつ刑事警察を、治安政策的観点からする予防警察的領域をも含むものへ拡大・強化していく。その強化策は、「弾劾的捜査観」の浸透や前述した(49頁以下参照)1960年代後半の相対的には捜査当局に厳しい

————————————————————————————————

*1　その詳細については、小田中聰樹『治安政策と法の展開過程』244頁以下(法律文化社・1982年)、渡辺治「現代警察とそのイデオロギー」『講座現代資本主義国家2』(大月書店・1980年)245頁以下、大出良知「刑事警察の四〇年と『刑事警察充実強化対策要綱』」『現代の警察』(日本評論社・1987年)54頁以下参照。

判例の動きに対処することをも理由としていたが、その理念とした「国民が期待し、納得する捜査活動の展開」[*2]は、被疑者の人権への配慮ではなく、犯罪予防をも含めた治安維持への期待であり、長期にわたる身体拘束や密室での自白追及に具体的反省があったわけではなく、警察主導による「自白追及」的取調中心の刑事手続が再編されることになる。

　そのような状況の中で、公安事件をはじめ新たな冤罪、例えば、大森勧銀事件[*3]、警視総監公舎爆破未遂事件[*4]、土田邸・日石・ピース缶事件[*5]、富士高校事件[*6]、甲山事件[*7]、四日市事件[*8]等々が発生することにもなった。

　裁判所も、上述のような警察の動きの影響を受けることになる。学生公安事件での捜査当局による大量逮捕、大量起訴への対応を迫られると同時に、捜査・起訴に対抗した被疑者・被告人の抵抗にも直面する。その結果生じた具体的な問題としては、例えば、勾留の長期化、保釈の困難化、保釈保証金の高騰、法廷警備体制の強化、法廷秩序維持法の多用、審理併合問題（いわゆる統一公判問題）、被告人のグループ分けと予断排除の問題、弁護側立証先行の問題、代表者法廷問題、国選弁護人選任請求権放棄問題、国選弁護人辞任の正当事由の問題、いわゆる欠席手続・欠席判決問題、公判期日の長期一括指定問題等々

＊2　田村宜明「刑事警察の回顧と展望」警察公論30巻2号（1975年）付録56頁。

＊3　1970年10月17日深夜から翌日未明にかけて、日本勧業銀行大森支店（当時）の宿直行員が絞殺された事件。大森勧銀事件弁護団＝松永憲生『逆転無罪―宿直員殺し』（徳間書店・1979年）参照。

＊4　1971年8月7日午前2時頃、警視総監公舎に時限装置付き手製爆弾を持って侵入した若い男が警備の警察官を振り切って、待機していた車で逃走した事件。福冨弘美「解体された虚構が残したもの」『日本の冤罪』58頁以下（日本評論社・1983年）、西垣内堅佑「警視総監公舎爆破未遂等事件」前掲『日本の冤罪』240頁以下参照。

＊5　1969年10月から1971年暮れにかけて発生した4件の爆弾事件の総称。爆弾フレームアップ事件資料編集委員会『爆弾とデッチあげ―「土田・日石・ピース缶」事件』（たいまつ新書・1979年）参照。

＊6　1973年10月26日に東京都立富士高校の校舎が燃えた事件で、同校定時制に在籍していた生徒が現住建造物等放火罪で逮捕・起訴された事件。判例時報777号21頁（一審無罪判決）、判例時報892号29頁（控訴棄却判決・確定）参照。

＊7　1974年3月17日と19日に、兵庫県西宮市にある甲山学園で園児2名が行方不明になり、浄化槽内から遺体が発見された事件。上野勝＝山田悦子『甲山事件えん罪のつくられ方』（現代人文社・2008年）参照。

＊8　1975年4月2日に三重県四日市市内で発生した強盗殺人事件。小山正夫『ドキュメント四日市冤罪事件』（主婦の友社・1981年）参照。

がある。

　このような事態に、最高裁事務総局は、公判期日の指定・変更に関する規制の強化、訴訟関係人の陳述時間の制限、求釈明の規制、被告人側の冒頭陳述の規制など防禦権・弁護権の制約によって訴訟促進を計ろうとし、「刑事訴訟規則について改正を考慮すべき事項」（1973年1月[*9]）を用意することにもなった。裁判所の対応は、総じて、東京地裁を中心に「東京地裁方式[*10]」と名付けられたりもした杜撰な令状発布、異常警備、強権的訴訟指揮等を支えにした強引な裁判によって、事態乗りきりを策したものだった。そして、このような動きを補完する裁判所内部の事情変化もあった。政権党からの圧力に呼応したとしか考えられない1960年代末にはじまった青年法律家協会に所属する裁判官への攻撃は、長沼ミサイル基地訴訟をめぐる裁判干渉（平賀書簡事件）を逆手にとって本格化し、最高裁による会員裁判官への脱会工作、22期司法修習生裁判官志望者の理由を明示しないままの任官拒否（1970年）、10年目の再任期を迎えた裁判官の理由を明示しないでの再任拒否（1971年）へと発展する[*11]。このような一連の事件を契機に多くの裁判官は自律性を失い、職権の独立を犯され、裁判内容まで規制されることになる。しかも、1971年頃からは、裁判官と検察官の間の人事交流が活発化し、いわゆるエリート裁判官達に行政官的感覚が醸成されていく[*12]。

　このような事情を背景に、最高裁の「訴訟促進」政策は、強権的な訴訟運営から、いわゆる高田事件判決によって容認した「迅速な裁判を受ける権利[*13]」

＊9　正式には公表されていない「部内資料」だったといわれるが、その批判とともに全容が、米田泰邦「刑事裁判の審理促進の方向－『刑事訴訟規則について改正を考慮すべき事項』をめぐって」法律時報46巻4号（1974年）40頁以下に掲載されている。また、その批判的検討として、小田中聰樹『現代刑事訴訟法論』（勁草書房・1977年）170頁以下も参照のこと。

＊10　「東京地裁方式」については、宮本康昭『危機にたつ司法』220頁以下（汐文社・1978年）に詳しい。宮本は、東京地裁方式が実施されていた1968年から1970年にかけて、東京地裁刑事部に所属し、学生公安事件を担当していた。

＊11　その経緯については、福島重雄ほか編著『長沼事件平賀書簡』136頁以下（日本評論社・2009年）参照。

＊12　判検人事交流の問題点については、「特集司法行政と裁判行動」法律時報62巻9号（1990年）6頁以下参照。

＊13　最大判昭和47年12月20日刑集26巻10号631頁。この判決に対する評価は分かれた。例えば、田宮裕「迅速な裁判と高田事件」法律時報45巻5号（1973年）13頁以下を代表として多くの

を正当化イデオロギーとする、「裁判の効率化」の追及へと新たな展開を見せることになる。[*14]

そして、ついには、後述するように、法務・検察当局と一体となって必要的弁護に例外を設けようとして提出された「刑事事件の公判の開廷についての暫定的特例を定める法律案」（弁護人抜き裁判法案）の成立推進にいたる（1978年3月）。

また、最高裁は、1970年代後半になって、前述のような警察の動きに添うように、警察力の拡充・強化を相次いで法的に追認することになる。例えば、任意捜査における有形力行使の容認[*15]、別件捜索・差押の許容[*16]、職務質問に随伴する所持品検査の容認[*17]、違法収集証拠排除の限定的認容[*18]、職務質問において有形力の行使としてエンジンキーを切ることの容認[*19]、交通一斉検問を警察法2条1項により容認[*20]、強制採尿の捜索差押令状による容認[*21]等々である。

このような状況の中で、刑事裁判の形骸化が手続の全領域で進行することになる。しかし、他方で、1975年5月20日のいわゆる最高裁白鳥決定[*22]及び翌年の財田川決定[*23]以降、再審による事実誤認の救済が画期的な進展を見せ、ついには死刑確定囚に対しても再審開始が決定されることになるほか、事態の進展を見たもう一つの問題として接見交通の問題がある。

論者が、最高裁の憲法感覚、デュー・プロセス感覚を体現したものとして高く評価する。これに対して、小田中聰樹「長期裁判問題への一考察」法律時報45巻5号（1973年）16頁以下は、「その『訴訟促進』＝訴訟合理化政策の正当化のイデオロギー的役割は極めて大きい」ことを指摘しており、その後の最高裁の政策展開は、小田中の指摘が妥当していることを示していたと考えるべきであろう。

*14　1973年6月19、20日に開催された全国高裁長官・地家裁所長会同における村上朝一長官の訓示（裁判所時報620号1頁）は、「迅速な裁判の実現」のために、「訴訟手続の合理化等に努める」と同時に、「司法行政上の具体的施策」の重要性が「強調」されている。

*15　最三小決昭和51年3月16日刑集30巻2号187頁。

*16　最一小判昭和51年11月18日判例時報837号104頁。

*17　最三小判昭和53年6月20日刑集32巻4号670頁。

*18　最一小判昭和53年9月7日刑集32巻6号1672頁。

*19　最一小決昭和53年9月22日刑集32巻6号1774頁。

*20　最三小決昭和55年9月22日刑集34巻5号272頁。

*21　最一小決昭和55年10月23日刑集34巻5号300頁。

*22　最一小決昭和50年5月20日刑集29巻5号177頁。

*23　最一小決昭和51年10月12日刑集30巻9号1673頁。

２．集団的公安事件と弁護

　1960年代末から続発することになった集団的公安事件で、その刑事手続上の事件処理をめぐって、まず、特に大きな問題になったのが、1969年１月18日から19日を中心に、１月９日から東京大学構内とその周辺で学生達による東京大学の占拠に関わって発生した事件である（それら一連の事件を「東大事件」と呼ぶ[24]）。

　東大事件で逮捕された人数は、1018人に及び、そのうち934人に勾留請求が行われ、889人が勾留されている。そのうち起訴されたのは、606人という多数にのぼっていた[25]。1950年代にも集団的公安事件で大量の起訴が行われたことがあったが、最多のいわゆるメーデー事件でさえ、逮捕者が1100名を超えていたにもかかわらず、739人が勾留されて、起訴されたのは、261名だった[26]。東大事件での勾留率、起訴率は、前年秋までの学生公安事件には見られなかった高さを示していた。裁判所の勾留認容数の増加であり[27]、検察による

---

*24　裁判所の把握していたところによれば、1969年初めから９月末までに東京地方裁判所本庁に起訴された学生関係の公安事件は、1115件に及び、東大事件は、その約54％を占めていたといわれる（磯辺衛「東大事件の審理概観」ジュリスト438号〔1969年〕52頁）。なお、東大事件裁判を中心とする学生公安事件に関する文献は多数にのぼるが、主要なものとしては、「特集／集団的公安事件の問題点」ジュリスト424号（1969年）、「特集・刑事手続と人権」法律時報41巻８号（1969年）、「特集東大裁判」ジュリスト438号（1969年）等に、東京地方裁判所と東大事件弁護団の間の応酬に関わる資料等も収録されている。また、東大闘争弁護団編『東大裁判―問われているものは何か』（田畑書店・1969年）が、弁護団の立場からその経緯、資料をまとめている。なお、東大事件を中心とする刑事手続の問題性については、本書とは視点を異にする治安政策の展開との関係で詳細に分析した小田中聰樹『現代司法の構造と思想』191頁以下（日本評論社・1973年）参照。

*25　磯辺・前掲「東大事件の審理概観」53頁。53頁別表一中「起訴被告人数」の「計」が、「605」となっているのは、表中の数字、本文中の数字からすれば、「606」の誤植と考えられる。なお、編集委員会「東大裁判を見る目」自由と正義20巻12号（1969年）33頁以下、同「東大裁判を見る目（続）」自由と正義21巻２号（1970年）36頁以下、同「東大裁判を見る目（その３）」自由と正義21巻５号86頁以下も、裁判の経緯等を詳細に整理している。

*26　中田直人「騒擾罪適用の実情―メーデー事件を中心に」ジュリスト446号（1970年）54頁第１表による。『メーデー事件裁判闘争史』編集委員会『メーデー事件裁判闘争史』23頁（白石書店・1982年）は、勾留中起訴を257人としている。

*27　横山晃一郎「勾留、特に勾留理由開示をめぐって」法律時報41巻８号（1969年）12頁、石川博光「『暴力』学生に人権はないのか―弁護人からのレポート」世界1969年４月号174頁以下、

64　　第１部　日本国憲法下における刑事弁護の歴史

起訴件数の増加でもあった。[*28]

　東大事件で拘束された学生達には、事件発生直後から50名前後の弁護士が弁護団として対応することになったといわれる。絶対的な人員不足の中接見等に奔走するうちに、1月18、19日に逮捕された学生が、2月9、10日に大量に起訴されることになり、その対応に追われることになった。弁護団は、早い時点で、審理方式をめぐって東京地裁当局との折衝を持つことになったといわれ、その主要な争点は、「統一公判か分離公判か」という点に集約されていた。すなわち、606人中428人の被告人[*29]と弁護団は、事件全体を一つの法廷（統一公判）で審理することを要求し、東京地裁側は、適当な人数のグループに分けての審理を主張していた。東大事件は、「一個の集団による共通の目的に向けられた全体的なものであった」のであり、統一して審理されることによりはじめて被告人達の行動についての立証が可能になるというのが弁護団側の主張であり、これに対して東京地裁側は、裁判所の審理に当たっての認識能力や法廷秩序維持の必要性を主張することになった。それぞれの主張は、度重なる折衝によっても平行線をたどり、それぞれの見解が公表されることにもなった。[*30]

　「統一公判か分離公判か」は、訴訟法上は、「被告人側の防禦権行使の実質的保障の確保」という観点から双方の議論が尽くされるべきであったということになるであろう。[*31]しかし、東京地裁が、起訴前後には、すでにグループ別審理で臨むという意向を表明していた[*32]といった予断に基づくと弁護側が批判す

　　川崎謙輔「最近における学生事件公判の実情」法律のひろば22巻4号（1969年）6頁以下参照。その変化の背景には、1968年10月21日の国際反戦デーを前にして、学生公安事件で勾留を却下したり、保釈を大量に認める裁判所の対応を批判した国家公安委員長の発言があったのではないかといわれている。

*28　検察官は、大量の起訴を「学生の暴力が組織性、計画性、手段の過激さにおいてこれまでに例をみないものであり、しかもその結果の重大性社会的影響等を考えれば、法秩序維持の観点から、このような厳しい処分を行うことも当然である」としていた（川崎謙輔・前掲「最近における学生事件公判の実情」7頁）。

*29　磯辺・前掲「東大事件の審理概観」53頁。

*30　前掲「特集・集団的公安事件の問題点」ジュリスト424号78頁以下。

*31　石川才顕「多数被告人事件の審理方式」法律時報41巻8号（1969年）20頁以下、小田中聰樹「統一公判問題について」法学セミナー1969年8月号86頁以下参照。

*32　朝日新聞東京本社版1969年2月10日朝刊15頁が、「東京地裁の意向」として伝えている。また、東大闘争弁護団「東大事件における『分割方針』作成経過と東京地裁の責任（9月13日）」

る裁判所側の強硬姿勢に対する不信感、分離公判の受け入れが「思想を一片の暴力行為として処理するということを受け入れることにな（る）[34]」といった主張に見られる弁護団の訴訟観に対する裁判所側の拒否感等から[35]、双方の主張は真っ向から対立することになり、ついには、裁判所の職権による分離公判の強行という事態を迎えた。

　その結果、統一公判を求める被告人達は、初回から服を水につけ裸になるなどして出廷を拒否、出廷した被告人・弁護人は、裁判長の訴訟指揮に従わず、分離公判に抗議し、退廷といった行動をとることになる[36]。その後、さらに事態はエスカレートし、被告人・弁護人の抗議、統一公判の要求に対し、裁判所による退廷命令、法廷等の秩序維持に関する法律による拘束・監置、機動隊を導入しての退廷措置などが行われ、被告人の不出頭については、刑訴法286条の2、退廷したり、退廷させられたりした場合には、刑訴法341条を適用しての欠席手続が進められることにもなる[37]。裁判所からすれば、「国家の司法権[38]

　　ジュリスト438号（1969年）79頁以下参照。

*33　東大闘争弁護団「意見書」（昭和44年3月6日）ジュリスト424号（1969年）78頁以下参照。東大闘争弁護団「われわれは糾弾する—東京地裁のこの無法な現状」ジュリスト438号（1969年）29頁以下参照。

*34　討論「統一公判の論理」法律時報41巻8号（1969年）46頁の山根二郎弁護士の発言。

*35　横川敏雄（東京地裁刑事所長代行）「東大関係事件の取り扱いに関する基本方針（昭和44年4月3日）」ジュリスト424号79頁以下、熊谷弘「刑事裁判の危機としての東大裁判」ジュリスト438号（1969年）21頁以下参照。

*36　例えば、朝日新聞1969年5月27日東京本社版夕刊。以後、公判のたびにその混乱ぶりは、各紙によって報道されている。

*37　磯辺衛「東大事件の審理概観」ジュリスト438号（1969年）55頁によれば、分離公判が強行されることになり、退廷命令を受けた者は、数百名に及び、6月から10月17日までに拘束された者が、被告人延197名、弁護人延17名、傍聴人75名の計289名。監置を受けた者が、被告人34名、弁護人1名（5日）、傍聴人34名の計69名、過料の制裁を受けた弁護人2名（3回）と報告されている。

*38　なお、東京地裁でも合議部16ヶ部37裁判体によって行われた37グループの審理（磯辺衛・前掲「東大事件の審理概観」ジュリスト438号53頁）のうち、3裁判体5グループの審理においては、欠席手続は行われなかったようであり（宮本康昭「欠席裁判の問題点と『裁判の権威』」青年法律家協会裁判官部会編『刑事実務の研究』（日本評論社・1971年）101頁、120頁注（1））、大阪地裁では、学生公安事件において欠席手続は行われていない（石松竹雄『刑事裁判の空洞化—改革への道標』49頁以下（勁草書房・1993年）。要は、欠席手続へ踏み込むか否かには、裁判所の姿勢が関わっていたという面があったと考えられる。宮本・前掲「欠席裁判の問題点と『裁判の権威』」102頁によれば、真偽のほどは定かではないにせよ、その後発生した宮本裁判官の再任拒否の一つの理由が、欠席手続に反対したことであると巷間伝えられたという意味は看過し

は、…出廷拒否や実質的審理不協力を放置できる筈もない…。若し、放置しておくようならば、その時は、司法権も、国家も、死に瀕しているだろう[39]」といった「使命感」から、ついには被告人欠席のままの判決の宣告ということにもなった。[40]

その結果は、被告人・弁護人の非妥協的な公判戦術によって生み出されたという側面があったことは否定できないであろう。それは、被告人・弁護人の裁判所に対する信頼、期待、甘えの裏返しと評することも可能かもしれない。欠席判決は、その信頼、期待、甘えからくる「弁護方針のあいまいさ」を「徹底的に打ち砕いた」と同時に、そのことによって裁判所が守ろうとした自らの「権威」をも失うことになったといってもよいであろう[41]。しかし、裁判所のともかくも「合法的」な強行手段に被告人・弁護人が対抗できる手段を持ち合わせていないことが示されたことも間違いない。

この経過の中で、欠席判決を前に弁護人の一部が弁護団から脱退するということになり、[42]欠席判決後には、出廷拒否戦術を見直す被告人・弁護人も相当数出ることになった。[43]また、裁判所からの弁護団員に対する懲戒請求も申し立てられることになった。[44]

東大事件について、その是非はともかく方向性が見えてきたのもつかの間、

得ない。
*39　熊谷弘「刑事裁判の危機としての東大裁判―東大事件裁判の現状とその問題点」ジュリスト438号（1969年）22頁。
*40　その詳細は、朝日新聞1969年11月29日東京本社版朝刊4頁「（特集）東大事件欠席判決七〇三号法廷の記録―東大分割公判」参照。
*41　横山晃一郎「東大欠席判決の壊したもの」法学セミナー1970年2月号3頁参照。また、青木英五郎「裁判の権威」『法律時報臨時増刊・治安と人権』（1970年）116頁以下、伊藤利夫「東大裁判をめぐる日弁連の見解」ジュリスト438号（1969年）45頁以下、宮本・前掲「欠席裁判の問題点と『裁判の権威』」101頁以下参照。
*42　朝日新聞1969年11月5日朝刊東京本社版15頁「七人が弁護団脱退－東大闘争弁護団『主流と意見が違う』」参照。
*43　欠席判決の実情と欠席判決後の弁護団等の動きについては、編集委員会・前掲「東大裁判を見る目（その3）」自由と正義21巻5号86頁以下参照。
*44　懲戒請求については、編集委員会・前掲「東大裁判を見る目（続）」自由と正義21巻2号38頁以下、同・前掲「東大裁判を見る目（その3）」自由と正義20巻5号91頁以下参照。その後の懲戒問題の展開については、柳沼八郎ほか「座談会・東大公判をめぐる弁護士懲戒―当事者の主張をきく」法律時報43巻4号（1971年）90頁以下参照。

やはり集団的公安事件において、大量の国選弁護依頼が行われ、それに伴い様々な問題が発生することになった。特に、大きな問題になったのは、いわゆる10・11月事件[*46]においてである[*47]。

同事件では、起訴された被告人の中の571名[*48]が、東大事件をも上回る公安事件最大の統一被告団を結成し、当初、十数名の私選の統一弁護団とともに、統一公判を要求していたが、東京地裁の受け入れるところとならず、私選弁護人は、全員1970年6月1日になって辞任することになった[*49]。そのため、被告人達は、国選弁護を請求した。東京地裁の要請を受けた東京三弁護士会では、各所属会員に国選受任の勧奨を行い、予定数には達していないものの167名の国選弁護人を確保することになった。その弁護士達の受任は、「受任がないことは国選弁護制度そのものの根底をゆさぶることになりかねない」との「弁護士の使命の自覚とそれぞれの信念」によっていたといわれる[*50]。

---

*45　編集委員会・前掲「東大裁判を見る目（続）」自由と正義21巻2号39頁以下によれば、東大事件においても必要的弁護事件の私選弁護人の出廷拒否に対応して、裁判所から国選弁護人の選任依嘱が行われたことがあったが、東京弁護士会、第二東京弁護士会のいずれにおいても消極意見が強く、日弁連の「国選弁護に関する委員会」が、「刑事訴訟法289条2項により裁判所が職権で弁護人を選任することは現段階では相当でない」との結論を出していたが、その後私選弁護人が出頭するに及び選任依嘱が撤回されるといったことがあったことが報告されている。

*46　1969年の10月18日および21日（国際反戦デー事件）に起こった10月事件と11月13日（銀座等事件）、16、17日（佐藤首相訪米阻止事件）に起こった11月事件の被告人が統一被告人団を結成していたこともあり、このように略称されたものと思われる。林宰俊「10、11月事件と代表者法廷案」法律時報43巻3号（1971年）78頁、寺光忠「"国選弁護団"と東京地裁刑事各部─佐藤首相訪米阻止斗争事件の国選弁護に関する或る報告書」自由と正義22巻2号（1971年）59頁参照。

*47　10・11月事件の前にも、同様の問題が発生していた事件として、「四・二八沖縄デー事件」がある。内田剛弘「公安事件と国選弁護」自由と正義22巻5号（1971年）23頁参照。

*48　その構成は、全国各地から上京してきた労働者と学生ということである。罪名は、主として兇器準備集合罪と公務執行妨害罪であり、起訴は、10月事件のほとんどが、11月20日付、11月事件の大部分が、12月5日または8日に行われた。なお、本件をめぐる弁護側から見た経緯は、林・前掲「10、11月事件と代表者法廷案」法律時報43巻3号78頁以下、寺光・前掲「"国選弁護団"と東京地裁刑事各部─佐藤首相訪米阻止斗争事件の国選弁護に関する或る報告書」自由と正義22巻2号59頁以下に詳しく、東京地裁との折衝の経緯やその間の資料は、「資料構成／10、11月事件・集団被告事件の審理をめぐって」法律時報43巻3号（1971年）に収録されている。以下の本件に関する記述は、特に注記しない限りは、これらの文書と資料によっている。

*49　被告人側から見た私選弁護人辞任の経緯については、「一〇・一一月＝七〇年安保裁判国選弁護人の先生方への申入書」法律時報43巻3号（1971年）84頁以下に詳しい。

*50　寺光・前掲自由と正義22巻2号59頁。

国選弁護人の選任は、同年の７月頃にはじまったが、国選弁護人間の連携が徐々にはじまり、担当の被告人との間だけでなく、統一被告団との会合ももたれることになった。東京三会から各一名の世話人が選出され、被告団代表との頻繁な会合が重ねられ、「ともかく、国選弁護人に対する被告人たちの信頼関係の樹立ということが、期待されるにいたった」という状況が生まれたという。[*51] そこで、国選弁護人は、被告団が統一公判要求を撤回したわけでもなく、国選弁護人の構想に対して「保留」という態度をとっていたものの、説得可能性が生まれたという判断の下に、国選弁護人の「総意」として、「代表者法廷案」[*52] を東京地裁に対して申し入れることになった（10月20日）。その後、裁判所側と３回の会合がもたれたが、裁判所側はそれは折衝ではなく、「全裁判長の意見として代表者法廷という審理方式を否定する」という回答の場としか考えていなかったため、国選弁護人の努力は「水泡に帰した」[*53]。

　その後、国選弁護人は、国選弁護人代表の名で、各部法廷の審理に関して法廷及び審理のあり方一般について予想される諸問題、例えば、期日指定、法廷警備、退廷命令、在廷命令など９項目についての国選弁護人代表者との折衝を求める「申入書」を各部に提出した（11月28日）。しかし、裁判所側からは、ほとんどの裁判長が、「裁判長の訴訟指揮権を拘束するかの折衝を行うべきではない」ということを主な理由として折衝を拒否すると回答（12月４日）してきたという。[*54]

　その間（11月30日）、東京地裁刑事12部の１（熊谷弘裁判長）では、次の２

---

*51　寺光・前掲自由と正義22巻２号61頁。
*52　「代表者法廷案」は、寺光・前掲自由と正義22巻２号62頁以下、前掲「資料構成」法律時報43巻３号87頁以下に収録されている。その要点は、次の３点である。①各部法廷のほかに、代表者法廷をおいて各被告人に共通の総論立証（動機・目的）だけを行い、その他の審理は各部法廷で行う。②各部法廷で冒頭手続、検察官の証拠申請まで行い、各グループ法廷から１名の被告人を分離して代表者法廷を構成するために併合する。代表者法廷での立証が終わったら、代表者法廷を構成した各被告人は各部法廷に戻り、各部法廷の審理を進行させる。③代表者法廷の公判調書は、各部法廷で同意書面として採用する。
*53　寺光・前掲自由と正義22巻２号63頁。寺光・前掲自由と正義22巻２号64頁によれば、全裁判長の意見であるとされた拒否の理由の要点は次の３点である。①検察側の各論立証を終えることが先決。②共通の総論的問題があれば、その段階で協議に応じることも有り得る。③10月事件と11月事件とを一つの法廷に共通させるのは無理である。
*54　寺光・前掲自由と正義22巻２号65頁。

つの文書が、公表されていた。1つは、「代表者法廷案及び統一公判に対する当裁判所の見解と今後の方針について」[*55]であり、もう1つは、「国選弁護人代表の申入書に対する当裁判所の回答」[*56]であった。要するに、前者では、「代表者法廷の構想は、刑事訴訟法に全く根拠のない一種の妥協案」であり、「検察官側の立証が始まらない段階で、弁護側の総論立証に入るということは、刑事訴訟法が全く予想していない」として、「違法であるのみならず、合理性」がないと主張していた。後者では、同一日の異なる政治セクトの事件については「全く普通事件と同じ形で、スムーズに訴訟が進行」していることを前提に、代表者法廷案は、「裁判形式の革命」(傍点原文)であり、「異常な審理手続である」、「国選弁護人は法律の専門家として何が正常な手続であるかについて大所高所より客観的な判断を下してほしい」とし、さらに踏み込んで「国選弁護人の任務は公的なものであって、被告人との信頼関係だけに依存するものではない」(傍点原文)のであって、裁判所としては「被告人らの意見が正しくない時は、仮に信頼関係がなくなったとしても、国選弁護人の辞任を認めたり、解任要求に応ずることはできない」と述べていた。

その後、法廷によっては国選弁護人と裁判所がすれ違いを起こすことにもなり、国選弁護人からの辞任申出が行われ、国選弁護人の地位、弁護権のあり方に関わった問題が本格的に論じられることになった。特に、選任請求権、選任及び解任の要件、手続、被告人との信頼関係の位置づけなどである。[*57]

いずれにせよ、国選弁護人の選任権、解任権について見解は、定説があった

---

*55 前掲「資料構成」法律時報43巻3号90頁以下に収録されている。

*56 前掲「資料構成」法律時報43巻3号91頁以下に収録されている。

*57 これらの点については、「特集・国選弁護の現状と問題点」自由と正義22巻5号(1971年)の各論稿、「座談会・国選弁護問題の焦点」ジュリスト485号(1971年)16頁以下、鴨良弼「国選弁護人の法的性格—国選弁護人をめぐる基本的な問題」ジュリスト487号(1971年)98頁以下、松尾浩也ほか「刑事裁判の諸問題(研究会)」法曹時報24巻6号(1972年)108頁以下等参照。なお、東京地裁刑事6部は、国選弁護人の辞任を正当理由があるとして認め、解任した後の被告人らからの国選弁護人の再選任請求を「国選弁護人が辞任せざるを得ない状況を現出させたことが明らかであり、国選弁護人の選任を請求する権利を自ら放棄した」として、請求を却下した(昭和46年6月10日判例時報630号50頁。なお、本件と一連の事件での同趣旨の判断が、後日最高裁で容認されている。後掲注69の判例参照)。また、刑事12部は、辞任を認めず、国選弁護人の不出廷に対して、「被告人らの言動により、出廷不可能な心境に追い込まれた」として、弁護人不在のまま開廷し、審理をおこなった(昭和46年5月10日判例時報636号103頁)。

わけではなく、東京地裁刑事12部の1の見解は、裁判所の一般的な理解を表明したものであるにせよ、弁護士会を通しての選任という実務慣行にも齟齬する内容だった。信頼関係についても、一方的な裁判所の見方との印象を拭い難い。代表者法廷案についても、なお検討の余地がなかったのか疑問なしとしない。裁判所が「早いところ矢面に立ってみずから相撲を取っている」という印象に対して、裁判所としては、「いったん審理に関する決定をしたならば、その点についての議論のむし返しを許さずに、これを実行に移すべきで、これに従わない被告人が退廷命令を受け、ひいては欠席裁判にいたるのもやむをえないのでは」という姿勢を変えることにはならなかった。

　国選弁護人の辞任問題については、「10月・11月事件東京三会所属国選弁護人世話人代表弁護士」3名の連名で、日弁連宛てに、「国選弁護人の辞任の正当理由とは何か、等々」について「日弁連見解」を公にすることを求める要望書が提出されることになった（1971年2月23日）。これを受けた日弁連では、問題の重要性に鑑み「国選弁護に関する委員会」に調査研究を求め、その報告を受け、さらに理事会内に「小委員会」を設置し、慎重な審議を重ね、「国選弁護人辞任に関する見解」を理事会で確定した（1973年2月24日）。その内容は、以下の通りである。

＊58　①裁判説、②公法上の一方的行為説、③民法上の契約の3説が鼎立していたと考えられており（松尾ほか・前掲法曹時報137頁参照）、裁判所は、①に立っている。①説によれば、被選任者の同意は必要なく、辞任も認められないことになる。

＊59　実務慣行については、藤原義之「国選弁護の実情と問題点」前掲自由と正義22巻5号34頁参照。

＊60　松尾浩也ほか・前掲法曹時報24巻6号138頁以下参照。

＊61　松尾浩也ほか・前掲法曹時報24巻6号131頁以下参照。

＊62　松尾浩也ほか・前掲法曹時報24巻6号128頁の10・11月事件の国選弁護人石川泰三弁護士の発言。

＊63　松尾浩也ほか・前掲法曹時報24巻6号128〜129頁の小林充裁判官の発言。

＊64　「要望書」は、自由と正義22巻8号（1971年）77頁に収録。

＊65　「国選弁護に関する委員会」の報告は、前掲自由と正義22巻8号74頁以下に収録。

＊66　「国選弁護人辞任に関する見解」および「理事会内小委員会報告書」は、自由と正義24巻3号（1973年）63頁以下に収録。なお、東京第二弁護士会が、全会員と、東京弁護士会および第一東京弁護士会の国選弁護担当者を対象に行った「集団公安事件の国選弁護問題に関するアンケート」の結果が、自由と正義24巻5号（1973年）88頁以下に紹介されている。因みに、回答の圧倒的多数が、信頼関係の破綻を国選弁護人辞任の正当な理由と考えている。

第4章　学生公安事件から「弁護人抜き裁判法案」まで（1970年代）　71

1．国選弁護人は、弁護人としての任務を果たしえない正当な理由がある場合のほか辞任すべきではない。

2．国選弁護人の辞任は、あらかじめその意思を所属弁護士会に申し出た上で裁判所に対し辞任届を提出して行なうものとする。

この場合、所属弁護士会は、すみやかに後任弁護人の推薦を行なうものとする。

この見解は、「国選と私選の差異は主として弁護人選任の主体の相違にすぎず、弁護の本質においては、何ら相違はない」という立場から、被告人との信頼関係[67]の喪失を正当な理由として辞任を認めるとともに、恣意的辞任を倫理によって厳しく制約し、辞任後の後任の推薦に弁護士会が責任を負うということである。この見解は、各単位弁護士会への意見照会、「国選弁護に関する委員会」委員および東京地裁刑事部裁判官との意見交換をも踏まえ、慎重に検討し、「日弁連が会員の指導監督機関としての立場から、会員である弁護士に対し、職務上の紀律・義務を明らかにする」目的の下に確定されたものであり[68]、この問題に弁護士会サイドから一応の決着をつけることにはなった。[69]

---

[67] 信頼関係の喪失の具体的内容については、例えば、八塩弘二「国選弁護解任問題について」自由と正義22巻5号49頁以下は、①弁護人に黙秘する、②弁護人辞任を要求する、③弁護人の行為について懲戒を申し立てる、④不特定多数者に弁護人の名誉を著しく害する言動をする、等を例としてあげている。これに対して、小林充「国選弁護人に関する諸問題－特に、選任および解任（辞任）を中心として」法曹時報25巻5号（1973年）61頁以下は、「弁護人の任務行使に必要不可欠の信頼関係とは、「法律専門家としての能力とこれに基づく弁護活動への信頼に尽きる」とし、八塩意見の①②③は、直ちに信頼関係がない場合にはあたらないとしている。その結果の不利益は被告人に帰すべきであり、信頼関係は客観的に観察すべきとする。また、松尾ほか・前掲「刑事裁判の諸問題（研究会）」法曹時報24巻6号139頁の金谷利広裁判官の「法律専門家として有能な弁護士さんで、その誠実さと熱意とが一般に信頼を受けるというようなことであればそれで十分なはずで、それ以上の個人的な信頼というものに余りこだわると、かえって国選弁護の本質を見失うことになる」という発言に、大野正男弁護士が、「それは、弁護の実情というものに理解の乏しい御見解ではないでしょうかね」と応え、さらに被告人が黙秘している際には、「どんな有能な弁護士であってもぼくは弁護できないと思いますよ」としているのに、金谷は「できる範囲で弁護するという態度をとるべきだ」と主張する（140頁）。これに対しても大野は「そんなふうには割り切れませんね」と応えている（同前）。

[68] 前掲・自由と正義24巻3号67頁。

[69] しかし、裁判所のとってきた見解とは異なっており、後述の「弁護人抜き法案」が廃案になった（1979年4月）後、最高裁は、国選弁護人の解任権が、裁判所にあり、「解任すべき事由の有無を判断するに必要な限度において、相当と認める方法により、事実の取調をすることができる」という判断を示した（最判昭和54年7月24日刑集33巻5号416頁）。

3.「弁護人抜き裁判法案」をめぐる攻防

　次に、しばらくして大きな問題になったのが、「刑事事件の公判の開廷についての暫定的特例を定める法律案」、いわゆる「弁護人抜き裁判」特例法案である。

　要は、必要的弁護事件（刑訴法289条1項）についても、弁護人不在のまま審理を行うことができるようにしようという法案であった。直接のきっかけは、1977年9月20日に発生した、日本赤軍を名乗るグループによる日本航空機のハイジャック事件（ダッカ事件）だったと言われている。1975年8月に発生したクアラルンプール事件[*70]につづき、人質の身代金と服役中や勾留中の日本赤軍メンバーらの釈放に超法規的に応じざるを得なったことから、いわゆる過激派関係裁判などで、被告人や弁護人の不当な訴訟遅延策の結果、被告人が奪い去られることになれば、「司法権の権威は全く地に落ちてしまう」というのである。[*71]

　しかし、ダッカ事件は、あくまでも口実であり、裁判所、法務・検察内部では早くから弁護人抜き裁判の可能性について検討が進められていたと考えられる。既に、1973年6月6日には、過激派関係の裁判ではない水俣病患者による傷害事件において、東京地裁刑事26部は、裁判長の許可なく退廷した弁護人の再入廷を禁じて、被告人不在の場合の規定である刑訴法341条に準拠して審理を進めることができるとした。[*72] ほぼ同じ時期には、検察官からも同様の見解が主張されている。[*73] また、前記東京地裁刑事26部決定の裁判長が、判事補の研修で、たとえ必要的弁護事件の場合であっても、弁護人の恣意的退廷あ

---

*70　1975年8月4日に日本赤軍が在マレーシアのアメリカとスウェーデンの大使館を占拠して職員ら約50名を人質として、日本国内で勾留中あるいは服役中の日本赤軍関係者らの釈放を要求し、釈放させたテロ事件。
*71　1977年11月28日に開催された「法制審議会における刑事局長説明」法律時報50巻3号（1978年）53頁以下。
*72　判例時報713号142頁。
*73　河上和雄「必要的弁護事件における国選弁護」警察学論集26巻7号（1973年）17頁以下、臼井滋夫「訴訟指揮権・法廷警察権の行使と忌避理由」法律のひろば27巻1号（1974年）40頁。

るいは退廷命令による退廷の場合には、それが被告人の意思に基づくか同意が推定される場合には、当該公判期日で予定されていた審理を行うことができるとの説を述べることになる。[74] このような動きを受けてさらに他の裁判官からも、刑訴法341条準用可能説が主張されることになる。[75] そのような状況の中で、東京地裁刑事５部も、連続企業爆破事件の審理において、退廷命令を受けた被告人の言動に同調する趣旨で裁判長の在廷命令に違反して弁護人が退廷したときは、当該手続に関する在廷の利益を放棄または喪失したものとして、刑訴法341条の法意は弁護人についても類推適用できるとして、弁護人のいないまま審理を続行した。[76]

　そして、ついには、最高裁事務総局が、弁護人の不出頭や退廷した場合に、刑訴法341条を類推適用するか、あるいは必要的弁護を規定した刑訴法289条１項に内在的制約があることを根拠に、現行法の下でも必要的弁護の例外を認めることができるとする見解を主張することになっていた。[77] しかし、この積極説は、従前の学説の多くと対立していただけでなく、[78] 最高裁関係者が消極説に立っていた時期もあり、[79] 論拠も薄弱だった。それゆえ、「法務省、検察当局と司法行政当局及びその影響下にある裁判官との間の緊密な連携」[80] の下に、立法化の機を窺っていたということであろう。展開は、いかにも急であった。新聞報道があった（1977年10月末）[81] １カ月後には、法制審議会総会が開催さ

---

*74　その講演録が、船田三雄「法廷警察権と裁判権の接点」法書時報27巻２号（1975年）22頁以下。

*75　磯辺衛「被告人の欠席（退廷）と公判手続」熊谷弘ほか編『公判法大系Ⅲ』（日本評論社・1975年）34頁。

*76　判例時報824号125頁。

*77　「昭和50年における刑事事件の概況（下）」法書時報29巻２号（1977年）160頁。

*78　例えば、小野清一郎ほか『ポケット註釈全書刑事訴訟法』（有斐閣・1955年）581頁、松尾浩也「弁護人の地位」『総合判例研究叢書刑事訴訟法（11）』（有斐閣・1961年）105頁、高田卓爾編『基本法コンメンタール刑事訴訟法』（日本評論社・1973年）222頁〔小瀬保郎〕、平場安治ほか『注解刑事訴訟法中』（青林書院新社・1974年）863頁〔中武靖夫〕。

*79　横川敏雄（最高裁刑事局刑事第二課長）「必要弁護事件の弁護人の退廷」判例タイムズ26号（1953年）35頁以下。

*80　小田中聰樹『続現代司法の構造と思想』（日本評論社・1981年）168頁。

*81　読売新聞1977年10月26日朝刊が、「政府はハイジャック再発防止のための関係法改正案を今国会に提出」「次期通常国会に刑事訴訟法改正を準備」と報道。また、朝日新聞10月31日東京本社版朝刊１頁が、「法務省はハイジャック防止対策の一環として取り上げることになった過激

れ（11月28日）、諮問案である「刑事訴訟法の一部を改正する法律案要綱」が、刑事法部会に付託された。刑事法部会は、短時日の間に2回の会議を開き（12月15日、12月19日）、2回目の会議で諮問案どおり可決し、総会に報告した。そして、その約1カ月後（1978年1月23日）には、法制審議会総会が開催され、「刑事訴訟法の一部を改正する法律案要綱」を13対4で可決、法務大臣に答申した。

その後、法務省は、刑訴法一部改正案を「刑事事件の公判の開廷についての暫定的特例を定める法律案」（以下、「特例法案」という）に変更（1978年1月30日）。法制審議会も、この変更を承認（2月13日）、3月7日には、特例法案が閣議決定され、国会に上程された。

特例法案は、2条からなり、第1条は、目的として、「最近における一部の[*82]刑事事件の審理にみられるような異常な状況に対処するための当面の措置として」、必要的弁護事件の公判の開廷に特例をもうけると規定する。第2条が特例を認める場合としてあげるのは、次の4つである。①被告人が訴訟を遅延させる目的で私選弁護人を解任し、又は辞任するに至らせたとき。②私選弁護人が訴訟を遅延させる目的で辞任したとき。③私選弁護人が正当な理由なく出廷せず、又は許可なく退廷したとき。④私選弁護人が法廷の秩序を維持するため退廷させられたとき。そして、①②は、新たに弁護人が選任されるまで、③④は当該公判期日に限り、特例を認めるとともに、②③④の弁護人の行為が被告人の意思に反していないときとしていた。

刑訴法一部改正要綱の時点では、第1条の限定は、用意されておらず、弁護士・弁護士会を中心とする急速な反対の動きの展開を受けての「特例法」化だったと考えられる。それほどに、弁護士会関係の対応は早かった。いち早く、日弁連会長が憲法違反の企てであるとの声明を発表（11月9日）、人権侵害、弁護権の規制、ひいては弁護士自治への介入という危険を察知した弁護士・弁護士会の反対運動は、急速な発展を示し、特例法案が最終的に廃案になった

派事件の裁判促進のため刑事訴訟法改正についての要綱案をまとめた」と報道。
*82　法案は、「第八十四回国会衆議院法務委員会議録第十九号（昭和53年4月25日）」28頁等に掲載されている。

第4章　学生公安事件から「弁護人抜き裁判法案」まで（1970年代）　75

1979年6月14日まで、全弁護士会的に展開されることになった。法務・検察[*83]
関係者からの法案推進の意見表明も相次いだが、法律専門誌も相次いで特集[*84]
を組み、学界からの批判も大きく広がることになった。[*85][*86]

　この法案をめぐっての主要な争点は、立法事実としての「異常な状況」の有
無であり、日本国憲法37条3項との関係で必要的弁護に例外を作ることが許
されるかということであった。法務省は、異常な状況を強調し、必要的弁護が、
旧憲法時代から認められていたことを根拠に、日本国憲法37条3項には抵触
しないとしていた。これに対して、「異常な状況」の実相がどうであったのか、
少なくとも「沈静化」しているのではないか、必要的弁護は日本国憲法の制定
によって性格を変え、憲法上の制度になったといった反対論に多くの支持が集
まっていたということであろう。

　しかし、法案廃案への直接的な要因は、特例法案提案後に（1978年3月）、
日弁連の要請で続いてきた法曹三者協議会（法務省・最高裁・日弁連）での特
例法案をめぐる協議が、1979年3月30日に決着し、「協議結果」と「附属了解
事項」の調印にいたったことが大きかった。その「協議結果」は次の5点であ[*87]

---

*83　詳細に触れる余裕はないが、その活動については、全期間の活動日誌を添付した「『弁護人抜
　　き裁判』特例法案阻止対策本部活動報告書」自由と正義31巻1号（1980年）104頁以下参照。
　　その他に、日弁連機関誌自由と正義は、1978年1月号（29巻1号）からほぼ毎号特集や資料を
　　掲載し、1978年10月には、「特集『弁護人抜き裁判』特例法案阻止のために」を掲載した臨時
　　増刊号（29巻11号）を発行している。
*84　法務省刑事局参事官室が、法律のひろば31巻6号（1978年6月）以降、「過激派裁判の実情
　　とその対策」、「過激派裁判をめぐって」と題して、立法事実の存在、国民の反応などを継続的に
　　連載していた。
*85　例えば、「特集・弁護人抜き裁判」法律時報50巻3号（1978年）8頁以下、「＜座談会＞刑
　　事事件公判開廷暫定的特例法案」ジュリスト664号（1978年）102頁以下、共同研究『『弁護人
　　抜き裁判』特例法案－その批判的検討」法学セミナー1979年2月号97頁以下など。
*86　1978年5月14日付で、法学研究者有志169名の反対声明が公表され（自由と正義29巻7号
　　120頁）、5月17日には、刑事訴訟法研究者4名（松尾浩也・井戸田侃・田宮裕・鈴木茂嗣）連
　　名の慎重審議を求める意見書が、衆・参両議院の議長・副議長、両議院の法務委員会委員長等に
　　提出された（法律時報50巻8号180頁）。
*87　いずれも、自由と正義30巻5号（1979年）73頁以下に収録されている。「附属了解事項」は、
　　「協議結果」について三者がいろいろと意見を述べ、お互いに了解し合ったものを記録にとどめ
　　るという形でつくったものである。次の7項目からなり、⑴から⑸までは、「協議結果」（一）の
　　国選弁護人の推薦の関係、⑹以下は、（二）の懲戒関係である。
　　⑴（「協議結果」（一）の受任者名簿につき）裁判所・法務省側「受任候補者名簿の写しを裁判所
　　及び検察庁に提出することとされたい。」日弁連側「了承する。」

76　第1部　日本国憲法下における刑事弁護の歴史

る。（一）弁護士会は、裁判所から通常の推薦手続によることが困難又は不相当な特別案件については、国選弁護人の推薦依頼を受けたときは、責任をもって速やかに推薦する。そのため、弁護士会は、特別案件の国選弁護人を受任する意思がある相当数の弁護士を登載した受任候補者名簿を作成する。（二）日本弁護士連合会及び各弁護士会は、弁護人が不当な訴訟活動を行ったときは、当該弁護士に対する懲戒を公正迅速に行うものとし、そのため会則等の規定を整備する。（三）裁判所及び検察庁は、（一）及び（二）の日本弁護士連合会及

⑵（国選弁護人の推薦の期間）日弁連側「本文第一項の国選弁護人の推薦は、できる限り速やかに、かつ必ず行うが、場合によっては一箇月程度を要することもあることを了承されたい。なお推薦手続の進行状況につき裁判所に連絡する。」最高裁側「事案によっては推薦までにある程度時間がかかることもあろうが、推薦が著しく遅延した場合には、受訴裁判所が受任候補者名簿に基づいて選任することとなろう。」日弁連側「法律上は受訴裁判所が推薦なくして国選弁護人の選任をなし得ることは承知しているが、懸念されるような事態は今後あり得ない。弁護士会は著しい遅延等なく、必ず推薦する。なお、弁護士会は、必要があると考えるときは、国選弁護人の数について裁判所に希望を申し入れることとしたい。」

⑶日弁連側「裁判所は、国選弁護人の推薦を依頼するに際し、弁護士会に事件の概要、従来の経緯等について説明されたい。」最高裁側「その点は、従来から行つてきたところであるので了承されたい。」日弁連側「検察庁は、弁護士会の求めに応じ、従来の経緯等について適宜説明し、今後の訴訟進行等について打合せを行うこととされたい。」法務省側「了承する。」

⑷法務省・弁護士会側「受訴裁判所は、検察庁と弁護士会とが打ち合わせた結果については、十分尊重されたい。」最高裁側「当事者間の打合せの結果については、受訴裁判所においても十分配慮されるものと思われる。」

⑸弁護士会側「受訴裁判所は、国選弁護人選任後の最初の公判期日までの準備期間及びその後の出廷回数について、当該事案及び当該弁護人の実情について配慮されたい。」最高裁側「受訴裁判所は、良識をもつて期日を指定するものと信ずる。弁護士会及び弁護人においても、審理の遅延防止について最大限協力されたい。」

⑹（懲戒関係について）裁判所側・法務省側「日弁連は、本文第二項の懲戒の公正迅速化についてどのような方策をとることになっているのか。」日弁連側「日弁連は、次の措置をとることとし、早急に所要の手続を進める。」①弁護人の正当な理由のない不出頭、退廷及び辞任等不当な活動が弁護士倫理に反するものであることを明らかにするため、その旨の倫理規定を制定するとともに、倫理規定違反が会則違反となることを日弁連の会則上明確にする。②日弁連の懲戒委員会における外部委員を弁護士委員の数より一名少ない数にまで増員する。③日弁連の綱紀委員会に外部委員を加えることとする。④各弁護士会に、懲戒委員会における外部委員の比率を②の例にならって増大するよう指導する。⑤各弁護士会に、綱紀委員会に会員外の者が出席し、意見を述べ得ることとするよう指導する。」最高裁・法務省側「各弁護士会が早急に④及び⑤の措置をとることを強く期待する。」日弁連側「日弁連として十分指導に努めるか、各弁護士会において会則の変更等手続上若干の日時を要することを了承されたい。」

⑺（具体的な懲戒事案に関して）日弁連側「裁判所及び検察庁は弁護士会から懲戒事案について資料提供の求めがあったときは、これに応じられたい。」最高裁・法務省側「できる限り応ずることとする。」

び各弁護士会の措置の円滑な実施に資するため、できる限り協力する。（四）裁判所は、受訴裁判所が特別案件の国選弁護人に対し、相当額の報酬を支給するのに支障を来すことがないよう、予算上の措置について努力する。（五）法務省は、国選弁護人がその職務に関して生命、身体等に危害を加えられた場合の補償について、その実現方法を検討する。

　この「協議結果」に関わる「附属了解事項」、特に懲戒に関する項目（注87中(6)①乃至④）は、日弁連会長が、衆議院法務委員会（1979年4月24日）で述べているように[88]、「弁護士自治の根幹にかかわる」あるいは「弁護士活動に関する重大な制約となりかねない内容」であることを承知した上で、「高度の政治的な判断をも加えまして、特例法案を廃案に導くためにはやむを得ないのではないかと決断した」ということであった。

4．弁護実務の実情

　「弁護人抜き裁判」特例法案の廃案は、日弁連の組織をあげての取り組みの成果であったことは間違いない。それは一面、この期に入って弁護活動の面でも、後述のように、日弁連としての組織的な活動が成果を上げてきていたこととも無縁ではなかったであろう。しかし、他面、この期の幕開けが東大事件にはじまり、「弁護人抜き裁判」特例法案にいたったという刑事弁護をめぐる問題状況に対する危機意識からくる対応ということであったかもしれない。

　刑事弁護は、「四重苦」、具体的には、官僚司法の頽廃、裁判所・検察との力関係の格差、刑事弁護への迫害、当事者に対して求められる配慮といったことにみまわれ、「刑事弁護が遠ざけられることになっている」という[89]集団的公安事件を担当した弁護士の述懐は、決して軽視できない。「それを是認する趣旨ではまったくない」としつつも、「過激な法廷戦術が使われるのは…弁護の余

＊88　「第八十七回国会衆議院法務委員会議録第九号（昭和54年4月24日）」4頁。なお、「国会での日弁連会長答弁」自由と正義30巻6号（1979年）64頁にも収録されている。
＊89　小長井良浩「刑事司法の現状と弁護士の技術の限界」『講座現代の弁護士』（日本評論社・1970年）294頁以下。

78　　第1部　日本国憲法下における刑事弁護の歴史

地の狭隘なことの裏返しという面もある」[*90]との指摘も通ずるものがあっただろう。集団的公安事件を経て、「一般的に、弁護士が刑事事件をあまりやりたくなくなったというムードはある」ともいわれ、その理由の一端として、裁判所との対話が成り立たなくなっていることと同時に、検察主導の捜査において、例えば弁護人の接見が、相変わらず著しく制約されていることがあげられている[*91]。

　理論的には当事者主義の理念に支えられて、刑事弁護の活性化につながる問題提起が行われてきた。接見交通権はもちろん、公訴権濫用論、証拠開示、証拠排除などであった[*92]。しかし、接見交通については、前章（本書54頁）で触れたように一般的指定を違法とする裁判所の判断が示されるようになったが、実質的には形を変えて一般的指定が維持されていた[*93]。その後、弁護士会の組織的な事態打開への取組として、接見妨害に対する国家賠償訴訟が積極的に提起され、ついに、最高裁が、いわゆる杉山判決において、接見交通権を「刑事手続上最も重要な基本的権利」として接見自由の原則を確認した[*94]。しかし、捜査当局は、「接見指定の本質、捜査の必要の優位性をなんら否定するものではない」[*95]とし、指定の実質は維持されていた。

　弁護人の問題提起を受けて展開されてきた公訴権濫用論[*96]については、東京高裁が、水俣病補償請求をめぐる、いわゆる川本事件で、はじめて公訴権の濫用を認めて公訴を棄却した[*97]。これに対して最高裁は、検察官の上告を棄却し、公訴棄却という結論は維持したものの検察官の裁量権の逸脱による公訴提起が

＊90　田宮裕「現代の弁護士」『現代の弁護士〔司法篇〕』（日本評論社・1982年）10頁注（3）。

＊91　「座談会・現代の弁護士―これからの訴訟活動」前掲・『現代の弁護士〔司法篇〕』48頁の大野正男弁護士の発言。

＊92　井戸田侃ほか「＜研究会＞接見交通／公訴権濫用／証拠開示／証拠排除」ジュリスト551号（1974年）176頁以下参照。

＊93　井戸田侃ほか・前掲「＜研究会＞接見交通／公訴権濫用／証拠開示／証拠排除」ジュリスト551号187頁で河上和雄検事が、「指定する事件であるぞという通知説、それは生きております」として、一般的指定の存在を認めている。

＊94　最一小判昭和53年7月10日民集32巻5号820頁。なお、この事件については、第3章52頁参照。

＊95　河上和雄「検察実務からみた接見交通」法律時報54巻3号（1982年）19頁。

＊96　その経緯については、井戸田侃『公訴権濫用論』（学陽書房・1978年）参照。

＊97　東京高判昭和52年6月14日高刑集30巻3号341頁。

公訴権濫用にあたる場合を、「公訴の提起自体が職務犯罪を構成するような極限的な場合に限られる」とした。[98]理論としての存在は認められたものの検察側からは、「公訴権濫用論は、その終焉を迎えた」[99]と評されることにもなった。[100]

証拠開示についても、それまで証拠開示命令について消極説をとっていた[101]最高裁が、1969年に、「訴訟指揮権に基づき、検察官に対し、その所持する証拠を弁護人に閲覧させるよう命ずることができる」との判断を示すことになった。[102]しかし、この判例は、「証拠調べの段階に入った」という時期的限定だけでなく、「弁護人から具体的必要性を示す」ことを求め、その上、いくつもの要件の総合衡量を行うことにしており、あくまでも「部分的解決の道」[103]でしかなかった。

違法証拠排除については、最高裁が、原則的にそれを容認することになった。[104]しかし、排除には「令状主義の精神を没却するような重大な違法」と「将来における違法な捜査の抑制の見地からして相当でない」の二つの要件をあげており、その実効性には疑問が持たれていた。[105]

以上のような状況では、「刑事弁護は大へんむずかしい作業になっている」[106]と評されることにもなる。

そのような中、日弁連を中心とする組織的取り組みとして、特に触れておく必要があるのは、再審問題の展開である。[107]

---

*98　最一小判昭和55年12月17日刑集34巻7号672頁。

*99　河上和雄「公訴権濫用論の終焉」判例タイムズ428号（1981年）9頁。

*100　違法捜査を伴う公訴提起については、最一小判昭和41年7月21日刑集20巻6号696頁が、消極に解している。

*101　最三小決昭和34年12月26日刑集13巻13号3372頁。

*102　最二小決昭和44年4月25日刑集23巻4号248頁。

*103　横山晃一郎・前掲「＜研究会＞接見交通／公訴権濫用／証拠開示／証拠排除」ジュリスト551号202頁。

*104　最一小判昭和53年9月7日刑集32巻6号1672頁。

*105　例えば、鈴木茂嗣「違法収集証拠の証拠能力」刑事訴訟法判例百選（第四版）（1981年）129頁参照。

*106　田宮裕・前掲「現代の弁護士」9頁。

*107　この期の再審問題の展開については、大出良知「再審法制の沿革と問題状況」鴨良弼編『刑事再審の研究』（成文堂・1980年）108頁以下参照。

80　第1部　日本国憲法下における刑事弁護の歴史

再審事件（徳島事件、吉田巌窟王事件[*108]）[*109]に日弁連人権擁護委員会が取り組むことになったのは、1959年のことである。日弁連がこれ以後、再審問題の展開に重要な役割を担うことになる[*110]。しかし、再審にあっては、吉田巌窟王[*111]の再審無罪（1963年2月）[*112]の後に発生した帝銀偽証事件[*113]をきっかけとして、否定的な状況が続くことになる。判例は、上告審係属中に発見された事実問題に関する証拠や鑑定などの「新規性」について一定の前進をみせ、「明白性」の判断方法についても、新証拠を旧証拠と総合的に評価（再評価を認めるものではない）することを認めた。ところが、肝心の「明白性」の程度については、従前よりもむしろ厳格な、「有罪等の確定判決を覆えし無罪等の事実認定に到達する高度の蓋然性」といった表現を用い、事実上、無実であることの立証を請求人側に要求するという立場をますます明確にした[*114]。重大事件の再審請求は、金森事件[*115]を唯一の例外として、ことごとく棄却され続けたのである。主なものだけでも、大逆、松山（第一、二次）、免田（第五次）、徳本、白鳥、徳島、米谷、弘前などの事件を挙げることができる[*116]。

　このような状況の中、日弁連人権擁護委員会は、あらためて「総合的に再審問題を研究する」ため、その内部に再審問題研究会を設け（1972年7月）、刑訴法研究者をもまじえた再審運用の実情についての研究を進めることになっ

---

*108　日本弁護士連合会『続・再審』（日本評論社・1986年）244頁以下参照。

*109　後藤信夫『日本の岩窟王』（教文館・1976年）参照。

*110　日弁連『再審』（日本評論社・1977年）164頁参照。

*111　日弁連の再審への取り組みについては、「特集・刑事再審」自由と正義28巻4号（1977年）1頁以下、日本弁護士連合会編『再審』（日本評論社・1977年）、「特集・再審と日弁連」自由と正義34巻9号（1983年）3頁以下、日本弁護士連合会編・前掲『続・再審』等参照。

*112　名古屋高判昭和38年2月28日高刑集16巻1号88頁。

*113　帝銀事件再審請求の審理にあたって、請求人側請求証人に偽証があったとして、3名の証人が偽証罪で逮捕され（1965年3月15日）、請求人平沢貞通の支援グループの者も偽証教唆で逮捕された（3月17、18日）。その真偽のほどにここで言及する余裕はないが、その詳細については、竹澤哲夫「帝銀偽証事件の現段階と問題点」法と民主主義61号（1971年）31頁以下参照。ともかくもこの事件によって、「再審ブームに水がさされた」（安倍治夫「刑事再審の病理と対策」判例タイムズ201号（1967年）290頁と評される現象が生み出されることになる。

*114　以上のいずれの点も、札幌高決昭和44年6月13日判例時報558号14頁。

*115　金森健士は、1941年10月2日に朝鮮釜山で発生した朝鮮製綱放火事件で懲役15年になった。しかし、予審を担当した裁判官が、後に真犯人と思われる者の予審をも担当。再審請求に全面的に協力した。詳しくは、岩田喜好「金森再審事件」判例時報586号20頁以下（1970年）参照。

*116　法学セミナー増刊『日本の冤罪』（日本評論社・1983年）281～279頁参照。

*117
た。この活動は、各再審事件関係者を集めて組織化された再審事件全国連絡会の発足（1973年4月）に連なることになったが、さらに、当時の西ドイツの誤判研究の第一人者カール・ペータース教授の招聘を実現し（1973年11月）、学界の再審問題への関心を喚起する一因ともなった。ペータースが来日していた時期には、再審を共同研究テーマとして取り上げた日本刑法学会が開催され、4カ月後には、日弁連支援の再審事件を担当していた弁護士も多数参加することになる刑訴法研究者を中心とした「刑事再審制度研究会」も発足することになった（1974年）。[118][119]

再審実務に取り組む弁護士からの問題提起を受けての再審法理論研究の志向が、再審による誤判救済機能の十全化にあったことは、その経緯からして、当然であった。その焦点は、厳格な運用を支えてきた解釈理論、法制上の問題点の批判的検討、それに再審開始拡大化への提言にあった。特に、再審の理念、明白性をめぐる諸問題（意義・程度、判断方法、「疑わしいときには被告人の利益に」の原則の適用の可否）についての理論的解明の深化が進められることになった。この期の最大の理論的成果ともいうべきは、憲法を基礎とした再審の基本理念の理論的把握、明確化であったといえよう。再審は、憲法に基礎をもつ、デュー・プロセスの制度として、端的に「無辜の救済」に奉仕するものと明解に位置づけられることになった。そして、その理念を具体化する解釈論上の焦眉の急であった明白性についても、その判断方法について旧証拠の再評価を前提とする新旧両証拠の総合的評価が、有力に主張されることになった。その総合的評価に当たって、「疑わしいときには被告人の利益に」の原則[120][121]

＊117　日本弁護士連合会・前掲『再審』178頁以下参照。

＊118　その詳細については、刑法雑誌20巻1号（1974年）参照。

＊119　鈴木茂嗣「学説の形成と発展」ジュリスト930号（1989年）26頁は、「『刑事再審制度研究会』は、刑事訴訟法に関するはじめての『全国的』研究組織であるのみならず、研究者を中心に弁護実務家を交えた大規模な共同研究会として、その意義はきわめて大きかった」としている。

＊120　その成果は、多数にのぼるが、主要なものとしては、「特集・誤判救済と再審」ジュリスト601号（1975年）16頁以下、鴨良弼編『刑事再審の研究』（成文堂・1980年）などがある。

＊121　田宮裕「再審を考える」ジュリスト432号（1969年）120頁、同・「刑事再審制度の考察」立教法学13号（1974年）67頁以下。小田中聰樹「再審の基本性格と手続構造」法と民主主義82号（1973年）6頁以下参照。

の適用も強く主張された。

　以上のような経過を経て、最高裁白鳥決定[122]が生み出されることになった。白鳥決定では、最高裁がはじめて、明白性をめぐる主要論点全般に本格的判断を示した。明白性の意義・程度を「確定判決における事実認定につき合理的な疑いをいだかせ、その認定を覆すに足りる蓋然性」とし、判断方法に、新証拠と旧証拠の「総合的に評価して判断」する方法を認め、「疑わしいときには被告人の利益に」を「鉄則」と称してその適用を認めた。前述してきたような再審法理論研究の展開を反映したものであったことは間違いなかった。

　しかし、白鳥決定は、一般的判示の具体的適用において否定的結論（棄却）を採っていたこと、一般的判示の表現がなお不明確な点を含んでいたことなどから、その後の判例への影響が注目された。そして、白鳥決定後１年程の間に出た決定は、表現上微妙な変化がみられるものもあったが、明白性の程度、判断方法などについて、実質的には従前と同様、厳格な姿勢を崩さなかった。しかし、１年余後、仙台高裁が、はじめて白鳥決定を全面的に援用し、弘前事件に対して再審開始を決定[123]することになった。さらに、加藤事件[124]、米谷事件[125]について、白鳥決定を援用した開始決定が相次いだ。その間にあって、最高裁も、財田川事件について、白鳥決定をさらに敷衍し、「疑わしいときには被告人の利益に」の鉄則の適用にあたっては、「確定判決が認定した犯罪事実の不存在が確実であるとの心証を得ることを必要とするものではなく、確定判決の事実認定の正当性についての疑いが合理的な理由に基づくものであることを必要とし、かつ、これをもって足りる」とするとともに、旧証拠の再評価も認め、請求人に有利な差戻決定を行う[126]ことになった。

　これらの再審開始となった事件はいずれも後に無罪が確定することになるが、その結論は、社会的にも、学界においても概ね好意的に受け入れられたといってよいであろう。しかし、これらの再審開始、再審無罪の段階では、なお、

＊122　最一小決昭和50年５月20日刑集29巻５号177頁。
＊123　仙台高決昭和51年７月13日高刑集29巻３号323頁。
＊124　広島高決昭和51年９月18日高刑集29巻４号477頁。
＊125　仙台高決昭和51年10月30日高刑集29巻４号557頁。
＊126　最一小決昭和51年10月12日刑集30巻９号1673頁。

第４章　学生公安事件から「弁護人抜き裁判法案」まで（1970 年代）　83

「再審の新しい流れ」と評された動きが、さらに定着化への歩を進めるのか否か疑問がなかったわけではない。というのは、弘前、米谷両事件では真犯人（あるいは真犯人と名乗る人物）が現われており、加藤事件は吉田事件と同様、大正初期に発生した事件だったからである。現に、他方では、島田[*127]、江津[*128]両事件の再審請求が棄却されていた。

しかし、1979年になって、財田川[*129]、免田[*130]、松山[*131]と死刑確定囚に対する再審開始が相次ぎ、事態は新たな進展をみせることになった。いずれもまず、死刑確定囚に対する決定であった点で特筆すべきであるが、さらに、真犯人の出現などといった特殊な事情はなく、原確定死刑判決の証拠的基礎の動揺が問題とされた点で画期的な決定だった。これらの事件は、次期にいずれも再審で無罪となり、刑事手続改革への道を拓くことになる。

ところで、この期末になって、以上のような刑事手続をめぐる実情は、学説が理念的に追求してきたモデルとは、明らかに様相を異にするものであり、その認識について「混沌」を生じることにもなっているとして、事態を日本特有の「擬似当事者主義」の定着と捉えようとする見解が示されることになる[*132]。「擬似当事者主義」の実質は、「きめ細かな真実の発見」であり、「精密司法」の実現だとする。「精密司法」は、根源において相互補完的な検察権の強化と弁護権の強化によって形成されており、「弁護人抜き裁判」法案は、「弁護」が総体的に強化されたことの反映であり、「擬似当事者主義」の一現象ということになる。しかし、前述のように、「弁護人抜き裁判」法案を弁護権強化の所産と見るのは、一面的であり[*133]、「擬似」といえども「当事者主義」というよりは、むしろ「新

---

*127　静岡地決昭和52年3月11日判例タイムズ348号125頁。

*128　広島高松江支決昭和54年3月2日判例時報919号116頁。

*129　高松地決昭和54年6月6日刑裁月報11巻6号700頁。

*130　福岡高決昭和54年9月27日高刑集32巻2号186頁。

*131　仙台地決昭和54年12月6日刑裁月報11巻12号1632頁。

*132　松尾浩也「当事者主義と弁護」『鴨良弼先生古稀祝賀論集・刑事裁判の理論』（日本評論社・1979年）51頁以下。

*133　また、弁護人からする「きめ細かな真実の発見」は、運動的にはともかく、理論的には、刑事裁判の原則に基づく「無罪の発見」であり、検察官のいう「真実の発見」とは、意味を異にしていたと考えられる。松尾浩也「総括と展望」前掲・鴨良弼編『刑事再審の研究』605頁は、再審が真実を求める制度であるとして、再審による無罪の追及を、弁護人による「真実の発見」へ

職権主義とでもよばざるをえない事態[134]」というべきであっただろう[135]。

5．1970年代の刑事手続環境と刑事弁護

　以上のように、1960年代後半には、当事者主義理論を基盤とした新たな刑
事訴訟法理論の展開もあり、裁判所による刑事手続環境の改善への動きを看取
することができなかったわけではない。しかし、1970年前後の政治情勢の変
化の中で刑事手続環境も大きく変化していくことになり、刑事弁護をめぐる事
態も大きな動きを見せることになった。その状況をまとめるならば次の4点を
指摘することができるであろう。

　第1に、1970年を前にした治安政策的観点からする警察・検察の態勢整備
の進む中で多発した公安事件における大量逮捕・勾留、大量起訴が、「司法の危
機」に象徴される裁判所の変化の中で、「東京地裁方式」と呼ばれる強引な審
理方式によって処理されることになり、被告人・弁護側との間に大きな軋轢を
生むことになった。

　その結果、第2に、裁判所は、被告人の不在はもとより、弁護人の不在とい
った事態の中で審理を強行し、被告人不在の判決といった事態にまで突き進ん

の親和性を示す例示としていると考えられる。しかし、従前、「疑わしいときには被告人の利益に」
の刑事裁判の鉄則が軽視され、あまりにも明白な無罪事件までが再審による救済を必要としてき
たことと、再審請求審に前記刑事裁判の鉄則が適用されず、上述のように弁護側に、無実の立証
が要求されてきた結果、再審があたかも「実体的真実」を追求する制度であるかのような様相を
示したにすぎないというべきであろう（竹澤哲夫「請求者から見た再審制度」前掲・刑法雑誌
20巻115頁以下は、通常手続及び再審請求審における前記鉄則の貫徹を強く要求している。な
お、村井敏邦『現代刑事訴訟法』〔三省堂・1990年〕34頁以下〔大出〕参照）。

*134　田宮裕・前掲「現代の弁護士」9頁。

*135　著者もかって、「『擬似当事者主義』は、運用の歪みの定式化であり、裁判所の強権化と弁護
の弱体化という図式は、もはや当事者主義という構造を備えてはいないというべきであり、事態
の本質は、糺問主義＝職権主義だというべきであろう。とはいえ、それは、当事者主義的な制度
的枠組の下で、運用として定着したものであり、その意味では、『運用』糺問主義＝『運用』職
権主義であり、制度的枠付けを受けていないということで『新』糺問主義＝『新』職権主義とい
うべきものである。ということになれば、その事態の打開も制度改革によらず、運用によって可
能になるということも意味していた。」と述べたことがある（村井敏邦編『現代刑事訴訟法』〔三
省堂・1990年〕35頁〔大出〕の表現を同『現代刑事訴訟法第2版』〔三省堂・1998年〕37頁〔大
出〕で若干敷衍した表現にしたもの）。

第4章　学生公安事件から「弁護人抜き裁判法案」まで（1970年代）　　85

だ。被告人らの非妥協的な政治的主張が、事態を悪化させた一因にもなったとはいえ、最終的に、自ら合法性を正当化する権限を掌握している裁判所に被告人らが対抗する手段がないことは明白であるにもかかわらず、弁護側から「被告人抜き・弁護人抜き」といった事態を回避するために、使命感から妥協点を探ろうとした国選弁護人の努力をも一蹴した裁判所の姿勢は、当時の刑事手続環境を象徴していたと言わざるを得ない。

　すなわち、第3に、警察、検察、裁判所の強権の前に、弁護が有効に対抗する力をなお持ち得ていないということは明らかであった。そのような中で、「弁護人抜き」特例法案には、個別の弁護活動の問題を超えた弁護士自治への介入という危険性を察知した弁護士・弁護士会が、それまでにはなかった組織的で継続的な、しかも弁護士会を越えた幅広い反対運動を展開することで、廃案へ追い込むことになった。そのことで、弁護士会の組織的基盤の整備に進展がみられたことは間違いないであろうが、そのことが個別の弁護の充実・強化につながることになったわけではなく、むしろ「刑事弁護離れ」を生むことにもなった。

　しかし、第4に指摘しておく必要があるのは、個別の弁護活動に全く進展が見られなかったわけではないことである。特に、その後の展開との関係で重要な位置を占めたのは再審問題の進展であった。日弁連が、事件関係者や研究者とも連携して進めた救済への努力が、最高裁白鳥決定を生むことになったことは間違いない。そして救済も進展することになるが、この期においては、なお、個別の努力に依拠した例外的な事態の進展でしかなかったと言わざるを得ない。また、接見自由原則を確認した最高裁杉山判決も生まれたが、これも長年の個別の闘いの成果ではあったが、直ちに刑事弁護全体の底上げになったわけではなかった。[136]

---

*136　浅田和茂＝川崎英明＝高田昭正「戦後刑事司法の軌跡─その担い手達の活動」ジュリスト930号（1989年）136頁は、「七〇年代の刑事司法の状況は刑事司法の担い手間での対立の激化・顕在化として特徴づけることができる」として、「この対立状況の中で弁護士は、まさに層として誤判救済の担い手、したがって防禦権・弁護権の擁護者＝司法における人権の担い手としての立場を明確化し、担い手たりうる前提条件を確立した」とする。しかし、本章での検討によれば、「層」としての「担い手の立場を明確化」して、「担い手たりうる前提条件」を確立したとの評価には、疑問が残る。

第5章

死刑確定囚再審から被疑者弁護の
充実・強化への胎動まで（1980年代）

1．刑事手続をめぐる問題状況

学生公安事件への対応にはじまり、いわゆる「弁護人抜き特例法案」（刑事事件の公判の開廷についての暫定的特例を定める法律案）の廃案（1979年6月）によって画された1970年代につづく1980年代は、その「問題状況の捉え方はきわめて多様で一定していない[*1]」と指摘されたように、視点ないし問題関心のありようによって評価を異にする事態の中でスタートすることになった。そのような状況の基底をなした主な事態は、次の2点であった。1つは、1970年から80年代にかけての刑事裁判全般をめぐる統計数値に現れた状況変化であり、2つ目は、死刑確定事件等の再審での相次ぐ無罪判決であった。

前者について、その特徴的な主な数字を確認しておくならば、まず無罪率[*2]の変化である。1970年には、0.82％であったものが、1975年には、0.46％、1980年には、0.23％とほぼ一貫して低下傾向をたどり、1985年には、0.14％ということになったが、1986年から88年までは、ついに0.1％ということになり、有罪率が、99.9％ということになった。

次に、勾留却下率も、1970年には、その前後のピークであった前年の5％よりは下回ったものの3.76％を記録していたが、1975年には、1.60％、1980

---

*1　三井誠「刑事訴訟法の課題（下）」ジュリスト733号（1981年）115頁。

*2　「昭和四五年における刑事事件の概況（上）」法曹時報23巻12号（1971年）118頁以下、「昭和五〇年における刑事事件の概況（上）」法曹時報29巻1号（1977年）129頁以下、「昭和五五年における刑事事件の概況（上）」法曹時報34巻1号（1982年）120頁以下、「昭和六〇年における刑事事件の概況（上）」法曹時報39巻1号（1987年）39頁以下、「平成二年における刑事事件の概況（上）」法曹時報44巻1号（1992年）94頁以下等による。

年には、0.96％、1985年には0.37％とこれもほぼ一貫して低下していた。保釈率も、地裁に限ってみてみると、1970年には、55.8％であったものが、1975年には、52.8％になり、1980年には、37.6％、1985年には、25.8％と低下傾向をたどっていた。

　弁護人の選任率についても、1980年代になっての傾向を確認しておくと、地裁では98％から99％、簡裁では91％から92％の被告人に弁護人が選任されているという状況は、70年代からさほど変化はない。但し、国選弁護の比率が次第に高くなり、1970年代には、地裁ではほぼ40％台を推移していたものが、1980年代に入って50％台から60％台に増加した。簡裁においても、60％台であったものが、70％台から80％台に達した。

　このような状況は、批判的な視点からは、1970年前後を頂点とする運用の変化であり、勾留・保釈については、1970年代の裁判所、検察官の強硬な姿勢の延長線上にあり、「罪証隠滅の虞」の拡大解釈による令状主義の形骸化[3]ということになる。それは、国選弁護率の増加によって、「被疑者段階で弁護士が付かない事件の比率が高くなり、捜査段階に違法、不当があっても放置される事態が多くなっているものと思われ」[4]、自白強要につながる「人質司法」への傾斜ということにもなる[5]。有罪率についても、裁判官が無罪判決を躊躇することになり、「本来無罪にすべきものが入っているのではないかという懸念を非常に強く持ちます」[6]ということになる。

　しかし、これに対して、前期に提起された「精密司法」[7]論を奇貨として、

＊3　石井吉一「勾留・保釈・コメント２」『刑事手続（上）』（筑摩書房・1988年）269頁以下。

＊4　大川真郎「形骸化しつつある刑事裁判の概況」自由と正義38巻２号（1987年）50頁。当時の警察捜査の一端については、武村不二夫「警察捜査と弁護活動」『警察の現在』（法学セミナー増刊・総合特集シリーズ36・1987年）212頁以下参照。

＊5　「座談会・刑事裁判の実態〜有罪率99.86％の有罪率をめぐって」自由と正義38巻２号（1987年）19頁〔大野正男発言〕。

＊6　前掲「座談会・刑事裁判の実態〜有罪率99.86％の有罪率をめぐって」７頁〔大野発言〕。

＊7　前章で言及した「精密司法」の命名者である松尾浩也は、1980年代を通して、様々な角度からその主張を敷衍・補足することになり、「日本的特色」論も、英米の議論に依拠したモデル論から脱却し、実情を肯定的に評価しようとする裁判・検察実務家による議論としても盛んに利用される。松尾自身の著作としては、例えば、『刑事訴訟法上』（弘文堂・1979年）16頁、「迅速な裁判」『法学協会百周年記念論文集第二巻』（有斐閣・1983年）611頁、「刑事訴訟法の基礎理論」国家学会百周年記念『国家と市民第三巻』（1987年）447頁、「刑事訴訟法の基礎理論」法

88　　第１部　日本国憲法下における刑事弁護の歴史

旧刑事訴訟法との連続性を前提に、「真実発見」を目指す「日本的特色」の現れとして肯定的に評価する理解も有力に主張されていた。[*8]具体的には、勾留請求の却下率が低いのは、綿密な捜査により不必要な勾留請求を行っていないからであり、保釈が減少しているのは、弁護人の保釈請求が減少しているからであるというのである。さらに、無罪率が低いのは、起訴にあたって「高度の嫌疑」を要求し慎重に振り分けているからであると主張されていた。

このような対立状況の中、2つ目の事態が展開することになる。前述した1960年代から日弁連が組織的に取り組んできた再審問題について、前期末から財田川事件、免田事件、松山事件と死刑確定囚に対する再審開始決定が相次ぎ（1979〜1983年）[*9]、ついには無罪判決が続くことになる（1983〜1984年）。[*10]さらに期末には島田事件も4件目の死刑確定事件再審無罪[*11]ということになった。これらの事件は、いずれも捜査段階で作成された内容虚偽の自白調書を偏重した結果惹起されたことが明らかであり、あらためて自白を偏重した捜査や裁判に対して厳しい批判が向けられることになっていった。[*12]

学教室86号（1987年）34頁等々参照。なお、精密司法論についての批判的検討としては、小田中聰樹「刑訴改革論議の基礎的視点―『精密司法論の検討を手掛りとして』」『平野龍一先生古稀祝賀論文集下巻』（有斐閣・1991年）239頁以下、白取祐司「モデル論と精密司法論」『刑事司法改革と刑事訴訟法上巻』（日本評論社・2007年）157頁以下等参照。

*8 例えば、藤永幸治「刑事訴訟の未来像」『刑事訴訟法の理論と実務』別冊判例タイムズ7号（1980年）53頁。

*9 財田川開始・高松地決昭和54年6月6日刑事裁判月報11巻6号700頁、即時抗告棄却（開始確定）高松高決昭和56年3月14日高等裁判所刑事判例集34巻1号1頁。免田開始・福岡高決昭和54年9月27日高等裁判所刑事判例集32巻2号186頁、特別抗告棄却（開始確定）最決昭和55年12月11日刑集34巻7号562頁。松山開始・仙台地決昭和54年12月6日刑事裁判月報11巻12号1632頁、即時抗告棄却（開始確定）仙台高決昭和58年1月31日判例時報1067号3頁。

*10 免田無罪・熊本地八代支判昭和53年7月15日判例時報1090号21頁。財田川無罪・高松地判昭和59年3月12日判例時報1107号13頁。松山無罪・仙台地判昭和59年7月11日判例時報1127号34頁。

*11 再審開始・静岡地決昭和61年5月29日判例時報1193号31頁、即時抗告棄却（開始確定）東京高決昭和62年3月25日判例時報1227号3頁、再審無罪・静岡地判平成元年1月31日判例時報1316号21頁。なお、この間に、徳島事件（殺人・懲役13年）が昭和60年7月9日に徳島地裁で再審無罪になり（判例時報1157号3頁）、梅田事件（強盗殺人・無期懲役）が昭和61年8月27日に釧路地裁で再審無罪（判例時報1212号3頁）になっている。

*12 これら3事件の詳細と日弁連の再審問題への取り組みについては、日本弁護士連合会『続・再審』（日本評論社・1986年）参照。

2.「検察官司法」の実相

　評価はどうであれ、前述のような有罪率の高さに象徴される司法の実態は、手続全般に「捜査官」、「訴追官」、「判断者」、「処遇者」として関与する検察官が主導する「検察官司法」であることがあらためて指摘され、[*13] その是非が問われることにもなった。しかし、その実質は、自白獲得を中心とする手続運用への志向を基調とした警察捜査の維持・強化によって支えられていたことを看過してはならない。刑事施設法案の立案経過を全く無視して突然提案された留置施設法案（1982年4月27日国会提出）が事態を象徴していたと考えられる。[*14]

　死刑確定囚再審3事件の無罪判決に直面し、最高検察庁は、「再審無罪事件検討会」を設置し、1984年10月から1年をかけて検討を行い、さらに1986年に7カ月近くをかけて「再審無罪事件検討結果報告」をまとめたといわれる。しかし、この報告書は、「部外秘」扱いのまま検察自身の手によって公表されることはなかった。[*15] その理由は定かではないが、内容からして警察捜査に対する批判的内容を多分に含んでおり、後述のような警察の姿勢との関係から公表を控えたのではないかという推測も十分に成り立つところである。具体的には、例えば、まず自白の信用性に関わって、警察の捜査の影響を遮断しない限りは、「検察官面前調書が、刑事裁判において、次第に軽んじられる傾向にあ

---

*13　三井誠「刑事訴訟法施行三〇年と『検察官司法』」前掲・別冊判例タイムズ7号37頁以下。

*14　いわゆる「代用監獄」の恒久化を企図したこの法案は、後述のように、この期に2度にわたって国会に上程されたが、日弁連の強力で組織的・継続的な反対運動をはじめ学界からの強い批判によって、いずれも廃案になるが、日弁連の取り組みについては、日本弁護士連合会拘禁二法案対策本部『拘禁二法案をめぐる八年－拘禁二法反対運動小史』（日本弁護士連合会・1990年）を参照のこと。また、特に二法案による未決拘禁被収容者と弁護人との接見交通権の制限の危険性については、三井誠「接見交通権問題の展開―その四・外篇（二）・刑事施設法案及び留置施設法案について」法律時報54巻8号（1982年）119頁以下、若松芳也『接見交通の研究』（日本評論社・1987年）193頁以下、後藤昭「弁護人との接見をめぐる問題点」法律時報60巻3号（1988年）43頁以下等参照。

*15　その主要部分を紹介したものとして、誤判問題研究会「紹介・最高検察庁『再審無罪事件検討結果報告―免田・財田川・松山各事件』について」法律時報61巻8号（1989年）85頁以下がある。

ることが残念であり」、「勾留場所の問題と、被疑者勾留中の弁護人との接見問題」を見直す必要があるとしている。「代用監獄から適切な時期に拘置所に身柄を移し、検察官が中心になって捜査を行うことが必要」、「弁護人との接見についても、現在よりはもっと回数多く、一回あたりの接見時間も多くして、弁護人と接見しながらも本人がこれだけの自白をしているという形を残すようにしなければならない」としていた[16]。それはまた、「警察の捜査に対するチェック機能を重視[17]」することであり、「警察がどのような捜査体制で当該事件の捜査をしているかをよく把握しておかなければならない[18]」ということにもなる。

これに対して、警察当局者からも、「的確な検挙」、「ち密な捜査」、「捜査の適正」について的確な捜査指揮を行うこと、無罪判決等における捜査上の反省・教訓を徹底させることなどが提起される。しかし、それは公然と積極的に、自白獲得を前提に、その自白を有効に利用しうる条件整備を課題としていたともいえる。現に、取調の重要性や不可欠性を強調し、自白の必要性を理論的に根拠づけようとする試みが行われていた。被疑者の取調には、人権保障機能や事件ごとの逮捕・勾留の反覆防止機能、それに秩序維持機能などがあるといったことも主張される。また、法解釈論的な主張として、「刑訴法は捜査段階では糾問方式を容認している」、「逮捕・勾留は取調べを予定している」、「取調の主たる目的は自白をもとめることにある」などともいわれている[19]。そして、そのように正当化した捜査を検察に対抗して、公判においても内容的に認めさせるための対策も講じられていた。「刑事警察充実強化対策要綱」（1986年10月17日付次長通達）による「公判対応体制の確立」である。

具体的には、弁護側の反証に反論する必要がある事案が増えており、「事件を検察官に送致してしまえば終わりということでなく、その捜査結果については、最後まで責任を負うという立場に立って」、「公判の動きをフォローし」、公判での争点の把握、証人準備、補充捜査などを的確に行うという。すなわち、

---

*16　前掲・法律時報61巻8号87頁。
*17　前掲・法律時報61巻8号87頁。
*18　前掲・法律時報61巻8号89頁。
*19　友川清中警察大学校特別捜査幹部研修所教授（当時）「取調べ―その実情と機能及び重要性」
　　　警察学論集35巻9号（1982年）75頁。

このような「取調」の正当化は、被疑者＝犯人という大前提に立ち、もっぱら信用性を確保するための自白獲得技術の改善を問題にしようというのである。そして、自白中心主義的な捜査を、裁判所への直接的な働きかけによって事実認定面で正当化しようとするものといってもよいであろう。

　それは、自白偏重の調書裁判の必然的帰結でもあろうが、警察が、刑事手続全体を支配し、いわば「警察司法」を実現しようと本格的に動きだしたとも考えられたのである。[20]一旦廃案になった（1983年11月28日）留置施設法案の再度の国会上程（1987年４月30日）が警察のその意欲の表明だったと思われる。

　このような警察の動きの背景には、1980年代に入って一層明確になった相対的な検察官の地位の低下があったと考えられる。[21]公判維持についての「信頼」の喪失は、裏を返せば、検察官の警察に対するチェック力の低下でもあり、捜査の適正化にマイナスに作用し、誤判の原因にもなる。80年代末には、無罪判決が、警察の作った「漫画的」な自白調書に依拠した検察官の立証を「不正義である」と断じたり、[22]「重要部分で変転しており、噴飯もの」の自白調書に検察官が依拠しており、「実に不愉快」と批判されるといった事態を生じていた。[23]

　しかし、全般的には、裁判所は、相変わらず警察の捜査実務を追認する傾向が強かった。最高裁は、違法捜査に基づく起訴を有効とし、[24]違法逮捕が先行する勾留質問における自白の証拠能力を肯定しただけでなく、被疑者を４夜にわたってホテルに宿泊させて取調べても違法ではないとした。[25][26]また、下級審には、取調受認義務肯定説に立つと思われる判例も現れている。すなわち、

＊20　この点については、大出良知「刑事警察の四〇年と『刑事警察充実強化対策要綱』」前掲『警察の現在』50頁以下参照。
＊21　既に1970年代から進行していたと考えられる警察との関係での検察の地位の低下については、伊藤栄樹『秋霜烈日－検事総長の回想』163頁以下参照（朝日新聞社・1988年）。また、当時の検察をめぐる状況全般については、「特集・いま、あらためて検察問題を考える」法と民主主義248号（1990年）２頁以下参照。
＊22　朝日新聞1988年11月29日夕刊の報じた、同日の東京地裁の無罪判決。
＊23　朝日新聞1989年７月28日夕刊の報じた７月27日の大阪地裁の無罪判決。
＊24　最二小判昭和56年６月26日刑集35巻４号426頁。
＊25　最三小判昭和58年７月12日刑集37巻６号791頁。
＊26　最二小決昭和59年２月29日刑集38巻３号479頁。

被疑者が留置場からの出頭を拒否した場合には、脇の下に手を入れて持ち上げて出房させてもよいというのである。[*27]

3．平野論文のインパクト

折しも、日本国憲法の下での刑事訴訟法理論をリードしてきた平野龍一が、現行刑事訴訟法の生みの親の一人でもある団藤重光の古稀祝賀論文集に寄せた「現行刑事訴訟の診断」（1985年）[*28]が、一大センセーションを巻き起こすことになった。

平野は、現行刑事訴訟法が、一面では、「ほぼ安定しているように見える」ものの、「その問題性は、むしろ最近になっていくつかの再審事件に露頭をあらわした」[*29]として、捜査段階の密室で作成された調書が証拠の中心として公判を事実上支配するいわゆる「調書裁判」[*30]を痛烈に批判した。そして、「欧米の裁判所は『有罪か無罪かを判断するところ』であるのに対して、日本の裁判所は、『有罪であることを確認するところ』であるといってよい」[*31]として、「このような訴訟から脱却する道があるか、おそらく参審か陪審でも採用しない限り、ないかもしれない。現実は、むしろこれを強化する方向に向ってさえいるように思われる」と述べ、最後に「わが国の刑事裁判はかなり絶望的である」との診断を下したのである。[*32]

平野のこの問題提起は、1980年代に入ってあらためて明らかになった刑事訴訟の実情に批判的な目を向けていた研究者・弁護士に、大きなインパクトを与えることになった。[*33]最後の「かなり絶望的である」との診断は、その前提

---

*27　東京地決昭和59年6月22日判例時報1131号160頁。

*28　平野龍一「現行刑事訴訟の診断」『団藤重光博士古稀祝賀論文集』第4巻（有斐閣・1985年）407頁以下。

*29　平野・前掲「現行刑事訴訟の診断」407頁。

*30　平野は、「調書裁判」という指摘を、既に「伝聞排斥の法理」『刑事訴訟法講座2』221頁（有斐閣・1964年）において行っていた。

*31　平野・前掲「現行刑事訴訟の診断」407頁。

*32　平野・前掲「現行刑事訴訟の診断」423頁。

*33　しかし、中には異なった受け止め方もあった。例えば、松尾浩也「刑事訴訟法の基礎理論」

第5章　死刑確定囚再審から被疑者弁護の充実・強化への胎動まで（1980年代）　93

としての平野の認識を超え、一人歩きをはじめ、それぞれの論者の視点からの刑事訴訟の実態の敷衍を集約する結論として多用されることになった。それぞれの論者が抱いていた疑問・批判を結論的に実感として集約していく方途が提供されたということでもあったであろう。特に、実践的に刑事弁護を通して刑事訴訟の実態を実感していた弁護士達の反応は早かった。平野論文を契機として、それと連携する実践的な事態打開へ向けた動きが、次々とはじまることになった。

その嚆矢ともいうべきは、平野も出席して1986年11月に行われ、自由と正義38巻2号（1987年2月号）に掲載された「＜座談会＞刑事裁判の実態〜九九・八六％の有罪率をめぐって〜」だった。司会は、免田事件の弁護人でもあり、刑事弁護士として著名だった倉田哲治。ほかに、幸浦、二俣、小島の三大冤罪事件の誤判原因分析を行い[*34]、刑事弁護士としての顔も持ち、後に最高裁判所の裁判官に就任した大野正男。梅田事件の再審開始決定を容認した札幌高等裁判所の裁判長から、北海道大学教授に転身していた渡部保夫であった。

この座談会で、弁護士たちからは、「被疑者段階で弁護人が付いていない」（大野）[*35]、「捜査に対して手も足も出なくなった状況から弁護活動を開始するという非常なハンディキャップを負わされる」（倉田）[*36]といった実態が問題にされていた。それに対して平野からは、「少なくとも死刑・無期に当たる事件ぐらいについては被疑者にも国選弁護士制度を作れといってもいいように思います」と述べながらも、「被疑者に弁護人依頼権はあるわけで、なぜ私選も付かなかったのか」と問い、「弁護士会としてまだやることがあるんじゃないか」

法学教室86号（1987年）32頁は、「この論文には、『モデル論』という表現は出てきませんけれども、おっしゃっていることの趣旨は、要するにモデル論的な手法でアメリカ法なり、あるいはドイツ法的なものなり、そういうものを一方のモデルとして日本法を動かそうとしてもそれはほとんど不可能である、そういう手法にはもはや期待できない、というのが『絶望的』ということの意味であろうと思われます。」としていた。後に松尾『刑事訴訟の理論』32頁（有斐閣・2012年）は、この平野の発言を「日本的特色論を捉えて」の批判であるとしながらも、「刑事手続の現状を公判の形骸化と捉えて痛烈に批判し」たと、趣を異にする評価を与えている。

*34　大野正男・大竹武七郎・内田博「＜共同研究＞事実認定における裁判官の判断―幸浦・二俣・小島事件判決の実証的研究」法律時報36巻2号（1964年）30頁以下。
*35　自由と正義38巻2号（1987年）6頁。
*36　前掲自由と正義38巻2号7頁。

94　　第1部　日本国憲法下における刑事弁護の歴史

と提起した。

その問題提起には、平野自身の、「私の書いたものはほとんど裁判所あるいは検察官、警察官に対して物を言っているんで、弁護人に対する視点というのは抜けちゃっているんですね」[37]という理論的反省が前提になっていた。ようやく、被疑者弁護の実情に即した充実・強化へ向けた理論と実務の連携への飛躍に道が拓かれる可能性が出てきた。

学説の中には、事態についての認識を共通にしながらも、抜本的打開策を探るというよりも、実務との接点を見いだそうとする動きも有力化していった。「実務や判例は、学説が新法のうえに描いたビジョンとはかなりちがう方向へ走り出してしまったのである」として、「理論的見地からは遺憾のきわみであるにしても」、「学説と判例ないし実務の間には、新たな関係が形成されてしかるべきであろう」[38]というのである。例えば、被疑者の弁護権について、「①地裁事件のような重要な事件では、被疑者の国選弁護制を認める、②逮捕後第一回の接見については、指定を許さない、③勾留以降はすくなくともＸ日に一回、一時間以内の接見を許す、④取調べのつど、黙秘権のほか接見交通権の告知も義務づける、などの規定を設ける」ことを考えてはどうかというのである。[39]

また、現行刑事訴訟法が、「わが司法の中に定着した」という認識を前提にしながらも、法曹三者の間の「対立の厳しさ」を窺うことができるということで、同じ土俵の上で、裁判官、検察官、弁護士が、実務の実態・実情にそれぞれの主張を「ぶつけ合う」といった企画も登場した。[40]そこでは、極めて先鋭な対立が浮き彫りになっており、その対立は、編者自身（三井誠）が認めるところによれば、「検察・裁判対弁護という二面的な構図を形成している」[41]ということであった。

検察・裁判の立場からは、平野の前述の「絶望的」との評価とはおよそかけ

---

*37　前掲自由と正義38巻２号５頁。
*38　田宮裕「刑事訴訟法における判例と学説」法学教室74号（1986年）44頁。
*39　田宮裕「あすの刑事訴訟法への視点」ジュリスト852号（1986年）163頁。
*40　三井誠・中山善房・河上和雄・田邨正義編「はしがき」『刑事手続（上）（下）』（筑摩書房・1988年）各１－２頁。
*41　三井「解説」前掲『刑事手続（下）』1050頁。

離れた、本章冒頭に紹介したと同様に、「精密司法」あるいは「検察官司法」が肯定的な意味において理解され、日本的特色として評価されている[42]。特に対立の厳しい基本テーマとしては、身体拘束下の「被疑者の取調べ」をめぐる取調受忍義務肯定論と否定論、「接見交通」をめぐる一般的指定の合法論と否定論、「証拠開示」をめぐる個別開示論と事前全面開示論があげられている[43]。

また特徴的なこととして指摘しておく必要があるのは、裁判官と検察官からの刑事弁護に対する批判である。裁判官からは、「弁護人関係の課題としては、わが法における弁護人の権限は、被疑者との接見交通の制約を除き特段の制限がなく…その権限を駆使して有効・適切な弁護活動をすることをおいてほかにない[44]」と暗に弁護活動の不十分性が問題にされている。検察官からは、さらに執拗に弁護活動について、「質が低い」、「片手間仕事」、「倫理感、使命感の低さ」といったことが問題にされ、「少なからぬ数の弁護士の刑事における活動は、経験と知識の不足のうえに、社会的使命感を忘れたいい加減なもの」と酷評されている[45]。

もっとも、弁護士自身も、裁判官、検察官とは異なった視点から、弁護活動が不十分にならざるを得ない理由をあげている[46]。捜査当局のような強力な組織力を持たない、被疑者・被告人の弁護人というだけで関係者の積極的な協力を得られない、弁護士業務上特定の事件にのみ没頭できない、といったことである。

法曹三者それぞれの立場の相異が明らかにされたという点では、企画は成功ということになるのであろうが、編者の1人である三井は、解説の最後で、「現在の刑事司法の構図を前提にすれば、刑事司法の将来を卜する鍵は刑事弁護のあり方いかんにかかっているとみて間違いない」と結んだ[47]。そして、さらに

---

*42　中山善房「日本の刑事司法の特色―裁判の立場から」前掲『刑事手続（上）』1頁、河上和雄「日本の刑事司法の特色―検察の立場から」前掲『刑事手続（上）』12頁。
*43　三井「解説」前掲『刑事手続（下）』1052頁。
*44　中山・前掲「日本の刑事司法の特色－裁判の立場から」9頁。
*45　河上・前掲「日本の刑事司法の特色－検察の立場から」16～17頁。
*46　田邨正義「公判準備－コメント2」前掲『刑事手続（上）』457頁。
*47　三井・前掲「解説」1058頁。

別の機会にその趣旨を敷衍している。前置きとして、「否認事件などで展開される目を瞠る真摯な弁護活動とのギャップを痛感させられる弁護例は今なおあとをたたない」と述べながらも、さらに、「『検察・裁判』と対抗する立場にある刑事弁護を正面にすえ、実態を解明すると共に、その隘路の打開を図る必要があるのではないか、現在の刑事司法が活性化していないとすれば、それを生き生きとしたものとするキーは刑事弁護の充実化にある」としていた。[48]

　刑事弁護の活性化が、刑事司法をめぐる状況の変化にとって不可欠であるとの認識は、多くの論者の共有するところになっていた。[49]その内実として想定されていた中心的な内容は、運用のみならず立法をも視野に入れた被疑者弁護の拡充であり、とりあえずは自由接見交通権の確立であった。

4. 接見交通権をめぐる展開

　そこで、1980年代に入っての接見交通権をめぐる展開を確認しておくことにする。日弁連の人権擁護委員会は、1981年4月にいたり、再審開始決定事件が相次ぐ中、それまでの接見交通権確立へ向けての取り組みを総括し、「もはやその違法性についての論議、改善要望の段階をこえて、各単位会、地方ブロック会・日弁連あげての強力な組織的・統一的諸活動」を目指すべきである[50]として、新たな組織体制の確立を提案することになった。1983年の6月1日には、接見交通権確立実行委員会を発足させることになる。そして、この時点では、なお全般的には、「弁護士による接見交通権の活用は必ずしも十全ではない」との評価もあったなか、[51]情報収集・分析による解決策の樹立、捜査当局との率直な意見交換、先進国の実情把握、誤判原因としての接見問題の重要

＊48　三井「刑事弁護の四〇年と今後」ジュリスト930号（1989年）148頁。三井は、さらに「戦後四〇年、正面から照準をあてて刑事弁護を検討する機会はあまりなかった。弁護の実情も明らかではない。」とも指摘していた。

＊49　例えば、小田中聰樹「刑事裁判の現代的課題」『現代法社会学』（青林書院・1989年）248頁、田宮裕「刑事訴訟の展開－将来の展望に代えて」ジュリスト930号（1989年）65頁。

＊50　柳沼八郎「接見交通権と日弁連－確立実行委員会の発足を前にして」自由と正義34巻5号（1983年）49頁。

＊51　三井誠「接見交通問題の推移」自由と正義34巻5号（1983年）8頁。

第5章　死刑確定囚再審から被疑者弁護の充実・強化への胎動まで（1980年代）　　97

性の確認などを課題としていた。[*52] また、一般的指定制度の廃絶を目指し、広く準抗告の利用を容易にする「接見交通に関する一般的指定に対する準抗告マニュアル」をも作成した。[*53]

その翌1984年10月には、大阪で開催された日弁連第27回人権擁護大会シンポジウムが、「接見交通権の確立をめざして」をテーマとして取り上げることになった。「ここ数年の間に、多くの再審による無罪判決や誤起訴による無罪判決がなされているが、このような冤罪の背景には、捜査官が、必ず被疑者の接見交通を完全に封鎖していたという事実がある」という認識の下、[*54] 接見交通権をめぐる問題状況を歴史を含め全面的に総括し、「従来の運動に対する反省のうえに」[*55] 接見交通権自由化への提言を行うことを目指していた。

シンポジウムに近接した時期に実施されたアンケートによっても、[*56] 理由はどうであれ、約59％が、具体的指定書を持参しており、準抗告を行っているのは、わずか約6.5％にすぎないという状況をどう変えるかであった。検察庁、裁判所に対する働きかけを組織的に工夫することはもちろん、弁護士会内における活動を強化し、準抗告の利用、国家賠償訴訟の支援に取り組み、一般的指定の根拠となっている法務大臣訓令を廃止するために行動を起こすこと、刑訴法39条3項の改廃を視野に入れることなどが提起された。[*57]

この方針の下、接見交通確立実行委員会は、積極的な活動を展開することになり、準抗告件数が増加することになったりもしたが、[*58] そのことは、接見妨害がなお広範に存在していることを意味していた。1985年の時点で、弁護人に選任されてから、17日間に、一般的指定を理由に計7回にわたって接見を拒否され、準抗告はいずれも認容されたにもかかわらず、担当検察官が、その決定を無視し続け、結局1回30分間の接見ができただけといった事例がなお

＊52　柳沼・前掲自由と正義34巻5号53頁。
＊53　前掲自由と正義34巻5号55頁以下。
＊54　「はしがき」《シンポジウム第一分科会基調報告書》『接見交通権の確立をめざして』（日本弁護士連合会・1984年）。
＊55　前掲『接見交通権の確立をめざして』116頁。
＊56　前掲『接見交通権の確立をめざして』88頁以下。
＊57　前掲『接見交通権の確立をめざして』116頁以下。
＊58　柳沼八郎「接見交通問題の現状と課題」自由と正義38巻7号（1987年）59頁。

存在していた。[*59]

　そのような事態を受け、日弁連は、第30回人権擁護大会において(1987年)、「法務・検察との直接的な協議を通じて、あるべき捜査と弁護権の関係の適正化に全力を尽くす」との決議を行い、翌1988年２月17日から、日弁連と法務省との間で「接見交通に関する協議会」[*60]が行われることになった。[*61] そして、法務省はその直後の４月１日付で、一般的指定の根拠とされてきた法務大臣訓令事件事務規程28条を改正し、一般的指定書を廃止し、関連規定の改廃を行ったことを明らかにした。[*62] とはいえ、なお、「一般的指定」自体がなくなったわけではなく、ファクシミリ等による具体的指定の確認は要求されており、「弁護側の一層の理論武装と努力」[*63]が必要との見方が行われていたが、弁護人の負担が、従来のやり方に比べれば軽減されたことは間違いなく、「弁護側の対応いかんによっては、接見の閉塞状況が大きく変化する契機を含んでいる」[*64]との評価にもなった。一つの到達点ということではあったであろう。

5．被疑者弁護の充実・強化へ

　誤判問題を契機として被疑者の弁護活動の重要性、特に接見交通権の確立が課題化することになれば、その担い手の確保が問題になるのは必然であり、被疑者国選弁護制度の実現が、あらためて視野の中に入ってきた。[*65]

　日弁連は、接見交通権確立実行委員会の設置への動きが具体化しつつあった

＊59　柳沼・前掲「接見交通問題の現状と課題」57頁。

＊60　自由と正義38巻11号（1987年）74頁。

＊61　上田國廣「接見交通権の40年と刑事裁判の展望」自由と正義40巻７号(1989年)81頁。なお、協議会終了後の報告は、関谷信夫『接見交通に関する協議会』について（報告）」自由と正義42巻６号（1991年）77頁以下。

＊62　その一応の内容は、上田・前掲自由と正義81頁以下に紹介されているが、法務省の確認を受けた内容は、関谷・前掲自由と正義78頁以下に紹介されている。

＊63　上田・前掲自由と正義83頁。

＊64　上田・前掲自由と正義82頁。

＊65　戦後改革の過程で一旦は課題化されていたことについては、本書第１章（12頁以下、19頁以下）参照。また、田宮裕「接見交通の指定をめぐって」判例タイムズ210号（1967年）７頁注（６）は、いち早く憲法34条が、被疑者の国選弁護を要求するものであることを主張していた。第３章（49頁）参照。

1982年年6月、「国選弁護に関する委員会」に対して、「現行の国選弁護制度の見直しと、あるべき国選弁護制度の確立を目標として、左記問題点を検討のうえ現在において実現可能な最も現実的な立法案について検討されたい」として、「逮捕勾留段階で国選弁護人を附する制度の新設」を諮問した。

「国選弁護に関する委員会」は、内部に設置した「国選弁護本質論研究小委員会」の答申（1982年9月22日付）[66]を受け、1985年7月に至って「中間答申」（1985年7月23日付）[67]を提出した。その内容は、死刑再審3事件の無罪を受けて「これらの事件に共通する最大の誤判原因は、いずれも捜査段階における逮捕・勾留中における自白調書の過信である。誤った自白調書作成防止のためにも、是非被疑者段階の国選弁護人制度の実現は必要との結論には全員異論はなかった」としながらも、結局は、時期尚早とするものだった。

その主たる理由は、弁護士会内外における基盤整備が先決というものであった。具体的には、次の3点である。第1に、被疑者国選弁護制度について「国民の理解を得るように努めると共に各弁護士会における被疑者段階での刑事弁護に対する迅速かつ適切な体制の実現など、制度運営の実質的基盤確立の諸方策の充実を図りながら具体的立法化を検討すべきである」。第2に、各弁護士会の体制の実現は、「まず、裁判所・警察署・拘置所等において、被疑者段階で『弁護人の選任は、弁護士会を指定して申出』をすることができる刑事訴訟法第七八条の趣旨を被疑者に周知させ、各弁護士会がその受入体制を準備することから始めるべきである」。そして、そのためには第3に、「連合会より各弁護士会に連絡・指導をすると共に裁判所に協力を求めるべきである」、としていた。

その背景には、答申作成にあたって行われた各弁護士会への照会に対して回答した32会中、「対応できる」と回答した会は、5会にとどまり、「不安がある」13会、「難しい」13会、という状況があった。被疑者弁護の充実・強化の必要

---

*66　日本弁護士連合会国選弁護に関する委員会・九州弁護士会連合会・福岡県弁護士会『第3回国選弁護シンポジウム資料集・被疑者段階の国選弁護制度─その実現へ向けて』251頁以下（1991年）。

*67　前掲『第3回国選弁護シンポジウム資料集・被疑者段階の国選弁護制度─その実現へ向けて』256頁以下。

性についての認識が広がりつつあったことは間違いないものの、なお、弁護士自身が全体として対応するという姿勢を確立するまでにはいたっていなかった。

とはいえ、この答申の第2に関わっては、日弁連の照会を契機に、独自に同様の検討を行っていた「東京弁護士会国選弁護委員会」が、1984年2月に「答申書」を提出し、被疑者国選弁護制度の受入には消極的な結論を示したものの、「代案」として刑事訴訟法78条の活用による「刑事弁護人推薦制度」の採用を提案しており、同年の6月からは、制度の運用を開始していた。[*68] その経験が、日弁連の「中間答申」にも反映されたと考えてよいであろう。[*69]

前述のように、その後、平野論文の登場により、刑事訴訟の「絶望的」な状況を打開する方策として、刑事弁護の充実・強化に期待が高まる中、弁護士達の間にも、「絶望的」な刑事訴訟を生み出した原因の一端が、その理由の如何はともかく、刑事弁護の不十分性にあったとの認識も広がることになった。そして、刑事弁護の充実・強化が、事態打開の有効な方策たり得るとの認識が共有されていくことになった。

その問題関心が、具体的に示されることになったのが、1988年12月3日に名古屋で開催された日弁連の第12回司法シンポジウムであった。[*70]

---

*68　この制度は、東京弁護士会がいち早く導入した。その経緯については、平井嘉春「被疑者段階の国選弁護と刑事弁護人推薦制度について」東弁会報77号（1989年）105頁参照。全国的な状況は、日弁連の1990年10月23日付の照会に対する回答によれば、1990年末までに導入した会が、52会中21会、検討中が11会、準備も検討もしていないのが、20会という状況であり（前掲『第3回国選弁護シンポジウム資料集・被疑者段階の国選弁護制度─その実現へ向けて』206頁以下参照）、その原因は必ずしも明らかではないが、その利用実績は極めて丁重なまま、当番弁護士制度が、その役割を引き継ぐことになった。なお、1990年9月14日に導入した大分弁護士会の名簿に従って弁護士を派遣し、第1回目の接見を無料とする方式が、最初の「当番弁護士制度」の導入として位置づけられることになった。

*69　その後、1989年10月には、法律扶助協会が日弁連の要請に応じて、「刑事弁護人推薦制度」を利用する資力のない被疑者を財政的に援助する「被疑者弁護援助制度」を創設し、後述のように、当番弁護士制度導入への基盤を用意することになった。庭山英雄「当番弁護士制度の沿革と刑事弁護」自由と正義43巻2号（1992年）7頁。

*70　そのような中で、1988年11月4日には、日弁連の第31回人権擁護大会シンポジウムが、神戸で開催され、その第一分科会は、国際人権シンポジウム（以下、「国際シンポ」という）として「人権の国際的保障」の内容を確認し、「国際人権規約の国内における実施状況」を、特に刑事手続に焦点を合わせて明らかにしていた。このシンポジウムが、日弁連における刑事手続問題への組織的で本格的な取組みの出発点だったと見てもよいであろう。実行委員も多くのメンバーが、後述する翌年の松江市で開催された人権擁護大会シンポジウムの実行委員と重なっていた。

「国民の裁判を受ける権利」の３回目として、「法曹のあり方」を取り上げたその第二分科会[*71]は、「刑事裁判と法曹のあり方」をテーマに、特に、刑事弁護のあり方を問い直すことになった。「『刑事裁判の形骸化』といわれる状況が作られるのを許してしまったという事実を見つめる必要がある」という基本的な認識の下、それにどう答えるかを検討しようということであった。刑事弁護をめぐる問題状況が、２点に集約され、第１は、「捜査段階に弁護人がつく機会が圧倒的に少ない」ことであり、第２は、「刑事弁護人は、すべての事件において、現状でもなしうる最善の努力を尽くしているか」ということであった[*72]。

そして、総括として、「弁護士に刑事事件に対する意欲の減少、刑事裁判に積極的に係わっていこうとする意欲の希薄化などいわゆる刑事弁護離れの現象がみうけられること、弁護活動は全般的にはなお不十分であり、現状打開のためには、個々の事件で弁護士が闘う努力を重ね、刑事弁護活動の充実によって刑事裁判の改善をめざしていくことが必要であること、弁護士会の役割は、この活動を組織的に支援していくことにあることなどが論議、確認された[*73]」。制度上の改善策として第１にあげられたのは、被疑者国選弁護制度の実現であった[*74]。

このシンポジウムで、ようやく否定的な状況にある刑事訴訟の実情について、弁護士が自らの対応によって事態打開の可能性を探る方向性を見出すこと

その「基調報告レジュメ」は、自由と正義39巻９号（1988年）72頁以下に掲載されている。

[*71] 第１回のテーマは、「民事紛争解決の現状」、第２回目のテーマは、「民事裁判の現状と課題」であり、第３回も、当初、民事裁判をめぐるテーマが想定されていたが、刑事裁判の実情について、特に、「刑事弁護のあり方についても深刻な問題が投げかけられている」こと、そして、前年の1987年に、法曹基本問題懇談会が設置されたことを視野に入れたテーマ設定になった（日本弁護士連合会『第一二回司法シンポジウム記録・国民の裁判を受ける権利（三）─法曹のあり方』３頁以下（1989年））。なお、「問題提起レジュメ」は、自由と正義39巻10号（1988年）146頁以下に掲載されている。

[*72] 前掲『第一二回司法シンポジウム記録・国民の裁判を受ける権利（三）─法曹のあり方』43頁。

[*73] 穴水広真「＜委員会報告＞第一二回司法シンポジウム運営委員会」自由と正義40巻３号（1989年）41頁。

[*74] 穴水・前掲自由と正義40巻３号41頁。なお、このシンポジウム第二分科会の助言者は、平野龍一、谷口正孝元最高裁判事、平川宗信(名古屋大学教授・当時)、著者(静岡大学助教授・当時)の４名であった。

102　第１部　日本国憲法下における刑事弁護の歴史

になった。理論的にも、日本国憲法、現行刑事訴訟法の下での弁護人の権限を再検討し、弁護士を担い手とする刑事訴訟の可能性を展望することになったといってよいであろう。それは、それまで抽象的・観念的に、しかも結局は、当事者主義理論を主導した平野でさえが、「弁護人に対する視点」が抜けていたという（本書95頁参照）当事者主義の実質化の志向でもあった。しかし、このシンポジウムでは、なお、その方向性を抽象的に確認し得たにとどまっていた。

その年の初めには、イギリスのソリシターによる実践経験が生んだ「当番弁護士制度」の紹介も行われることになっていた。[*75]

6．1980年代の刑事手続環境と刑事弁護

以上のように、1980年代の刑事手続環境は、70年代から続く否定的状況がさらに進行することになっていた。しかし、その否定的状況は、ついに頂点に達したかの感があり、刑事弁護による事態打開への動きが顕在化することになった。そのような状況をまとめるならば次の6点を指摘できるであろう。

第1に、刑事手続環境の否定的状況は、刑事弁護に対する消極的姿勢をも加速させていたと言わざるを得ない。「刑事弁護離れ」がさらに進行し、弁護士会も被疑者国選弁護制度への対応態勢を用意することに消極的な回答しか出せなかった。そのような中で、検察・裁判所関係者から厳しく批判される弁護活動が存在したことも否定できない。

しかし、第2に、刑事弁護がその否定的事態の打開を模索していなかったわけではない。その否定的状況は、70年代からの新しい要素も付加されていたものの、本質的には、戦後一貫して継承されてきた自白偏重手続を基盤としており、その問題性は、救済を拒否され続けていた再審事件に集約されていた。長年の努力によって80年代になって救済されることになった多くの誤判事件、特に死刑再審事件では、いずれにおいても強要された虚偽自白によって、確定

---

*75　庭山英雄「イギリスの当番弁護士制度」香川法学7巻3=4号（1988年）1頁以下。

に至る過程で客観的証拠が無視されていたことがあらためて明らかにされることになった。死刑確定事件で最初に無罪になった免田事件では、一審段階で既に存在していた証拠によってアリバイが認められることになった。そのことが、事の次第の全てを象徴的に物語っていた。

ところが、第3に、刑事手続の運用に第1次的責任を負っている警察、検察、裁判所は、相次いだ再審無罪の意味を無視ないし軽視し、事態打開への方策を講じる動きを顕在化させることはなかった。

そのような中で、第4に、法曹界や学界に大きな衝撃を与え、事態打開を牽引し、後押しすることになったのが、平野龍一の「絶望的」発言だった。平野はその発言の中で、刑事弁護に事態打開を期待していたわけではなかったが、その後、刑事弁護の実践に期待する発言を続けることになっただけでなく、その他の学界関係者からも事態打開を刑事弁護の充実強化に期待する声が日増しに高まることになった。

そして、第5に、そのような期待を受けて、弁護士自身が、刑事弁護の実情を組織的に、批判的に総括し、刑事手続の否定的状況を打開するために刑事弁護活動の充実強化が不可欠であることを確認することになった。

第6に、接見交通権をめぐって、長年の努力によって、一般的指定の根拠規定を改廃させることになったことも、この期の成果として忘れてはならない。

第6章

松江人権シンポから
司法制度改革審議会まで（1990年代）

1. 刑事手続をめぐる問題状況

　現行刑事訴訟法が施行40周年を迎えた1989年は、4件目の死刑確定囚再審
となった島田事件に対する無罪判決で幕をあけた（1月31日）。いわば満身創
痍で迎えた40周年であった。

　とはいえ、白鳥決定の翌年の弘前事件の再審開始から既に13年、最初の死
刑再審となった免田事件の無罪から6年が経過しており、平野論文からも4年
が経ち、改善・改革への努力も徐々にはじめられていたといってよい。それゆ
え、さまざまな角度から改善・改革への問題提起も行われることになった。法
律専門雑誌の特集だけでなく、後述するように同（1989）年に日本弁護士連
合会が松江市で開催した人権擁護大会シンポジウム（以下、「松江シンポ」と
もいう）も「刑事裁判の現状と問題点—刑訴法40年・弁護活動の充実をめざ
して」をテーマにしていた。それらいずれの関心事も、その中心は自白偏重の
捜査・公判の改革にあった。長期間の身体拘束と代用監獄を利用した長時間に
わたる密室での取調べとその結果獲得した自白を偏重した手続の改革であった。

　その問題関心を受けてのこの期の最大の成果は、後に詳述するように、弁護
士会による当番弁護士制度の創設と展開による起訴前弁護の充実・強化であっ
た。松江シンポが掲げた改革目標が実現されてきた成果である。その成果を、
理論的・実践的に支える季刊誌「季刊刑事弁護」も日弁連刑事弁護センターの

＊1　静岡地判平成元年1月31日判例時報1316号21頁。
＊2　例えば、「刑事訴訟法40年の軌跡と展望」ジュリスト930号（1989年）や「特集・刑事手続の
　　改革」法律時報61巻10号（1989年）など。

協力の下に創刊されることになった（1995年 1 月）。

　しかし、弁護士会の自助努力によって実現したこの改革以外に目に見える改革が実現したわけではなかった[3]。いわゆる代用監獄の恒久化を狙った拘禁二法案は、二度にわたって廃案へ追い込まれたものの代用監獄は相変わらず存続しており、長期間にわたる身体拘束も減っていない。被疑者勾留が、1990年には、10日以内が61.5％であり、11日以上20日以内が38.4％だった[4]ものが、徐々に長期化し、2000年には、10日以内が46.6％となり、11日以上20日以内が53.2％となっていた[5]。保釈も困難になり、1990年には、地裁で27.9％が認められ、簡裁で14.2％が認められていた[6]ものが、2000年には、地裁で13.9％、簡裁で7.5％にとどまっていた[7]。

　裁判所は、事実認定全般や自白の任意性問題に改善の可能性を探る姿勢を見せなかったわけではない[8]が、自白の危険性にこだわるよりはむしろ自白の有効利用[9]や自白に代わる情況証拠の積極的利用への方策の開発[10]に力を入れていた。取調過程に一歩踏み込んでその適正化を目指そうとする動きも生まれてはいた。「取調経過一覧表」の利用である。捜査当局に取調経過を記録した「取調経過一覧表」の作成を求め、自白の任意性審査の資料にしようというのである[11]。しかし、「取調経過一覧表」は、あくまでも捜査当局の作成した二次的資料であり、改善策として評価することができないわけではなかったが、漸進的なものでしかなかった。当局サイドの改善・改革の限界がこの方策に象徴的に

---

[3]　田口守一「刑事弁護の現代的課題」現代刑事法 1 号（1999）44頁は、「今から10年ほど前、刑事弁護の課題として、接見交通権問題、証拠開示問題および被疑者の国選弁護問題を指摘したことがある」が、「この 3 つの問題そのものについては今日でも10年前と比較して大きな変化はみられず、刑事弁護問題の根の深さが感じられる」と指摘している。

[4]　「平成二年の検察事務の概況」法曹時報43巻 9 号（1991年）108頁。

[5]　「平成一二年の検察事務の概況」法曹時報53巻10号（2001年）154頁。

[6]　「平成二年における刑事事件の概況（上）」法曹時報44巻 1 号（1992年）112頁。

[7]　「平成一二年における刑事事件の概況（上）」法曹時報54巻 2 号（2002年）127頁。

[8]　「特集・刑事裁判は甦るか」法学セミナー1991年 9 月号24頁以下参照。

[9]　例えば、司法研修所編『自白の信用性―被告人と犯行との結び付きが争われた事例を中心として』（法曹会・1991年）参照。

[10]　司法研修所編『情況証拠の観点からみた事実認定』（法曹会・1994年）参照。

[11]　「特集・取調経過一覧表をめぐって」判例タイムズ765号（1991年） 7 頁以下、「特集・取調経過一覧表をめぐって（続）」判例タイムズ767号（1991年） 4 頁以下参照。

表れていたといってもよいであろう。

　警察・検察は、自白偏重手続の改善・改革に取り組むどころか、後述するように黙秘権の擁護と調書中心の手続の打破を目標とした原則的な弁護活動を「捜査妨害」と非難し、処罰優先へ向けた盗聴立法[12]など新たな方策を次々に編み出し、権限強化への制度改変をも着々と進めていた。

　特に警察は、1980年半ばに確立した「公判対応体制」の基盤の上に、権限の拡大・強化、融合化、中央集権化を進めていくことになる[13]。中央集権化は、犯罪の広域化、スピード化を理由に「事件に強い警察確立方策の総合的推進について」（1989年5月25日付次長通達）の制定にはじまり、1994年の警察法改正による隣（近）接都道府県警察による境界周辺の共同処理の権限と合同捜査における指揮の一元化を実現することになる[14]。そして、オウム真理教関連事件発生後の1996年には、再度警察法の改正を行い、捜査に関わって警察庁長官の指揮監督権が都道府県警察に及ぶようにした[15]。10年足らずの間に、捜査権限についての建前としての「自治体警察」の壁をも取り払う中央集権化が一気に進められてきたのである。

　中央集権化と並んで、1991年に制定された「暴力団対策法（暴力団員による不当な行為の防止等に関する法律)」によって、刑事警察と行政警察の融合化も意識的に追求されてきた。この法律は、犯罪行為にいたらない暴力団の各種活動を行政的措置によって規制していくことを狙いとしており[16]、警察自身が「我々は刑事警察の長い歴史上はじめて、自らが主管する本格的な暴力団取締り法規を持つこととなった」と評するものだった[17]。

---

*12　小田中聰樹ほか『盗聴立法批判』（日本評論社・1997年）参照。
*13　1990年代の警察権限の拡充・強化の動きについては、大出良知「刑事司法改革の契機と展望－警察をめぐる対抗」法律時報71巻3号（1999年）35頁以下参照。
*14　深山健男「広域捜査への対応について」警察学論集46巻4号（1993年）11頁、篠原弘志「捜査に係る警察活動の広域化対応のための制度改正について」警察学論集47巻10号（1994年）61頁以下等参照。
*15　露木康浩「警察法の一部を改正する法律について」警察学論集49巻7号（1996年）1頁以下参照。
*16　國松孝次「暴力団対策法の成立と今後の暴力団取締りについて」警察学論集45巻1号（1992年）6頁。
*17　國松・前掲警察学論集45巻1号2頁。

第6章　松江人権シンポから司法制度改革審議会まで（1990年代）　107

さらに、日常生活に直接関わる領域でも融合的権限の一層の拡大・強化が進められることになった。1994年の警察法改正には、それまでの刑事局保安部を再編強化する生活安全局の設置も含まれており、「総合的な防犯対策、地域における安全を確保するための地域警察を中心とする諸活動、少年非行対策、銃器・薬物対策など市民生活に身近な警察行政をより強力に推進するため」であるとされていた。[18]

　すなわち、警察は、総合的・融合的警察力によって犯罪捜査、犯罪予防をはじめとする市民生活に関わるあらゆる問題に介入する権限を獲得しており、そのような広範で強力な権限全てが、刑事手続にも向けられることになった。[19]

　また、オウム真理教関連の事件が、社会的な関心を集めることになり、刑事手続上も多くの重大な問題を惹起することになった。[20]連日のマスメディアの報道は、必ずしも事実に基づかない推測をも交え、刑事手続を蔑ろにした断罪を求める社会的予断を形成することにもなった。

　以上のように弁護に課せられた役割はますます大きくなっていた。そのような中、当番弁護士制度の創設とその展開による、年来の課題であった被疑者弁護の充実・強化が実現し、その進展を受けた被疑者弁護への国費の投入をめぐる議論も進むことになる。

＊18　黒澤正和「警察法の一部を改正する法律について」警察学論集47巻10号（1994年）49頁。
＊19　その結果生じている事態については、以下の文献を参照のこと。三上孝孜＝森下弘『裁かれる警察』（日本評論社・1996年）は、付審判事件の検察官役を務めた二人の弁護士が付審判公判で明らかになった警察活動の実態を克明に紹介している。強引な同行、暴行、付審判になってからの口裏合わせは、警察の組織と体質を象徴しているといってよいであろう。また、『日本警察が狙撃された日』（三一書房・1997年）は、國松警察庁長官の狙撃事件捜査の実態をレポートしている。強力な権限が、警察内部の論理、権限分担、人事等との関係でどのように行使されているかを推測する上で参考になる。その真偽は、もちろん不明だが、この本のような形でしか実態が伝えられないということでもあろう。小林道雄『日本警察の現在』（岩波書店・1998年）は、不正経理をはじめ警察の全般的な実態・病理を明らかにしている。それに、日本弁護士連合会編『検証日本の警察』（日本評論社・1995年）も警察の実情全般を明らかにしている。
＊20　オウム真理教に関わる事件の刑事手続上の問題については、大出良知「オウム関連事件と刑事手続」季刊刑事弁護5号（1996年）16頁以下参照。

2．松江シンポと当番弁護士制度の発足

　前章の最後で触れた「司法シンポ」の成果は、翌1989年9月15日に松江市で開催された日弁連の第32回人権擁護大会シンポジウム第1分科会「刑事裁判の現状と問題点—刑訴法40年・弁護活動の充実をめざして」に引き継がれることになった。そのテーマ設定の意味について、「司法シンポ」および第32回人権擁護大会当時の日弁連会長であった藤井英男は、次のように述べていた。藤井が、「司法シンポ」において「非常に深刻に受け止めた」こととして、「一番活動しなければならない中堅の会員の中には刑事事件などやったことがない者が相当いる、というような実態が報告されているので、これではいけない、人権擁護の原点である刑事弁護を強化しなければどうにもならないではないか」と考え、「松江シンポ」で「絶対に必要であるということで選んだテーマ」であった[*21]。「司法シンポ」の成果は、具体的な対応策を模索して、「松江シンポ」に引き継がれたのである。

　「松江シンポ」は、「現在の刑事裁判は、一口でいえば、表現に違いはあれ、『形骸化』、『事務的官僚化』と評されるものであり、さらに具体的にいえば、刑事裁判は警察官、検察官の手で調書化された資料を、追認、検証する作業と化している」という共通認識から出発し[*22]、それまでの日弁連の取組みを総括し、具体的な打開策を如何に案出するかが、最大の課題であるとの認識を共有してのスタートだった。すなわち、「弁護—弁護人・弁護士会の課題」を明らかにすることであり、現状について「刑事裁判の形骸化といわれる現状を作り出したいわば第一次的な責任は検察・裁判所に在るとしても、刑事弁護の側にも少なくない不十分な点が存在すること、現状を反映し刑事裁判に意欲と関心

---

*21　「藤井英男会長に聞く」自由と正義41巻3号（1990年）6頁。
*22　「基調報告書レジュメ・刑事裁判の現状と問題点—刑訴法40年・弁護活動の充実をめざして」
　　　自由と正義40巻7号176頁（1989年）。別に、「基調報告レジュメ」を大幅に加筆・補正した『基調報告書・刑事裁判の現状と問題点—刑訴法40年・弁護活動の充実をめざして』がシンポジウム当日配布されている。なお、このシンポジウムの助言者は、川崎英明（島根大学助教授）、佐木隆三（作家）と著者（静岡大学助教授）の3名であった（肩書き、当時）。

を持ち切れなくなっている弁護士層が広がり始めていること、現状を打開するために弁護人に求められている役割は重要であること等についての認識が広がりつつある」という確認の上に、改善の方向として次の３点をあげていた。第１に、個々の具体的事件において、いかにして原則的かつ積極的な弁護活動を日常的に進めていくかということであり、その際、従来の実務の慣行にとらわれず憲法的視点からの弁護権の内容の再検討も行うこと。第２に、弁護士会が、会として組織的かつ継続的に、刑事裁判・弁護について、より積極的な役割を果たしていくこと。第３に、法制度の改善・改革を追求すること[23]、であった。

　具体的に、まず、実践的には、被疑者・被告人の権利を徹底的に擁護し、これを妨げるものに対しては妥協せずに、ねばり強く、争うこと。組織体制としては、日弁連は、「刑事弁護センター」（仮称）を設置し、刑事弁護活動の充実・強化のための諸方策を立案し、その方策の実行を推進する役割を担わせる。さらに、制度改革においては、被疑者国選弁護制度を確立する、といったことが主な内容であった。参加者からも改善改革への積極的な提案が行われた。24時間体制で、いつでも、無料で弁護が受けられる当番弁護士制度を確立すべきであるとの意見も主張されていた[24]。

　シンポジウムは、「一〇年後に、すなわち一九九九年に、刑事訴訟法及び弁護士法施行五〇周年を迎える」、その時、「形骸化した刑事裁判から別れを告げ、活性化した刑事手続を確立して二一世紀を迎えなければならない」との決意によって締め括られた[25]。

　日弁連は、この「松江シンポ」終了後、さっそく、組織体制の整備にとりかかり、翌1990年４月には、「刑事弁護センター」（以下、「刑弁センター」ともいう）を発足させることになった[26]。また、各地での動きもはじまっていた。

＊23　前掲『基調報告書』183頁以下。なお、「日弁連新聞」1989年10月１日号２頁参照。
＊24　前掲「日弁連新聞」２頁。なお、本書第５章注75の庭山英雄によるイギリスの当番弁護士制度を紹介した論文に引き続き、1989年５月２日には、NHKが、憲法記念日の特集番組として「ドキュメント冤罪─誤判はなくせるか・英米司法からの報告」を放映し、イギリスの「当番弁護士制度の実際」を紹介し、評判になっていた。庭山英雄「当番弁護士制度の沿革と刑事弁護」自由と正義43巻２号（1992年）６頁も参照。
＊25　前掲『基調報告書』12頁。
＊26　「＜委員会活動報告＞刑事弁護センター活動報告」自由と正義42巻３号（1991年）126頁。

1990年1月には、九州弁護士会連合会によって「起訴前弁護活動に対する九州会議」が開催され、福岡県弁護士会は、その機会に、当番弁護士の実践から被疑者国選弁護制度の創設を展望するという試みを具体的に提唱することになった。[*27] そして、1990年の12月には、携帯電話を携行した弁護士（当番弁護士）を待機させ、要請があれば無料で出動させるという制度を発足させることになった。[*28]

　財政的には、前述した「刑事弁護人推薦制度」およびその財政的バックアップのために創設された「被疑者弁護人援助制度」[*29] と連動させ、当番弁護士が接見しただけのときには、前者から日当を支給し、弁護人として選任され、かつ費用負担が困難なときには、後者から費用を支給することにするとしてい

　　また、刑弁センター発足直後に開催された日本刑法学会68回大会分科会では、刑事弁護をめぐる新しい動きを意識した「捜査と弁護」をテーマに裁判官、検察官、弁護士による共同研究が行われ、「被疑者段階における国選弁護制度については、三報告とも前向きな姿勢を示している」として、「起訴前弁護の充実が図られ、実績が積み重ねられていけば、それが自ずと起訴前国選弁護制度の実現に結びつくことになるのは疑いない」とまとめられていた。「特集・捜査と弁護」刑法雑誌32巻1号（1991年）43頁。

*27　同会議の内容は、九州会議実行委員会『起訴前弁護活動に対する九州会議報告集―起訴前弁護活動の充実をめざして』(1990年) としてまとめられているが、同会議では、イギリスの当番弁護士制度の実情に詳しい村岡啓一弁護士（当時）による、当番弁護士の活動をも内容とする講演「英国における接見交通の現状」が行われるとともに（139頁以下）、イギリスの当番弁護士について詳細に紹介した札幌弁護士会報1989年11月号に掲載された村岡啓一「英国の当番弁護士制」も資料として紹介されていた（107頁以下）。また、いち早いこのような福岡県弁護士会等の対応の背景には、福岡弁護士会が組織的に取り組んだ接見妨害国家賠償訴訟があった。その経過の詳細は、上田國廣「日弁連人権擁護委員会（連載）人権侵害の根絶を目指して（3）」自由と正義40巻3号（1989年）142頁以下参照。原告が勝訴し（判例時報1283号124頁、判例タイムズ669号87頁）、要件のない場合には指定権の行使はできず、指定書の持参は問題にならないこと、要件がある場合でも、検察官と対等な立場にある弁護人に指定書の持参を義務づけることはできないとした「注目すべき判決である」（白取祐司「具体的指定書の持参要求による接見妨害」法学セミナー1988年7月号131頁）。他に評釈として、能勢弘之「接見交通の拒否の違法性」法学教室98号（1988年）80頁、國井和郎・判例タイムズ706号（1989年）114頁等がある。なお、わが国に当番弁護士制度を導入すべく最初に検討を行ったのは、東京弁護士会の若手グループだったといわれている（庭山・前掲自由と正義43巻2号6頁）。

*28　福岡弁護士会（上田國廣）「＜弁護士会・弁護士会連合会活動報告＞スタートした当番弁護士制度―被疑者国選制度の実現への一歩として」自由と正義42巻3号（1991年）184頁。福岡における委員会派遣制度の当初の活動の成果については、森崎由紀子「福岡県弁護士会の活動・委員会派遣制度の成果と課題」季刊刑事弁護5号（1996年）82頁以下参照。

*29　本書第5章101頁、岡慎一「被疑者弁護人援助制度の現状と課題」季刊刑事弁護2号（1995年）25頁以下参照。

た。また、憲法的視点から弁護人依頼権の実質化を図るため「弁護人になろう
とする者」の解釈幅を広げようとする実践的な視点が盛り込まれており、「弁
護人の援助が必要不可欠であると考えられる事件については、申込みがなくと
も刑事弁護等委員会の判断で当番弁護士を出動させることができる」ことにし
てあった。いわゆる「委員会派遣」あるいは後に「弁護士会派遣」とも呼ば
れることになった方法であり、被疑者弁護の充実・強化を突き詰めた画期的な
方法だった。

　また、福岡県弁護士会は、その創設準備段階で、イギリスまで視察にも出か
けており、その際、イギリスでは、待機制（ロータ方式）と名簿制（パネル
方式）の2つの方式が採用されていることを知り、大分県弁護士会が、「刑事
弁護人推薦制度」の導入の意図で開始した、名簿に登録された可能な弁護士を
順次派遣する方式を、名簿制による当番弁護士制度として位置付けることが可
能であるとして、当番弁護士制度第1号と認定することにもなった。

3. 当番弁護士制度の展開

　当番弁護士制度の創設は、刑事手続をめぐりそれまでにはなかった大きな

＊30　上田・前掲「スタートした当番弁護士制度―被疑者国選弁護制度の実現への一歩として」
　　184頁。

＊31　視察の内容は、福岡県弁護士会『英国当番弁護士制度視察報告書』（1991年3月）に詳しい。

＊32　大分県弁護士会では、1990年9月14日に「刑事弁護センター」を発足させ、「被疑者段階に
　　おける弁護人推薦制度」を中心的な活動とすることになった。同会では、既存の「刑事弁護人推
　　薦制度」を念頭に置きながらも、「既存の弁護人推薦制度とは全く違う」との認識で開始したと
　　いうことで、当初「被疑者弁護人推薦制度」との呼称を用いてもいた。内容のポイントは、24
　　時間以内に接見に行く、夜間・休日も含め24時間受け付ける、最初の接見無料であり（大分県弁
　　護士会〔内田健〕「成功した二四時間受付体制／被疑者弁護人推薦制度」自由と正義42巻3号
　　188頁以下〔1991年〕）、当番弁護士第1号と認定されることになった（「刑事弁護人推薦制度」
　　についてとともに、本書101頁注68参照）。

＊33　日弁連刑事弁護センターでは、1992年2月になって、「当番弁護士制度」について、①一般
　　法律相談名簿とは別に当番弁護士担当者名簿があり、②一定の時間内に接見に行くことが義務と
　　されており、③少なくとも初回の接見は被疑者に費用を負担させず、④接見したときは、受任の
　　有無にかかわらず権利の説明をすることが任務とされている制度と定義していた（岡慎一「全国
　　単位会アンケート調査（2月実施）にもとづく当番弁護士制度の運用状況と今後の課題」日弁連
　　刑事弁護センターニュース5号（1992年）3頁以下。

衝撃を弁護士会内外に与えることになった。多くの弁護士会が、日弁連に倣って「刑事弁護センター」などを発足させるとともに、当番弁護士制度の創設へ向けて動きはじめたが、さらに新たな画期は、ほどなく訪れた。

　日弁連の第3回国選弁護シンポジウム（以下、「国選シンポ」という）が福岡で、当番弁護士制度を発足させて間もない1991年7月13日に開催された。[*34]このシンポジウムは、前2回とは異なり被告人の国選弁護をテーマとせず、はじめて被疑者段階の弁護の充実・強化を目指し、当番弁護士制度を「全国の[*35]単位会において早急に実施する」こととし、その創設の目標でもあった被疑者段階の国選弁護制度の実現への第一歩とすることを宣言した。[*36]

---

*34　その全容は、日本弁護士連合会国選弁護に関する委員会・九州弁護士連合会・福岡県弁護士会『第3回国選弁護シンポジウム資料集・被疑者段階の国選弁護制度－その実現に向けて』（1991年）。なお、助言者は、北村泰三熊本大学助教授（当時）と著者（九州大学教授・当時）の2名であり、同シンポジウムでの大出の報告と発言は、本書第2部第3章224頁以下に収録している。

*35　第1回（1987年）は、「苦悩する国選弁護―その現状と課題」をテーマに（自由と正義39巻3号〔1988年〕82頁以下参照）、第2回（1989年）は、「国選弁護と刑事裁判―被告人の人権擁護と国選弁護制度の改善へ向けて」をテーマに、既存の被告人国選弁護制度についての否定的状況を前提とする改善を論議してきた（自由と正義41巻3号〔1990年〕119頁以下参照）。

*36　国選弁護に関する委員会（合田勝義）「国選弁護の新たな発展をめざして」自由と正義43巻3号（1992年）50頁以下。この国選シンポでは、被疑者国選弁護制度実現へ向けての試案も提起された。その案で、構想されたのは、「国選」ではなく、「公選」であった。その主な相違は、運営主体を裁判所とするのではなく、法律扶助協会とする点にあった。すなわち、この発想は、当番弁護士制度と、その運用の財政的基盤を提供している法律扶助協会の「被疑者弁護人援助制度」の延長線上に制度を展望することで、より高い実現可能性を確保しようとしたといってよい。国の関与を最小限にとどめることで、法改正にあたっての夾雑物を避けようという発想もあったであろう。具体的な制度設計の主な内容は、次の通りである。
①公選弁護人を附する被疑者の範囲は、「逮捕・勾留された全被疑者」あるいは、「必要的弁護事件の被疑事実で逮捕・勾留された者および刑訴法三七条の者」の二案を併記している。
②選任時期は、「原則として司法警察員による逮捕または弁解録取時」としている。
③選任手続は、「司法警察員、検察官または裁判官は、弁解録取または勾留質問後速やかに（財）法律扶助協会支部に被疑者名、罪名、留置場所、弁解録取した時間等を電話しまたはFAXで連絡する。法律扶助協会は、当番弁護士に通報し、さらに捜査機関に選任した弁護士名を電話（またはFAX）で連絡する。
④選任権者は、「法律扶助協会を選任・運営の主体」とする。
⑤弁護活動として求められる内容は、「選任後原則として一二時間以内に接見するものとする」。そして、「逮捕時一回、勾留時（一〇日間のうち）三回の接見を最低の基準とする」とともに、「否認事件・死刑事件を含む事件等においては複数弁護人の選任ができる」ものとしている。
⑥「費用等の決定は裁判所がする。但し、裁判所は法律扶助協会の算出額を尊重して決定する」ことにしている。
⑦「公選弁護人は、引き続き公判段階での国選弁護人となる」。
　この案は、全般的によく考えられた現実的で先駆的な案だった。とりわけ、最終的に成立した

当番弁護士制度は、この「国選シンポ」を機に、全国へと急速に拡大し、
1992年10月には、一部未実施地域を残しながらも全単位会が、何らかの形で
導入することになった。「松江シンポ」から３年でのその成果は、弁護士会の
取り組みとして極めて異例であっただけでなく、国家権力の発動に関わる刑
事手続について立法当局者による措置を待たず、実践的に事実上の制度を創設
したという意味でも初めてのことであった。それだけ、改革が強く求められて
いたということでもあったであろう。そして、前述した名古屋で開催された
「司法シンポ」での、自らが事態を変えるという弁護士の姿勢、発想の転換が
なければ、その実現は困難であったであろう。

　ともかくも、「国選シンポ」が、当番弁護士制度を「全国の単位会において
早急に実施する」とした提言は実現され、さらに発展することになった。全国
実施以後のこの期の展開状況を可能な範囲で確認しておくことにしよう。

　被疑者国選弁護制度の運営主体が、理由はともかく、裁判所ではなく、法律扶助協会を発展的に
解消させたことを受けて創設された日本司法支援センター（法テラス）になったことは、この案
の先見性を示していた。また、弁護内容や複数選任、起訴後の措置など、新制度が明文を用意し
なかった重要な内容も含んでいる。手続も明解であり、逮捕段階からの選任が十分可能であるこ
とを示しており、現行制度の見直しにも示唆を与える内容になっていた。

*37　1992年３月28日には、「当番弁護士経験交流会」が開催され、未実施単位会の困難さを克服
する方策、24時間態勢へ向けて、利用数増加のための方策、被疑者弁護を義務に、といった議
論が行われた（日弁連刑事弁護センターニュース５号（1992年）８頁以下参照。

*38　刑事弁護センター「＜委員会活動報告＞日弁連刑事弁護センター活動報告」自由と正義44巻
３号（1993年）103頁参照。

*39　若林誠一NHK解説委員（当時）は、1992年12月５日に開催された「当番弁護士制度全国実
施記念集会」において、「日弁連というと、言うことは立派なんだけれども、ほとんど何もやっ
ていないというのを取材をして分かってくることが多かったのですが、今回ばかりは本当に脱帽
と言いますか、本当に大変なことをおやりになった」と述べていた（日本弁護士連合会『刑事弁
護をかえる当番弁護士制度―1992.12.5「当番弁護士制度全国実施記念集会」記録』22頁（1993
年）。

*40　例えば、久保潔読売新聞論説委員（当時）は、「九九％を超す有罪率、形骸化がいわれる刑事
裁判、被疑者を取り巻く厳しい現実など、刑事司法全般に対する強い危機感を、多くの弁護士が
共有していたことが大きな原動力となったと思われる」と述べている（「特集・当番弁護士制度
の成果と課題―発足５周年を迎えて」季刊刑事弁護5号（1996年）118頁）。

*41　以下の統計数字は、いずれも日本弁護士連合会ほか『第６回国選弁護シンポジウム基調報告
書・被疑者国公選弁護制度の法制化へ向けて―当番弁護士制度の成果をふまえて』216頁以下
（1997年）及び日本弁護士連合会ほか『第７回国選弁護シンポジウム基調報告書・国費による
弁護士制度を創る―当番弁護士制度10年の実践から』353頁以下（2001年）によっている。な
お、当番弁護士制度の1994年以降、2001年までの運用状況については、季刊刑事弁護２号
（1995年）177頁以下、６号（1996年）147頁以下、11号（1997年）155頁以下、15号（1998

まず、その発展を最も実感できる受付件数を確認すると、一部地域を除き[*42]全単位会が実施することになった翌年の1993年には、全国で9907件と前年の5654件から飛躍的に増加していた。それが、その３年後の1996年には、さらにほぼ２倍の、18547件に。そして、2000年には、さらにそのほぼ２倍、1993年からすれば４倍の39690件と、増加を続けた。

　逮捕総数に占める割合も、1993年には、前年の6.45％から、10.61％に上昇し、これも1996年には、18.64％になり、2000年には、31.65％へと上昇している。勾留請求に対する受付割合も、1993年には、前年の7.28％から11.73％になり、1996年には、20.37％、2000年が34.33％と、これも一貫して上昇し続けた。

　当番弁護士としての接見が、その後の受任ということになった件数も、受付件数が増加していたのに合わせて増加していた。1993年に3484件だったものが、1996年には、4697件、2000年には、8519件になった。

　このような成果をあげることで、体制も強化されていった。当番弁護士への登録者数は、全単位会が通年で実施することになった翌年の調査によれば、1994年５月１日現在で、全会員15275名中、5858名（38％）が登録し、長[*43]い歴史のある国選弁護の登録者数、7908名（52％）に既に近づく勢いであった。また、方式としては、待機制28会、名簿制24会と、ほぼ半々で、小単位会でも対応可能な名簿制が比較的多く採用されていた。休日の対応体制を用意しているところは35会、一部用意しているところが10会、体制がないのが７会と、前年は、用意している会が29会、一部用意が５会、なしが18会だったのに比べて急速に改善されていた。受任義務を課しているのが24会、課していないのが28会である。委員会派遣制度については、実施していたのが10会、協議中８会、未実施34会と、必ずしも増加していたわけではなかった。

　　年）125頁以下、18号（1999年）133頁以下、22号（200年）159頁以下、26号（2001年）196頁以下、30号（2002年）131頁以下にも掲載されている。
＊42　未実施地域は、神戸、三重、長崎、沖縄、岩手、札幌、函館、旭川、釧路各地裁管内の一部地域であった。
＊43　体制については、日弁連の調査が、５月１日を基準に行われており、前述の受付件数等の調査基準日に相対的に近接した翌年の数字を紹介することにした。

第６章　松江人権シンポから司法制度改革審議会まで（1990年代）　　115

警察への協力依頼も進められており、警察署にポスターが掲出されているこ
とが確認されていたのは21会、一定期間掲示が行われたのが６会、掲示の行
われていないところが19会と、一定の成果が確認されていた。これに対し、
裁判所での掲示告知は、44会に対応する裁判所で実施されており、７会が協
議中で、未実施は１裁判所でしかなかった。前年には、実施が31裁判所、協
議中が18裁判所、未実施が３裁判所であったが、全国実施になった[44]ことで、
裁判所の対応も急速に変化してきた。告知方法も、司法行政上の措置としての
掲示告知のみならず、勾留質問時に、個々に告知する裁判官が相当数いること
も確認されていた。[45]1994年中の申込者別の受付割合との関係を見ておくと、
被疑者本人の申込みが、11177件で全体の79.8％を占めているが、そのうち警
察署経由が、25.5％であるにもかかわらず、裁判所経由が、71.9％を占めて
いた。なお、委員会派遣事件は、570件で、4.1％であった。

　次に、1997年５月１日現在の数字を確認しておくと、未実施地域が存在す
るのは、２会にまで減少しており、登録者数は、全会員16467名中、6913名
（42％）で、国選登録者、9050名（55％）には及ばないものの着実に増加し
ており、体制も待機制33会、名簿制19会と待機制への移行が進んでいた。休
日体制は37会、一部体制12会、体制がないのが３会と、この点でも前進して
いた。受任義務を課しているのが24会、課していないのが28会と、この点で
は変化がない。委員会派遣制度が実施されていたのは16会、協議中７会、未
実施29会と、徐々にではあるが増加していた。

　警察署にポスターが掲出されていることが確認されていたのは、21会、一
定期間掲示６会、掲示なし19会と変化がなかったが、これに対し裁判所の掲
示告知は、全裁判所で行われるようになっていた。1997年の被疑者本人から
の申込みは、19042件で、全体の83.2％を占めているが、そのうち警察署経由
が32.0％、裁判所経由が66.7％と、いくらか警察署経由の割合が増加してい

＊44　1994年５月１日時点で一部未実施地域が存在したのは、沖縄、岩手、函館、旭川、釧路の５
　　　会に減少していた。
＊45　寺井一弘「当番弁護士制度の告知に関する日弁連と最高裁との協議について」日弁連刑事弁
　　　護センターニュース５号（1992年）12頁以下参照。

116　　第１部　日本国憲法下における刑事弁護の歴史

た。委員会派遣事件も増加し、969件、4.2％になっていた。

　さらに2001年5月1日現在の実施体制についても確認しておこう。登録者は、全会員18226名中、8090名（44％）と、会員数の増加に合わせて人数が増加し、割合も増加しているが、国選登録者9683名（54％）にはなお及ばなかった。待機制が32会と1会増加し、名簿制が20会。休日体制も39会が待機制をとり、11会が名簿制で対応、体制がないのは2会にとどまることになった。警察署にポスターが掲出されていることが確認されていたのは12会、裁判所における掲示告知が6会では確認できていないということになっている。2001年の被疑者本人からの申込みは、40754件で、全体の87.1％を占めており、そのうち警察署経由が32.8％、裁判所経由が65.9％と、やはり警察署経由の割合がいくらか増加している。それが掲示の状況の変化が影響してのことかどうかは定かではない。委員会派遣事件も件数は増加し、1253件、2.66％になっていた。委員会派遣制度は、この間に急速に拡大し、41会が実施することになり、4会が検討中、未実施は7会にまで減少した。

　以上の数字からだけでも、短期間での当番弁護士制度の発展が画期的であったことが分かるであろう。「これによって捜査弁護の必要性が実証され、また捜査弁護の可能性も実証された」[46]と評価されることにもなっていた。その結果見えてきたその実質について、課題と考えられた点も含めてさらに整理しておくならば、次のことを指摘できるであろう。

　第1に、受付件数の増加によって、この期の最後には、身体拘束被疑者の35％近くに当番弁護士が派遣されることになっており、従前であれば、被疑者段階では弁護人に依頼することがなかったであろう幅広い罪種に当番弁護士が対応することになっていた。その中でも、推測の域はでないものの、被疑者段階で弁護人の援助を不可欠とするであろう事件では、かなりの高率で対応することになっていたと考えられる。例えば、2000年に、殺人事件で勾留されている被疑者は、1025人であり、当番弁護士が出動しているのは、783件、統計単位が異なってはいるが、76.4％程度に、強盗事件では、3248人中、

---

*46　田口・前掲「刑事弁護の兼題的課題」現代刑事法1号44頁。

1777件、54.7％程度に対応していたと考えられる。

　しかし、第2に、注意する必要があるのは、当番弁護士への要請が何時行われていたかである。前述のように、警察署経由の申込みが、30％を超える割合にまでなっていたものの、逮捕の段階での申込みは、2000年の数字で、17.7％であり、勾留決定当日以降が、82.3％と圧倒的に多数になっていた。この比率は、1993年以降そう変化していない。警察の協力が、一定確保されていたとはいえ、なお消極的であったことは間違いないであろう。[*47]とはいえ、当初、刑訴法30条に規定された弁護人選任権者以外の者からの要請、例えば友人からの要請や前述した委員会派遣制度による「弁護人となろうとする者」が、秘密接見を拒否される可能性があるのではないかと危惧されていたが、実務上、特に問題を生じることにはならなかった。[*48]

　出動要請の時点とも関連して、さらに第3に危惧されたのが、接見日である。要請当日の接見は、1993年に66.7％だったものが、2000年には、82.6％まで上昇していたものの、3日目以降ということになっていたのが、1993年に5.8％あり、2000年にも、4.2％存在していた。しかも、最も多かったのは、16.8％であり、10％以上が9会にのぼっていた。その理由は、必ずしも明らかではないが、捜査段階での早期の接見が重要であることからすれば、改善が望まれる点であった。

　第4に、受任の問題もある。前述のように、受任件数は一貫して増加したものの、受付件数に比例して増加したというわけではなく、比率はほぼ一貫して減少していた。1993年には、41.3％、1996年には、26.3％、2000年には、

＊47　刑訴法上、捜査当局が身体拘束にあたって行う告知に際し、当番弁護士についての明文があるわけでないことから、十分な協力が得られるか危惧されたが、早い時点で、「速やかな接見の実行についてかなりの信頼度のある」体制を弁護士会が用意している以上、捜査当局が、「当番弁護士に関する事項まで告知することが、被疑者に対する弁護人選任権の告知の内容として、法律上も要求されていると言うべきである」との理解も示されていた（後藤昭「当番弁護士をめぐる法律問題」松尾浩也ほか編『刑事法学の現代的状況』414頁〔有斐閣・1994年〕）。しかし、捜査当局が、決して歓迎していたわけでないことは、宮崎昌治「【ルポ】当番弁護士制度と警察・警察当局は当番弁護士制度をどう見ているか？」季刊刑事弁護5号（1996年）66頁以下参照。

＊48　後藤昭「被疑者の弁護人依頼権と『弁護人となろうとする者』の意義」季刊刑事弁護5号（1996年）96頁以下参照。

22.9％である。受付件数が増加したことで、必ずしも継続的弁護が必要でない件数が増加したとも考えられるが、国庫からの支援を受けられないことになっていた「被疑者弁護人援助制度」の財政難が、受任の抑制につながっていたともいわれている。[*49]

また、第5には、その受付事件の拡大が、登録弁護士の負担をも増大させており、1993年には、平均1.8件だったものが、2000年の時点では、平均5.1件になっていた。最も負担の重かったベスト3は、佐賀の13.2件、島根の12.7件、鳥取の12.1件であった。いずれも、会員の登録率は高いものの、それぞれ31名、21名、18名と絶対的に弁護士数が少ないということであろう。これに対して、東京と大阪では、登録率は、25.2％、45％と決して高くないが、負担は、3.8件、2.7件でしかない。全国において、さらに早期に、より多くの被疑者に対応するためには、どのように担い手を確保し、負担の平均化を図るかが課題になっていた。[*50][*51]

4．刑事弁護センターと被疑者弁護

前述のような当番弁護士制度の展開は、1990年4月に発足した日弁連刑事弁護センターを中心とした組織的な活動に支えられていた。「個別的弁護の援助」と「法制度改革の提案」を二本柱に、その組織活動は展開されていくことになる。[*52]個別の弁護活動の充実・強化こそが目標であるものの、「個々の弁護

---

*49　岡慎一「被疑者弁護の現状から見た問題点」刑法雑誌34巻3号（1994年）429頁。

*50　当番弁護士の負担を軽減し、公平化する取り組みは、登録人数を増やす等の各単位会内での取り組みはもちろん、各単位弁護士会の枠を越えた協力関係を生み出すことにもなった。1997年4月1日から、長崎県の一部である、壱岐、対馬に、長崎県弁護士会と福岡県弁護士会の弁護士が、共同で当番弁護士として待機することになった。被疑者弁護人援助制度による扶助弁護人は、起訴後、福岡県弁護士会の弁護士であっても国選弁護人として選任する旨の長崎地裁との協議も整っていた。前掲注41『第6回国選弁護シンポジウム基調報告書』34頁参照。

*51　当番弁護士制度の創設による成果と課題については、季刊刑事弁護21号（2000年）の「創刊5周年特別企画・被疑者弁護のこれから」の各論稿、特に、浦功ほか「[座談会]刑事弁護センター10年の歩みと刑事弁護の展開」、大出良知「当番弁護士によって被疑者弁護はどう変わったか」（本書第3部第4章第2節として収録）、大久保哲「[当番弁護士インタビュー調査]弁護士100人に聞きました－当番弁護士の実情と本音」を参照。

*52　「『日弁連刑事弁護センター』活動方針（概要）」日弁連刑事弁護センターニュース1号（1990年）3頁。

活動において検察官と実質的に対等な立場に立つ」ためには、検察組織に対抗し、「個別の弁護活動を援助するための組織的な対応が切実に求められている」という認識からであった。それゆえ、まず、各単位弁護士会に受け入れ体制を整備するため、日弁連と連携する「刑事弁護センター」等の組織体制を確立することを初年度の重点課題とした。その上に、被疑者の弁護人選任権の実効化を目指した態勢整備として実現したのが、同年中の大分、福岡での当番弁護士制度の発足であった。

また、同年中には早速「刑事弁護経験交流会」が開催され（1990年12月）、それ以降、継続的に開催されることになった。第1回目では、「被疑者・被告人の身柄拘束と弁護活動」[*53]をメインテーマに、「被疑者段階での弁護活動にどう取り組むか」、「保釈裁判の現状をどう打開するか」について、実践例の報告を軸に、意見交換が行われた。不当な取調べにはその都度抗議すること、共犯事件関係者への接触には細心の注意が必要といった報告のほか、調書作成に対抗し、その内容を確認するための工夫としての署名指印拒否、調書コピーの交付要求、それに取調べに立ち会ったという報告もあった。いずれにせよ、「起訴前弁護で弁護士が闘うことの重要性」が指摘されたほか、保釈について国家賠償訴訟を提起すべきことも提案された。ともかくも、先進的実践例の組織的共有への第一歩がスタートした。

被疑者弁護の重要性の認識の広がりとその充実・強化へ向けた具体化の取り組みは、さらに刑事弁護センターが中心的役割を果たし、「刑事裁判の活性化を求めて―被疑者の弁護を受ける権利を保障するために」をテーマとした第34回人権擁護大会のシンポジウム（1991年）に引き継がれる。[*54]「万人の一歩前進を」を目指して、テーマを「起訴前弁護」に絞ったこのシンポジウムでは、「刑事弁護の基本」をあらためて確認するとともに、捜査各段階での原則的な弁護のあり方を確認することになった。必ずしも被疑者弁護についての権限が明

＊53　その報告は、「多彩な経験例をもとに活発な討論」日弁連刑事弁護センターニュース2号1頁以下参照（1991年）。

＊54　以下、このシンポジウムの内容については、日本弁護士連合会ほか『基調報告書・刑事裁判の活性化を求めて―被疑者の弁護を受ける権利を保障するために』（1991年）による。なお、基調報告は、自由と正義42巻9号（1991年）74頁以下に収録れている。

定されているわけではない状態で、「被疑者弁護を実効あらしめるためには、創意工夫のある努力」が求められているとして、次のような認識が示されていた。「たたかいの主人公は、依頼者本人」であり、弁護人は、その自立を助け・促す「補助者」として、また、職務の独立性を保障されている「弁護人に真実義務はない」ことで、正当な利益を擁護できる「保護者」であるということである。

そして、黙秘権の実質的獲得による武器対等原則の確立を目指し、身体拘束に当たっての権利告知の明確化、拘束被疑者の取調べの規制、接見制限の完全撤廃、拘束中の不当な取扱いに対する不服申立手段の確立等の実現を基本とした実践的課題が提起された。

さらに、日弁連刑事弁護センターにおいて、被疑者に対する個別的弁護活動の実際が、本格的に総括され、課題が明らかにされるようになったのは、当番弁護士制度全国実施記念集会（1992年12月）からといってよいであろう。この集会では、全国から当番弁護士発足以来の63の実践例が、「当番弁護士経験記」として収集・配布され、具体的実践の成果と課題が明らかにされることになった。[55]ようやく、態勢整備が、弁護実践へと展開していく画期となった。

経験記を総括した基調報告[56]では、まず「当番弁護士活動の実際」を、「(1)被疑者との接見にあたって」、「(2)捜査官に対する対応」、「(3)違法不当な取調べに対する対応」、「(4)被害者に対する対応」、「(5)被疑者の身辺について」の5項目に整理し、成果を確認している。被疑者にとって「心強い」存在になっていること、早期の接見によって、取調べに対するチェックが可能になり、違法な取調べに対する抗議が速やかに可能になった例、虚偽自白を強要された経緯の証拠化、示談交渉や嘆願書確保、解雇の阻止、学生の留年をくい止めた等である。

また、「弁護活動の課題」としては、「(1)諸手続の積極的な行使の必要性」、

＊55　日本弁護士連合会・前掲『刑事弁護をかえる当番弁護士制度―1992.12.5「当番弁護士制度全国実施記念集会」記録』77頁以下。
＊56　大川真郎「基調報告2　当番弁護士活動の実際と課題」日本弁護士連合会・前掲『刑事弁護をかえる当番弁護士制度―1992.12.5「当番弁護士制度全国実施記念集会」記録』24頁以下。

「(2) 違法な取調べに対する対応」、「(3) 事実を明らかにする努力」等が、課題として指摘されている。具体的には、十分な接見の確保、勾留等阻止の活動、勾留に対する準抗告、勾留場所の変更、勾留状謄本の請求、違法な取調べを阻止するための事前準備、現場を見る、現場付近の聞き込みが成果につながるといったことである。(1) では、いわゆる「起訴前弁護のフルコース」[57]を忠実に実践することを勧める意見もあったという。

さらに、1993年中には、「第3回当番弁護士制度全国交流集会」(12月) に向けて、「当番弁護士制度に関する全国会員アンケート」が行われた。[58]

日弁連の行う調査としては多いといってよい2715通 (回収率18%) の回答があった。まず、注意を要する質問項目は、受任しなかった理由である。1871通の回答 (複数回答あり) があり、最も多かったのは「弁護人依頼の意思なし」(721通) であった。しかし、どこまで明確に意思表明されたかについては疑義が提起されている。「弁護の余地がない」(165通) についても、本当に弁護活動の余地がないということがあるのか、暴力団事件、薬物事件、「嘘を言う」、「信頼できない」といった「受任したくない」(48通) といった回答への対処も課題であった。具体的な弁護活動では、受任した場合の勾留状謄本請求については、なお半数近くが請求していなかった (1310通中611通)。

争いのない事件で、勾留決定までに、「検察官との折衝」(89通)、「裁判官

---

*57　具体的には、(イ) 逮捕されたらすぐ警察に接見に行く、(ロ) 検事に面会し勾留請求しないように要請する、(ハ) 勾留請求がなされたら担当裁判官に面接する、(ニ) 勾留決定がなされたらすかさず準抗告する、(ホ) 勾留場所が代用監獄だったらこの点も準抗告で争う、(ヘ) 勾留理由開示の公判を請求する、(ト) 勾留延長に対しても同様の対応をする、(チ) 接見を繰り返す、ことである (大川・前掲「基調報告2　当番弁護士活動の実際と課題」27頁)。

*58　丸島俊介「当番弁護士制度に関する全国会員アンケート・集計結果から」日弁連刑事弁護センターニュース8号 (1994年) 7頁以下。この時には、刑訴法研究者19名によって「全国実態調査」も行われた。16単位会から無作為で抽出した108件について、個別面接で調査したものである。調査項目は、主として、態勢に関わる項目であり、特に、調査結果として指摘しておく必要があるのは、出動までの時間や接見時間と受任率の関係である。出動までに3時間を超えた39件のうち、受任に至ったのは17件 (43.5%)、これに対して3時間以内の出動の場合には、63.6%が受任に至っていた。すなわち、「出動時間の遅れ」が、弁護についての消極的姿勢を示していると指摘されていた。また、接見時間が、20分以内の場合には、28.5%しか受任していない。20分以上の場合には、61.9%が受任に至っていた。大出良知「当番弁護士活動の現状と課題－全国実態調査を踏まえて」前掲・日弁連刑事弁護センターニュース8号14頁。

との折衝」（30通）、勾留に対する「準抗告」（83通）、「理由開示」（80通）といった活動も少数にとどまっているものの、「不起訴処分の経験がある」が、386通あり、「弁護活動の効果があった」という回答も、698通ある。具体的中身としては、「早期釈放」（298通）、「処分が軽い」（262通）、「起訴されたが量刑が軽い」（199通）、「起訴されたが保釈が早い」（180通）と回答している。その弁護活動としては、「示談成立」（335通）が最も多く、その他は「示談交渉」（113通）や「検察官との折衝」（318通）である。

争いのある事件でも、勾留決定前の「検察官との折衝」（61通）、「裁判官との折衝」（34通）、それに勾留後の「準抗告」（83通）、「理由開示」（57通）などが行われていたが、それほど多いわけではなかった。しかし、取調べに対する活動としては、「黙秘権行使」（169通）、「署名押印拒否」（133通）と、相当数の回答があり、「取調べに立会い」との回答も1通あった。そして、成果としては、「不起訴」が207通、「被疑事実の一部での起訴」が74通、「事実でない自白調書を作成されない」が、158通、「弁解がきちっと録取された」が、131通となっていた。

また、多くはないものの、当番弁護士に登録しないのは「刑事弁護に自信がない」からという回答が、53通、勾留状謄本の請求手続を知らないという回答も54通あった。

5．被疑者弁護をめぐる新たな展開

以上からも、その一端を窺い知ることができるように、被疑者弁護は、一定の時間的制約の中で、被告人弁護とは異なる技量が求められる。被疑者弁護の担い手の裾野が拡大することで、いかに弁護の質を確保・維持するかが、喫緊の課題になってきていた。そのこともあって、実務に対応する多くのマニュアルの類[59]が出版されることにもなった。また、日弁連刑事弁護センターは、「現

---

*59　主なものをあげると、いち早く、東京弁護士会法友全期会刑事弁護研究会編『刑事弁護マニュアル』（ぎょうせい・1989年）が出版され、多くの読者を得たといわれ、その後、起訴前弁護等と公判弁護を分けて2巻とした『新版刑事弁護マニュアル上（捜査弁護、外国人・少年弁護編）』

在の刑事手続を抜本的に見直し、制度の改正と運用の改善をはかるため」、「刑事司法改革の実現に向けてのアクション・プログラム－検討試案[*60]」を作成し、会内討議を要請した。そして、刑事手続全体を視野に入れ、弁護の視点から理論と実務を架橋することを目指した『季刊刑事弁護』（現代人文社・1995年）も創刊されることになり、弁護の実情と課題を継続的に明らかにする役割を担うことになった。

その創刊号で、平野龍一「被疑者の弁護人は何をするのか──被疑者国選弁護制度の早急な実現のために」は、被疑者国選弁護の実現へ向けて、なお、「被疑者の国選弁護については、弁護人は何をするのかがまだ必ずしも明らかではない。はたして、国民の税金を使うに値する仕事をするのか、あるいは、捜査の妨害になるのではないか、などの疑問を密かに抱いている人もかなりあるだろう」と指摘し、「右の疑問を解消するような被疑者弁護のパターンを打ち立て（る）」必要があるとして、被疑者国選弁護に期待される機能として、とりあえず次の３点をあげていた[*61]。第１に、「外部との交通の窓口となる活動である」。家族等との連絡のみならず、被害者との接触による被害弁償の効果も重要である。第２には、「ゆき過ぎた被疑者取調べを抑止する効果である」。そして、第３に、「検察官と弁護人との話合いによる事件の解決が可能になるであろう」ということである。

この平野の指摘は、前述の被疑者弁護の展開として確認されてきていたこととも符合する内容であり、その後の論議においても、それぞれの視角から確

（ぎょうせい・1997年）、『新版刑事弁護マニュアル下（公判弁護）』（同前）と改訂・出版された。その間、北山六郎監修『実務刑事弁護』（三省堂・1991年）、大出良知ほか編著『刑事弁護』（日本評論社・1993年）、竹澤哲夫ほか編『刑事弁護の技術（上）（下）』（第一法規・1994年）などが上梓されている。

[*60]　自由と正義44巻12号（1993年）117頁以下。運用の改善として特に重要なのは、被疑者の取調べの適正化であり、そのために個々の弁護活動の改善として提起されているのは、次の４点である（162頁）。①否認事件、複雑・重大事件について捜査機関に立会い要求をしていく。なお、取調過程全部ではなく、少なくとも読み聞けに立ち会うという方法も考えられる。②被疑者に、弁護人が立ち会わない以上取調べに応じない旨の内容証明を送る方法も考えられる。③被疑者が捜査機関に弁護人の立会いを要求したにもかかわらず、捜査機関が弁護人の立会いを認めない場合には、被疑者に取調べ拒否、署名・指印拒否を助言していく。④捜査機関の立会い拒否を証拠化しておく。

[*61]　季刊刑事弁護１号（1995年）24頁以下。

認・敷衍されていくことになる。[*62]

　その際、平野はさらに、「ゆき過ぎた被疑者取調べ」のチェックは、弁護人が任意性を担保することにもなりうること、しかしまた逆に、捜査に支障が生じるということもあるかもしれず、いずれにせよ「覚悟しなければならない」ことであるとする。そして、「被疑者の国選弁護制度を設けることは、刑事訴訟の一つの変革を意味する」のであり、「捜査の倫理と弁護の倫理をあらためて問い直す」ことにもなるであろうことも指摘していた。

　折しも、その弁護活動のあり方をめぐって議論を呼ぶことになった被疑者弁護の活性化を象徴するかのような事態が発生していた。それは、弁護士の結成した任意団体であるミランダの会の弁護活動をめぐってであった。具体的には、「すべての事件において、弁護人が内容を確認しない限り、被疑者に一切の供述調書への署名・指印を拒否させる活動」である。[*63]

　この活動は、既に、1992年末からミランダの会の呼びかけ人である弁護士によって実践されていた。ところが、この弁護活動について、1994年6月3日付「週刊法律新聞」のインタビュー記事の中で、当時の検事総長が、「刑訴法の精神を無視ないし曲解していると思われる活動」として、「被疑者に対して、内容にかかわらず、調書には署名をしないように助言するなどの事例」が見られると批判することになった。[*64] そのため、ミランダの会結成に参加することになる弁護士6名が連名で、その活動が「黙秘権を保障した日本国憲法の下で

---

*62　「《座談会》当番弁護士制度の五年－その成果と展望」季刊刑事弁護5号（1996年）33頁以下の渡辺修発言は、当番弁護士の役割として、次の5点を挙げている。①刑事手続の概要や権利を説明し、被疑者の手続の主体性を確保する。②違法捜査を防止・監視し、適正手続を確保する。③不当・不要な公訴提起を防ぐ。④積極的調査、示談交渉等の積極的弁護活動。⑤公判中心主義を実現する充実した公判準備。また、同34頁以下の田口守一の発言も、ほぼ、渡辺の提起する①②④と同様の内容をあげている。

*63　小川秀世「署名・指印拒否の弁護活動」季刊刑事弁護2号（1995年）120頁。なお、ミランダの会の弁護活動については、神山啓史・後藤昭「黙秘権の確立をめざす弁護活動」季刊刑事弁護2号126頁以下も参照。また、ミランダの会代表と元東京高検検事長との「緊急対談・捜査妨害か正当な弁護活動か―ミランダの会の弁護活動と捜査」季刊刑事弁護3号（1995年）16頁以下参照。さらに、ミランダの会の弁護活動については、季刊刑事弁護4号（1995年）から18号（1999年）まで、14回にわたって「ミランダの会活動報告」として連載されている。

*64　検事総長の批判のみならず、その後の一連の批判については、ミランダの会編著『「ミランダの会」と弁護活動―被疑者の権利をどう守るのか？』（現代人文社・1997年）59頁以下参照。

の刑事訴訟法の精神に合致するものであり、また弁護士の職業倫理にしたがった極めて正当な活動である」として、検事総長の真意を質す公開質問状を公表した（同年11月7日）。

しかし、検事総長からの回答はなく、翌1995年2月3日に、ミランダの会が結成された。結成とともに公表された「被疑者の黙秘権を確立するための弁護活動に関する宣言[65]」は、当番弁護士制度が多くの成果を上げてきたことを認めつつも、なお、黙秘権の実効性は担保されていないという認識の下に、1966年のアメリカ合衆国連邦最高裁ミランダ判決が、黙秘権を保障するための弁護人の必要性が、取調べ前に弁護人と相談する権利のみならず、被疑者が望むならば取調べの間弁護人を同席させる権利をも包含すると述べた趣旨に一歩でも近づけ、「現時点における惨状を少しでも改善し、将来においてわが国の被疑者取調べ手続を文明化し、黙秘権の確立をもたらすための貴重な第一歩であると信ずる」旨を宣言した。

ところが、ミランダの会結成後、検察庁がいわば組織をあげて、ミランダの会やミランダの会方式（単に、「ミランダ方式」ともいう）の弁護活動を批判することになっただけでなく、一部の新聞も批判に与することになった。例えば、オウム真理教関係の一部の被疑者が、「取調べには応じられない」、「調書に署名も捺印もしない」、「取調べには弁護人を同席させること」といった内容の書面を弁護人と連名で提出したことに、捜査当局者から、「接見した当番弁護士の『指導』だとしたら弁護士指導としては行き過ぎだ」、「刑事訴訟法上、逮捕・拘置された容疑者に黙秘権は認められていても、取調べは拒否できないと規定されている」と批判されていたのを受けて、ミランダ方式を「国民の安全を無視する活動[66]」として強く批判する内容などであった[67]。

さらに、当時行われていた日弁連と法務省・最高検との「当番弁護士制度協議会」（第3回・本書128頁参照）においても、法務省側は、「弁護活動の行き

---

*65　季刊刑事弁護2号（1995年）124頁以下に、ミランダの会の結成についてのニュースと、結成に当たって、この宣言とともに公表された「ミランダの会弁護要領」が掲載されている。
*66　1995年5月25日付産経新聞朝刊。
*67　1995年5月26日付産経新聞朝刊「主張」欄。

過ぎ」の象徴的な例としてミランダの会の「取調べ拒否」をあげ、「捜査妨害をする一方で、日弁連が当番弁護士への公費援助を求めても、理解は得られないのではないか」との発言を行ったと伝えられる。[68] また、衆議院法務委員会でも、法務省刑事局長が、同様の発言を行っていた。[69]

もちろん、これに対してミランダの会は、日本国憲法が保障する黙秘権を実質化するための「正当な弁護活動」であると繰り返し反論を続けていた。

6．被疑者弁護の到達点とその意義

法務・検察当局からの強い「捜査妨害批判」は、捜査当局の危機感を反映したものとも考えられる。従前の捜査、特に取調べは、被疑者弁護が十分でなかったことも一因となって、密室でほとんど制約のない状態で行われてきた。捜査当局が、長年にわたって形成してきた捜査当局にとって好都合な捜査態勢を簡単に放棄するとは考えられない。特に、ミランダ方式は、密室での調書作成を基本としてきたわが国の刑事手続の根幹を揺るがす可能性があり、なおさら抵抗が大きくなったのは当然であろう。そのような状況を改革するとなれば、理念的・抽象的に批判するだけでは決して十分ではなく、事態を打開する組織的・継続的実践こそが求められることになる。被疑者弁護の充実・強化を、さらに被疑者国選弁護制度といった制度によって担保しようとすれば、その制度運営の実質的可能性を示すという意味でも、その抵抗を実践的に克服する必要があったであろう。

そのために用意されたステージが、日弁連の刑事弁護センター創設を組織的基盤とする当番弁護士制度の創設であり、その実践的蓄積であったと考えることができる。その評価をめぐる法曹三者間での協議は、当番弁護士制度創設直後からはじまっていた。最高裁との協議は、1991年12月から、勾留質問時の制度告知の問題をきっかけに「当番弁護士制度協議会」として開始され、

＊68　朝日新聞1995年6月1日付夕刊17頁。
＊69　第百三十二回国会衆議院法務委員会議録第八号（平成7年6月7日）29頁。

第6章　松江人権シンポから司法制度改革審議会まで（1990年代）　　127

1998年5月までに33回を数えた。[*70]

　法務省・最高検との間では、1993年6月から「当番弁護士制度実務協議会」を行っていたが、当番弁護士の財政問題に関わり、日弁連の求めていた法律扶助の拡充による対応が認められず、民事法律扶助の拡充についての検討とは「別の場において、当番弁護士制度に関する議論を活発にし、財政問題を含む刑事被疑者弁護態勢・活動についての共通の認識を深めるよう努める」との「法務省、日弁連及び財団法人法律扶助協会の基本了解事項」（1994年10月17日付）[*71]を受けて、1994年11月28日から開始されたのが前述（本書126頁）の法務省との間の「当番弁護士制度協議会」[*72]であり、その場では、ミランダの会の弁護活動にとどまらず、後に紹介する法務省が「不適切」と考える弁護活動一般についての批判も行われていた。（本書129頁以下参照）その11回では、日弁連が、1997年10月に理事会で採択した「被疑者国選弁護制度試案」（以下、「試案」という）[*73]の策定にいたった経緯と内容について説明を行い、この試案を協議のテーマとすることを求めた。

---

*70　その経緯については、寺井一弘「当番弁護士を制度の告知に関する日弁連と最高裁との協議について」日弁連刑弁センターニュース5号（1992年）12頁以下、丸島俊介『『刑事被疑者弁護に関する意見交換会』始まる」季刊刑事弁護16号（1998年）110頁。

*71　日弁連刑事弁護センターニュース9号（1994年）20頁。

*72　その経緯については、「日弁連と法務省との間の当番弁護士制度協議会の経過について」日弁連刑弁センターニュース10号（1995年）6頁。

*73　試案は、自由と正義48巻12号（1997年）152頁以下に掲載されている。その解説である、岡慎一・桜井光政「日弁連『被疑者公選弁護制度試案』とその実現への展望」自由と正義49巻2号（1998年）40頁以下参照。前述のように、1991年7月に開催された第3回国選弁護シンポジウムにおいて「被疑者公選弁護制度試案」が提言されて以降、日弁連は、当番弁護士制度の全国化を踏まえて、制度化への現実的可能性を追求していた。特に、弁護士過疎地域における受け入れ態勢の整備等を検討し、1996年11月に、「被疑者国公選弁護制度の実現へ向けての提案」を公表した（季刊刑事弁護9号（1997年）24頁以下）。この提案では、選任方法（請求あるいは職権）、選任機関ないし運営主体（裁判所あるいは法律扶助協会等）、当番弁護士制度との関係などについて各単位会、関連委員会の意見を集約した。その結果は、請求による選任を基本とし、運営主体を裁判所とし、なお新たな制度の空白を当番弁護士制度で補うという回答が多数を占め、次のように試案に反映されることになった。⑴選任は、裁判所の決定によって行うが、次の4点の国選制度改革を行う。①複数弁護人選任制度の導入。②弁護人解任請求権を認める。③適正な報酬支払い制度の導入。④貧困要件基準の明確化と被疑者等の費用負担。⑵弁護人の選任方法と範囲については、次の3点を段階的に実施することにしている。①身体拘束全被疑者。②法定合議事件、否認事件、18歳未満の少年に対して必要的とする。③防御能力の乏しい被疑者に対する裁量的職権選任。

それに対し、法務省からは、被疑者弁護制度の改革は、刑事司法手続全体の構造との関連や、適正な被疑者弁護活動のあり方、国の財政問題のあり方、弁護士偏在の問題、刑事被疑者弁護に対する国民の理解など様々な角度からの検討が不可欠との回答があり、1998年7月になり、法務省、最高裁、日弁連の法曹三者によって、「被疑者段階の刑事弁護に関する諸問題を幅広く議論する」ことを目的に「刑事被疑者弁護に関する意見交換会」を設置することが合意され、8月4日からスタートすることになった。[*74]

　その第1回から第3回までは、あらためて、日弁連からの「当番弁護士制度の到達点と課題」および「被疑者弁護の役割と活動」の報告に基づく質疑が行われ、[*75]第4回から第6回までは、法務省から「被疑者弁護をめぐる諸問題」と題して、検察の立場から弁護のあり方について問題事例をあげ批判した報告とそれに対する反論、さらに意見交換が行われた。[*76]

　その紹介されている内容からすれば、法務省の報告の総論の要点は、次の6点にまとめることができるであろう。[*77]①事案の真相の解明と適正な科刑のために被疑者の取調べはきわめて重要である。②被疑者の弁護人依頼権は、憲法上保障された権利であり、被疑者の正当な利益を擁護するために認められているのであり、真相解明に逆行したり、捜査と闘うことを優先しているような弁護活動は、その使命と相容れない。③不当に処罰から免れ、不当に責任を軽減するため虚偽の証拠の作出等の違法行為を行ってはならない。④捜査機関の真相解明に向けた捜査活動を妨害することは決して許されない。⑤被疑者に供述拒否等を慫慂し、その意思決定に不当な影響を与えてはならない。⑥参考人に

---

*74　丸島・前掲季刊刑事弁護16号110頁。

*75　丸島俊介「被疑者弁護に関する意見交換会・当番弁護士制度の現状について質疑」季刊刑事弁護17号（1999年）133頁。

*76　丸島俊介「被疑者弁護に関する意見交換会第四回～第六回」季刊刑事弁護18号（1999年）116頁以下。

*77　内容は、日弁連側のまとめである丸島・前掲季刊刑事弁護18号116頁によっているが、その内容は、麻生光洋（東京高等検察庁総務部長・検事）「刑事弁護の在り方－検察官からみた刑事弁護」現代刑事法37号（2002年）29頁以下で述べられていることとほぼ符合しており、問題ないと判断した。なお、太田茂「検察実務の課題」ジュリスト1148号（1999年）280頁以下も参照。

対する捜査機関への出頭拒否や供述拒否を慫慂してはならない。

　その上で、各論として弁護活動の問題事例が、29の設例として類型化され指摘されたという。要するに、あくまでも捜査権限の優位性を前提に、捜査当局の考える「真相解明」に対する「妨害」を問題にしていたということであろう。

　これに対して日弁連が、憲法上、「弁護人の諸活動は捜査機関の捜査活動を制約するものとして保障され」ているという認識を前提に、主に次の4点の反論を行っていた。[78]①弁護人の地位は依頼者の主体性に由来しており、弁護人は被疑者のために行動し、誠実義務を尽くすことこそ求められており、対裁判所、検察官との関係で実体的真実を積極的に解明する義務はなく、捜査機関をチェックする機能こそ期待されている。②「適正な弁護」として、弁護人に問われているのは、被疑者の視点から、十分な法的助言や援助をしているかである。③弁護人が、当事者主義の構造の下、防御の視点に立って被疑者のために誠実に職務を行うこと自体が、刑事司法全体の目的の実現につながるのであり、弁護人が司法運営に不可欠の存在とされる所以である。④各論については、虚偽証拠の作出や利益相反などは弁護士倫理上問題になるが、黙秘権の行使の助言を捜査妨害と非難されるいわれはまったくないこと、法律上手続的権利として認められている行為が制約されるいわれはなく、秘密交通権の範囲内の助言を問題とするのは、その情報収集自体が憲法上の権利を侵害している。

　いずれも、詳細については詰めを必要とする内容を含んでいるとはいえ、至極当然の反論であり、このあと意見交換会は、4回にわたり諸外国の被疑者弁護の法制等についての検討を行い、第12回（1999年10月12日）において、それまでの意見交換を総括し、「新しい制度の現実的な検討が必要な段階に来ているとの共通の認識に達した」[79]ということになった。

　平野の指摘していたように、「被疑者の国選弁護制度を設けることは、刑事訴訟の一つの変革を意味する」のであり、「捜査の倫理と弁護の倫理をあらためて問い直す」ことにもなるが、「それは、あらかじめ解決できることではない。実

＊78　丸島・前掲季刊刑事弁護18号117頁以下。
＊79　丸島俊介「被疑者弁護に関する意見交換会第一一回〜第一三回・制度化へ向けて新たな段階へ」季刊刑事弁護21号（1999年）132頁。

践のなかで議論し向上させてゆくほかない」ということでもあったであろう。[80][81]

7. 1990年代の刑事手続環境と刑事弁護

以上のように、1990年代の刑事手続環境自体は、警察主導によってさらに悪化の途を辿りつつあったが、刑事弁護による事態改善への重要な一歩が踏み出されることにもなった。そのような状況をまとめるならば次の5点を指摘できるであろう。

まず第1に、なんといっても、刑事弁護への期待の高まる中、抽象的に刑事弁護の充実強化の重要性を認識するだけでなく、組織的に事態打開への方策を講じる必要性が自覚され、実践化されることになったことを挙げなければならない。それが、当番弁護士制度の創設であった。

第2に、その実践化を支え、全国展開を可能にした担保措置として重要だったのが、日弁連による刑事弁護全般についての組織的バックアップのための「刑事弁護センター」の設置であった。個別の刑事弁護への組織的関与が、ともすると個別弁護活動に対する組織的妨害にもなりかねないという1950年代の苦い経験[82]を越えることなしには、実現しなかったという意味で重要な決断であった。経験交流や研修による弁護活動の充実強化も、「刑事弁護センター」

---

[80] 平野・前掲「被疑者の弁護人は何をするのか」季刊刑事弁護1号25頁。

[81] この期の弁護の有り方に関わる主要な文献として、佐藤博史「弁護人の真実義務」ジュリスト増刊『刑事訴訟法の争点（新版）』（有斐閣・1991年）32頁、同「弁護人の任務とは何か」竹澤哲夫ほか編『刑事弁護の技術（上）』（第一法規・1994年）3頁以下、浦功「弁護人に真実義務はあるか」同前書11頁以下、村岡啓一「刑事弁護人の誠実義務と真実義務」日本弁護士連合会編『現代法律実務の諸問題（平成八年版）』（日本弁護士連合会・1997年）713頁以下、若松芳也「苦悩の刑事弁護と混迷の判例」季刊刑事弁護14号（1998年）10頁以下、森下弘「捜査弁護はどこまで可能か」季刊刑事弁護15号（1998年）54頁以下、岡慎一『刑事弁護のあり方』をめぐる議論の到達点と課題」季刊刑事弁護21号（2000年）48頁以下、後藤昭「刑事弁護人の役割と存在意義」季刊刑事弁護22号（2000年）16頁以下、村岡啓一「被疑者・被告人と弁護人の関係①」同前23頁以下、上田國廣「被疑者・被告人と弁護人の関係②」同前31頁以下、森下弘「刑事弁護ガイドラインへの一試案」同前39頁以下、小坂井久「弁護人の誠実義務」同前44頁以下、「[アンケート] こんなとき、あなたならどうしますか？弁護人に聞くそれぞれの役割観・当番弁護士100人へのアンケート結果から（後藤昭）・日本編・海外編」同前63頁以下等参照。

[82] 第2章41頁参照。

の設置によって可能になった。

　この成果は、第3に、刑事弁護の担い手が、組織的に実践的蓄積を踏まえて、捜査当局に対抗しうる存在になったことを示してもいた。その意味では、ようやく当事者主義の対抗的担い手としての弁護士・弁護士集団が、その地歩を固めることになったといってよいであろう。弁護人の「真実義務」が正面から問題になったきたのもそれ故にであろう。[83]

　そして、第4に、当番弁護士制度による被疑者弁護の組織的充実強化が、刑事手続のあり方についての日弁連の発言権を、それまで以上に担保し、法務・検察や裁判所に対抗する当事者能力を強化することにもなった。

　そのことで、第5に、当番弁護士制度創設時からの目標だった被疑者国選弁護制度実現をも視野に入れた司法制度改革への道を拓くことにもなった。

　1999年には、司法制度改革審議会がスタートし、松江シンポから丸10年を迎えていた。[84]

---

*83　かって松尾浩也は、「弁護人の真実義務」を論じ、「当事者訴訟の成長進展そのものにとって、弁護士倫理の確立遵守が必要」であり、「わが刑事訴訟の実態が、今後ますます当事者主義化の歩を進めてゆくとすれば」、「その究極における弁護人の真実義務」が問題化するであることを予測していた。松尾「刑事訴訟における弁護人の真実義務」法学協会雑誌79巻2号（1962年）209頁。また、松尾「弁護人の使命について述べよ」松尾浩也＝田宮裕『刑事訴訟の基礎知識』（有斐閣・1966年）23頁においても、「今後、当事者主義の理念が刑事手続の深部に及んでゆくにつれて、弁護人の活動はますます積極化する反面、弁護人の使命に関する矛盾が表面に現れてこないわけにはゆかないであろう」として、弁護人の真実義務の問題に言及していた。ところが、「弁護人抜き法案」に接した松尾は、「当事者主義と弁護」『鴨良弼先生古稀祝賀論集・刑事裁判の理論』（日本評論社・1979年）51頁において、「ことがらを単純化すれば、『弁護人の活動』が活発になって、裁判所との間にトラブルを生じ、『弁護人の使命』に対する評価の食い違いがはっきりして、この『法律案』を生み出したように見える」として、弁護権の強化による「矛盾」が、「真実義務」とは異なって表面化したのは、当事者主義が、「日本特有の——いわば擬似的な—当事者主義」として進行したからであり（同前57頁）、擬似当事者主義の実質は、「精密司法の実現」であると論じた（同前60頁）。しかし、その後の展開は、当時の「弁護権の強化」という想定自体に無理があり、弁護士層の主体的条件も含め、「擬似」であれ、「当事者主義」の基盤が用意されていたわけではなく、単に、裁判所による強権的な訴訟運営と弁護をめぐる事態の後進性を示していたにすぎなかったと考えられる（本書第4章84頁以下参照）。

*84　日弁連は、第42回人権擁護大会（1999年10月）シンポジウム第1分科会が、「新しい世紀の刑事手続を求めて【刑訴法50年・松江大会から10年の軌跡と展望】」をテーマに開催された。そのレジュメが、自由と正義50巻9号（1999年）169頁以下に掲載されている。

第7章

刑事弁護の質的向上の到達点と
課題——21世紀を迎えて

本章は、福岡を中心に刑事弁護の充実・強化に大きな功績を残された美奈川成章弁護士と上田國廣弁護士の古稀をお祝いする論文集『刑事弁護の原理と実践』（現代人文社・2016年）に寄稿させていただいたもので、第1章から第6章までの検討の上に、21世紀を迎えての最近までの展開と今後の課題について主として刑事弁護の質に焦点を合わせて検討したものである。

1．21世紀を前にしての問題状況

21世紀を前に「絶望的」とまで評された刑事手続の改革・改善は、刑事弁護の対応に期待されることになっていた。

その理由は、第1に、刑事手続改革・改善の必要性を痛感する立場にいたのが刑事弁護に携わっていた弁護士・弁護士集団であったからである。問題の核心は、警察が支配する代用監獄での長期間の身体拘束を利用し、密室で自白を追及する「人質司法」であり、そのような捜査段階で作成された調書を証拠の中心とする「調書裁判」であった。その弊害を直接経験する立場にいたのが、弁護士・弁護士集団である。

第2に、そのような弁護士・弁護士集団の実感は、制度の改革や運用の改善に第一義的責任を有する警察・検察・裁判所などと共有されることにはならず、警察等が制度の改革や運用の改善の主体になることを期待することができ

ないことが明らかであったからである。

　そして、第3に、警察等に期待することができないことが明らかになったところで、刑事弁護を担う弁護士総体として、なお、憲法、刑事訴訟法によって保障されている被疑者・被告人の権利、弁護人の権限を実践的に生かし切る工夫と態勢を創る努力を尽くしてきたのかを組織的に総括する基盤を形成することが可能になっていたと考えられることである。

　その歴史的経緯については、多くの論者の言及するところであり、筆者も検討したことがある[*1][*2]。

　そして、1990年代を通して刑事弁護による事態改善への重要な一歩が踏み出されることにもなった。その状況をまとめるならば次の5点を指摘できると考えられる。

　まず第1に、刑事弁護への期待が高まる中、抽象的に刑事弁護の充実強化の重要性を認識・指摘するだけでなく、組織的に事態打開への方策を講じる必要性が自覚され、実践化されることになったことを挙げなければならない。当番弁護士制度の創設であった。

　第2に、その実践化を支え、全国展開を可能にした担保措置として重要だったのが、日本弁護士連合会（以下「日弁連」という）による刑事弁護全般についての組織的バックアップのための「刑事弁護センター」の創設であり、それに倣った各単位弁護士会での類似委員会等の創設であった[*3]。刑事弁護への組織的関与が、ともすると個別弁護活動に対する組織的妨害にもなりかねないという1950年代の苦い経験[*4]を越えることなしには実現しなかったという意味で重要な決断であった。経験交流や研修による弁護活動の充実強化も、「刑事弁護センター」の設置によって可能になった。

＊1　例えば、上田國廣「刑事弁護の形骸化とその克服への努力―歴史的経緯と現状」川崎ほか編『刑事弁護の原理と実践』（現代人文社・2016年）3頁以下参照。

＊2　後藤昭ほか編著『実務体系／現代の刑事弁護3・刑事弁護の歴史と展望』（第一法規・2014年）85〜214頁（本書2頁以下）参照。

＊3　「刑事弁護センター」創設以来の25年の歩みについては、中山博之「日弁連刑事弁護センターの25年の歩み」季刊刑事弁護増刊『刑事弁護のフロンティア』（2015年）202頁参照。

＊4　前掲・後藤昭ほか編著118頁（本書40頁）参照。

この成果は、第3に、刑事弁護の担い手が、組織的に実践的蓄積を踏まえて、捜査当局や裁判所に対抗しうる存在になったことを示してもいた。その意味では、ようやく当事者主義の対抗的担い手としての弁護士・弁護士集団が、その地歩を固めることになったといってよいであろう。弁護人の「真実義務」の有無が正面から問題になったきたのもそれ故にであろう。[*5]

　そして、第4に、当番弁護士制度による被疑者弁護の組織的充実強化が、刑事司法のあり方についての日弁連の発言権をそれまで以上に担保し、法務・検察や裁判所に対抗する当事者能力を強化することにもなった。

　そのことで、第5に、当番弁護士制度創設時からの目標だった被疑者国選弁護制度実現をも視野に入れた司法制度改革への道を拓くことにもなった。[*6]

　そして、1999年に設置された司法制度改革審議会の「意見書」によって、その被疑者段階の国選弁護制度の導入が明確化されることになった。

　さらに、司法全般の改革を視野に入れることになっていた司法制度改革審議会は、最終的には、「国民的基盤の強化」という名目の下にではあったが、国民の参加によって刑事裁判を行う「裁判員制度」をも導入することにした。その導入が、直接的には刑事手続の改革を意図したものではなかったが、刑事手続のあり様に与えるであろう影響の大きさについては十分予測できた。それは「激変」とも形容できるものであり、刑事弁護が求めていた改革に近づくものであったにせよ、刑事弁護がこの変化に対応し、その意義を有効に生かし切れるかが問われることにもなった。

　そこで、21世紀を迎えて既に16年近くが経過したところで、あらためて21

---

*5　前掲・後藤昭ほか編著165頁（本書84頁以下・132頁）参照。

*6　21世紀に入って実現した司法改革は、少なくとも三つの流れの複合的な結合によって実現したと考えられる。第1には、本章の主題である刑事司法改革の流れである。第2には、日本弁護士連合会が主導した司法改革の流れとして、1970年前後のいわゆる「司法の危機」を起点とする司法官僚制の打破による司法の民主化を求めてきた司法改革運動があった。そして、第3に、1990年代に入って展開されることになった規制緩和政策の延長線上に位置づけられる流れである。この第3の政治的流れが、この司法改革の実現に与って力があったことは否定しがたいが、その評価は、改革の内実によるべきであろう。今回の司法改革の位置付けについては、大出良知「司法改革への道はどこまできたか」大出他編著『裁判を変えよう』（日本評論社・1999年）2頁以下参照。

世紀に入っての刑事弁護をめぐる問題状況の推移を、特に質的対応能力を中心に確認し、可能な範囲で将来を展望しておきたいと考える。

2．新たな弁護態勢の創設へ

　1999年7月に司法制度改革審議会（以下「審議会」という）が設置された時点では、刑事司法改革に関わって最高裁判所や法務省も「公的被疑者弁護制度」の必要性を公式に認めることになっており、[*7]審議会の「論点整理」においても、いち早く「国民の期待に応える刑事司法の在り方」の中心的な論点として「被疑者・被告人に対する公的弁護制度の整備とその条件につき幅広く検討することが必要である」とされていた。[*8]

　審議が進む中、ヒアリングに応えた日弁連は、「被疑者段階の弁護人の援助が一層拡充強化されるように、国費による被疑者弁護制度（少年事件手続における公的弁護人・付添人制度を含む）の導入」を強く求め、「公的被疑者弁護制度や複雑困難な刑事事件に十分対応できる態勢を作るため、日弁連としては全力を傾注する決意」も表明した。具体的には「弁護活動の水準の確保等に努める」こととし、その内実として倫理研修の義務化、当番弁護士・国選弁護人研修制度、国選弁護人名簿登録審査制度などをあげていた。そして、水準確保が、「個々の弁護士の努力とともに、組織としての弁護士会の責務である」として、その「組織的担保も、組織として自治が認められている弁護士会が担う」ことを宣言していた。それは、「運営主体の如何を問わず、刑事弁護は国家刑罰権の行使をチェックする本質を有することに鑑み、弁護人の職務の独立性・自主性がいささかでも損なわれることがあってはならない」という意味でもあ

＊7　丸島俊介「被疑者弁護に関する意見交換会第一一回〜第一三回・制度化へ向けて新たな段階へ」
　　　季刊刑事弁護21号（2000年）132頁参照。
＊8　http://www.kantei.go.jp/jp/sihouseido/pdfs/1221ronten.pdf　合わせて、刑事司法について、「新たな時代に対応した捜査・公判手続の在り方」および「適正・迅速な審理を実現するための方策」について検討するとともに、「国民の司法参加」として、「欧米諸国で採用されているような陪審・参審制度などについても、…導入の当否を検討すべきである」としていた。

136　第1部　日本国憲法下における刑事弁護の歴史

った。[*9]

　この日弁連の主張は、審議会および審議会意見書に基づき制度設計を担った司法制度改革推進本部の検討会においても基本的に尊重されることになった。最終的に、弁護の独立性・自主性については、日本司法支援センター（法テラス）を公的弁護制度の運営主体とすることとした「総合法律支援法」において、配慮する内容が規定されることになった（第12条）。[*10*11]

　また、対象事件については、段階的に必要的弁護事件にまで拡げるものの、創設時点では法定合議事件を対象とすることになったが、この段階的導入というアイディア自体は、審議会の時点から示されていた日弁連の意向でもあった。検討会での地方調査や日弁連内での論議に基づきあらためて検討会の最終盤に日弁連の意向も踏まえた委員個人からの具体的提案があり、その提案に配慮した内容であった。[*12]選任の効力の始期については、検討会において、逮捕段階にすべきであるという強い主張があった。しかし、結局は、「要件審査に当たり、裁判官が直接被疑者に確認することが必要な場合もあり得ると考えられ、逮捕段階の選任が困難な場合が想定されることも考慮し、勾留段階からとする」と事務局が説明する理由から勾留段階からということになった。[*13]

＊9　http://www.kantei.go.jp/jp/sihouseido/dai26/26siryou4.html
＊10　条文自体は、「この法律の運用に当たっては、弁護士及び隣接法律専門職者の職務の特性に常に配慮しなければならない。」と規定しているが、参議院法務委員会の附帯決議は、「契約弁護士等の職務の特性に配慮し、その自主性・独立性を十分尊重すること」としている。
＊11　なお、審議会意見書は、裁判員制度の導入による、「連日的開廷による充実かつ集中した審理を実現するため」に、弁護人が個々の刑事事件に専従できるような体制」が必要だとして、「常勤の弁護士等が刑事事件を専門に取り扱うことができるような体制を整備」すること等を提案していた。http://www.kantei.go.jp/jp/sihouseido/report/ikensyo/pdfs/iken-2.pdfしかし、総合法律支援法の下でのスタッフ弁護士の刑事専門弁護士化が推進されることになった訳ではない。いずれその理由も検証される必要があろう。
＊12　議事内容は、http://www.kantei.go.jp/jp/singi/sihou/kentoukai/koutekibengo/dai12/12gijiroku.html。提出された文書『「被疑者に請求権を与える事件の範囲」についての『段階的実施』案」は、http://www.kantei.go.jp/jp/singi/sihou/kentoukai/koutekibengo/dai12/12siryou.pdf参照。但し、一定期間経過後に、身体拘束（逮捕・勾留）全被疑者を対象とするという提案は、盛り込まれなかった。
＊13　http://www.kantei.go.jp/jp/singi/sihou/kentoukai/koutekibengo/dai13/13gijiroku.html。ところが、第一には、「現実の関係機関の対応能力や態勢の問題」との理由があげられており、「関係機関」とはされているものの、前述のように対象事件について段階的導入を提案せざるを得なかった弁護士の対応力に対する懸念をも暗に視野に入れた結論だったと考えざるをえない

いずれにせよ、ほぼ日弁連の意向に添った公的弁護制度の創設、また、形態はどうであれ、日弁連が強く求めていた司法への国民参加を実現した裁判員制度の導入によって、刑事弁護に求められる対応力は、量的にはもちろん質的にも飛躍的に高くなることは間違いなかった。2004年に刑事司法関係主要関連立法が成立したのを受けて日弁連理事会は、「刑事司法の対応態勢の確立に向けて」を採択し、「裁判員制度と被疑者国選弁護制度に対応できる弁護態勢を確立することは、弁護士及び弁護士会にとって重大な責務である」との認識を示し、量的対応態勢はもちろんのこと、あらためて「弁護技術の向上」を課題とし、「従来の弁護活動の在り方を根本的に見直し」、「裁判員裁判に対応できる知識と技術を身に付け」、「被疑者弁護活動の充実と質の向上にさらに努力しなければならない」との決意を表明することになった（2005年5月7日）[15]。

3. 弁護活動の質をめぐる議論の経緯

そこでまず、この決意に見合った実質の形成をめぐる基盤整備がどのように展開されていたのか確認しておくことにしよう。

公費を投入する必要性や公費を投入するに見合った弁護活動の在り方をめぐる議論は、公的被疑者弁護制度の導入への動きが活発化する中で早くから展開されることになった。弁護活動に求められる義務として、早々に「真実義務」については強い否定的意見が示され、依頼者に対する「誠実義務」を尽くすべきことが主張されていた。また、捜査当局者が主張する「捜査妨害」的な弁護活動を「不適切弁護」とする意見に対しても、日弁連によって憲法・刑事訴訟法に基づいた被疑者・被告人の権利擁護の視点からの正面きった反論が行われていた。その際、弁護の質や水準については日弁連が自主的に担保すべきものであることも主張されていた[16]。しかし、被疑者・被告人に「十分な弁護」が保

---

*14 具体的には、「刑事訴訟法等の一部を改正する法律」（2004年5月28日法律第62号）、「裁判員の参加する刑事裁判に関する法律」（2004年5月28日法律第63号）、「総合法律支援法」（2004年6月2日法律第74号）等々である。
*15 http://www.nichibenren.or.jp/activity/document/opinion/year/2005/2005_28.html
*16 「法務省との当番弁護士制度協議会経過報告」刑事弁護（日弁連刑事弁護センターニュース）

障されるべきであるにせよ、その「十分な弁護」の基準は「必ずしも明確であ
りませんでした」という問題関心から「刑事弁護センター」は、「基本的な弁
護人としての最低限の義務とは何か」を検討するため1998年10月には「刑事
弁護ガイドライン研究会」（以下「研究会」という）を発足させていた[*17]。そし
て、2000年6月になって研究会第二次案[*18]が完成したのを受け、「被疑者・被
告人が弁護人の援助を受ける権利を実効的に保障するため刑事弁護ガイドライ
ン（仮称）を策定する。なお、その内容は、国家権力による介入の口実を与え
るものであってはならず、刑事弁護を発展させるものでなければならない」と
の決議を行い、全国討議に付することにした[*19][*20]。

　因みに、前記第二次案は、「弁護人の基本的役割」を「常に最善の弁護活動
を誠実に行う」（第1条）こととし、「基本的責務」として、接見交通権等の確
保・励行、身体拘束からの解放への努力、被害回復への努力等々の「最低限の
義務」を規定していた[*21]。その上で、論議の過程で重要争点になっていた2点
について複数の条文案が用意されていた。1つは、共犯関係にあるとされる複
数の被疑者・被告人の弁護人になることを認めるかどうかという「共犯事件の
同時受任」についてであり、例外的に受任を認める案と、原則として受任を認
める案が用意されていた。2つ目は、「真実義務」についての対応であり、①

　12号（1996年）4頁以下、13号（1996年）2頁以下、丸島俊介「被疑者弁護に関する意見交
　換会第四回～第六回」季刊刑事弁護18号（1999年）116頁以下参照。本書128頁以下参照。
*17　「『刑事弁護ガイドライン研究会』の発足について」刑事弁護（日弁連刑事弁護センターニュー
　ス）19号（1998年）6頁。
*18　前掲・刑事弁護（日弁連刑事弁護センターニュース）23号（2000年）4頁に全文が掲載さ
　れている。
*19　その経緯の詳細は、岡慎一「『刑事弁護ガイドライン』全国討議の開始にあたって」刑事弁護
　（日弁連刑事弁護センターニュース）23号（2000年）3頁以下。
*20　森下弘「刑事弁護ガイドラインの策定経過に関する中間報告」刑事弁護（日弁連刑事弁護セ
　ンターニュース）22号（2000年）6頁以下によれば、内容の方向性としては、「弁護活動にお
　いて守られるべきルール」として、あるべき弁護活動を「義務的弁護活動」、「励行すべき弁護活
　動」、「行うことが望ましい弁護活動」として示すとともに、「弁護活動の制約（限界）」をも内容
　とすることを目指していた。
*21　最低限の義務を規定した内容は、1995年7月に日弁連の「国選弁護に関する委員会」によっ
　て作成され、各単位弁護士会に遵守を要請することになった「国選弁護活動の充実・改善のため
　の方策について」が示した内容とも符合している。具体的には、①受任後速やかな接見、②受任
　後速やかな証拠等の確認、③誠実義務の遵守、④弁護料等の受領の禁止、⑤私選への変更勧誘の
　禁止、である。

「真実義務」を積極的に否定するとともに、②虚偽証拠の提出などの真実歪曲行為も積極的に否定する案、①のみを規定する案、②のみを規定する案、いずれをも規定しない案の4案が用意されていた。[22]

　その後の意見集約でも、弁護の独立性・自主性との関係での日弁連の関与のあり方、ひいては国家機関との関係をめぐって意見が鋭く対立していた。しかし、いわゆる手抜き弁護が存在すること、手抜き弁護に対しては一定の基準を設けて対応する必要があること、その基準に国選弁護人等の推薦基準とする程度での準則性を持たせるべきこと、ということでは「大方の意見は一致しいている」との判断から次の様な方針が提起されることになった。

　ガイドラインを①弁護士会による公的弁護人推薦資格ないし推薦停止等の要件としての準則と、②弁護活動の水準を向上させるための準則とに二分し、①についての案を作成し、②については、総合的な水準向上のための施策の一環として継続的に検討するというものだった。①については、弁護士会が公的弁護人の推薦を担うための最低条件として準則が具体的に存在していることが必要というのが、その主たる理由とされていた。[23]この方針をめぐっても激しいやりとりがあったものの、ようやくほぼ1年後（2001年9月18日）に、「刑事弁護センター」は、上記①について「国費による弁護人の推薦等に関する準則（案）」として成案を決定し、各弁護士会及び関連委員会への意見照会を行うことになった。[24]そして、翌2002年10月21日には、日弁連理事会で修正されることなく承認され、11月1日、各弁護士会に、この準則をモデル案として会則等を作成することを要請することになった。[25]

―――――――――――――――

＊22　特に先鋭な対立になった共犯者の同時受任をめぐる対立の理由は、必ずしも明らかではないが、積極的に認めようとする見解は、例えばいわゆるメーデー事件や東大事件といった国家権力による集団に対する一括した刑罰権の行使に対抗する場合を想定していると推測できる。これに対して例外的に認める見解は、積極説の想定するような場合であっても個別利害を重視するものの、地域的に弁護士の不存在によって個別受任が不能になる場合を例外とするものと推測される。前掲・岡「『刑事弁護ガイドライン』全国討議の開始にあたって」参照。
＊23　その経緯については、竹之内明「刑事弁護センター第二回全体委員会報告」刑事弁護（日弁連刑事弁護センターニュース）24号（2000年）7頁以下。
＊24　その経緯については、竹之内明「刑事弁護センター第二回全体委員会報告」刑事弁護（日弁連刑事弁護センターニュース）27号（2001年）7頁。「案」の全文も、同頁に掲載されている。
＊25　岡田尚「『国費による弁護人の推薦等に関する準則』理事会で承認／単位会での早急な作成

140　第1部　日本国憲法下における刑事弁護の歴史

その内容は、刑事弁護ガイドライン研究会第二次案で、特に争いのあった「共犯者の同時受任」と「真実義務」の扱いに関する部分をのぞいた、まさに「最低限の義務」だけを規定したものだった。刑事弁護をめぐる歴史的経緯を背景とした論争の結果であり、この時点では、これ以外の選択肢はなかったということであろう。しかし、研究会発足時点で追求しようとした「十分な弁護」についての回答になったかという点では疑問が残ったと考えざるを得ない。とはいえ、「推薦等に関する準則」という性格に見合った、ガイドラインにはなかった弁護士会に対する「報告義務」、弁護士会からの「助言・勧告」、「推薦停止」の規定が設けられたことは重要であった。

　また、日弁連は、前述したように（本書136頁参照）、審議会でのプレゼンテーションに際して配付した文書において、「弁護活動の水準の確保等に努める」として、その内実として倫理研修の義務化、当番弁護士・国選弁護人研修制度、国選弁護人名簿登録審査制度などをあげていた。そして、水準確保が、「個々の弁護士の努力とともに、組織としての弁護士会の責務である」として、その「組織的担保も、組織として自治が認められている弁護士会が担う」ことを宣明していたことは銘記されなければならない。[26]その後の検討会でのヒアリングにおいても「弁護活動の質の向上」については、準則を作成したこと以外は、同様の抽象的な主張を繰り返しただけであり、[27]前述の理事会が採択した「刑事司法の対応態勢の確立に向けて」も、それまでの表明を踏襲したものであるが、事態は、まさに具体的に「弁護活動の質の向上」に結実する改革・改善が実践されることになったのかが問われることになったのであり、その実

　　を！」刑事弁護（日弁連刑事弁護センターニュース）30号（2002年）8頁以下。
*26　第26回会議（平成12年7月25日）における日弁連配付文書「『国民の期待に応える刑事司法の在り方』について」http://www.kantei.go.jp/jp/sihouseido/dai26/pdfs/26haihu5.pdf参照。季刊刑事弁護24号（2000年）110頁以下にも収録されている。
*27　前記準則が承認された後に行われた検討会（第7回・2003年2月28日）でのヒアリングに際して、日弁連からあらためて提出された文書「公的弁護制度に対する　日弁連意見」（http://www.kantei.go.jp/jp/singi/sihou/kentoukai/koutekibengo/dai7/7siryou-ni-1.pdf）でも、「日弁連は、公的弁護における弁護活動の質的向上のために一層努力する」として、「弁護活動の最低限の質を担保する」準則を作成したことと、弁護士倫理の充実・発展を目指しての「倫理規定の改正」をあげ、「新入会員、国選弁護人名簿・当番弁護士名簿への新規登録会員に対する研修、及び倫理研修の充実に引き続き努力する」ことを表明しただけである。

情を可能な限りで確認してみる必要があるであろう。

4．司法改革関連法成立までの弁護士会の対応

「刑事弁護センター」は、発足以来、刑事弁護活動の質的向上への組織的舵
取りを行ってきた。発足した1990年の年末（12月22日）には、初めての「刑
事弁護経験交流会」を開催し、21単位会から155名が参加している。経験の交
流を通して刑事弁護の活性化をはかろうということであり、各論的な弁護活動
については、「被疑者段階での弁護活動にどう取り組むか」、「保釈裁判の現状
をどう打開するか」という２つのテーマについて多彩な経験例をもとに活発な
討論が行われたと報告されている。[28] 当初から、「研修の実施」を活動方針にも
しており、様々な研修的活動にも実施主体として取り組んできた。

また、長期的視野からの質の向上への方針は、「刑事弁護センター」が中心
的役割を果たしてほぼ２年に一度開催されてきている「国選弁護シンポジウム」
においても検討されてきた。もっとも、初めて具体的な問題提起が行われたの
は、当番弁護士制度の実績を踏まえて、いよいよ本格的に被疑者国選弁護制度
の実現を目指して「被疑者国選弁護制度試案」[29] を公表した1997年に開催され
た第６回においてであった。[30] 弁護の内容・質の向上の重要性を確認の上、「被
疑者弁護のマニュアル化」、「研修制度の確立」、「不適切弁護に関する指導・監
督のあり方」等が提起されたが、研修については、「刑事弁護に携る全ての弁
護士に対して全国的に体系的なプログラムに基いて必ず研修が保証されるシス
テムをどう確立するか」といった問題提起の域を出ないものだった。[31]

＊28　刑事弁護（日弁連刑事弁護センターニュース）２号（1991年）１頁以下。刑事弁護経験交流
　　　会は、継続的に行われており、2016年３月５日には、「取調べ可視化時代の弁護実践」をテー
　　　マに18回目が開催されている。
＊29　1997年10月日弁連理事会決定。季刊刑事弁護12号（1997年）20頁以下に収録されている。
＊30　1997年９月26日に「被疑者国公選弁護制度の法制化に向けて－当番弁護士制度の成果をふ
　　　まえて」をメインテーマに札幌で開催された。
＊31　『第６回国選弁護シンポジウム基調報告書』169頁以下参照。なお、「被疑者国選弁護制度試案」
　　　も、「弁護の質の向上についての弁護士会の役割」を課題としてあげ、捜査弁護のマニュアル化
　　　や弁護士研修制度の確立等を抽象的にはあげていた。

142　　第１部　日本国憲法下における刑事弁護の歴史

この第6回の問題提起を受け、内容の豊富化に取り組んだのが、2001年に「国費による弁護制度を創る―当番弁護士制度10年の実践から」をテーマに開催された第7回であった[32]。既に審議会の意見書が公表され、国費による被疑者弁護制度が現実化することになっており、前述したように（本書136頁参照）、日弁連は、審議会で弁護活動の水準の確保が「弁護士会の責務」であることを表明していた。

　第7回の基調報告書は、「弁護の質的向上」に1章43頁を割いているが、なお、目指すべき弁護内容と質的向上への方策とが混然一体的に問題提起されており[33]、「弁護の内容・質の向上の重要性」の確認から説き起こされている。その質的向上への方策に焦点を合わせて確認しておくならば、「『充実している』とは言い難い」刑事裁判の実情に関する「弁護人の責任は重大」であり、弁護士会の責任で弁護活動の質を向上させることが「弁護活動の独立を守り抜くための一つの保障になる」という認識から出発している。その上で、市民の目や被疑者・被告人から見た「弁護の質」の客観化を試み、問われているのは、技能や知識の習熟というよりは、「弁護士の姿勢」にあると結論づけている。であれば、「『弁護の質の向上』は言葉で表現する以上に容易ではない」として、「弁護士会への新規登録時からきちんと計画され、組織化された研修、当番弁護士や国選弁護の配点方法の改善等を通じて弁護士の刑事弁護への姿勢を正し、『弁護の質』を向上させる方法を実践していかなければならない」としていた[34]。

　ということで、提起された質の向上へ向けての主な方策は、（1）刑事弁護活動の報告制度、（2）研修制度と経験交流、である。（1）については、前述の（本書140頁）「国費による弁護人の推薦等に関する準則」第13条が、弁護士会への報告書の義務的提出を要求することにしていた。実際にも、既に当番弁護士には全単位会で、国選弁護には半数近い単位会が報告を求めていたが、弁護活動の独立性・自主性との関係で疑問視する意見も強く、報告に要求されている項目も質の確認に必要な内容になっているとは限らなかった。そこであ

＊32　上田國廣弁護士が実行委員長を務め、12月7日に埼玉県大宮市（当時）で開催された。
＊33　『第7回国選弁護シンポジウム基調報告書』59～101頁。
＊34　前掲『第7回国選弁護シンポジウム基調報告書』75頁。

り方と課題について提起された要点は、次の4点だった。①何のための質的向上で、報告制度かの問いかけ、②質の確保に弁護士会が責任を負う以上義務化は不可避というコンセンサスの形成、③弁護活動への干渉や介入にならず実態が見え、報酬算定に必要な限度に簡略化した内容とチェック体制、④活動に見合った報酬額、である。

（2）については、まず、研修の必要性についての「ビジネスとしては刑事弁護はペイしないために自主的に実務研修会が行われる機会もそれほど多くなく、刑事弁護能力の維持・向上のためには弁護士会の側で積極的に情報を提供する必要がある」といった認識の下、研修の実情についてアンケートによる確認が行われている。新人弁護士に対する研修は、46回中19会で行われていたが、義務的な研修が46会中14会でしか行われていなかった（2000年11月29日当時）。[35]

登録後1年以上になる弁護士を対象にした研修は、「被疑者弁護」について8会でしか行われておらず、義務的研修を実施している会は、1つもなかったと推測されていた（2001年6月1日当時）。結局、「出席が義務的とされていないために、研修の実があがっていない」と総括され、課題として「研修制度の義務化についても検討されるべきであろう」[36]と指摘されていた。[37]

また、その前提として、司法修習における刑事弁護修習についても重要な問題提起が行われていた。期間の問題もさることながら、[38]最高裁が管理・運営する司法修習に刑事弁護修習を委ねていること自体の「限界を自覚すべき」であり、「刑事弁護に関しては、日弁連及び弁護士会が積極的に関与すべきであ

---

*35　実は、この調査時点では、2000年10月に新規登録した司法修習53期の弁護士からを対象とする日弁連の「新規登録弁護士研修ガイドライン」が実施されていたが、調査直前であったためであろうが「第7回国選弁護シンポジウム」では言及されておらず、後述の「第8回国選弁護シンポジウム」の際に実施状況について分析されていた。

*36　前掲『第7回国選弁護シンポジウム基調報告書』88頁。

*37　前掲『第7回国選弁護シンポジウム基調報告書』93頁。また、各単位会に対するアンケートによれば、その他の被疑者弁護の質的向上に向けて実施している取り組みとしては、新人弁護士に対する指導弁護士制度（7会）、メーリングリストを利用した質疑応答（大阪）、応援弁護士制度（横浜）、裁判所等との協議会（14会）、会内勉強会（4会）、などであった。

*38　1999年4月から修習が開始された53期修習生からは、それまでの2年間が、1年半に短縮されていた。

る」としていた。[*39]

　引き続き刑事司法改革の現実化を目前に控えた2003年に「国費による弁護制度を担う─充実した弁護のための制度・態勢・報酬」をテーマに開催された第8回国選弁護シンポジウム[*40]では、もちろん新しい制度的枠組に対応する「弁護の質的向上」が、「制度構想・態勢整備」、「弁護報酬」に次ぐ中心的課題の1つであったが、「質的向上」の論議にあたって第一義的には、なお「国においていくつかの制度改革を当然に実現すべき」として、「取調べの可視化」の実現を課題として提起することになった。[*41]プレシンポジウムでの全面展開を受けた本シンポジウムでの課題化は、相前後して元裁判官2名が裁判員裁判の下での取調べの可視化の必要性に言及する論文を公表したこともあり、[*42]その後の日弁連の「取調べの可視化」へ向けた本格的な取り組みの起点になり、「可視化元年」[*43]と称されることにもなっていた。

　他方、弁護活動自体の「質的向上」については、目指すべき弁護活動の内容と質的向上への方策が整理され提起されていたが、[*44]質的向上への中心的方策である「弁護士に対する刑事弁護研修」は、第7回から1年半余を経ていた

---

*39　また、「国、公共団体、或いは日弁連のような公的団体が運営する」「刑事事件を専門に扱う弁護士が複数所属するような公設事務所の設置を検討されるべきであろう」ともされていた（前掲『第7回国選弁護シンポジウム基調報告書』100頁以下）。

*40　5月8日に大阪で開催された。

*41　『第8回国選弁護シンポジウム基調報告書』198〜257頁。

*42　吉丸眞「裁判員制度の下における公判手続の在り方に関する若干の問題」判例時報1807号（2003年）3頁以下、佐藤文哉「裁判員裁判にふさわしい証拠調べと合議について」判例タイムズ1110号（2003年）4頁以下参照。

*43　小坂井久「取調べ可視化の実現へ向けて」刑事弁護（日弁連刑事弁護センターニュース）32号（2003年）14頁。第8回国選弁護シンポジウム前後の「取調べ可視化」をめぐる主な動きを紹介しておくと以下の通りである。2003年3月25日日弁連刑事弁護センター等共催「取調べ可視化シンポジウム」。3月28日第8回国選弁護シンポジウムプレシンポジウム「取調べ可視化と捜査弁護の深化」。5月8日第8回国選弁護シンポジウム報告「『可視化』時代の弁護に向けて」。7月14日日弁連意見書「可視化実現へ向けて」（http://www.nichibenren.or.jp/activity/document/opinion/year/2003/2003_31.html）を関係機関へ送付。8月11・12日日弁連刑事弁護センター等共催可視化をテーマに合宿。10月17日第46回日弁連人権擁護大会（松山）「被疑者取調べ全過程の録画・録音による可視化を求める決議」（http://www.nichibenren.or.jp/activity/document/civil_liberties/year/2003/2003_1.html）。

*44　具体的には、逮捕状請求書謄本の入手など捜査弁護における弁護人の情報収集、被疑者が作成する勾留ノート等による取調べの可視化、電話接見の導入等が提起されている。前掲『第8回国選弁護シンポジウム基調報告書』257頁以下参照。

第7章　刑事弁護の質的向上の到達点と課題─21世紀を迎えて　145

にもかかわらず、なお「充実が不可欠であろう」とされるにとどまってい
た。その前提となっている全国的な実施状況については、必ずしも十分な調
査が行われたわけではなかったが、52会中32会からの回答によれば、23会で
刑事弁護についての研修が行われているが、そのうち20会では、新人弁護士
のみを対象とした研修が実施されていた。それは、第7回の際には、調査時点
との関係で言及されなかった2000年10月に新規登録した司法修習53期の弁
護士からを対象とする日弁連の「新規登録弁護士研修ガイドライン」に沿って
実施されていたものである。集合科目として「弁護士倫理」等7科目は必修科
目になっていたが、「捜査・公判弁護技術は、なお選択科目ということにされ
ていた。それでも、個別研修で「国選弁護」と「当番弁護」が各2件以上必修
とされていた。しかし、このガイドラインは、あくまでも「指針」という位置
づけであり、なお各単位会の対応は区々であったと考えられる。

　主催会でもあった大阪弁護士会では、先進的な取り組みが行われており、個
別研修として指導担当弁護士の指導の下に、登録して3カ月の間に当番弁護活
動1件以上、その後の3カ月で国選弁護活動1件を行うとともに、集合研修と
して、20人未満の当番ゼミ、国選弁護ゼミに各1回参加させるといった内容
が紹介されていた。その他では、15会で、新人弁護士に限定していない経験
交流的な研修が実施されていたが、8会では、新人弁護士に限定した研修のみ
が行われていたということであり、新人弁護士に限定した研修を行わず、限定
のない研修のみを行っていた会が、3会であった。そして、いずれの研修も行
っていない会が9会あった。

　以上のような状況は、前述の第7回の時点での調査からすれば、新人弁護士

＊45　前掲『第8回国選弁護シンポジウム基調報告書』288頁。

＊46　前掲『第8回国選弁護シンポジウム基調報告書』289頁以下。

＊47　前掲注35参照。

＊48　この新人弁護士に対する新しい研修制度については、研修委員会「本格的弁護士研修制度の
　　　確立を」自由と正義2000年10月号122頁、上田國廣「刑事弁護研修制度」季刊刑事弁護27号
　　　（2001）90頁。なお、同前91頁以下には、札幌、東京、横浜、名古屋、金沢の各弁護士会で
　　　の実施状況について報告が掲載されている。

＊49　前掲『第8回国選弁護シンポジウム基調報告書』294頁以下。ほかに司法修習生刑事弁護ゼミ、
　　　メーリングリストを利用した研修等々も詳細に紹介されている。

についてのガイドラインが機能しはじめているということもあり、前進と評価することが可能とされるが、新人弁護士以外に対する研修は、ほとんどが任意参加であり、本来研修を必要とする対象が参加していないといった問題があらためて指摘されるような状態であり、「総体としてのレベルアップという観点からは、このような状況では研修の実が上がらないともいえるので、今後は、研修参加を義務化するなどの対策も必要になってこよう」と総括されるとともに、研修強化への方策として、研修の広域化、ビデオ・DVD等の活用、ITインフラを利用した研修の拡大等が提起されていた。[50][51]

5. 司法改革関連法成立後の弁護士会の対応

2004年には刑事司法改革関連の主要法律が成立し、2005年11月の公判前整理手続等の改正刑事訴訟法の一部施行、2006年10月の被疑者国選弁護制度の創設、2009年5月の裁判員裁判の開始へ向けて、あらためて刑事弁護の量的対応態勢はもちろん、新しい手続状況に対応するための質的対応力も問われることになった。

日弁連は、裁判員制度の導入が決まった後いち早く、「裁判員制度実施本部」を設置し（2004年6月）、対応態勢の構築に取り組むことになったが、公判前整理手続等の導入にあたって「刑事弁護センター」は、全弁護士に向けて「改正刑訴法施行に向けてのアピール」（2005年10月20日）を採択した。

「われわれ弁護士は、従来の『調書裁判』を前提とした弁護活動から決別し、直接主義・口頭主義を実現する新たな弁護活動を構築すべく研鑽を積まなければならない」として、刑事弁護が取り組むべき課題を簡潔にアピールしてい

＊50　前掲『第8回国選弁護シンポジウム基調報告書』294頁。このシンポジウムに先立ち同年の2003年3月29日には、日弁連主催の全国10会場を結んだIT特別研修（刑事尋問の技術）が実施されていた。

＊51　被疑者国選弁護制度施行直前（2006年9月8日）に、美奈川成章弁護士を現地実行委員長として福岡で、「被疑者国選弁護制度はじまる－対応態勢・弁護の在り方・さらなる制度改革」をテーマに開催された第9回国選弁護シンポジウムにおいても、質的向上の方策として経験例の検討を通して、①新人弁護士研修、②ケース研究等経験交流・共有、③MLの活用・ニュース情報共有等があげられていた。『第9回国選弁護シンポジウム基調報告書Ⅱ』209頁以下。

第7章　刑事弁護の質的向上の到達点と課題—21世紀を迎えて　147

る。要は、証拠開示制度を活用し証拠獲得に努めること、直接主義・口頭主義の実質化、「調書裁判」を打破するため証人尋問中心の審理を原則とすること、保釈制度改革、接見の拡充、取調べの可視化の実現、代用監獄廃止への取り組みの強化等である。

公判前整理手続への対応、中でも証拠開示の請求、さらに裁判員裁判への対応などは、それまでの刑事弁護では経験したことのない全くといってもよい新たな高度な対応力を求められており、意識的な取り組みなしには、対応力を備えることを期待することは難しい。しかも、刑事弁護を担う弁護士全体が直ちに関わる手続というわけでもない。そのため、従前の問題関心に沿った刑事弁護の「総体としてのレベルアップ」をどのように課題化していくのか。また、刑事弁護の質的向上をより有効な弁護実践に結実させるための制度改革の追求をどのように課題化していくのか。ますます刑事弁護に求められる課題は多く、高度化しており、弁護士会としての組織的対応が一層重要になってもきていた。

ここで、制度改革課題についての取り組みについて詳しく触れる余裕はないが、中心的な課題とされてきたことには、被疑者国選弁護制度の拡大、取調べの可視化、人質司法の打破などをあげることができるであろう。いずれも目指すべき目標達成にはなお相当の年月を要するといわざるをえないものの、事態は限定的にではあれ、動き始めていることも間違いない。

問題は、従前刑事弁護研修の義務化を中心に問題提起は行われてきたものの、なかなか具体的進展をみることにはならなかった質的向上への取り組みが、以上のような事態の進展に対応してどのように展開することになったのかその実情である。

前述の第8回国選弁護シンポジウムから5年近く経過した2008年になって、2009年からの被疑者国選弁護の必要的弁護事件への拡大を前に、新人弁護士に対する刑事弁護研修について調査が行われている。必ずしも詳細な報告ではないが、その調査結果によれば、52会中32会からは実施との回答があったと

＊52 「刑事弁護」（日弁連刑事弁護センターニュース）35号（2005年）15頁。

される。しかし、無回答が15会、会独自に義務的には実施していないのが4会という状況であった。実施会が増加していることは窺えるが、内容的には講義形式が中心であり、実践的な研修の実施は、少数にとどまっていた。この時点でも、前述した大阪弁護士会の取り組み（本書146頁以下参照）が、なお報告のあった先進的な取り組みとして紹介されている。そのような調査結果を受けてのコメントでは、「新人弁護士向けの格別の研修を実施していない弁護士会も散見されるが、是非とも早急に研修会の実施を行っていただきたいと思う」、また「より実践的な新人弁護士向けの研修が企画されることを期待したい」とされていた。[53]

　各単位会での研修の実施状況については、さらに、被疑者国選弁護が必要的弁護事件にまで拡大されて1年半余を経た2010年12月に「ブラッシュアップ！さらなる飛躍へ―被疑者国選弁護の検証と展望」をテーマに開催された第11回国選弁護シンポジウム[54]に際してもシンポジウムのテーマとの関係で被疑者弁護研修についての調査が行われている。[55]被疑者弁護研修ということでは、日弁連の行う研修が、全単位会に中継放映されているということもあり、主として単位会独自の被疑者弁護研修の実施状況が確認されているが、新入会員のみならず全会員が参加可能ということで行われていたのは16会。全会員が参加可能ということで、被疑者弁護を含む全般的な研修を実施しているのが3会、新入会員や若手を対象とした被疑者弁護を含む全般的な研修を実施したのが6会であり、独自の研修を実施していない会が、24会にのぼっていた。実施した会においても、新入会員はともかく、それ以外の参加は任意であり、「国選弁護人契約数に比して、極めて低いレベルである」。[56]出席率が50％を超えている会が、6会あったが、10％未満という会が、21会あり、そのうち19会は、独自の研修を実施しておらず、これは、日弁連の中継研修への参加率である。

　このような研修の実情との関係は定かではないが、確かに一方では「不十分

＊53　大迫唯志「新段階に入った刑事弁護新人研修」刑事弁護（日弁連刑事弁護センターニュース）41号（2008年）2頁。
＊54　2010年12月14日に京都で開催された。
＊55　調査結果は、『第11回国選弁護シンポジウム基調報告書』76頁以下に掲載されている。
＊56　前掲『第11回国選弁護シンポジウム基調報告書』76頁。

な例も報告されている」として、「すべての弁護士会で、研修の恒常化と義務化を目指して、その講師体制と教材の整備を確立すべきである」こと、経験の交流・共有化のための機会の設定やメーリングリストの活用などが提起されていた。[57] しかし、このシンポジウムで「検証」されたところによれば、被疑者国選弁護が第2段階の必要的弁護事件に拡大した中で、被疑者に弁護人が選任されている事件が飛躍的に増大し、年間勾留件数約13万件中、7万2000件余に弁護人が選任されていると推計されており、国選弁護人契約弁護士数も、制度発足時の2006年度に比し倍増し、約1万8000人になっている。国選弁護人の推薦・選任業務は、ほぼ全国で当日ないし翌日には選任されており、その約86％では、指名通知日当日ないし翌々日には初回接見が行われている。そのことで、接見回数・頻度が増え、被疑者の身体拘束からの解放や不起訴、認定落ち、略式起訴といった成果が増加していることが指摘されている。[58]

　ということもあって、前述した研修についての必ずしも十分でない弁護士会の対応については、被疑者国選弁護の第2段階への拡大と同時にはじまった裁判員裁判への対応が優先された結果との推測もされていた。確かに、日弁連はもとより各単位会も、被疑者弁護に比し、新たな対応力が問われることになっている裁判員裁判に対する対応態勢を整えることが急務になっていたことは間違いない。導入が決まって各地で模擬裁判が行われることになっただけでなく、[59] 実務的、理論的準備もすすめられることになった。[60]

　そのごく一部の主なものを紹介しておくならば、裁判員制度実施本部が、公判前整理手続施行（2005年11月1日）直後には『公判前整理手続を活かす』

＊57　前掲『第11回国選弁護シンポジウム基調報告書』34頁以下。

＊58　前掲『第11回国選弁護シンポジウム基調報告書』32頁以下。

＊59　例えば、「特集・模擬裁判員裁判を検証する」季刊刑事弁護45号（2006年1月）34頁以下、「特集・模擬裁判員裁判を検証するPart2」季刊刑事弁護49号（2006年10月）32頁以下等参照。

＊60　日弁連とは別に、2005年7月15日には、「大きな変化に対応できない恐れのある刑事弁護の現状をふまえて」、「新しい時代に対応できるように、弁護士の成長と後進の育成を行う」ことを目的に、任意団体である「刑事弁護フォーラム」が100余名の会員で設立され、現在では、3600名を超える会員を擁し、年に2ないし3回の例会、ほぼ毎月の若手ゼミ、MLを駆使した意見交換・情報交換などにより、刑事弁護の質的向上に寄与している。詳しくは、http://www.keibenforum.net/ 参照。また、「季刊刑事弁護」も41号（2005年1月）から現在に至るまで、毎号のように裁判員裁判に関係する特集を組んできている。

（2005年11月30日・現代人文社）を出版し、『公判前整理手続を活かすPart 2』（2007年6月10日・現代人文社）を出版する直前には、2007年の5月から6月にかけて、「公判前整理手続の実践例に関するブロック別経験交流会」を実施している。

また裁判員裁判の法廷弁護についても、日弁連はいち早く『法廷弁護技術』（2007年5月・日本評論社）の初版を出版し、裁判員裁判開始前の2008年1月には、アメリカ合衆国のNITA（National Institute for Trial Advocacy）から講師を招聘して第1回法廷弁護指導者養成プログラムを行った。各単位会から各1名の研修生を集めての3日間の合宿研修だった。その後さらにNITAの法廷技術理論と指導法を学び、同年10月には、再度NITAから講師を招聘し、第2回法廷弁護指導者養成プログラムを行うとともに、この研修を企画した裁判員制度実施本部の「公判弁護に関するプロジェクトチーム」は、各単位弁護士会あるいは各ブロック弁護士連合会において40回を超える研修会を実施し、その成果を基に『法廷弁護技術』の第2版（2009年3月・日本評論社）を出版することになる。[61]

さらに、自由と正義2008年2月号からは、「変わる刑事裁判」のタイトルの下に、新しい状況の下で検討を要することになった実務的・理論的課題に対応する連載が開始され、2013年10月号まで断続的に37回に及ぶことになった。[62]その13回（2009年1月）までの分を中心に、「総論」、「公判前整理手続／公判準備」、「公判弁護」に整理してまとめて出版したのが『裁判員裁判における弁護活動―その思想と戦略』（2009年1月・日本評論社）である。

2009年5月に裁判員裁判が開始され、翌6月には、裁判員制度実施本部は裁判員本部に改組されたが、早速、10月末には、それまでに実施された事例を素材に「第1回裁判員制度経験交流会」を開催したのをはじめ、[63]各単位会

---

*61　その経緯については、「第2版はしがき」参照。
*62　第1回から裁判員裁判の開始される第17回（2009年5月号）までは、「裁判員制度施行に向けて」をサブタイトルに、第18回（2009年6月号）からは、「裁判員裁判における弁護活動」として連載された。
*63　開始から10月9日までに公判の終了した28件が分析・検討の対象になった。裁判員本部ニュースNo.3（2009年12月1日）参照。

でも経験交流会や事例報告会が開催されることになる。それだけでなく、刑事弁護センター発足時から行われてきた刑事弁護経験交流会も新しい状況に即したテーマで継続して開催されており[*64]、テーマを絞った経験交流会[*65]や特別研修[*66]等が頻繁に開催されることになった。

　本章冒頭に述べたような組織的対応力が強化されたことにより、新たな状況に対応する研修機会の拡大も可能になったといってよいであろう。とはいえ、研修機会の拡大自体は、基本的には、個々の弁護士の自覚に基づく任意の研鑽をサポートし、資料・情報を提供するものと位置づけられ展開されてきたものであり、組織的・系統的に整備・実施されてきたわけではなかった。そのこともあって前述してきたように、繰り返し、研修体制の整備が課題化されてきたが、なかなかその認識が共有されることにはならなかった。

　ところが、ようやく、この間の刑事弁護をめぐる環境の激変が、日弁連がその課題に正面から向き合うことを求めることになった。刑事弁護に携わる「刑事弁護センター」等からの問題提起を受け、2012年12月から、「刑事弁護研修等の実情の把握と体系化のための総合的検討」を目的とした「刑事弁護研修ワーキンググループ」を設置し、検討を開始させることになった[*67]。その前提となっていた認識は、「刑事事件に関して弁護士が行うべき活動が複雑・高度化し、かつ、刑事手続に関する制度上及び運用上の変革が急速に進んでいる」ということであり、そのような状況に対応するために「刑事弁護研修等の総合的かつ計画的な実施のために必要な調査及び研究」を目的にしていた。

　「刑事弁護研修ワーキンググループ」は、2年半近くの検討によって、2回

---

*64　例えば、札幌で開催された第15回（2011年9月10日）では、「公判前整理手続を通して刑事弁護を考える」をテーマに、現職法曹三者のパネルディスカッションが行われた。「刑事弁護」（日弁連刑事弁護センターニュース）51号（2011年）13頁参照。

*65　例えば、2011年1月15日には、「責任能力が問題になる裁判員裁判の経験交流会」が東京で開催され、経験報告と精神科医による講義があり、全国42地点に中継された。裁判員本部ニュースNo.9（2011年3月1日）参照。

*66　例えば、2011年7月20日には、「裁判員裁判研修」として、東京都監察医務院院長を講師に「法医学の基礎」の講演等が行われた。裁判員本部ニュースNo.11（2011年11月1日）参照。

*67　「刑事弁護研修ワーキンググループ」については、奥村回「弁護士会の研修の在り方について」自由と正義2016年1月号73頁参照。

にわたって報告を提出しているが、2013年6月6日に提出された「刑事弁護研修に関する提言（その1）」は次の2点を骨子としていた。①すべての弁護士会で、刑事弁護・少年付添を担当するすべての弁護士が身に付けるべき最低限の知識と技術を習得するための刑事弁護基礎研修を毎年実施すること。②刑事弁護基礎研修が円滑に行われるよう情報提供を行う。具体的には、「基礎研修モデル案の作成及び提供」、「『刑事弁護基礎研修講師養成会議』の開催」そして「発展型研修のメニューごとの講師候補者名簿の作成及び提供」であり、それぞれ早速実施されることにもなった。

さらに、最終的に2015年3月12日付で提出された「刑事弁護研修ワーキンググループ報告」では、基礎研修、eラーニング、発展型研修、ライブ研修等の「在り方及び検討事項」について提言し、「若手会員の受講をうながすため」2014年度に無料化したeラーニング、ライブ研修の受講料の無料化の継続を求めていた。また、「引継事項」として、研修の内容をより充実したものとしていくための検討事項を列挙した上で、最後に、弁護人等に求められる能力が多様化・複雑化しており、個々の弁護人等が研鑽に努めることはもとより、弁護士会として質の確保を図る必要があり、特に、「国選弁護人・付添人として各弁護士会の推薦により派遣される弁護士の名簿の登録要件として、当連合会ないし各弁護士会の研修受講を義務付け、一定の能力を有する会員が推薦・派遣される制度を整備することが有効であると考えられる」としている。但し、なお、「弁護士会の実情によっては、義務化することに慎重な意見もあることから、今後どのように進めていくべきか等について、検討する」とも付言されていた。

6．刑事弁護の質的向上の新たな段階へ──結びにかえて

刑事弁護の形骸化が指摘されて久しく、当番弁護士制度の創設と展開が、形骸化に歯止めをかけ、新たな刑事司法制度発展への契機を用意したことは間違いない。しかし、当番弁護士による被疑者弁護の量的拡大が、質的向上をも常に課題化してきたが、その歩みは決して充分なものではなかった。それは、当

番弁護士の量的拡大によって求められていた弁護についての知識と技術は、なお、従前の蓄積によって対応可能な範囲内のことが多く、最低限の要求も決して高いものではなかった。「手抜き弁護」を問題にし、「最低限の義務」を課題化することで済ませることが可能だった。

しかし、捜査段階の全身体拘束被疑者を視野に入れた国選弁護、裁判員裁判等によって求められている弁護の質は、従前の知識と技術によって対応するには限界があると言わざるを得ず、従前の刑事弁護全般についての新たな視点からの総括が求められることにもなってきた。[*68]

さらにその背景には、従前とは異なる視角・視点から弁護活動についての評価が行われることになっているという事情があることも念頭に置かなければならない。被疑者弁護の拡大による従前よりは長い期間・時間の被疑者・被告人の眼による評価も重要であるが、さらに、裁判員裁判の裁判員による刑事弁護に対する評価が行われることになったのは新たな事態である。特に、最高裁が裁判員経験者に対して行っているアンケート調査は、法曹三者の対応についての相対的比較を主とした調査とはいえ、これまでの法曹三者の相互依存的関係の中での評価によっては必ずしも明らかにならなかった内容の評価であり、決して軽視できない。ここでその詳細に触れる余裕はないが、[*69]弁護人の法廷での活動に対する否定的印象は、開始以来一貫して最も強い。特に中心的指標といってよい「法廷での説明等の分かりやすさ」という点で、検察官との間に大きな差が生じている。公表されている直近の2014年度と2015年度の途中まで（1〜8月分）の数字だけ紹介しておくと、「分かりやすかった」という回答が弁護人については、35.7％、35.0％であるのに対して検察官については、67.1％、67％であり、「分かりにくかった」、という回答は、弁護人については、

---

*68　その意味では、前掲・後藤昭ほか編著『実務体系・現代の刑事弁護』（第一法規）は、「弁護人の役割」（第1巻・2013年）、「刑事弁護の現代的課題」（第2巻・2013年）、「刑事弁護の歴史と展望」（第3巻・2014年）を網羅する時宜を得た企画になっていたと評価できよう。

*69　その概要は、http://www.saibanin.courts.go.jp/vcms_lf/27.4jissi.pdf 、詳細な報告は、http://www.saibanin.courts.go.jp/vcms_lf/27.4jissi.pdf 参照。また、最近、弁護士の立場から調査結果を分析した菅野亮・前田領「我々の弁護活動は、裁判員の心をつかんでいるか？〜裁判員アンケートから見た弁護活動の評価と弁護士会の取り組み」自由と正義2016年1月号58頁以下参照。

154　第1部　日本国憲法下における刑事弁護の歴史

17.8％、17.9％であるのに対して、検察官については、4.7％、4.0％でしかない。[*70]

　問題は、この事態を前述してきた質的向上へ向けての取り組みとの関係でどう評価し、どう対応するかであろう。

　その際、まず第1に確認しておく必要があると考えられるのは、アンケート結果に表れた消極的評価が示す弁護の実情は、決して刑事弁護全体の劣化を意味しているわけではないということである。なお質的向上を担保する態勢が不十分であるため、全体としての向上のスピードが区々であり、否定的評価を受ける弁護が残存しているということであり、全体としては、発展途上にあると考えられるのである。

　関連して第2に指摘しておかなければならないのは、弁護の質の格差の広がりである。確かに一方では、最先端での弁護の質を担保する研修体制も整備されてきており、努力如何で事態に対応するに「十分な弁護」が可能になっている。しかし、自覚的な努力なしには制度改革等によって求められている質の高度化のスピードに対応するのは容易ではない。その結果、最先端での弁護の質と末端での弁護の質の間には、大きな隔たりが生まれてきていると考えられる。

　第3に、そのような事態を打開し、均質な弁護の質を保障するためには、個々の「弁護士の姿勢」にのみ依拠していては不十分と言わざるを得ないのであり、この間繰り返し課題化されてきた刑事弁護研修の義務化は必須であろう。であればこそ、最近あらためて研修の義務化の必要性と可能性が指摘されることにもなっている。[*71] 必要性については、しばしば指摘されてきたように、弁護士以外に刑事弁護を専門的に担う主体が法的には予定されていない以上、弁護士が、個人、組織に関わりなく総体として十分な弁護を提供する体制を構築する義務があるということになるであろう。可能性については、研修義務化で国選登録資格を失う弁護士が出たとしても人数的には問題ないこと、既に義務化されている倫理研修や実質的に義務化されている研修の実績からして十分

＊70　2010年からのこれらの数字の公表が、前述の「刑事弁護研修ワーキンググループ」設置の背景になっていたであろうことは推測に難くない。

＊71　奥村・前掲「弁護士会の研修の在り方について」自由と正義2016年1月号74頁以下。

に可能というのである。

さらに必要性について補足するならば、新しい事態に検察、裁判所は組織を あげて対応しており、実務の現場にはその対応力の違いが見事に反映されても きていると考えざるを得ない。この事態に対応するためには、組織的に質的向 上を担保する態勢を創る必要があり、それは義務的研修体制以外には考えられ ない。

それゆえ、前述のように、「刑事弁護研修ワーキンググループ」も、研修の 義務化を提言していたと考えられるのであり[*72]、もはや義務的研修体制を整備 すべき段階にきていると言わざるを得ない。しかも、それは、決して終着点で はなく、新たな出発点にすぎないのであり、できる限り速やかな体制作りが望 まれる。それこそが、新たな時代の刑事弁護の発展を担保することになるであ ろう[*73]。

ところで、2016年5月24日、通常国会の最終盤になって「刑事訴訟法等の 一部を改正する法律」（いわゆる刑事司法改革関連法）が成立した。2011年6

---

*72　その際、「刑事弁護研修ワーキンググループ」が、言及した「慎重な意見」の内実は明かでな いが、従前の論議の経過からすれば、1つ想定できるのは、義務的研修が、個別の弁護活動の独 立性・自主性を侵害する可能性に対する危惧である。しかし、弁護の独立性・自主性は、第一義 的には、弁護権の可能的侵害者である刑罰権力との緊張関係を維持し、弁護の質を確保するため に保障されなければならなかったのであり、自治権を持つ弁護士会による依頼者である国民の利 益を図るための組織的な質的向上への体制作りは、明らかに位相を異にする。もちろん、前述し たように日弁連が個別事件の弁護に介入するがごとき事態がなかった訳ではない。しかし、それ は、歴史的に既に克服されてきた問題であり、必要であれば、日弁連として、個別弁護への組織 的介入を禁止するルールを創れば済むことである。

*73　研修の義務化は、あらためて「刑事専門弁護士」の育成という課題についての議論をも活発 化させることになるであろう。後藤昭「刑事弁護充実の方策」宮澤節生ほか編『21世紀司法へ の提言』（日本評論社・1998年）195頁は、いち早く「刑事弁護の専門家集団」の形成の必要性 を提起していたが、被疑者国選弁護制度や裁判員制度の導入が、あらためて刑事弁護の専門性の 強化の必要性を課題化することになっており、後藤昭「刑事弁護の将来」前掲・後藤ほか編著『実 務体系・現代の刑事弁護3』407頁以下は、アメリカの公設弁護人制度を参考に司法支援セン ター（法テラス）のスタッフ弁護士の中に刑事事件を専門に扱う弁護士を増やすことを提案して いたが、近時、四宮啓「『刑事スタッフ弁護士』への展望」総合法律支援論叢第8号（2016年） 21頁以下は、同様の発想からより具体的に日本司法支援センター（法テラス）内に「刑事スタッ フ弁護士」を創設することを提起している。重要な問題提起である。なお、スタッフ弁護士等の 弁護活動に関わっては，前掲注11参照。また、刑事専門弁護士をめぐる弁護士層の認識の一端 は、大出ほか「座談会・被疑者国選・裁判員裁判時代と刑事弁護の成果と課題」季刊刑事弁護増 刊『刑事弁護フロンティア』（2015年）231頁以下参照。

月に設置された法制審議会の「新時代の刑事司法制度特別部会」に始まり、5年間を費やして成立したこの法律は、人権に密接に関わる刑事立法のあり方に重大な問題を投げかけることになった。

ここでその詳細に触れる余裕はないが、確かに一方では、取り調べの全過程の録画・録音制度の導入や証拠開示制度の拡充、被疑者国選弁護制度の拡充等が実現することになった。そもそも今回の「改正」は、2009年に発覚したいわゆる郵政不正冤罪事件に端を発している。それゆえ、その目的は、検察官による証拠捏造問題にまで発展した、密室での相変わらずの本意でない虚偽自白に至る追及的で誘導的な取り調べによって作成された供述調書に依存した捜査・公判のあり方を改革することにこそあったのであり、不十分とはいえ当然の内容であった。

ところが、他方で、盗聴（通信傍受）対象事件の大幅な拡大、実施方法の合理化・効率化や協議・合意制度等（司法取引）の導入等といった人権侵害が危惧され、冤罪の発生につながりかねない捜査権限の拡充・強化も同時に立法化されることになってしまった。

これに対して、100名を超える刑事法研究者が、繰り返し全面的な内容の再考を求める「反対声明」を公にしていたが[74]、日本弁護士連合会は、いち早く「改正案」の「早期成立を求める」会長声明を出していた（2015年5月22日）[75]。一部であっても、長年求めてきた録画が義務化されたことを評価してのことと考えられる。後は刑事弁護によって実践的に乗り越えていくという覚悟かもしれない。

であれば、少なくとも取調べに対抗して、全過程録画が行われていない限り、黙秘権を行使する、調書の作成には応じないといった防禦権の行使や、弁護人の取調べへの立会いの実現をも視野に入れた組織的な取り組みによって、刑事弁護の新たな発展を実現する責任をも負ったということであろうし、盗聴（通

---

*74　季刊刑事弁護87号（2016年）165頁以下に、最終の意見書である「刑事司法の抜本的改革を求める刑事法学者の意見」（2016年4月21日）が収録されている。

*75　「取調べの可視化の義務付け等を含む『刑事訴訟法等の一部を改正する法律案』の早期成立を求める会長声明」http://www.nichibenren.or.jp/activity/document/statement/year/2015/150522.html

信傍受）や協議・合意制度等への実践的で有効な対応も強く求められることに
なったと言わざるを得ない。

第 2 部
刑事弁護担い手論の展開

第1章————

1980年代半ばまでの司法動向の特徴と課題

本章は、日本民主法律家協会が、1984年11月に開催した「第17回司法制度研究集会」に際して司法制度委員会の一員として「司法動向の最近の特徴と課題」と題して行った基調報告であり、1985年1月号の『法と民主主義』(194号) 3頁以下に掲載したものを表題を変更し、最少限の注を付し補正のうえ収録させていただいた。基調報告を担当することになったのは、本文中にもあるように、1982年5月 (169号) から「司法をめぐる動き」を『法と民主主義』誌上に執筆していた (1990年2月まで・245号) ことによる。必ずしも刑事訴訟に焦点を合わせた報告ではないが、1980年代半ば以降の刑事訴訟をめぐる動きの意味を考える上で、刑事を含む司法状況全般が、どのような状況にあったと認識していたかを確認しておく必要があると考え、あえて収録させていただいた。

1. はじめに

私が本報告を担当することになりましたのは、『法と民主主義』の末尾に連載中である「司法をめぐる動き」の執筆者の1人であるという関係からです。しかし、ご覧いただければわかりますように、連載自体は、その時々の司法をめぐる動きを追っているにすぎず、長期的視野に立ってそれぞれの段階における司法動向全般の特徴を分析、検討しているわけではありません。ですから、本報告も、主として、最近の司法をめぐる具体的な動きを簡単に整理するということでお許しを願わなければなりません。それが、今回 (第17回、1985年) の司法制度研究集会 (司研集会) に用意されました個別報告の背景事情の説明といった役割を果し、当面の実践的課題の提起を支えうるものであれば幸いです。

第1章　司法動向の最近の特徴と課題　　161

２．80年代統治政策と司法

　とは申しましても、まずはともかくも、これまでのわれわれの検討の成果に依拠しながら、現在の司法の置かれている客観的状況について確認しておきたいと思います。

　現在、1984年もあますところわずかというところにきているわけですが、80年代ももう半ばです。私たちは、80年代を迎えるに当たり、1979年の第12回司研集会で、80年代の司法政策の展開を検討、予測する機会を持ったことがあります。その際、基調報告を担当された小田中聰樹教授は、70年代の統治政策と司法政策を総括し80年代を展望するなかで、支配層が独占資本主義の構造的・体制的危機から脱出しようとして展開するであろう統治政策の基本方向が次の２点に置かれるであろうことを指摘しています。第１に、いわゆる日米韓を中心とする軍事同盟体制と東南アジアへの支配の強化、第２に、国内収奪の強化です。そして、その政策遂行は、日本型福祉社会論や企業市民社会論といったイデオロギーの下で、民主的な諸制度の形骸化、基本的人権の形骸化・剥奪、イデオロギー統合工作などによって推し進められるであろうことが予測されていました。

　その分析の詳細にさらに触れることはしませんが、この小田中報告は、現在われわれを取り巻いている状況に眼をやるとき、先見性にみちた指摘であったことを確認できるだろうと思います。そして、そのような反憲法的、反人権的な統治政策に合法性、合憲性を付与することが基本的役割として司法に期待され、課されることになる。そのような役割、期待に応えられるような司法づくりのための司法政策の展開として予測されたことは次のようなことであります。それは70年代と基調を同じくしていますが、まず第１に、司法官僚制の強化を軸にした司法統制、すなわち、裁判官統制及び裁判内容統制であり、第２に、司法合理化、すなわち機構面、手続面にわたっての合理化であります。

＊１　「基調報告・八〇年代の司法政策と国民運動」法と民主主議154号（1980年）５頁以下参照。

162　　第２部　刑事弁護担い手論の展開

そして、現段階における政策展開も、基本的にこの枠組みで把えることが可能であると考えられます。そこで、最近の具体的な動きをこの枠組みとの関係で整理し、順次見ていくことにしたいと思います。

3．司法統制——人的側面

まず、司法統制の具体的動きを人的な側面から見ますと、裁判官のみならず、司法内部の他の担い手全般に統制が及びつつあることを最近の特徴として指摘しうるように思います。その端的な現れが、80年代の幕開けに際してまず家庭裁判所調査官に対して攻撃がしかけられたことであったといってよいでしょう。

80年末に家裁調査官の養成研修制度の改編方針が明らかになりましたが、それまで、家庭裁判所と訴訟裁判所との違いは、調査官の存在が軸に保たれ、調査官の存在が家裁の反動化を食い止めるくさびになっているといわれてきたわけです。そこに攻撃がかけられるということで80年代はスタートしたわけです。[*2]

具体的には、養成研修期間の短縮、現場からの切り離し（1981年3月）、さらには具体的な職務の場面において、養成制度の改編を補完するように、共同調査が導入される（1982年5月）。その共同調査を通じて、指揮監督体制が強化されてくる。それが昨（1983）年来査閲印問題へと発展しているわけです。

第2に、裁判官については、従前、その養成段階、つまり司法修習段階から統制、規制の強化が図られてきたわけですが、さらに1979年には、31期の修習生について、青法協会員5名の任官拒否が行われ、その後事実上青法協会員は、そもそも任官希望を出せないような状況が生み出されることになっているわけです。

また、80年代に入りまして、さまざまなかたちでの抑圧規制体制のなかで、裁判官の非行、不祥事問題が多発しており、これを口実にして、中堅裁判官に

---

*2　大出良知「少年法『改正』と司法」法と民主主議172号（1982年）11頁以下参照。

対する研修の強化、管理・監督体制の強化も行われています。新任判事補に対する研鑽、研修も、従前の東京研鑽方式が12大庁研鑽ということで、全国的に拡大され、強化されてきています。[*3]なお、79年に最高裁が一般刑事事件での参与判事補の関与が合憲であるという判断を示したことも看過できません。[*4]

　さらに、裁判官については、後ほど水野邦夫報告（「司法と行政の人事交流」法と民主主義194号25頁以下）によって詳しく触れられることと思いますけれど、法務省との間でますます活発化しつつある人事交流の問題があります。具体的な訴訟の場面において、判断者と当事者が簡単に入れ替わる事態が生じてきてもいるわけです。このことは、司法全体の問題として眺めてみた場合には、人的な行政と司法の結合体制をつくりあげるということで、なお検討を要する問題ではありますけれど、戦前のような検察と裁判所の一体化、司法省化と仮に言っても構わない状態が生み出されつつあるように思います。

　第3には、裁判所職員に対する統制の問題があります。この間、定年制導入に伴う大量退職問題をテコにしながら、裁判所を利用する国民の便宜を切り捨てた合理化と抱き合わせて、職員の中の階層秩序を強化し、統制を強化するという動きが顕在化してきています。具体的には例えば、1983年半ば頃から、書記官採用、養成制度の改編の企図が動き出しています。

　そして、こういった人的な側面での統制強化が、裁判内容にまで影響を及ぼしていることも、もちろんです。

---

*3　新任判事補研鑽(代行判事補)制度とは、当初、1972年4月任官の24期から、新任1年目の判事補全員を4ヶ月交代で東京に集め、東京地裁職務代行を命じ、最高裁の直接管理下で教育していた制度。その後、1981年4月任官の33期からは、はじめから東京、大阪などの大規模庁の判事補に任命して研鑽させる12大庁方式といわれる方法に変更し、2006年頃まで行われていた。

*4　参与判事補制度とは、単独裁判官の審理に任官5年目までの判事補を参加させ、評決権や決定権は与えず、事件の審理を通じて判事補を指導しようとする制度であり、新任判事補研鑽(代行判事補)制度と連動しており、個々の裁判官の職権の独立を侵すとして強い批判があった。参与判事補についての規則「地方裁判所における審理に判事補の参与を認める規則」(最高裁判所規則第8号・裁判所時報601号1頁)ができるのが、1972(昭和47)年9月18日。最高裁の判断は、最二小決昭和54年6月13日刑集33巻4号348頁。

4．司法合理化の現状

　その点については、後ほど触れることにしまして、さらに合理化という側面から具体的な最近の動きを若干みてみたいと思います。合理化は、昨（1983）年6月の寺田治郎最高裁長官の訓示（裁判所時報860号1頁）が、初めて司法の効率化の追求ということを前面に押し出す内容であったことからも分かりますように、この間、一貫して追求されてきたことでありますが、まず、構造改革と申しますか、日常的な人減らしに伴う部の削減というようなことが進行しています。東京地裁では、この2、3年毎年のように行われておりますし、1983年春には名古屋地裁管内でも問題が表面化しました。名古屋では敏速な対応によって、その企図をつぶすことに成功しました。けれども、こういった動きは全国的に表面化してきています。このようななかで、簡裁の事物管轄の拡張が行われ、さらには今（1984）年になりまして、再配置問題が提起されるということになっているわけです。

　全般として、ますます国民の利用の便宜を切り捨てた合理化、効率化が追求されていると言ってよいかと思います。この点については、きょう、あるいは明日、全司法労働組合のほうから詳細な報告（「裁判所の大『合理化』と国民の人権」前掲法と民主主義31頁以下）があろうかと思いますので、議論いただければと思います

　さらに、手続的な側面については、民事訴訟法の改正が行われています（1982年10月）。当初予定された随時提出主義の制限強化や準備手続終結による失権効の強化などは実現しなかったものの、簡易呼出しの拡大、証人調書等の省略、判決書記載の簡素化などの内容を含み、さらに合理化が推し進められ、当事者の権利が侵害されることにもなりかねません。また、大量退職問題を口実に、要領調書の推進、録音テープの調書引用、調書の簡素化なども検討されてきていますが、現実の手続運用の中では、かなり徹底した効率化が追求されてきているといってよいでしょう。

第1章　司法動向の最近の特徴と課題　　**165**

5．裁判内容統制の現状

　そこで次に、こういった統制あるいは合理化が、具体的な裁判の動向にどのような影響を及ぼしているかということが問題です。

　すでに70年代から内容統制の進行は指摘されてきていますが、80年代に入って一層拡大・強化されているといわざるをえません。その結果が、行政権への追随、従属、さらに企業利益、企業秩序の優先という観点からする判例の集積となって現れているといってよいでしょう。

　特に、行政あるいは公害、労働といった分野。きょうは公害、労働について報告がありますので、後ほど議論いただければと思いますが、われわれが問題にしました裁判統制の最初の事例はスモン裁判であったことからもわかりますように、公害問題につきましては、かなり早い段階から最高裁主導の内容統制が進んでいます（篠原義仁「公害裁判の到達点と課題」前掲法と民主主義8頁以下）。また、労働事件の分野においては、官公労関係では、およそ勝訴が難しい状況ばかりか、さらに、集団的な労使関係についても難しい状況が生み出されています。個別的な労使関係についても、事態が進行しています。最近は仮処分をめぐる統制が表面化し、問題になってきています。しかしまだ個別的な関係の分野については勝訴ということもありますし、その点の評価も含めて後ほど宮里邦雄報告（「労働裁判の動向とたたかいの課題」前掲法と民主主義39頁以下）との関連で議論いただければと思います。

　こういった全般的状況の中でありますが、刑事裁判、特に再審裁判は、これも後ほど竹沢哲夫弁護士からご報告（「再審裁判の動向と評価」前掲法と民主主義17頁以下）がありますが、若干事情を異にしているかのように思われます。この間の再審をめぐる動きにつきましては、当然その運動の果たした意味、つまり在野法曹、事件関係者、学界の三位一体的な再審問題への取り組みが、この間の大きな成果を生み出してきたという点を、まず正しく評価する必要があろうかと思います。

　しかし、他方で最高裁の刑事関係における判例の動向というものを見ますと、

全体的には、警察権限の拡大強化というようなことで、捜査段階における誤判原因の再生産を抱き合わせるというようなかたちで進行していることも、見逃せません。裁判官の判断を、事実認定問題に押し込め、誤判問題でもっとも重要視されている捜査段階への批判を封じ込め、根本的な問題を放置しているといわざるをえません。

さらに、最近の裁判の動向ということではもう1つロッキード裁判をめぐる動きについても検討を要するかと思います。この問題につきましては、最近さまざまなかたちで議論が行われておりますし、簡単にコメントを加えにくい問題であります。一方で国民の素朴な正義感というものが、検察、裁判所の強硬姿勢を支える。そして他方で、具体的な手続の内容、あるいはその審理の内容が見ようによっては人権侵害の危険性を伴ってきている。非常に複雑であり、対応に苦慮する問題でありますが、単に権力の内部矛盾といったことで済まされる問題でないことは確かであります。本来、政治の論理で決着をつけるべき問題によって司法がかき回されて、司法の本来担うべき役割があいまいにされ、混乱させられ、気がついてみたら国民の人権だけが危い状態に置かれていたといったことにならないようにしなければなりません。そのためにも、田中角栄氏を政治的にどう弾劾するかということと、刑事司法の役割・論理を冷静に区別した上で、議論を組み立ててみる必要があろうかと思います。

６．全体的な特徴

以上、大雑把にではありますが、整理してきた動き全体を、今の司法政策の中で何らかの形で特徴づけることができるかという問題が残ろうかと思います。

そういった観点からみますと、この間の動きは、まず、具体的な統制、合理化の内容というものを見る限りにおいては、７０年代にすでに手がつけられた問題について、その不十分な点、破綻を来たしつつある点について、改めて調整し、補修する。そういった対応のようにも見られます。

さらにまた、1964年に出されました、臨時司法制度調査会の意見書との関係も問題です。われわれはかつて、70年代に入っての反動化が臨司意見書の

枠を越えたものであるという位置づけをしたことがあります。しかし、それは権力中枢部が、司法反動化の主体として乗り出してきたという、主体という側面からの位置づけという面が強かったかと思います。そういう視点で眺めてみますと、制度的、手続的改編の具体的なプログラムの内容という点からしますと、現在もなお、臨司意見書というものが大枠として命脈を保っている。むしろ、その内容を早期に実現するという方向で司法政策が動いていると思われます。現在の動きを、そういう観点からも、改めて見てみる必要があろうかと思います。

また、本（1984）年6月の寺田最高裁長官の訓示（裁判所時報884号1頁）はこれまでになく、多くの課題を列挙しています。裁判官の事実認定問題、あるいは、裁判所の機構的な側面での合理化、再配置問題。手続面での合理化、効率化。されには養成という観点からする研修の問題などに触れ、なお全般的な統制・合理化を指向していると思われます。

このような動きについては第15回司法制度研究集会（法と民主主義174号4頁以下参照）で、改憲構想等との関係から最終的に支配層が司法の機能というものを通常の刑事、民事事件に減縮化していこうとしているのではないかということが提起されましたが、そうした視点からも、今後なお動きを見守る必要があろうかと思いますし、議論を要する点かと思います。

7. われわれの課題

こういった事態の中で、それではわれわれはどう対応し、対処していく必要があるということが最後に問題になろうかと思います。この点につき、まず確認しておく必要があろうかと思いますのは、80年代を迎えるに当たり、また迎えて、われわれの司法運動が果たしてきた役割というものを改めて積極的に評価してみる必要があるということです。

といいますのは、80年代を迎えるに当たり、われわれは「弁護人抜き裁判法案」を廃案に追い込む。もちろん、いろいろの条件の問題もございましたので、全面的に評価するとはいかないにしても、少なくとも廃案に追い込むことがで

きた。さらに、80年代に入りましては、拘禁二法案を初めとする刑事立法の改悪を阻止してきている。こういった成果をあげてきていることを正しく評価する必要があろうかと思います。

　さらに、いちいち触れませんが、裁判官人事の問題、あるいは機構改革の問題などをめぐり、さまざまなところで、個々、具体的な運動が成果を上げてきていることも間違いないところです。

　そういった成果を踏まえ、今後のわれわれの運動を実際的に組み立てていく必要があろうかというふうに思います。具体的な内容につきましては、明日この問題についての討論が行われる予定ですので、討論に委ねたいと思いますが、現段階でポイントとなると思われる2、3の点についてごく簡単にだけ申し上げておきます。

　1つは、方法の問題ですが、今や多くの課題を羅列的に上げるのではなく、具体的に、実現可能な問題について、日民協全体として取り組むといった課題設定が必要な段階にきているだろうと思うわけです。

　次に、その場合、いったいどういった問題を当面の焦点として取り組んでいく必要があるかということでは、まず第1に最高裁問題をあげる必要があると思います。すでに、総評弁護団等で最高裁の手続等について、積極的な行動が組まれていますが、日民協としては、最高裁人事対策を真剣に考えてみる必要があろうかと思います。この間、最高裁判事は高齢化により任期が短くなり、ひんぱんに交替が行われておりますが、最高裁の動向ということで考えた場合には、人事が大きな意味を持っていることは間違いないところであります。最近退官された団藤重光氏も、ことあるごとに最高裁人事に対する国民的なコントロールという視点から問題を指摘しています。もちろんこれまでも国民審査運動が展開されてきたわけでありますが、国民審査運動にとどまることなく、だれがどの段階で定年になるかということは事前に分かっているわけですから、事前に人事問題についての運動を展開するべきだと思います。「司法をめぐる動き」の中で、決して冗談でなく提起した問題でありますが、イギリスにおける影の内閣と同じようなといいますか、影の最高裁とでもいうべき陣容をそろえ、判事候補になっていただくと同時に最高裁の下す判断に対して、恒常的に

第1章　司法動向の最近の特徴と課題　　**169**

コメント、あるいは検討を加えていただくことも考えてはどうかと思うわけです。

　さらに、下級裁の裁判官の人事問題についても考えてみる必要があろうかと思います。これまでも、個々具体的な裁判官の悪業を暴いて、いわゆる「栄転」運動をするということで成果を上げてきた経験は持っているわけです。けれども最近の判検人事交流などを見ておりますと、人事問題全般について、裁判所の良心的な方々との連帯の道を残しながら、徹底的に問題を追求していく姿勢が、どうしても必要かと思います。

　そして、同時に裁判官の独立、職権の独立、あるいは身分の保障といった理論的な問題についても、解明を深めていく必要があろうかと思います。

　もう一つ、実践的な観点から、この間全司法が取り組んできた「総行動」について、その具体的な内容をさらに確認するとともに、評価する必要があろうかと思います。と申しますのは、全司法の総行動の中で、地方自治体に対する働きかけが積極的に行われ、現在の裁判所の実態について地方自治体の幹部の方たちに理解していただき、意見書を提出するという自治体も出てきていると聞いております。

　これまで、われわれは国民に司法の実態を訴える必要があるということは、盛んに強調してまいりました。けれども具体的にどういう手だてを構じていくのか。例えば、マスコミを利用するというようなことは言ってまいりました。けれども、それは形式的にはワンクッション置くということにもなるわけです。

　今回、全司法が具体的に行動で示された運動の方式というのは、われわれが今後運動を展開していく上で、大いに参考にすべき点を持っているだろうと思います。

　以上、非常に雑ぱくな報告でありましたけれど、きょう、明日の議論でさらに問題点については、議論を深めていただければというふうに思います。

第2章

刑事弁護による刑事手続改革へ

第1節

［講演］刑事手続再生への道はあるか

> 本節は、1988年3月22日に岐阜市で開催された青年法律家協会弁学合同部会常任委員会の席での講演を大幅に圧縮・補正し、機関誌「青年法律家」212号（1988年8月）に掲載していただいた内容をさらに補正させていただいた。

1．刑事手続は絶望的か

　ただ今ご紹介にあずかりました大出です。まず前提的に申し上げておきたいことがあります。2年ほど前、平野龍一先生が、団藤重光先生の古稀をお祝いする論文集に「刑事訴訟の診断」という論文を書かれました。それが大変評判になりました。ご承知の方も多いかもしれませんが、現在の刑事訴訟はほとんど絶望的で、もはや陪審か参審を採用する以外に手はないかもしれない、と述べられていました。戦後の学界を理論的にリードしてきた平野先生が、ついにいった。それほど、今の刑事手続は、多くの重大な問題を孕んでいることは間違いないということです。

　だからといって、日々実務に携わっている弁護士の方達は、「絶望だ」とい

第2章　刑事弁護による刑事手続改革へ　171

っていれば済むというわけにはいかないので、出口を探らなければならないでしょう。私も、確かに現状は「絶望的」だと思いますが、手立てをつくした結果かというとどうも違うように思います。まだ、つくすべき手立ては残っていると思います。今日は、その可能性を探ってみたいと考えています。そのためには、やはり現在の刑事手続全般について具体的に実情を見直してみる必要があるでしょう。そのなかから、これまでの対応として不十分だった点があったとすれば、その点も解明できるでしょう。とはいえ、全面展開の余裕はありませんので、いくつかの点に絞って少し検討してみたいと思いますが、その前に、背景として認識しておく必要のある戦後の刑事手続の実情について簡単に振り返っておくことにします。

2．戦後刑事手続の流れ

戦後の出発点は、なんといっても「戦後改革」です。日本国憲法が制定され、新しい刑訴法が制定されます。憲法は、刑事手続について詳細、具体的な規定を置きました。ところが、刑訴法は、諸般の事情からとだけとりあえず申し上げておきますが、その憲法を必ずしも十分に体現することにならなかった。ですから、戦後の刑訴法理論というのは、その憲法と刑訴法の間のギャップをいかに理論的、解釈論的に埋めるかということに腐心してきたといっていいと思います。

ともかく、この刑訴法改革の不徹底ということもあって、昭和20年代の捜査実務はほとんど改善されませんでした。裁判所も旧憲法的感覚でそれを追認していました。悪しき判例が蓄積されることになったと同時に、最近になってようやく再審で無罪になった冤罪が生み出されもしたわけです。そのような実態が問題化するのにそう時間はかかりませんでした。具体的には、二俣事件や松川事件、八海事件などをめぐって批判が展開されることになります。

昭和28年の刑訴法の改正は、戦後改革への捜査当局サイドからの揺り戻しの動きとしてはじまったといってよいでしょうが、捜査実務に対する強い批判が噴出することにもなり、改正が当初の思惑どおりにはなりませんでした。む

しろ、警察当局は、自ら襟を正す姿勢を示さなければならなかったという面もありました。捜査の適正化が内部的に強調され、一定程度現実化することにもなります。

しかし、昭和30年代後半になってきますと、警察の適正化志向も崩れてきます。捜査の適正化の追求が、刑事警察、捜査を弱体化してしまったというキャンペーンが、昭和38年に発生した吉展ちゃん事件と狭山事件をきっかけに展開されることになります。

他方、裁判所では、ようやくこの頃になって新憲法下で発足した研修所で修習を終えた裁判官達が育ってきて、刑事手続だけでなく、労働事件などを含め、最高裁以下裁判所全体として人権に配慮した判決が蓄積されてくることにもなりました。刑事手続関係では、昭和40年代になって、例えば、接見交通に関わって一般的指定を違法視する判例が出てくる。あるいは、別件逮捕を違法視する判例が出てくる。自白について、偽計自白の排除を認めるなど違法排除的志向が見られるようになる。証拠開示についても、訴訟指揮権による証拠開示の方向を示す判例が出てくるというようなことで、一定の前進が見られました。

ところが、この段階では警察はすでに適正化というスローガンを降ろし、刑事警察の強化という方針を打ち出し、昭和40年代に入って例の学生公安事件を中心に、警備公安警察が肥大化し、刑事警察もその影響を受けながら強化体制を敷いていきます。そうした中で、裁判所でも、昭和40年代の半ばになりますと、裁判所内部で反動化の嵐が吹き荒れるということになるわけです。その影響は、次第に裁判内容にも及んできます。

昭和50年代に入って、刑訴法学者は、昭和40年代の判例がさらに前進することを期待していたといってよいでしょう。しかし、事態は、むしろ逆に悪化の一途を辿ることになります。最高裁が職務質問や所持品検査など、警察活動の拡大強化を正当化する判例が相次ぎ、違法排除や公訴権濫用の成立を事実上極めて困難にする判例も出してきます。また、強権的訴訟指揮による訴訟促進が極端化していきます。そのようなわけで、昭和40年代から50年代には、重大事件の中にはまだ争っているものもありますが、杜撰な捜査、裁判に基づく多くの誤判が発生することにもなっています。ところで、昭和50年の最高裁

白鳥決定をきっかけに、再審開始や再審無罪が相次いでおり、今申し上げた裁判所をめぐる動きにそぐわないと思われるかもしれません。確かに再審をめぐる動きは、日弁連を中心とする運動の貴重な成果であり、後にも述べるような重要な教訓を生んだことは間違いありませんが、裁判所の状況という視点から見ると、詳しくは触れませんが、一種のガス抜きという面をもっていたと思われてなりません。ですから、再審問題は今後の展開ということではなお予断を許さない状況が続いているといってよいでしょう。

3．取調べ問題の展開

そこで、次に、今述べてきたような展開を示してきた現状を打開する方策があるのかということが問題です。具体的に考えてみた方がよいと思いますので、歴史的展開ということも踏まえて、冤罪・誤判問題との関連で一つの焦点になっている身体拘束被疑者の取調べの問題に言及しながら考えてみたいと思います。昭和30年代に入って、誤判が社会問題化し、捜査の適正化が志向されるという状況の中で、刑訴法198条1項但書についての平野説が登場してくることになります。ご承知のように、但書は、逮捕または勾留の効力までを否定するものではないことを注意的に規定したにすぎず、身体拘束被疑者の取調べは、純然たる任意処分でなければならないということです。しかし、残念ながらこの見解は、解釈論としては文言との関係での難点を指摘されることが多く、実際問題として実務を動かすことにはなりませんでした。

昭和40年代に入って、裁判所が、弁護人との秘密接見に対する一般的指定を違法とするなど積極的な姿勢を示すことになって、田宮裕教授が、新強制処分説を主張することになります。この見解は、実務との間の調和をはかる理論的枠組を用意しようとしたものと思われます。密室状態での取調べは、それだけで従前の定義とは異なる強制処分的性質を有するというのです。その認識は、取調べの実態の核心を突いていたといってよいでしょう。しかし、この見解は、そのような実態を改善しようというよりは、法的に認めざるを得ない範囲で被疑者の「強制的」取調べを認知し、その代わり、法的に認め得る範囲に厳格に

限定しようというのです。ですから、被告人の取調べや余罪取調べは抑制されることになるというのです。この見解は、自白法則の判例による違法排除的志向をもった発展ということを期待していたといっていいかもしれません。その意味では、一定程度評価できる面はもっていましたが、取調べの規制ということでは結局実効性を持ちえなかったわけです。

　そこで昭和50年代になって登場してくるのが全面否定説です。つまり、身体が拘束されている被疑者については、そもそも取調べができないというのです。198条1項但書の解釈論として提起されているわけですが、実務に変化がないことへの苛立ちさえ感じられます。

　このように見てきますと、いずれも学説は被疑者の権利（黙秘権）などを基礎に議論を組み立ててはいますが、その実効性の担保をどこに求めるかということでは、結局、受動的消極的な立論になっていたのではないかと思います。当事者主義を標榜する以上、取調べ問題についても、黙秘権にしても弁護権にしても、当事者としての被疑者あるいは弁護人の主体的な立場を、理論的にも実践的にもいかに強化するかという視点から、その事態の改善を図る必要があったと思います。

　ところが学説は、平野先生も認めているように、従前は、裁判所や検察官の方を向いて議論をしていることが多く、被疑者や弁護人の方には必ずしも向いていなかった。ですから、被疑者や弁護人が主体的に十分に活用できる武器を用意してきたわけでは必ずしもありません。例えば、取調べ問題打開の一つの焦点は、立会権の保障にあると思うわけで、取調べへの立会権を憲法を基礎に解釈論的に正当化するということは十分可能であり、もっと考えられて然るべきだったと思います。しかし、そこで考えていただきたいのは、それが行なわれていない理由の一つが、あくまでも一つの理由ですが、弁護人がどこまで対応、活用してくれるか不明だったということもあると思います。つまり、刑事手続の担い手としての重みの問題で、被疑者の人権問題についてもやはり裁判所や検察官にそれなりの対応を求めた方が実効性があると考えられていたということです。

第2章　刑事弁護による刑事手続改革へ　　175

4．公判手続の問題

　次に、公判手続の問題についても一つ考えてみたいと思います。

　平野先生が「絶望的」だといった具体的な中味の一つが、いわゆる調書裁判化の問題です。捜査当局の作成した調書が公判を支配し、裁判官は、裁判官室や自宅で調書から心証を形成する。確かにこれを私も「裁判」だとは思えません。この点に関わって問題だと思うことがいくつかありますが、一、二申し上げますと、一つは、調書の証拠調べの方法です。要旨の告知が行なわれればまだ良い方で、それさえ行なわれないことがあります。さらに、注意を要すると思うのが、この証拠調べの方法とも関連しているのですが、公判手続の更新の問題です。

　これも、訴訟関係人が異論を唱えなければ簡略に処理することができるわけです。ですから、ほとんどの場合は、手続を更新するということが宣せられるだけで、実際にはなにもやらないで済ませてしまうわけです。現在のように、裁判官の交代が頻繁ですと、いちいち厳格に手続を更新していたのでは大変だということはあるでしょうが、それでは本末転倒です。調書裁判だからこのようなことが可能なのでしょうが、そのことがまた調書裁判を助長しているといえます。

　それにもう一つ重大な点として、更新手続を簡略に済ませられることが裁判官の交代を容易にしているということです。人事による裁判官統制に加担して裁判自体も悪くしているというのが、今の更新手続のように思えてなりません。しかもそれは、あらためて確認するまでもなく弁護人の協力、というよりも、弁護人のむしろ積極的な要求の結果として行なわれている面があることを重視する必要があります。

5．鍵を握るのは弁護人

　不十分ですが、このように見てきますと、学説が十分な武器を用意してこな

176　第2部　刑事弁護担い手論の展開

かったということを反省する必要があることはもちろん、弁護人の対応の悪かった点を反省してみる時期にもきていると思われます。それは、何も精神論でいいということではないので、やはり具体的に、弁護人には何がどこまででき、何ができないのか。それは理論的にできないのか、実践的にできないのか。できるようにするためには何をどうすればいいのか。そういったことを全面的に検討し直してみる必要があると思います。

　といいますのも、私は今の事態を打開する鍵を握っているのが弁護人だと思うからです。というより、弁護人しかいないと思います。これまでも、個々の事件で困難を乗り越えてきた弁護活動は枚挙に暇がありません。松川、八海といった事件から、多くの労働刑事事件、それに最近では再審事件などは、多くの教訓を与えてくれていると思います。再審事件の公判を傍聴してみて分かることは、いかに再審事件が多くの弁護人に支えられてきたかということです。

　最低でも、7、8名の弁護人が常任弁護団として頑張ってきたというのが、この間無罪になった再審事件です。また、再審以外でも最近無罪になった山下事件、長野・富山連続誘拐殺人事件の弁護団の活動も教訓的です。

6．刑事弁護対策委員会を

　いずれにせよ、現在の状況の中で、警察、検察に対抗して有効な弁護活動を行ない、被疑者に当事者にふさわしい地位を保障し、裁判所を説得していくことは、いくら有能な弁護士でも一人では絶対といってよいくらい不可能です。まず、この点で事態の改善をはかる必要があると思います。方法はいろいろ考えられると思いますが、とりあえず青法協の各支部に「刑事弁護対策委員会」といったものを設置してはどうでしょうか。そして、規則による被疑者の弁護人数の制限は不当と言わざるを得ませんが、ともかく、最低でもこれはと思う事件には全部1つの事件に3人の弁護人が付くようにすることです。

　そうすれば、接見も週2日受けてもてばよい。役割分担も可能になる。起訴後はもう少し増員すれば、裁判所担当、検察担当、それにマスコミ担当を決めて、組織的に対応できるようになるでしょう。それでもようやくいくらか、警察・

第2章　刑事弁護による刑事手続改革へ　　177

検察に対抗する形が整ったという程度でしかありません。でも、それだけでも随分違うと思います。ともかく、組織的、集団的にやれることをやってみる。それが大事だと思います。この話は、これまで申し上げたことからも明らかなように、もちろん私たち研究者にも返ってくる話です。憲法を基礎に、あらためて被疑者、被告人の権利、弁護人の権限などを具体的に明らかにし、当事者主義にふさわしい弁護権論をベースにした理論的体系化が追求されなければならないでしょう。それはいってみれば、現実的な担い手を得てはじめて可能になることだと思います。この点で再審問題の展開は、弁護人と研究者の協力のあり方と、その有効性を具体的に示してくれたといってよいでしょう。ぜひ、弁護士の皆さんと協力して、事態の打開に向けて努力したいと思います。

第2節

［報告レジュメ］ 刑事弁護の実践的可能性の追求へ

> 本節は、1988年11月に開催された青年法律家協会弁学合同部会第6回人権研究交流集会「刑事弁護分科会」で行った基調報告のためのレジュメ（資料集184頁以下所収）を補正させていただいたものである。

1．問題の所在

刑事弁護の理論的・実践的再検討を通して、「絶望」とも言われる刑事訴訟の現状を打開する方策を模索したいと思います。といっても、なにも刑事弁護の「ザンゲ」的反省会をやろうというのではありません。第一に確認しておかなければならないのは、今の刑事訴訟の現状を生み出した第一次的責任を負わなければならないのは、裁判所であり、検察官だということです。

そして、問題なのは、その裁判所や検察官にいっこうに反省の色がなく、むしろ、現状を肯定的に評価し、正当化しようとしていることです。そのことは、

178　第2部　刑事弁護担い手論の展開

最近公刊された『刑事手続（上）（下）』（筑摩書房・1988年）からも明らかだといわなければなりません。

　このような現状の中で、事態を打開するとすれば、中心的役割を担いうるのは弁護人であり、弁護人しかいないと考えます。そこで、まず、そもそも刑事訴訟の理念に見合った刑事弁護の余地が理論的・制度的に保障されてきたかどうかから見直したいと思います。その上で、何をどこまでやる必要があるのか、どこまでやれるのか、またどのようにやるのかを考えてみたいと思います。この実践的視点の検討は、最終的に刑事弁護が組織的、集団的に行われる必要があるという考えに基づき、その実現をめざす長期的視野に立った第一歩として位置づけたいと思います。ですから、集会以後も、継続的に刑事弁護問題を討議する組織的な対応を現実的なものとする意思統一を行いたいと思います（大出良知「刑事手続再生への道はあるか？」青年法律家212号8頁（本書171頁）以下参照）。

2．弁護権を中軸とする刑訴法理論の構築へ向けて

⑴　あらためて確認するまでもなく、日本国憲法は、その31条以下に刑事手続に関わっての詳細な人権保障規定をもっています。そして、その憲法の規定を根拠にしながら、当事者主義化、デュー・プロセスの保障といったことが理論的に追求されてきました。その営為が、大きな成果をあげてきたことは間違いありません。しかし、憲法の趣旨が真に反映されることになっていたかということについては、再検討を要するようにも思います

　その理由の一つは、そもそも憲法の規定の趣旨自体がそのまま生かされることになっていないということです。すなわち、刑訴法が、いろいろな経緯から憲法をそのまま反映するものとしては成立しませんでした。その弱点を利用して旧態依然たる実務が定着するということになりました。ですから、憲法からストレートに出発することができず、この間、刑訴法、実務を如何に憲法的観点から引き上げるかということが焦点になっていたと言ってもよいでしょう。それにもう一つ、これは実践的観点からも重要な意味をもつ問題ですが、憲法

第2章　刑事弁護による刑事手続改革へ　　179

的観点からする担い手を理論的に措定しきれなかったということがあります。憲法は、刑事手続での人権保障を被疑者、被告人（何人、被告人）を主語（主体）として規定しています。ですから、その権利を主体的に行使しうるような条件を整えるべきでしょう。そのために法律的・専門的立場から援助する者が必要で、それが弁護人で、この弁護人の担い手としての位置づけがポイントになってきます。ところが、これまでの刑訴法理論では、この点が理論体系的に必ずしも明確になっていなかったというのが実情です。またこのいわば積極的権利保障規定方式は、次のような意味も持っていると思われることも付随的に念頭に置く必要があると思います。すなわち、刑事訴訟には、歴史的に形成されてきた「無罪の推定」や「疑わしいときには被告人の利益に」といった原理・原則が存在し、原理的には被疑者・被告人には積極的訴訟活動が要求されていません。しかし、現実にはその原理は、被疑者・被告人に対する積極的・主体的権利保障によってはじめて護ることが可能になるということだと言ってよいでしょう。

⑵　このような認識を前提に刑事訴訟理論の憲法を出発点とする再構成、体系化へ向けてのポイントを試案的に整理してみたいと思います。

　憲法は、31条で総論的に手続全般に適正性を要求し、最終的に裁判所が唯一の判断機関であることを明言しています（32条）。刑事手続上必要となる人身の自由に対する侵害についても、その裁判所による正当化が求められている（33条）と同時に、主体的に防禦する権利として弁護を受ける権利を保障しています。「抑留又は拘禁」の前に「弁護人に依頼する権利」を与えているのは、そのことを意味しています（34条）。このことはまた、強制処分への弁護人の関与からはじまり、手続全般に関わって弁護人の援助が不可欠であることを宣明しているとも考えられます。ですから、被疑者段階で国選弁護が存在しないのは、不合理であり、憲法は、むしろ被疑者段階よりも立場の強化される被告人段階についても国選弁護を設けることを意図して37条３項を置いたと考えるべきでしょう。さらに具体的には、身体を拘束された場合の日常的な接触としての接見交通が自由でなければならないのは当然として、黙秘権の保障（38

条1項）、自白法則の実効化（38条2項）を担保するためには、取調べへの弁護人の立会の要求も権利として保障されていると考えなければなりません。

このように見てくると、弁護を受ける権利を中心に刑訴法理論を体系化することが可能であり、むしろ、当事者主義を実効化するためには、不可欠の要請だと言わなければなりません。そこでさらにこのような観点からの整理が早急に必要と思われる点をいくつか列挙すると、とりあえず以下のような点をあげることができるでしょう。

①弁護を受ける権利という観点からの捜査当局の収集した証拠の事前全面開示の保障。

②検察官の訴追裁量要件に対抗する防禦利益の観点からする起訴条件の設定。

③訴因の特定の要求、変更可能性についての弁護的観点からする位置づけの徹底。

④固有権論的訴訟指揮権論の担い手論的視点からの見直し。

⑤証人尋問を原則とする手続の意味の弁護権的視点からの確認。

⑥書証の取調べの原則的方法の弁護権的観点からする意義の公開原則との関係での確認。

⑦防禦的利益からする裁判官交代の問題性と公判手続の更新の原則的方法の確認。

⑧無罪判決に対する上訴のもつ弁護権的視点からの問題性の解明。

3．実践的弁護可能性の追求へ向けて

以上のような理論的課題の追求と同時に、実践的に事態の打開策を追求する必要があります。そこで、現行法の下で可能な弁護活動として追求されるべき課題を何点か列挙しておきたいと思います。

(1)　弁護人の依頼をめぐって

①依頼権の告知と依頼手続に対する弁護士団体による関与可能性の追求

②被疑者段階での弁護人数制限の撤廃と国選複数化の追求。

③弁護料の公的支出あるいは弁護士会基金による支出の可能性の追求。

④刑事弁護の必要性と可能性についての対社会的宣伝・啓蒙。

(2)　捜査から第一回公判前まで

①接見自由の原則確保のための態勢づくりと継続的接見の追求。

②取調べへの立会要求の徹底。

③鑑定、検証、実況見分などへの立会要求の徹底。

④勾留理由開示制度の実効化の追求。

⑤勾留取消し、勾留執行停止、保釈等の実現への徹底的取組み。

⑤拘置所への移監請求を追求する。

⑥証拠保全手続の有効利用を追求する。

(3)　公判について

①起訴状に対する求釈明を徹底する。

②書証について安易な「同意」はしない。

③原則的な証拠調方法を要求する。

④裁判所による強制処分を要求する。

そして、以上の課題を実現するための集団的・組織的弁護の可能性を追求する。

第3節

［助言者発言］プロレオ刑事訴訟法学の構築を目指して

　本節は、1988年12月３日に名古屋市で開催された「国民の裁判を受ける権利(三)—法曹のあり方」をテーマに行われた日本弁護士連合会第12回司法シンポジウム第２分科会「刑事裁判と法曹のあり方」における助言者としてのまとめの発言（日本弁護士連合会『第一二回司法シンポジウム記録　国民の権利を受ける権利(三)—法曹のあり方』〔1989年〕535頁以下所収）の要点を圧縮・補正させていただいたものである。なお、著者以外の助言者は、谷口正孝元最高裁判事、平野龍一東京大学名誉教授、平川宗信名古屋大学教授の３名であった。

1．はじめに

　3点ほど申し上げたいと思いますが、1点目は感想であります。これはもう先ほどもちょっと申し上げましたけれども、改めてあとは実践あるのみという感を強くしたということが1点でございます。

　それから2点目として、その場合に今の状況についての認識と申しますか、今の段階を歴史的にどう見るのかということが一つ問題としてあろうかと思います。その点については先ほど来、東大裁判の果たした役割、それがその後の刑事裁判にいかなる影響を及ぼしたのかというようなことが問題にされたかと思いますが、確かにこれが一つの要因であったということは間違いないかとも思います。ただ問題はそれがどういう意味で要因であったのかということがもう一度考え直される必要があるだろうという気がします。

2．東大裁判が刑事裁判に与えた影響

　今は時間がありませんので、大ざっぱなことを申し上げることにならざるを得ないということをご容赦いただきたいのですが、あの裁判といいますのは、どう考えてみても裁判所が、警察、検察の大量逮捕、大量起訴に対応し、訴訟の促進、それは戦後一貫して追及されてきたことでもあったわけでありますが、訴訟促進政策にのっかった強権的な訴訟運営による処理により、治安機関化していったという側面を持っていたと言わざるを得ないだろうと思うわけであります。

　それはその後の裁判官政策、それは独自に、刑事裁判とは違った場面での問題性をも抱えながら、昭和40年代から50年代にかけて展開したと言っていいと思いますが、そういった形で展開した裁判官政策とあいまって、今の刑事裁判の現状というものを生み出してきたということになるのではないかと私は思っております。

　そうしますと何か絶望的な感じがするわけでありますが、実は二、三年前、

最高裁はそれまでこれ以外にあり得ないということで主張してきた「迅速裁判」、これこそ裁判の生命であるというスローガンをおろしました。おろしてどうしたかと言えば、適正化、裁判の命は適正性にあるということを主張し始めました。これは一体何を意味していたのかということでもあるわけでありますが、これはまさに今の刑事裁判の現状というものを最高裁自身、このままではみずからの足下が堀崩されかねない、つまりみずからの立場というものを危うくしかねない状況にまで刑事裁判というものが来てしまっているということを、最高裁は最高裁なりに感じた結果であろうと思うわけです。

　そしてさらに一方では検察の地盤沈下ということが指摘され、他方では警察の権限あるいは現実的な力の強大化がある。これに対する法律家あるいは最高裁としての、表現が難しいのでありますが、ある意味では恐れということも含んだ対応策が必要になっているのではないか。この間話題になっており、今日もご指摘のあった無罪判決というのは、そのような状況の中で生まれてきているという感じがするわけです。

　そういう状況だとしますと、先ほど平野先生が弁護人が協力するようにとおっしゃいましたが、そのようなことで事が済むとは私には思えません。法曹三者の協力というようなことで事が済むということにはとうていならないだろうというわけでありまして、最終的には、平川先生もおっしゃいましたけれども、一体いかに国民的な基盤というものを確保するのかということだと思います。その橋渡しの責務を負っているのは弁護士の方たちだろうと思いますし、刑事裁判そのものが国民的な基盤というものを確立する中で、初めて今の事態というのを打開していくことができるだろうという認識を持つ必要があるのではないか。そのためにやるべきことの一つとしてはやはり公開の実質化ということを徹底して追求される必要があるだろうと。中身が傍聴に行った人間にわかるような裁判をつくりあげていくということでなければ、国民の理解や協力を得ることはできないと思われます。その点是非、ご努力いただきたいと思います。

３．弁護権と当事者主義刑事訴訟法理論

それから３つ目ですが、そういう状況の中で、個々の弁護士の方たちが頑張れば何とかなるのかと言えば、決してそうではないと思います。最近の再審事件の経緯を見ればわかりますように、これはもう組織的集団的に徹底してやることで初めて無罪が勝ち取れてきたということだと思います。そして、そのようなご努力を実りのあるものにしていくためには、そのような活動をお手伝いする理論が不可欠だろうと思います。私は刑事訴訟法学というのは、プロレオ刑事訴訟法学、すなわち被疑者・被告人のための学問でかまわないと思っておりますし、そうでなければ被疑者・被告人の権利を擁護しながら刑事手続を進めていくことは非常に難しいと言わざるを得ないだろうと思います。そのような意味で、大学の人間にもまだやるべきことは残っていると思います。

また少し勝手なことを申し上げたいと思いますが、日本の刑事訴訟法学にとっての悲劇というのは、平野理論が立派過ぎたということと、それからその平野理論をもう既に30年という年月がたっても、なお乗越える理論が出てきてないというところにあるだろうと思います。では平野理論が完璧なものであったのかというと、決して私はそうでなかっただろうと思うわけでありまして、私どもが乗越える手立てがあるとすると、どこかといいますと、その最大のポイントはやはり担い手の問題、担い手論だろうと思います。特に、弁護士、それは理論的には弁護権の問題ということですが、それを当事者主義理論の中にどう位置づけるのかという問題であったのではないかと思います。

この間、担い手論を正面に据えた議論として田宮裕先生のデュープロセス論がありましたけれども、それは、刑事手続の担い手を裁判官と措定していたわけです。しかしそれでは当事者主義理論は実践化されないということがこの間明らかになってきたのではないかと私は思います。

平野先生は『刑事訴訟法の基礎理論』（日本評論社・1964年）という本の中で、当事者主義というのは民主主義の反映であるとおっしゃっていました。これはすばらしい言葉だったと思います。これまで私が刑事訴訟法を勉強してき

た中で、いまだに忘れられない言葉の一つでありますが、それを本当に実践化するということを考えた場合には、当然必然的に、被疑者・被告人と弁護人と研究者が三位一体的に、理論的・体系的な枠組みとしてのプロレオ刑事訴訟法学を築上げていくことで、初めて当事者主義刑事訴訟法理論というのは完成するということになるのではないかと思われてならないわけであります。

　誤解を恐れずいろいろ申し上げましたが、要は、まだまだ刑事訴訟法学がやるべきことがあると思いますし、実践的観点からのご教示をいただければ幸いです。

第3章

憲法・刑事訴訟法における刑事弁護の位置

第1節

刑事弁護の憲法的基礎

> 本節は、1989年9月15日に松江市で開催された日本弁護士連合会第32回人権擁護大会シンポジウムにおいて「刑事裁判の現状と問題点」をテーマに行われた第1分科会の準備のための実行委員会にオブザーバーとして出席を認められていたことで要請され、日本弁護士連合会機関誌「自由と正義」1989年7月号123頁以下に「刑事弁護の憲法的基礎づけのための一試論」と題して執筆させていただいたものを補正し、収録させていただいた。

1．はじめに

　周知のように、白鳥決定（1975年5月20日）以降、再審による誤判救済の進展とともに、あらためて、わが国の刑事手続の問題性が、自白の下に暴き出されてきた。要するに、令状主義の形骸化、代用監獄を利用した密室状態での長時間にわたる自白追及、それに、その結果得られた自白調書を中心とする調書裁判化、等々である。

　ところが、このような手続の運用によって人権侵害を惹起し、誤判を生んで

第3章　憲法・刑事訴訟法における刑事弁護の位置　187

きた第一次的責任を負うべき裁判所、法務・検察当局、警察当局から、このような手続の運用の改善、制度改革を積極的に推し進めようとする動きは、一切見られなかった。それどころか、代用監獄の恒久化を企画した拘禁二法案が、繰り返し提案されたり、当局者から手続の実情を正当化する発言が相次いだりしている。[*1]

　このような中で平野龍一博士の「刑事裁判はかなり絶望的である」[*2]という発言も生まれることになった。この発言が、刑事手続が原理・原則から逸脱し、人権侵害的に運用されていることを明らかにしたという意味においては、多くの研究者や弁護士の共感を呼ぶことになった。しかし、問題の核心は、まさにそのような「絶望的」な刑事手続によって日々人権侵害が惹起されているのであり、その事態を誰がどのように打開するのかであった。それゆえ、日々刑事手続の実情を目のあたりにしている弁護士達から、「われわれは『絶望的』と言っていられないわけで、その絶望的な裁判の中で一生懸命被告の権利を守ろうとして頑張っている」[*3]、あるいは、「学者さんが『絶望的だ』と言っているわけですけれども、われわれ絶望の中で闘っていかなければならないわけです」[*4]といった反応が返ってきたのも当然であろう。いうまでもなく、「絶望的」な刑事手続の被害者は、直接的には被疑者・被告人である。とすれば、そのような手続から被疑者・被告人を守り、被害救済にあたることができるのは、とりあえず、弁護人（弁護士）であり、弁護人をおいては他に存在しないのである。であればこそ、「今日もっとも重要なのは被疑者の弁護権の問題ではないか」（田宮裕）[*5]といった認識が広がり、「現在の刑事司法が活性化していないとすれば、それを生き生きとしたものにするキーは刑事弁護の充実化にあるのではないか、諦観したり絶望する前になお刑事弁護にはなすべきことが多いので

＊1　例えば、三井誠ほか編『刑事手続（上）（下）』（筑摩書房・1988年）の裁判官、検察官執筆部分参照。

＊2　「現行刑事訴訟の診断」『団藤重光博士古稀祝賀論文集第四巻』423頁（有斐閣、1986年）。

＊3　石島泰「座談会いま日本の刑事裁判は―その2」自由と正義38巻7号（1987年）28頁。

＊4　武田峯生・前掲自由と正義38巻7号28頁。

＊5　「あすの刑事訴訟法への視点」ジュリスト852号（1986年）163頁。

はないか」（三井誠）[*6]と指摘されることにもなるのであろう。同様の認識に立った実践的観点からは、具体的に、弁護人に、「原理原則を否認する実務を拒否すること、そういうやり方を決して是認していないことをはっきりと示し、これに対して原理原則をもって闘うこと」（下村幸雄）[*7]が求められてもいる。

とはいえ、精神主義的な刑事弁護充実論が、現実的でないことはいうまでもない。「弁護人に十分の権利と機会を与えること」（団藤重光）[*8]が必要である。そこで、あらためて、そもそも刑事訴訟の原理・原則に見合った刑事弁護の余地が理論的・制度的に保障されてきたのかどうかを見直す必要がある。その上で、何をどこまでやる必要があるのか、どこまでやれるのか、またどのようにやれば可能かを検討してみる必要があろう。本稿では、このような問題関心から、日本国憲法の制定過程に遡りながら、弁護権をめぐる論議の跡を簡単に振り返り、試論的に弁護権を新たな視点から位置づけ、合わせて実践的課題にも言及できればと思う。

なお、念のため確認しておくならば、従前、「弁護権」は、「弁護人の権限」の意味に用いられることが多かった。しかし、最近では、「弁護人の援助を受ける権利」を中核とする被疑者・被告人の権利の意味でも常用されており、本稿でも、被疑者・被告人の権利として構成しておくことにする。弁護人の権限は、あくまでも、被疑者・被告人の弁護に資するための権限であり、被疑者・被告人を主体として構成すべきものと考えるからである。ということは、実は、論理的には、弁護人の権限も間接的には被疑者・被告人の権利として「弁護権」に包摂されていると考えるべきものである。

2．日本国憲法と弁護権

日本国憲法は、その34条と37条が、弁護権についての規定を置いており、その規定内容の如何が、刑訴法の解釈にとっても重要な意味をもっていること

＊6　「刑事弁護の四〇年と今後」ジュリスト930号（1989年）148頁。
＊7　「あるべき刑事裁判官像と実態」法と民主主義235号（1989年）24頁。
＊8　「刑事訴訟法の四〇年と今後」ジュリスト930号（1989年）148頁。

はいうまでもない。しかし、その意味するところが、制定過程での論議をも含めて検討の対象とされることは、ほとんどなかったといってよいであろう。憲法制定準備作業においては、遅くとも1945年12月6日付で、連合国軍最高司令官総司令部が用意した「レポート・日本の憲法についての準備的研究と提案」の「附属文書A権利章典」中において、「被疑者は無罪の推定を受けること。弁護士を依頼する権利が逮捕の時から認められること（An accused shall be presumed innocent, shall have the right to counsel from the time of arrest)」を要求していたことを確認できる。[*9]

さらに、1946年1月21日付で総司令部民政局行政部が出した「私的グループによる憲法改正草案に対する所見」を記載した文書は、次のような注目すべき「所見」を述べている。

「拷問を禁止する第九条の規定に加えて、法執行機関がサード・ディグリーの手段［拷問］を用いることを少なくするため、刑事被告人（the accused）は自己に不利益な証言を強要されないことを定める規定、および逮捕された場合ただちに弁護人を依頼する権利（the right to counsel immediately upon his arrest)を認める規定を、憲法に設けることが必要であると考える。自白は、弁護人の立会いのもとでなされたのでないかぎり、いかなる法廷手続においても、これを証拠にすることができない（no confession be admitted in evidence in any court proceeding unless the counsel for the accused was present at the time the confession was made) という規定が必要であるとの意見の表明があった。それは、極端な規定である。しかし、日本の法律家は、それは司法の運営を不当に妨げるものではないという意見をもつ者が数多く存する。」[*10]

この「意見の表明」の主体が誰であったかは定かでないが、この「意見」は、マッカーサー草案起草の直前と思われる時期に民政局長に提出された人権に関

---

*9　高柳賢三ほか『日本国憲法制定の過程Ⅰ』（有斐閣・1972年）9頁。同書に収録された英文該当個所の本文への挿入は、著者。以下同様。
*10　高柳ほか・前掲書29頁。

190　第2部　刑事弁護担い手論の展開

する小委員会案として一旦は次のように条文化されてもいた。[*11]

「自白は、それが被告人の弁護人の面前で（in the presence of counsel for the accused）なされたものでない限り、効力がない。」

この条文は、現行38条2項に該当する条文の一部として用意されたものであるが、この小委員会案には、他に現行34条と37条に該当する条文も用意されており、37条については現行とほぼ同様の条文になっているが34条については、次のような条文が含まれていた。[*12]

「また、何人も、外部との連絡を一切遮断されたままで留め置かれることはなく」

この条文は、外部との接見交通の確保を意図したものと考えられている。そして、この条文は、マッカーサー草案にまで残ってくるが、前述の弁護人の立会に関わる条文は、マッカーサー草案までの間に削除されることになる。その経緯は、次のように報告されている。少し長くなるが、重要な部分であり、紹介しておこう。[*13]

「ホイットニー将軍は、『自白は、それが被告人の弁護人の面前でなされたものでない限り、効力がない』とした規定が賢明なものかどうかを、問題とした。この規定は、犯罪を犯した直後に自然になされた自白を用いることを禁ずるものである。弁護人のついていないところでなされた自白も、強迫されずになされたのであれば、証拠能力を認められるべきである、と彼は述べた。ラウェル中佐は、この規定は、日本独得の悪習を防止する役目を果たす、と述べた。日本では、伝統的に、検察官は、自白をえるためには、精神的肉体的拷問をしたり、おどしたり、どんなことでもする、と彼は述べたのである。ホイットニー将軍は、日本において自白が広く濫用されていることは認めたが、強制、拷問もしくは脅迫による自白または不当に長く抑留もしくは拘禁された後の自白は、これを証拠とすることができない、と規定すれば、濫用の防止が十分に設けら

---

*11　高柳ほか・前掲書233頁。
*12　高柳ほか・前掲書281頁。なお、接見交通権の制定過程については、三井誠「接見交通問題の展開」法律時報54巻3号（1982年）8頁以下参照のこと。
*13　高柳ほか・前掲書213頁。

れたといえるであろう、と述べた。」

　この意見交換のあったのが、1946年2月9日であり、2月13日には、マッカーサー草案が交付されることになる。このマッカーサー草案に残った接見交通に関する条文も、マッカーサー草案に基づいて日本側が起草した3月5日案では、結局削除されてしまう。その理由は、日本側の当局者が、総司令部側に、「その正確な意味をたずねたところ、はっきりした答えがなかったし、実際上も憲法に規定するまでのこともあるまいということで、これを削ることに意見が一致した」[*14]というのである。

　以上、概観したところから、憲法解釈上留意する必要があると思われる点を2、3まとめておくことにしよう。

　第1に、「弁護人に立会ってもらう権利」は、最終的に明定されなかったとはいえ、特筆すべき点である。当時の状況からすれば、アメリカでもまだ権利化していない段階であり、時期尚早ということであったかもしれない。しかし、自白の証拠能力制限の趣旨は、残った条文に込められたのであり、時代状況の変化に相応したその趣旨の理解があってしかるべきであろう。それに、そもそも、この要求が、日本側から出たと思われる点も重要である。刑訴法の制定過程でも、再度、立会規定の要求があったり、[*15]立法当局者が、立会権の問題にわざわざ言及し、「被疑者の取調に、被疑者の弁護人が立会権のないことは、勿論である。しかしながら、事宜により、捜査機関が被疑者の弁護人を立ち会わせることは、勿論差支えない。被疑者の弁護人を立ち会わせた場合の被疑者の供述は、第322条にいわゆる特に信用すべき情況の下にされたものということができると考える。」[*16]と解説しているのも、そのような背景があるからとも思われる。とすれば、刑訴法に否定的明文があるわけではなく、憲法解釈の問

---

*14　佐藤達夫「日本国憲法成立史（6）」ジュリスト86号（1955年）46頁。

*15　第二回国会衆議院司法委員会議録37号2頁以下（昭和23年6月1日）によれば、中村俊夫委員が、「被疑者の取調べに立会えないとすれば、弁護人を被疑者につけるという意味は、大部分抹殺されてしまうだろう」と問い質したのに対して、野木新一政府委員は、「今の日本の段階におきましては、そこまでさせることは、捜査の敏活に差支えがある」とし、その不十分性は、黙秘権と自由な秘密交通権の保障によって補いうると応えている。

*16　野木新一ほか『新刑事訴訟法概説』（立花書房・1948年）121頁。

題としてその権利性を主張することも十分可能であろう。

　第2に、その憲法の条文解釈に関わる文言上の問題にも注意する必要がある。憲法34条の権利内容が、選任権に止まるものでないことは、今や疑いないところであるが、それは、英文の意味からも明らかにされてきているところであり、恣意的、限定的な訳文を見直す必要がある。具体的には、37条の「資格を有する弁護人を依頼する（have the assistance of competent counsel）」が、アメリカでの「弁護人の援助を受ける権利（right to counsel）の内実である「有能・有効な弁護（effective assistance of competent counsel）」を意味すること[17]。また、「依頼する」という have the assistanceが、「そばに居る」あるいは「つきそう」ことを意味し、37条は、「資格のある弁護人につきそってもらう」と解することができるとも指摘されている[18]。

　さらに第3に、やはり37条の文言に関わって、国選弁護を受けられることになっているthe accusedが、「被告人」だけを意味するものでないことも、早くから指摘されてきている[19]。前述してきたところでも、the accusedは、「被疑者」と「被告人」の両方の意味に用いられている。そして、従前、立法上の過誤だとされてきた刑訴法77条が、被疑者の国選弁護を予定した条文であると指摘されることにもなっている。つまり、77条は、逮捕に引き続いて被告人を勾留する場合、国選弁護請求権の告知を行わなくてよいことにしている。それは、被疑者に国選弁護が認められ、逮捕段階で勾引の場合と同様に請求権の告知を行うことを前提とした条文と考えた方が合理的である、というのである[20]。現に、被疑者に国選弁護を認めることが構想されていたことも間違いない[21]。

＊17　田宮裕「弁護権の実質的な保障（1）」北大法学16巻2＝3号（1965年）287頁以下。

＊18　沢登佳人「憲法・刑事訴訟法英文によれば、検察・警察の取調を受けるとき、被疑者は弁護士のつきそい援助を求める権利を有する」法政理論15巻2号（1983年）201頁以下。

＊19　例えば、田宮裕編『刑事訴訟法I』（有斐閣、1975年）〔熊本典道執筆部分〕423頁。

＊20　沢登・前掲法政理論15巻2号209頁以下。

＊21　少なくとも、1946年8月5日付の「刑事訴訟法改正要綱試案」から同年10月3日に確定した「刑事訴訟法改正要綱」、同年8月26日付「改正刑事訴訟法第一次案」から「改正刑事訴訟法第三次案」までは、「勾留中の被疑者」に国選（官選）弁護人の請求権を認めていた。刑事訴訟法制定過程研究会「刑事訴訟法の制定過程（8）」法学協会雑誌92巻7号（1975年）114頁、「同

3. 弁護権論の系譜

　前述のように、憲法の規定について、その内容上の豊富化が進められてきているが、それは、この40年間の紆余曲折の歴史であり、その経緯を簡単に振り返りながら弁護権の歴史的位置を確認しておこう。そのことによって、弁護権のあり様についての視角も定まることになるであろう。[*22]

(1)　第1期（1949〜58年）

　時期区分は、多分に便宜的にならざるをえないが、第1期は、現行刑訴法の施行から平野龍一『刑事訴訟法』（法律学全集43、有斐閣、1958年）の出版までである。

　この時期の初めには、被疑者取調への立会や秘密交通権などに、いくらか憲法的理念を意識した解釈が見られなかったわけではない。また、英米的な「法廷技術」（戒能通孝）も意識的に追求された。しかし、憲法的理念が、理論的バックボーンを持ち得ない中、一方では、刑訴法レベルでの憲法解釈、あるいは、それ以下の旧態依然たる実務の継承、定着化がはかられた。具体的には、通説が身体拘束被疑者の取調受忍義務を認め、黙秘できるのも「不利益な」事項に限定し、弁護人依頼権も弁護人選任権の枠の中に押し込めてしまった。捜査当局は、早くから黙秘権告知規定（198条2項）の削除を求めていたが、弁護人の接見交通についても、81条の接見禁止の場合に立会人を付ける改正案を用意したりした。一般的指定方式が導入されただけでなく、捜査官の立会をあくまでも条件として要求したり、盗聴器を用いるといったことも行われていた。[*23] 裁判所も、このような事態を容認するように、弁護人との接見交通権を侵害して採取した自白の任意性を肯定してもいた。

---

　(9)」92巻10号（同年）126頁、「同（13）」93巻4号（1976年）147頁、「同（16）」95巻9号（1978年）158頁参照。

*22　以下の（注）は、紙幅の都合もあり、最小限に制限させていただいた。ご了承いただきたい。

*23　法務省刑事局『刑事訴訟法の運用及ぶ改正意見に関する調査（上巻）』（検察資料33・1952年）1頁以下参照。

このような事情は、当然のことながら、自白偏重の捜査・裁判を生み、正当化することになったが、他方では、例えば、政令201号（国家公務員の争議禁止）違反事件、公安条例違反事件、それに松川事件といった刑事弾圧事件を中心に、実践的に弁護権や黙秘権の確保・定着を目指す取組みが行われることにもなった。そのような中で、黙秘権理論の深化のバックアップによって告知制度の実質的改変が阻止されることにもなった。とはいえ、刑事手続全体に、その影響が及ぶということになったわけではなく、56年からはじめられた第一審強化方策要綱による集中審理は、脆弱な弁護体制の下で、被告人を犠牲にする訴訟促進策にすぎなかった。

(2)　**第2期（58～66年）**

　この期は、平野『刑事訴訟法』の出版から、ミランダ判決までであり、ようやく憲法の弁護人依頼権の内実が理論的に明らかにされることになった。

　平野『刑事訴訟法』の出現（1958年）は、憲法的当事者主義刑訴法理論の一応の体系化の完成を意味した。弾劾的捜査観の下での身体拘束被疑者の取調受忍義務の否定、接見自由原則の確立など、被疑者・被告人の主体的地位の確立へ向けた権利保障は、学界の動向に大きな影響を与え、各論的な議論を促すことにもなった。

　具体的には、前述したように、憲法37条の「資格を有する弁護人」を依頼する権利は、アメリカでの「有能・有効な弁護」を受ける権利であることが主張される（1965年[24]）。その内実は、「ただ弁護人を持つという形式的な権利ではなく、その援助を受ける実質的な権利であるはずである。そうだとすれば、弁護人と接見する権利は、いわば絶対的な権利であり、少なくとも捜査目的より優先するはずのものである」とも主張されることになる（1965年[25]）。

　そして、このような学説の動きの背景には、国際的な権利伸張の動きがあった。1964年に西ドイツでの法改正が、接見自由の原則を確立し、アメリカでは、

---

*24　田宮・前掲北大法学16巻2＝3号287頁以下。
*25　平野龍一「捜査と人権」『日本国憲法体系』第7巻（有斐閣、1965年）267頁。

1964年のエスコビード判決につづき、1966年にはミランダ判決によって、つ
いに原則として取調にあたって弁護人の立会を要求することになったのである。

わが国での秘密交通権をめぐる状況は、相変わらず極めて否定的であり、
10日間の勾留中に1、2回、1回30分程度の接見が認められるだけという実情
にあったが、1966年には、ミランダ判決の影響といってもよいであろうが、
一般的指定を違法とするはじめての判断が示されることになった。しかし、他
方では、死刑事件での国選弁護人の弁護拒否事件（1960年）をめぐって、刑
事弁護の実情や国選弁護の実態に眼が向けられ、弁護士の刑事弁護に対する姿
勢が問われることにもなった。

(3) 第3期（66〜78年）

この期は、ミランダ判決から、弁護人抜き裁判特例法案までである。ミラン
ダ判決の影響を受けた学説の展開によって、実務も大きな前進を見せるかと思
われたが、学生公安事件を中心に、裁判所の強権的訴訟指揮と弁護権がフリク
ションを起こし、法務・検察当局と裁判所が一体となった弁護人抜き裁判特例
法案（刑事事件の公判の開廷についての暫定的特例を定める法律案）の提案に
いたった。それまでの段階では、まず、国選弁護の問題が、理論的に本格的な
検討対象になることにもなった。

アメリカでの判例の展開を受けた学説（田宮）は、憲法34条の弁護人依頼
権について、憲法規定の抽象性、柔軟性を根拠に、次の三つの構成が可能だと
する。①弁護選任権。②自由接見交通権。③取調立会権。そして、「現段階」
（1967年）では、②を採るべきだとした。その理由は、③は、「刑事弁護制度
の現状や捜査機関や一般の捜査観の現状では実現不可能でもあり、また採用を
強行するとまだ逆効果の方が大きいだろう」というのである。それに、「刑訴
法三九条と最もよく調和したものといえるし、弁護権の進歩の歴史からいって、
この程度に解するのが妥当でもあろう」とする。さらに、「憲法三四条の弁護
権は国選を要求するものと解することができる」との解釈も示されていた。[26]

＊26　田宮裕「接見交通の指定をめぐって」判例タイムズ210号（1967年）5頁以下。

このように、当事者主義理論の深化に伴い、憲法規定の解釈に正面から取組む必要性も増大してきたが、憲法学者からの本格的発言はほとんどない状態だった。それが、ようやく1973年に憲法学者と刑訴法学者の本格的共同研究が実現することになった（法律時報45巻2号〔1973年〕8頁以下参照）。また、弁護士によって、わが国の刑事弁護の実情を全面的に分析、検討する作業も行われることになる。捜査、公判を手続の流れに添った「弁護の技術」の総括は、具体的、各論的に刑事弁護の到達点を示すとともに、裁判の現状との関係での「弁護士の技術の限界」にも言及している（1970年[*27]）。その中では、「刑事弁護が遠ざけられる」ことになっていることが指摘されている。そして、その主たる原因が、報酬問題にあるわけではなく、刑事弁護は、「四重苦」にみまわれているという。

　第一に、平賀書簡事件や青法協攻撃にみられる権力的統制や人事政策による「官僚の司法の頽廃」。第二に、検察優勢、裁判官の検察偏向、裁判官の敵対当事者化などによる「力関係の較差」。第三に、刑事弁護士に対する迫害。第四に、当事者との内部関係における「訴訟維持の苦心」である。その上で、捜査、公判の各段階での弁護活動が逢着している制度的、非制度的限界が明らかにされている。

⑷　第4期（78年〜現在）

　最後は、弁護人抜き特例法案から現在までである。前期で指摘された刑事弁護をめぐる環境の悪化が、弁護人抜き特例法案になり、その延長線上に拘禁二法案があるといってよいであろう。杉山事件判決（1978年）が接見交通権を「刑事手続上最も重要な基本的権利」として接見自由の原則を確認したことや相次ぐ再審無罪判決にも関わらず、接見交通権をめぐる実情にほとんど変化はなかった。70年代後半から80年代にかけては、警察権限の拡大・強化が進行し、刑事司法は、「警察司法」と言われるまでに、相変わらず自白偏重の警察捜査

[*27]　田邨正義「捜査段階における弁護の技術」、西田公一「公判段階における弁護の技術」、小長井良浩「刑事司法の現状と弁護士の技術の限界」。いずれも、釘沢一郎編『講座現代の弁護士4　弁護士の実務・技術』（日本評論社・1970年）所収。

に支配されているとも言われる。拘禁二法案は、その恒久化を狙ったものとも考えられる。

このような中で、弁護人抜き特例法案に関連して必要的弁護が、拘禁二法案に関連して接見交通の問題が、あらためて憲法的視点から理論的に再検討されることになった。すなわち、憲法37条3項が保障する「弁護人の実質的な援助を受ける権利」は、絶対的で不可欠の権利であり、放棄は認められず、必要的弁護は、この37条3項を具体化した制度だというのである。[28]接見交通権については、指定の要件である「捜査のため必要があるとき」から罪証隠滅防止の必要を排除する「接見交通権優位説」が提唱されている。[29]

このように、一方では、緊迫化し、困難化する事態に原則的に対応しようとする動きがあり、そのような姿勢は、他にも、身体拘束被疑者の取調を198条1項の解釈（1979年）[30]や、黙秘権成立の歴史的経緯（1982年）[31]から否定する見解、それに被疑者の国選弁護を憲法37条3項や刑訴法77条の解釈から要求する見解（1983年）[32]などにみることができる。これに対して、実務の実情に変化を期待することができないという認識の下に、「現実的」ということで妥協的な解決策を提示しようとする動きも存在する。例えば、被疑者の弁護権について、「①地裁事件のような重要な事件では、被疑者の国選弁護制度を認める、②逮捕後第一回目の接見については、指定を許さない、③勾留以降はすくなくとも×日に一回、一時間以内の接見を許す、④取調べのつど、黙秘権のほか接見交通権の告知も義務づける、などの規定を設ける」ことを考えてはどうかというのである。[33]

＊28　小田中聰樹「刑事被告人の『弁護人を依頼する椎利』」『新版憲法演習2』（有斐閣、1980年）170頁以下。

＊29　日弁連接見交通権確立実行委員会「接見交通実務ハンドブック」33頁以下（日本弁護士連合会・1986年）。

＊30　沢登佳人「逮捕または勾留中の被疑者の取り調べは許されない」法政理論12巻2号（1979年）1頁以下。

＊31　上口裕「身柄拘束中の被疑者取調について」南山法学5巻1＝2号（1982年）119頁以下。

＊32　沢登・前掲法政理論15巻2号201頁以下。

＊33　田宮・前掲ジュリスト852号163頁。

4．課題は何か

　以上概観してきたように、刑事弁護権は、40数年前の憲法制定過程において、相当の幅を潜在させながら成立することになった。その「弁護人の実質的な援助を受ける権利」としての理論的可能性は、その時々の個別的課題との関連の中で、必要に応じて明らかにされてきた。例えば、接見交通自由の原則や身体拘束被疑者の取調への立会、それに被疑者の国選弁護可能性等々であり、制度的不備の存在はともかくとして、その理論的到達点は、既に1960年代半ばに一応ピークに立っていたと言ってよいであろう。それゆえ、憲法による保障の枠からすれば、アメリカなどと同様、60年代に理論的到達点が現実のものとなっても不自然ではなかった。それが世界的趨勢にも添うものだった。ところが憲法制定以来40余年を経て、今だに現実は、遅々としている。これは、もはや法制上の不備や力関係云々ということに止まらない、文化水準の問題になっている。それゆえ、国際的な批判を浴びるのは、当然である。とすれば、もはや、事態を打開する実践的方策こそが求められている、とも言えよう。

　しかし、これまでの理論的解明は、個々的な到達点は評価すべきであるにせよ、それぞれが、個別的な実践的必要性に応えた解明だったということからくる有機的関連性、体系性の解明の弱さを伴っていることは否めない。それは、刑訴法解釈への対抗上、憲法を援用するという基本的姿勢からくるものだったともいえようし、そのことが、ご都合主義的な印象を与え、理論的説得力を弱める一因になっていたかもしれない。というのも、あらためて確認するまでもなく、憲法は、刑事手続における人権保障を被疑者・被告人（規定上は、「何人」あるいは「被告人」）を主語（主体）として規定している。それゆえ、31条を総則的規定と位置づければ、憲法は、被疑者・被告人が全手続過程に主体的に関わることでその人権保障が実効化すると考えていると言ってよいであろう。そして、その主体的関わりを援助するものとして弁護人が位置づけられている。その意味では、憲法は、被疑者・被告人の弁護権を体系化したものだと言ってもよい。

それゆえ、刑事手続のあり方を論じるためには、まず、憲法の刑事手続関係規定全体を体系的に把握することを前提にしなければならない。このような視点はこれまで必ずしも十分でなかったように思われる。そこで、本格的な検討は、他日を期さざるを得ないが、弁護権という視点から試論的な整理を行うと次のようになるであろう。

　憲法は、31条で総論的に手続全般に適正性を要求し、刑事手続に関わっては裁判所が唯一の判断機関であることを、これも総則的に確認している（32条）。そして、人身の自由、住居の不可侵に対する侵害についても、その裁判所による正当化を求めている（33、35条）。と同時に、手続全般に関わっての主体的権利行使を担保するため弁護を受ける権利を保障している（34条）。「抑留又は拘禁」の前に「直ちに弁護人に依頼する権利」を与えているのは、そのことを意味している。すなわち、この段階での弁護人依頼権の保障は、当該強制処分に関わってだけの弁護の問題ではなく、この強制処分を起点とする手続全般に関わって弁護人の実質的な援助が不可欠であることを宣明しているのである。であれば、被疑者段階で国選弁護が存在しないのは不合理であり、憲法は、被疑者段階より立場の強化される被告人段階についても国選弁護を設ける必要があることを確認するため37条3項を置いたと考えるべきである。さらに、身体拘束下にあっては、その主体的権利行使は弁護人を通して行われるのであって、そのためには無制約の自由な接見交通が保障されなければならないのは当然として、黙秘権の保障、自白法則の実効化を担保することも弁護人に求められる責務であり、そのために取調への立会を権利として保障されていると考えなければならない。

　以上は、明文に即した位置づけになるが、その他にも例えば、捜査当局の収集した証拠の事前全面開示、起訴条件の設定、訴因の特定、訴因変更の限界、訴訟指揮権の制約、等々を弁護権的視点から憲法的保障の枠の中に位置づけることが可能と思われるが、ここで詳しく論じる余裕はない。

　このような理論的営為がなお要求されていることを確認しながら、最後に、これまでの理論的成果を踏まえ、総論的実践的課題として是非とも検討を要すると思われる主な点をあげて結びとしたい。

①依頼権の告知と依頼手続に対する弁護士団体による関与可能性の追求。

②被疑者段階での弁護人数制限の撤廃と国選複数化の追求。

③弁護料の公的支出、あるいは弁護士会基金による支出可能性の追求。

④刑事弁護の必要性と可能性についての対社会的宣伝・啓蒙。

第2節

被疑者国選弁護制度実現を目指して

[講演録Ⅰ] 憲法からみた当番弁護士制度の今日的意義

　本［講演録Ⅰ］は、1990年12月1日に福岡県弁護士会が当番弁護士制度を発足させるのを前に、11月29日に当番弁護士制度の発足を記念して開催された講演会でお話しさせていただいた際の講演録である。この講演録自体は、翌1991年7月13日に福岡市で開催された日本弁護士連合会第3回国選弁護シンポジウムに際して作成された資料集『被疑者段階の国選弁護制度―その実現に向けて』に、「憲法上の被疑者国選弁護の位置」と題して収録していただいていた（19-34頁）。その内容が、憲法が被疑者に対して国選弁護権を保障しているという理解に立ち、被疑者国選との関連で当番弁護士制度の意義を論じていたからであった。なお、本書へは補正の上収録させていただいている。

１．はじめに

只今ご紹介いただきました大出でございます。

第3章　憲法・刑事訴訟法における刑事弁護の位置　201

今日は、当番弁護士制度の発足を記念する講演会でお話する機会を与えていただき、大変光栄に存じております。

　と申しますのも、この度の当番弁護士の実施は時宜を得た先駆的事業のスタートとして極めて大きな歴史的意義をもっており、このスタートは永く日本の刑事司法の歴史に記録されるのでありましょうし、そうする必要があろうかと思います。そのような歴史的瞬間にともかくも関わるチャンスを与えていただいたからであります。

　このような意義深い制度を発足させることを決断され、準備された福岡県弁護士会の会員の皆様になによりもまず深甚なる敬意を表させていただきたいと存じます。

　このような制度の発足を、学界も待望していたと申し上げてよろしいかと思います。この制度の実施は、単に刑事弁護の在り方の問題に止まらない、刑事訴訟全体の在り方を変える大事業であろうかと思います。

　このような試みは、直接の担い手である弁護士の方々の決断がなければはじまらないことはもちろんでありますけれども、この制度が定着し、充分機能を発揮するためには弁護士や弁護士会の方々のご努力だけでは十分ではなく、社会的な理解、バックアップといったものが不可欠かと思います。もちろん学界からのお手伝いということも考えなければならないと思います。幸い、ご紹介いただきましたように私も来（1991）年4月から福岡に参りますので、微力ではありますが何かお手伝いができればと思いまして今日も出かけて参った次第です。

　今日は、タイトルにございますように当番弁護士制度というものが現在の法制度の中でどういった位置づけを受けるものかといったことについてお話申し上げたいと思います。その結論を先取り的に申し上げれば、当番弁護士制度という形を採るべきかどうかは別として、憲法は被疑者段階からの弁護士の援助を保障しています。ところがその保障を担保する援助体制は結局できずにきました。ですから、当番弁護士制度の発足はむしろ遅きに失したと言ってもいいかもしれません。それだけに発足させた以上は後戻りはできない。そのような位置づけで是非充実発展を期していただきたい、というような視点から当番弁

護士制度の持つ意義というものについてお話を進めさせていただきます。

　お手元に今日お話ししようと考えております枠組みをレジメとしてお渡ししてあるかと思いますので、概ねその順序に従いお話を申し上げたいと思いますが、今日は弁護士の方ばかりではなく一般の市民の方もかなりいらっしゃるとのことですので、できるだけご理解いただけるようお話を進めさせていただきたいと思います。

2．わが国における弁護権保障の歴史

　まず現在の弁護権保障の意義を考える前提として、弁護権の保障がどのように発展してきたかを確認しておきたいと思います。ご承知のように刑事手続は人権を侵害する危険性の強い手続です。ですから、刑事手続の上でどのように人権を保障するかということは、重大な課題として歴史的に追求されてきたわけです。そして日本国憲法は、世界的な人権尊重の動きを意識し、刑事訴訟上の人権保障に意を尽くした規定を設けました。歴史的な成果として日本国憲法に結実した人権保障の基本的な考え方と申しますのは、そのような人権侵害性の強い手続において、従前被疑者や被告人を糾問の対象、つまり手続の客体として位置づけてきたというところから脱却して、弾劾主義あるいは当事者主義といった言い方をしますけれども、被疑者や被告人を手続の主体として位置づけその地位と権利を保障することで人権侵害を防止しようとしてきたと申し上げていいかと思います。

　それは具体的には黙秘権の保障であったり弁護権の保障だということになるのですが、その権利の保障は被疑者や被告人が自ら行使する権利の保障からはじまり、その権利行使を担保するために弁護士の援助をうける権利を保障するというところまで到達したと申し上げてよいでしょう。よく「刑事訴訟の歴史は弁護権拡充の歴史である」と言われたりしますが、まさにこの言葉は刑事手続上の人権保障の歴史を端的に表現した言葉だろうと思います。

　わが国の弁護権保障の歴史を簡単に見てみますと、これは世界的にはかなり遅れていたと申し上げてよいと思いますけれども、レジメ（本節末尾に収録）

にもありますように明治時代に制定された治罪法や旧々刑訴法の時代には、被告人の場合に限って、しかも弁論のために弁護人を用いることができるということに止まっておりました。それが現在の刑訴法の前の刑訴法であります1922年に成立した旧刑訴法の段階では「公訴ノ提起アリタル後」ということで、その当時は予審がありましたから、予審を含めて弁護人の援助をうけることができるようになりました。しかし、被疑者段階ではおよそ弁護士に依頼できるということにはなっていませんでした。そして戦後、日本国憲法が成立しまして、現在の刑事訴訟法が成立するということになり、飛躍的に弁護権の保障が拡充、強化されるということになったわけです。

３．現行規定とその運用

　具体的には、本［講演録１］末尾のレジュメ［２］のところに書いてございますけれども、憲法34条は、「直ちに弁護人に依頼する権利を与へられなければ」身体拘束はできないという保障をしましたし、憲法37条３項は「刑事被告人はいかなる場合にも、資格を有する弁護人を依頼することができる。被告人が自ら依頼することができないときは、国でこれを附する」ということで、刑事被告人に対して国選弁護制度を設けるべきことを宣言したわけです。当然この憲法の規定に従い刑訴法にも規定が置かれることになりました。

　ところが実は必ずしも憲法と刑事訴訟法が符合することにはなりませんでした。例えば、刑訴法30条は被疑者・被告人は「何時でも弁護人を選任することができる」としており、この刑事訴訟法の「選任」できるという文言が実は憲法の「依頼」の内容を限定することになっていたわけです。

　また、確かに戦前に比べれば被疑者にも弁護人の選任権が拡大することになり弁護の充実が図られることになったことは間違いありません。ところが、憲法37条３項が被告人について国選弁護を保障するという明文をおいたということなどの関係から、被疑者段階での国選というものは制度として設けられないということに終わってしまったということがあります。

　更に刑訴法39条は、憲法34条を受けて弁護人あるいは弁護人になろうとす

る者が被疑者・被告人と立会人なしに接見することができる、会って相談したり書類・物の授受をすることができるということを規定していますが、この点についても3項で指定制度が設けられています。原則は自由に会えるということでなければならないのですが、現実には3項の指定制度によって極めて制限的な運用がまかりとおってきました。

それから先程の話ですが、弁護人の選任に当たって被疑者・被告人にどういった選任のためのアクセスが可能なのかということでは刑訴法78条が「弁護士又は弁護士会を指定して弁護人の選任を申し出ることができる」という保障しか与えなかったということがあります。

最初の点をもう少し運用という面で具体的に敷衍しますと、憲法34条は、規定自体が「依頼する権利」となっているにもかかわらず、解釈としては、弁護人選任権、つまり刑訴法の規定する「選任」というレベルでの権利を認めたものにすぎないというような理解が通説的な理解として拡がることになりました。そして、判例の中にも憲法34条前段あるいは37条の3項前段は、弁護人を依頼する権利の告知までを保障したものではなく、弁護人の選任を妨害されない消極的権利に止まる、ですから依頼方法とか費用等の告知などは不用なことなのだということをいち早く確認するものも出てくるというようなことになります。

そのようなわけで、弁護人選任権というか弁護人依頼権というかはともかくとして、弁護権が法律上は被疑者段階でも保障されるということにはなったのですが、実際に弁護人に援助してもらうには、なかなか困難な状況が続いてきました。たとえ弁護人を選ぶことができる、弁護人に依頼することができるということになったにしても、実は先程申し上げました刑事訴訟法39条3項によって、いったん接見を全面的に禁止する一般的指定というような本来憲法は予定していなかった指定方式が案出され、接見が著しく制限されてきました。

レジメに免田事件、財田川事件、松山事件、島田事件という事件名を書いておきましたけれども、最近再審で無罪になった死刑事件4件などにおける弁護の実情については、研究者の認識も必ずしも十分なものではありませんでした。例えば、最近わが国の刑事裁判が「かなり絶望的」だと明言したことで有名な

第3章　憲法・刑事訴訟法における刑事弁護の位置　205

平野龍一先生が「自由と正義」という日弁連の機関誌の座談会の中で（「座談会・いま日本の刑事裁判は」38巻2号4頁以下）、再審になっている事件が早い段階で救済されなかったことについて、弁護士にも責任があったのではないかといったニュアンスの言い方をされたことがあります。ところが、そもそもこの4つの事件などではいずれも被疑者段階では弁護人が選任されていないか、選任されていても、実質的には意味がなかった。それが当時の現実であり、弁護人の責任を問う以前の状態でした。

　免田事件は1948年12月29日に起こっていますが、免田栄さんが犯人ではないかということで拘束されるのが次の年の1月13日です。1月13日に令状もなく強制的に連行され、夜中に別件で緊急逮捕されます。そうして16日になって自白をさせられるということになります。それまで、弁護人はついておりません。弁護人がつくのは、起訴後の2月2日の段階だったということです。この弁護士の方は最終的には上告趣意書などを見ますと、まさに再審無罪判決が認めたようなアリバイの存在を証拠に基づいて見事に指摘していたのですが、ご本人の述懐によれば、2月2日の段階で弁護人に選任されたときは、すでに免田さんは自白させられ、流布された情報から、もう免田さんが犯人に間違いないということで対応せざるを得なかったと述べておられたと伺ったことがあります。そのような状態から弁護活動をはじめざるを得なかったということです。

　それが当初の実情だったと申し上げていいだろうと思います。つまり、それはなにも免田事件に限ったことではなく、他の事件においても大同小異だったということです。そのような実情の中で、多くの冤罪事件が生み出されます。その冤罪事件の続発は1950年代半ばに大きな社会問題になってきます。例えば、松川事件や八海事件をめぐっての裁判批判についてはまだご記憶にある方もおありかと思いますけれども、その他に二俣事件、幸浦事件、小島事件、いずれも静岡で発生した事件ですが（上田誠吉＝後藤昌次郎『誤まった裁判』岩波新書・1960年参照）、そういった事件が大きな社会的問題になり刑事手続の在り方が反省される、刑事弁護の在り方についても関心が高まってくることになりました。

4．学説による憲法規定の再評価

　あらためて学説が、憲法の保障した刑事弁護の在り方とは何だろうということを問い直す動きも生まれてきます。具体的には、1950年代半ばを過ぎてからですが、先程申し上げました弁護人選任権という枠の中に押し込めてしまうということが果たしていいのかどうか議論されることになってくるわけです。その大きな契機になりましたのが、1958（昭和33）年に出ました平野龍一先生の『刑事訴訟法』（有斐閣法律学全集）です。いまだに名著の誉れ高い、隠れたベストセラーではないかと思っているわけですが、つまりこの本が弾劾的捜査観という捜査についての考え方から、従前被疑者を取調の客体として位置づけ、自白を追及するために被疑者を利用する、そういった捜査についての考え方を糾問的捜査観として批判し、捜査段階でも被疑者を手続の主体として位置づけることになります。これは、極めて画期的な考え方であったと申し上げていいかと思います。そうなればまさに被疑者の地位を保障するために、被疑者の弁護が不可欠であり、その時点ですでに接見自由原則が確認されています。そして、接見指定については物理的限定説と言われる、専門的になりますけれども、接見自由原則を前提として、物理的に接見を制限せざるを得ない場合に、例外的に最小限の接見制限だけを認める考え方がすでにこの段階で提起されていたということになります。

　しかし、現実には、なかなか根本的転換という動きになってきませんでした。そのような中で、わが国では、いまだに外圧、外圧ということになるわけですが、刑事手続においても、外圧の影響が大きかったのでありまして、1960年代半ばになりまして、アメリカの連邦最高裁の判例の動きが大きな刺激を日本に与えることになります。具体的には1964年と1966年のエスコビード、ミランダの両判決が、刑事弁護の在り方についての考えを根本的に変えさせる、そういうインパクトを与えるということになります。アメリカでは既に1930年代には刑事弁護をめぐって判例の動きがはじまりますけれども、1966年のミランダ判決は遂に、まず被疑者に黙秘権、国選弁護人請求権、弁護人立会権と

いった権利があるということを告知することを要求します。そして、被疑者が黙秘権の行使を宣言した段階で取調を終了しなければいけない。さらには、被疑者が弁護士の立会を求めたときには、直ちに弁護士に連絡をし弁護士を立会わせる。そのような取調が行われなければならない。そして、これらの告知、それから黙秘権の保障、立会権の保障、などを侵害して得た自白は使えない、証拠能力がないというところまで進んだわけです。

　このミランダ判決は、田宮裕先生あたりを中心に、直ちにわが国にも紹介されるということになりまして、日本の学界のみならず裁判所も敏感に反応することになります。もちろんミランダ判決の内容までにはいかなかったわけですが、ミランダ判決の出た翌年、例の有名な鳥取地裁の決定が一般的指定が違法であるという判断をはじめて示すことになります（昭和42年３月７日決定判例タイムズ207号225頁）。そして学説の上では、憲法37条が「有能、有効な弁護」を保障しており、34条が自由な接見交通権を保障しているだけでなく、さらに、取調立会権を保障していると解釈できる規定だということが田宮先生によって主張されることになります（「接見交通の指定をめぐって」判例タイムズ210号５頁以下・1967年）。

　また、田宮先生は同じ時に、憲法37条３項は被告人にのみ国選弁護を認めているけれども、憲法解釈としては決して被告人にのみ国選弁護を保障している趣旨ではなく、34条と合わせて読めば被疑者にも国選弁護を保障している、と主張されます。この憲法が国選弁護を被疑者に保障しているという解釈は、憲法学者にも次第に広がりをみせています。レジメに簡単に紹介してありますように、その根拠は５点ほどあげられると思います。

　まず第１に、被告人に国選弁護が保障されているにもかかわらず、より強く弁護人の援助を必要とする被疑者段階に国選弁護がないというのは、憲法14条の平等原則違反であるという主張です。この憲法14条を援用した実質論を基礎に憲法37条３項後段について、従前は後段が国選弁護権を保障したものと考えられていたわけですが、後段は前段の弁護人依頼権の内容についての確認であって、37条３項全体として弁護人依頼権の内容を規定したものだ。つまり、弁護人依頼権というのは国選弁護権を含んだものだ、ということを37

条3項は確認している。ということは、当然のこととして34条によって被疑者に保障されている弁護人依頼権も国選弁護権を含んだ権利であるということになります。こういった、解釈論が展開されるわけです。もう一度繰り返しますが、34条は文言上は国選弁護を明言しているわけではありません。しかし、37条3項後段によって注意的に確認されているように、そもそも憲法が保障している弁護人依頼権というものが国選弁護権を含むものでなければならないとすれば34条は被疑者に国選弁護権をも保障した規定ということになるわけです。

この考え方は次第に支持を拡げることになりますし、解釈としていろんな角度から補強の手立てが講じられます。二番目には、いま弁護士をされていますが、元裁判官の熊本典道氏あたりもこの田宮さんの考え方を受けながら、憲法31条のデュー・プロセス条項の不可欠な内容として被疑者に弁護権を保障するとなれば当然国選弁護ということを考えなければならない、ということを、やはり憲法14条の平等原則違反との関わりを含めて主張されるということになります。そして、さらにはレジメに英文をあげてありますが、37条3項の英文は、At all timesのあと棒線を引っ張っているところですが、主語にthe accusedという単語が使われています。このthe accusedという単語が英語では被告人のみならず被疑者を含む意味に使われている用語であるということが主張されるようになります（熊本典道『刑事訴訟法Ⅰ』田宮裕編〔有斐閣・1975年〕423頁）。

ご承知のように日本国憲法は、先に英文ができたわけでありまして、英文が訳されて現在の日本国憲法になっているわけですが、その訳出にあたって後に触れる澤登佳人教授が指摘されるような意図的な誤訳かどうかは別として、このaccusedが、被告人という限定的な内容に訳されてしまった、ということがどうもあると思われます。この点は、なかなか確定しにくい部分ですが、レジメに日本文の長い文章をいれておきました。その英文も同じ場所に入れてありますが、Legal Reform in Occupied Japan という本がありまして、直訳しますと、占領下日本における法制改革ということにでもなるでしょうが、最近『日本占領と法制改革』（日本評論社・1990年）というタイトルで翻訳出版されて

います。著者のオプラーという人は、アメリカ占領軍による日本の戦後法制改革の中心にいました。そもそもはドイツ出身の方ですが、当時はアメリカ軍の法律専門家として非常に重要な役割を果たしています。この本の119頁を見ますと、「しかもかりに被疑者が弁護士を得ることができないときは、裁判所は彼のために弁護士を選任しなければならない」となっています。念のために原文がどうなっているかも確認しておきましょう。レジメの最後についている「資料」中の「Legal Reform in Occupied Japan（1976）p.138」とかいてあるところの英文です（本書223頁）。棒線を引っ張っているところですが、「被疑者」と訳されている部分に原文ではsuspectという単語が使われています。これは明確に「被疑者」を意味する単語ですので、少なくともオプラーは間違いなく被疑者段階からの国選弁護を考えていたということだと言ってよいでしょう。

　次に、レジメ［3］(2)⑤をご覧下さい。実は、刑訴法の制定過程の途中まで勾留中の被疑者についてですが、国選弁護人を附することを意図した規定が置かれていました。1946年12月段階までですからかなり早い段階で消えてしまうことは消えてしまうのですが、そういう規定を持っていたことは間違いないところです。

　さらに第4に、この点に関わって実は、最近、なるほどそういう見方が出来るものだという解釈、提言がされています。澤登佳人新潟大学教授が憲法の英文の訳に意図的な誤訳があるという主張をされるとともに、被疑者の国選弁護が存在しないことによって刑訴法の条文上に矛盾が生じているということを指摘されています。具体的には、レジメに書いてありますように憲法37条の日本語訳について、accusedが「被疑者」を含むということを当然の前提として、さらに「依頼することができる」というのは、英文のassistanceとは明らかにニュアンスを異にしているというのです。assistanceというのは、単に「依頼することができる」ということに止まらず、「援助を受けることができる」という趣旨であり、それをフランス語の同義語との関係でみますと、常に「つきそってもらう」ということを意味するというわけです。つまり、「つきそってもらう」ということは、当然のことながら立会ってもらうということでして、取調への立会権を保障したものであるということになります（法政理論15巻2号201頁以下・1983年）。

この点につきましては私が調べたところでも、憲法制定過程で占領軍の用意した草案のなかに、取調への弁護人の立会を規定した条文が用意されていたことがあります。それは、現在の38条の関係で用意されたものでありますけれども、まずそこではaccusedが「被疑者」の意味で使われていますが、それはともかくとして被疑者段階での自白については弁護人が立会っていて得られたものでなくては、証拠能力は認められないという規定がおかれます。最終的にこれは時期尚早であるということで、現在の38条2項の条文になります。しかし、運用如何では弁護人の立会を要求するのと同じ意味を持つというのが占領軍のコメントでした（高柳賢三ほか『日本国憲法制定の過程Ⅰ』〔有斐閣・1972年〕232・213頁）。もちろん、その段階ではアメリカにおいてもまだミランダ判決はないので、アメリカよりもかなり進んだ規定ということになるのでしょうから、当然抵抗の大きさも頷けるわけでありますが、いずれにしてもassistanceという用語に即した規定として用意されたとも考えられるわけです。

さらにもう一つ澤登教授が指摘していますのは刑事訴訟法77条それから203条あたりの条文のもつ意味とその矛盾関係です。一応条文を用意しておきましたが、よく見ていただきませんと一寸分かりにくいかもしれません。実は77条を見ますと、「逮捕又は勾引に引き続き勾留する場合を除いて被告人を勾留するには」となっていますが、この規定は被告人が、被疑者として逮捕されたり、被告人として勾引されるといったことがなくて、直接勾留される場合の権利告知に関する規定です。ここでは、逮捕、勾引されている場合には既に権利告知がその段階で済んでいるということで「除いて」います。つまり、直接勾留するときと同じ内容の告知が行われているという前提です。そして、直接勾留する際には国選弁護請求権も告知されることになっています。ですから77条は被疑者として逮捕され、引続き勾留される被告人には既に逮捕の時点で国選弁護請求権の告知が行われているということを前提にした規定と解することができるのです。ところが実際には、203条、204条を見ていただけば分かるように弁護人選任権の告知はあっても、国選弁護請求権の告知はありません。ここに齟齬があるのは明らかです。澤登教授はこの齟齬について、203条と204条の国選弁護請求権の告知規定の脱落が立法の過誤だと主張されます（前

掲・法政理論15巻2号209頁以下）。

　それから最後に、憲法34条の規定を私どもちゃんと見てきたわけではなかったのではということを改めて痛感していることがあります。憲法34条は勾留理由開示についての規定を後段に置いているわけですが、見てみますと「又、何人も、正当な理由がなければ、拘禁されず、要求があれば、その理由は、直ちに本人及び弁護人の出席する公開の法廷で示されなければならない。」となっています。これは、従前は弁護人が選任されていないときまで弁護人がいなければいけないと言っているわけではないと解されてきました。しかし、この条文はあくまでも「本人及び弁護人」としているので、そうは読めない条文です。被疑者に弁護人がついていない場合が多いという現実を前提にした辻妻合わせとしか言いようがないでしょう。本来は弁護人がいることを想定した条文と解すべきものでしょう。前段で身体拘束時に弁護人依頼権を保障しているのもそれ故と考えるべきで、身体が拘束された場合にはその時点から国選を含めて弁護人の必要な援助を保障しようというのが憲法の趣旨と言うべきでしょう。そうでなければ実質的にも、そもそも勾留理由開示を請求するといったことは不可能でしょう。そのような画餅を憲法が与えているとは考えられません。

５．刑事弁護をめぐる状況と被疑者国選

　以上申し上げましたように、憲法の解釈ということでいけば、憲法は被疑者に国選弁護を保障していると解すべきだということになるわけです。ところが刑訴法は被疑者の刑事弁護について決して十分な規定を設けたわけではありませんでした。それに、その他の点についても不十分さを残していました。そのために、被疑者にとって極めて不都合な手続になっているということはご承知のとおりです。さきほど、美奈川成章先生からイギリスの手続のご紹介がありましたけれども、かなり日本と違うわけです。つまり、身体拘束の実質的目的、身体拘束時間、身体拘束の場所、警察と裁判所との関係の問題等々、日本との相異は明らかです。

　わが国では被疑者は、通常23日という長い期間の身体拘束が認められてい

ます。学説の多くはこれを身体拘束が可能な最大限の時間で、できるだけ短く打ち切るべきだと考えていると言ってよいでしょう。ところが捜査機関や裁判所は23日間を丸々使える手持ち時間だという発想になっていて、当然のごとく取調に利用しています。

　そのような捜査を支えているのが、刑訴法198条１項但書です。制定当時の学説や捜査実務はこの規定が、身体を拘束されている被疑者が取調を拒否できないことにしている、つまり取調受忍義務を肯定したものだと解し、運用してきました。取調受忍義務を肯定しても、供述義務を課しているわけではないので黙秘権の保障と抵触するわけではないというのです。しかし、その後の学説の多くは供述義務がないといっても取調受忍義務を肯定すれば、事実上黙秘権は否定されたと同じことになるということで、取調受忍義務はないということを主張してきましたけれども現実にはそうなっていません。

　さらには、身体拘束の場所として警察の留置場が代用監獄として利用されており、取調にあたる警察当局が四六時中身体を自由にでき、何時でも取調が可能な状態になっているのでありまして、こういった実情が自白偏重捜査による冤罪事件を生みだしてきたことはご承知だろうと思います。これは先程申し上げた免田事件が発生した1940年代末から1950年代前半あたりだけの話ではなくて、いまだにこの事態は変わらず続いていると申し上げていいかと思います。

　とはいってももちろんこの事態が直線的に進んできたわけではありません。1960年代半ばあたりから1970年代にかけて、これも先程触れた1967年の接見交通について一般的指定を違法とした鳥取地裁の決定がでた頃には、別件逮捕を違法だという判決をはじめ、自白偏重捜査から脱却しようという意欲を感じさせる下級審裁判所の判例が続きました。ところが、不幸なことにこの時期に、一方では裁判所内部で例の青法協問題がおこり、次第に裁判官の中の自由な雰囲気が失われていき、他方で刑事手続という面で、学生公安事件を中心に、強権的な訴訟指揮による裁判所の治安機関化が進行しました。そうしたなかで刑事弁護についても、三ナイ状況とでも言うべき事態が問題になってきます。つまり、刑事弁護を担う弁護士がイナイ、刑事弁護はモウカラナイ、刑事弁護はオモシロクナイ、というので「刑事弁護離れ」といわれたりする状況が生ま

れてきます。

　現在、日本の弁護士は1万5千人位いると思いますが、その半分位が東京と大阪に集中・偏在しています。しかも大都市で開業している弁護士の方達の中に刑事弁護を受任しない方が多い、という2つの意味で刑事弁護にあたる弁護士がイナイわけです。さらに、刑事弁護というのは、一般にモウカラナイと言われています。もちろん、弁護士さん達は「必ずしも報酬だけの問題ではない」と言われるでしょうが、現実に民事の方が刑事より収入がいいのは歴然としていますし、弁護士の方達が事務所を維持するための経済的基盤を確保することが決して容易でないという面があることも確かだと思います。それでも、刑事弁護に情熱を傾けることができれば事情が違うのでしょうが、これが重大な問題でして、1970年前後から刑事弁護が全くオモシロクナイということになったといわれています。裁判所が強権的態度で事件処理に奔走し、納得のいく裁判をやってくれないというのです。そのことは、1970年あたりをピークに著しく下降した逮捕状、勾留状の却下率や、開廷日数や証人採用数の減少に象徴的に現れているといってよいでしょう。そして遂には、有罪率が99.9％になってしまいました。

　こうして刑事裁判は平野先生がおっしゃるように「かなり絶望的」になってしまったわけです。それでどうするのかということなのですが、こうなった経緯を考えますと、確かに刑訴法が十分なものでなかったという面もありますが、主としては裁判所の運用姿勢によって生み出された事態といってよいでしょう。それで私は今の事態を運用による「職権主義」＝「糾問主義」化であるという意味で「新」職権主義＝糾問主義と言ったりしています（村井敏邦編『現代刑事訴訟法』〔三省堂・1990年〕35頁）。すなわち、かってのように制度的な枠組みによって職権主義＝糾問主義が生み出されているわけではなく、制度的な枠組み自体は、当事者主義＝弾劾主義に親和的でもあるのですが運用が事態を悪くしていると考えています。とすれば、事態を運用の面から打開することが可能だということになるはずです。そして、実践的には誰が事態打開の鍵を握っているのかという問題だといってよいでしょう。要するに担い手の問題です。これまで、担い手の問題はほとんど意識的には議論されてきていないといって

よいでしょう。裁判官を担い手として明確に意識した議論をしたのは田宮裕先生ぐらいです。しかし、他の刑訴法学者もほとんどは明言しませんが暗黙のうちに裁判官を担い手として議論を組み立てています。平野理論も同様です。ですから平野先生は、恐らく「絶望的」な事態の打開を裁判官に期待していたと思います。「絶望的」だといった論文で平野先生は「もはや陪審か参審を導入するしかないかもしれない」と述べていますが、それは裁判官に対する期待を裏切られた結果ということだったかもしれません。

　確かに刑事手続は最終的に裁判官の判断で決着しますし、裁判官抜きの刑事手続は考えられません。しかし、よく考えてみれば裁判官の判断は両当事者の活動に対する「回答」でしかありません。ですから、両当事者に焦点を合わせた当事者主義という構造と理論が生まれることにもなったわけですから、当事者主義といいながら裁判官を中心にした理論を組み立てることはないでしょう。もちろん平野当事者主義理論も、理念的には被疑者、被告人の主体的地位と権利を保障しています。しかし問題は、その実効性をどのように確保するのかであり、それは弁護士すなわち弁護人をどう位置づけるかにかかっています。憲法はその点、先ほど述べましたように明確です。被疑者の身体拘束時点から弁護人の援助を国選を含めて保障していると解することができます。つまり、弁護士を担い手とする刑事手続理論の構築が必要だということです。ところが、刑訴法はかなり限定的になっており、学説はこの刑訴法を前提に議論してきたところがあります。またその背景には、いまの事態も結局は、決して弁護士だけの責任の問題ではないにせよ、先ほど申し上げたように弁護士が刑事手続から離れていっているという実情があります。離れていっているということは単に物理的に離れているに過ぎないだけでなく、刑事弁護の在り方という点でも不十分にならざるを得ない。そのことが、いまの刑事手続の実情を生み出す一因になっていったことは間違いないだろうと思うわけです。となると刑事弁護に関わっての弁護士に対する一般的な信頼感ということになるのではないかと思います。そしてはっきり申し上げまして、研究者はあまり信頼していない。いざとなったら肩透かしに会うのではないかと恐れている研究者が多いのではないかと思います。

第3章　憲法・刑事訴訟法における刑事弁護の位置　　215

とはいえ、みんながみんなというわけでもありません。点数稼ぎをしようというわけではなく、少なくとも、私などはちょっと違います。私は再審を専門にしておりますが、この間再審が大きく動いてきたわけですけれどもその第一の功労者は、日弁連を中心とした弁護士の方達であり、その組織的な取組みが、再審問題打開の道を切り開いてきたと申し上げてよいでしょう。その弁護士の方達の活動に研究者も遅まきながらついていったというのが実情です。

私事にわたって恐縮ですけれども、私が大学院へ入りましたのが1974年でして、例の白鳥決定の1年前です。ですから、その後の再審問題の展開をつぶさに見聞きすることができましたし、免田事件以降の再審公判をほとんど傍聴することもできました。そうした経験から、弁護士の方達と手を携えて事態を打開することが充分可能であり、またそうでなければ被疑者、被告人の権利保障を実効化することはできないだろうと思っていたところがあります。そして、実際にも弁護士の方達と一緒に打開の方策を考えてみたいと思い、私達なりに努力してみてきましたし、弁護士の方達と協力するようなこともしてきたところです。そして、この間、先程日弁連刑事弁護センター委員長の大石隆久先生からご紹介がありました日弁連の刑事弁護センター発足までの動きというのは、再審問題にも示された弁護士の方達の力量が遺憾なく発揮された結果だと思います。「法曹の在り方」をテーマとした1988年12月の日弁連の司法シンポが、弁護士の方達の刑事手続に取り組む姿勢を問題に取り上げてから89年9月の松江での人権シンポジウムを経て刑事弁護センターの設立までというのは大変な動きだったと思います。正直に申し上げて、あそこまで、議論が盛り上がってくるとは思えなかったところまで急速な盛り上がりをみせ、その結果として、刑事弁護センターも生まれたと申し上げてもよいかと思います。

そのような中で、各地で実践的にもいろいろ見逃せない動きが出てきているといってよいでしょう。そのほんの一つの例として石川県で起きた保険金殺人とされた事件があります。今（1990）年の7月14日に水死体が発見されて、その段階で注意深く見ていればそんなことにはならなかっただろうと思われるのですけれども、冤罪が生み出されるときというのはそういうもので、たまたま一億円近い保険金がかけられており、その受取人が既に退社していた会社だ

216　第2部　刑事弁護担い手論の展開

ったということで、警察が予断をもってしまったわけです。そして、10月11日になってその会社の経営者と共犯者だという人を逮捕しました。確たる証拠があったわけではなく、明らかに自白を追及するための身体拘束です。この事例を見てみますと、未だに予断に基づいて事件を組み立て、証拠として自白を強要するというような捜査方法がなくなっていないということが分かりますが、この事件も一つ間違えば自白を採られて有罪ということになっていたかもしれません。しかし、幸いこの事件の場合はそうはなりませんでした。10月11日に逮捕された際、普通ですと弁護人はつかないわけですが、この事件は即日弁護人がつきます。それも、逮捕された時は1人でしたが直ぐ3人に増えまして、その3人は毎日接見する、そして中途半端な黙秘権行使ではなくて、完全黙秘をすすめるということで意思統一をして毎日接見に出かけたということです。その結果、最終的には11月31日になって処分保留で釈放されました。よく見れば、外傷もなければ、突き落としたからといって溺れそうな川でもないのに、たまたま一億円の保険金が掛けられていたことが理由で警察が動いた。それでも起訴されずに済んだのは、まさに逮捕直後から弁護人がついて適切な弁護活動が行われた成果であろうと思うわけで、いかに今の刑事手続において、早期の弁護人との接触が重要かをこの事件は示しているといってよいでしょう。

　そしてその被疑者の身体拘束直後からの弁護活動が憲法の想定していたことであり、被疑者国選で対応しようとしていたと解することができます。それはいわば弁護権拡充の歴史の終着点といってもよいでしょう。先程ご紹介しましたように、学説はその憲法の要求内容について、既に1960年代半ばには確認を終えていました。しかし、憲法34条の解釈として被疑者国選が要求されていると言ってみても、当時の弁護士の方達の実情からすればおよそ対応は不可能という状況であり、制度化を求めるといったこともあきらめざるをえなかったということだと思います。

　しかし、この間の事態は、そのような消極的対応を許さないところまできています。しかも、この事態の打開可能性が弁護士の方達の姿勢如何に係っているということも明らかになってきていると思うわけです。そして具体的な方策として求められている身体拘束直後からの弁護活動は、国選という制度的保障

がなければできないことではありませんし、制度化を展望するためにも担い手である弁護士の方達によってまず実質が確保される必要があります。その役割を果たすのが当番弁護士制度ということになるでしょう。その意味で当番弁護士は実質的に憲法の要求に応えるものであり、憲法が要請する終着点への架け橋として、被疑者国選の基盤を成すことになるといってよいでしょう。まさに最終的に被疑者国選として制度化が目指されていくべきものだろうと思うわけであります。

6．おわりに

　いろいろ申し上げましたが、既に賽は投げられたわけですから、もはや後戻りはできません。是非ご奮闘いただきたいと思います。これが実質的に憲法の要求するところである以上、福岡だけが実施すれば済むという問題ではありません。当然全国的な実施へ向けたご尽力もいただかなければなりません。それにまだまだご検討いただかなければならない点もあります。例えば、時間の問題やその後の受任体制の問題、それに警察が協力しようとしない問題等々、これらは今後の実施の過程の中で、一つ一つ解決していかなければいけない問題であろうと思います。

　「錦の御旗は我にあり」ということは間違いありません。警察の関係についてもこの間の接見問題をめぐる事態の推移を見てみればお分かりになるように、これは実際に弁護士が動くということなしには、解決できない問題であると申し上げていいと思います。まさに実践あるのみとしか言いようがないということですが、さらには、社会的な理解の確保が極めて重要だと思います。そのためにも是非あらゆる手段を利用した宣伝ということを日常的に考えていただく必要があるでしょう。先程美奈川先生はへたをすると利用者がなくてなくなってしまうかもしれないといったことをおっしゃいましたけれども、はじめる以上は5年、10年という単位でお考えいただく必要があると思います。つまり今まで現行刑事訴訟法が制定されてからでも45年間被疑者に対する弁護活動というのは不充分なままきたわけです。それを一気に1年や2年で解消するこ

となどできるわけがありませんし、宣伝さえすれば需要がないということは現在の刑事手続の実情からしてありえないことだと思います。

　幸いにも来（1991）年4月に福岡に伺う直前に当番弁護士制度が発足するということになり、私はこれだけでも九州に来る意義があると思っております。今回も12月1日までおりまして、12月1日には当番の弁護士の方に同行させていただきたいと思っておりますし、微力ではございますが、私なりにこの制度の発展のためにお手伝いさせていただくことをお約束して終わらせていただきたいと思います。ご清聴いただきどうもありがとうございました。

【講演レジュメ】

憲法からみた当番弁護士制度の今日的意義

当番弁護士制度発足記念講演会（1990.11.29）

はじめに

《参考文献》

①大出良知「刑事弁護の憲法的基礎づけのための一試論」自由と正義1989年7月号123頁以下

②大出良知「刑事手続が歩んできた道は？」村井編『現代刑事訴訟法』第1章（三省堂・1990年）

［1］わが国における弁護権保障の歴史

(1)弁護権保障の意味

「刑事訴訟の歴史は弁護権拡充の歴史である」

(2)弁護権保障の経緯

①治罪法（1880）　§266「被告人ハ弁論ノ為メ弁護人ヲ用フルコトヲ得」

②旧々刑訴法（1890）　§179　①と同じ

③旧刑訴法（1922）　§39「被告人ハ公訴ノ提起アリタル後何時ニテモ弁護人ヲ選任スルコトヲ得」

［2］現行規定とその運用

(1)規定内容

①憲法　§34「何人も、理由を直ちに告げられ、且つ、直ちに弁護人に依頼する権利を与へられなければ、抑留又は拘禁されない。又、何人も、正当な理由がなければ、拘禁されず、要求があれば、その理由は、直ちに本人及びその弁護人の出席する公開の法廷で示されなければならない。」

②憲法　§37「刑事被告人は、いかなる場合にも、資格を有する弁護人を依頼することができる。被告人が自らこれを依頼することができないときは、国でこれを附する。」

③刑訴法　§30「被告人又は被疑者は、何時でも弁護人を選任することができる。」

④被疑者国選の欠如

⑤刑訴法§39Ⅲの指定制度

⑥刑訴法　§78「勾引（逮捕）又は勾留された被告人（被疑者）は、裁判所又は監獄の長若しくはその代理者に弁護士又は弁護士会を指定して弁護人の選任を申し出ることができる。」

⑵運用の実情

①憲法§34は、「弁護人選任権」（刑訴法§30参照）を認めたものという理解が通説化。

②憲法§34前段、§37Ⅲ前段は、「弁護人依頼権の告知を受ける権利」を保障したものではなく、「弁護人選任を妨害されない権利」を保障したにすぎない（1949.11.30最大判刑集3.11.1857）。依頼方法、費用等の告知不要。

③起訴前にはほとんど弁護人は選任もされない。選任された場合でも、一般的指定制度が案出され、接見は著しく制限された。z.B.）免田、財田川、松山、島田

［3］学説による憲法規定の再評価

⑴学説の展開

①弾劾的捜査観の提起（平野、1958）　被疑者弁護の不可欠性と接見自由原則の確認

②エスコビード、ミランダ判決（1964、1966）の展開を受けた、憲法§37が「有能、有効な弁護」を保障し（田宮、平野、1965）、§34が「自由接見交通権」

と「取調立会権を保障していることが主張される（田宮、1967）。

③憲法解釈としての被疑者国選保障論の展開（田宮、1967）

(2)憲法論としての被疑者国選の可能性（遅美、鈴木、江橋、杉原、佐藤等も同旨）

①憲法§14を援用した実質論を基礎に、§37Ⅲ後段は、前段の弁護人依頼権の内容を確認したもので、全体として「弁護人依頼権」を意味し、§34もそれを前提とする（田宮、1967）。

②憲法§31の不可欠の内容、§14違反、§34は「何人も」としており、§37の英文は「accused」となっており、被疑者を含む（熊本典道、1975）。

③憲法には意図的な誤訳がある。§37の「依頼することができる」=「assistance」=「援助を受けることができる」=「つきそってもらう」であり、accusedは被疑者を含まないとすれば、刑訴法§36、77、78、203、204の間に矛盾を生じる（沢登、1983）。

④憲法§34は、「本人とその弁護人」の出廷を予定している。

⑤刑訴法制定過程の途中まで被疑者国選が規定されていた。

　　刑事訴訟法改正要綱試案（1976.8.5）勾留中の被疑者に

　→　改正刑事訴訟法第4次案（1946.12）削除

［4］刑事弁護をめぐる状況と被疑者国選

(1)被疑者のおかれた状況

　　長時間の身体拘束、取調受忍義務の肯定、代用監獄収容 → 自白偏重

(2)刑事弁護の実情

　　イナイ、モウカラナイ、オモシロクナイ

(3)当番弁護士の意味

　　刑事手続の実情と担い手

　　刑事弁護の充実の成果（z.B.金沢保険金殺人）

　　被疑者国選と当番弁護士

おわりに

　時間延長問題

宣伝体制と方法

あせらず、ゆっくりと

【資料】

（日本国憲法英文）

Article 34. No person shall be arrested or detained without being at once informed of the charges against him or without the immediate privilege of counsel; nor shall he be detained without adequate cause; and upon demand of any person such cause must be immediately shown in open court in his presence and the presence of his counsel.

Article 37. In all criminal cases the accused shall enjoy the right to a speedy and public trial by an impartial tribunal.

He shall be permitted full opportunity to examine all witnesses, and he shall have the right of compulsory process for obtaining witnesses on his behalf at public expense.

At all times the accused shall have the assistance of competent counsel who shall, if the accused is unable to secure the same by his own efforts, be assigned to his use by the State.

（刑事訴訟法）

第36条［請求による弁護人の国選］　被告人が貧困その他の事由により弁護人を選任することができないときは、裁判所は、その請求により、被告人のため弁護人を附しなければならない。但し、被告人以外の者が選任した弁護人がある場合は、この限りではない。

第77条［勾留するときの告知］　逮捕又は勾引に引き続き勾留する場合を除いて被告人を勾留するには、被告人に対し、弁護人を選任することができる旨及び貧困その他の事由により自ら弁護人を選任することができないときは弁護人の選任を請求することができる旨を告げなければならない。但し、被告人に弁護人があるときは、この限りではない。

第78条［弁護人選任の申出］　勾引又は勾留された被告人は、裁判所又は監

獄の長若しくはその代理者に弁護士又は弁護士会を指定して弁護人の選任を申し出ることができる。但し、被告人に弁護人があるときは、この限りでない。

第203条1項［司法警察員の逮捕手続］　司法警察員は、逮捕状により被疑者を逮捕したとき、又は逮捕状により逮捕された被疑者を受け取ったときは、直ちに犯罪事実の要旨及び<u>弁護人を選任することができる旨</u>を告げた上、弁解の機会を与え、留置の必要がないと思料するときは直ちにこれを釈放し、留置の必要があると思料するときは被疑者が身体を拘束された時から四十八時間以内に書類及び証拠物とともにこれを検察官に送致する手続をしなければならない。

第204条1項［検察官の逮捕手続］　検察官は、逮捕状により被疑者を逮捕したとき、又は逮捕状により逮捕された被疑者（前条の規定により送致された被疑者を除く。）を受け取ったときは、直ちに犯罪事実の要旨及び<u>弁護人を選任することができる旨</u>を告げた上、弁解の機会を与え、留置の必要がないと思料するときは直ちにこれを釈放し、留置の必要があると思料するときは被疑者が身体を拘束された時から四十八時間以内に裁判官に被疑者の勾留を請求しなければならない。但し、その時間の制限内に公訴を提起したときは、勾留の請求をすることを要しない。

ALFRED C. OPPLER

Legal Reform in Occupied Japan（1976）P.138

<u>During the whole procedure the suspect also has the right to defense counsel. He must be informed of this right, and if he is unable to retain a lawyer, the court must appoint one for him.</u> When in detention, he may interview his defense counsel without the presence of a guard or watchman, who previously had been the inevitable witness in such conferences.

『日本占領と法制改革』〔119ページ〕

<u>さらに手続中はいつでも、被疑者は弁護人選任権を有している。被疑者はこの権利を告げられなければならず、しかもかりに被疑者が弁護士を得ることができないときは、裁判所は彼のために弁護士を選任しなければならない。</u>勾留中

の場合には、被疑者は看守又は監視人の立合いなくして弁護人に接見すること
ができる。

［講演録II］憲法からみた被疑者国選弁護

> 本［講演録II］は、1991年7月13日に福岡市で開催された日本弁護士
> 連合会第3回国選弁護シンポジウム終了後に作成された『記録集』（1991
> 年11月10日）に収録していただいた講演（273-283頁）及び助言者とし
> てのまとめの発言（315-318頁）を補正の上収録させていただいた。

1．はじめに

　大出でございます。私に与えられました課題は「憲法からみた被疑者国選弁
護」ということで、憲法的視点からみた場合、被疑者国選弁護というのはどう
位置づけられるべきかということについて、15分でお話をするようにという
ご依頼でございます。

　しかし、15分でお話しできる内容ではありません。ということで、実はか
らくりがあります。昨（1990）年11月29日に福岡県弁護士会が当番弁護士制
度を発足させるに当たって開催されました記念集会の際に機会を与えていただ
きまして、「憲法からみた当番弁護士制度の今日的意義」ということでお話を
させていただきました。その内容をお手元にお持ちいただいている資料集に収
録していただいております（本節［講演録I］）。そのときはもちろん当番弁護
士についてのお話でありましたけれども、当然のことながら被疑者国選弁護に
かかわるお話でもありましたので、そこできょうお話すべきことの5分の4ぐ
らいはお話しております。ということで、そちらをあわせてご参照いただくと
いうことで、責めを塞がせていただければということでございます。

2．戦後改革における官選弁護から国選弁護への議論

　それできょうは15分という時間で何をお話するかと申しますと、その講演の際には触れなかった部分について言及させていただきたいと思います。具体的には、戦前、つまり旧憲法下における官選弁護、現在の国選弁護でありますが、その官選弁護の変遷と戦後改革の過程の中で官選弁護から国選弁護に変わるについてどういう議論があったのかということを中心にお話を申し上げたいと思います。

　官選弁護ということでは、官選弁護制度が発足する以前の明治初期である1875（明治8）年に官選弁護の濫觴ではないかと言われるような弁護活動が行われた事件が発生していますが、これはちょっとはしょりまして、治罪法（1880年公布）、それから旧々刑訴法（1890年公布）、旧刑訴法（1922年公布）という戦前の刑事訴訟法の中で私選弁護と官選弁護がどう位置づけられていたか確認しておきたいと思います。

　まず、私選弁護について確認しておきますと、治罪法266条と旧々刑訴法179条は、「被告人ハ弁論ノ為メ弁護人ヲ用フルコトヲ得」として、公判段階になってからの弁護人の選任を認めていました。その弁護人は、「裁判所所属ノ弁護士」、といいましても治罪法の時点では代言人ですが、その中から選任することにされていました。ただ、裁判所の許可があれば、「弁護士ニ非サル者ト雖モ弁護人ト為スコト」ができることにしていました。当時、起訴後に予審がありましたが、予審については弁護人の選任を認めていませんでした。予審段階からの弁護人選任が認められましたのは、旧刑訴法39条が「被告人ハ公訴ノ提起アリタル後何時ニテモ弁護人ヲ選任スルコトヲ得」としてからです。

　他方、官選弁護については、治罪法では重罪事件について起訴状送達24時間後に弁護人の選任の有無を確認するということが行われ、選任していない場合には裁判長の職権で、その裁判所所属の代言人中からこれを選任するということにしていました（378条1項、2項）。しかも、治罪法381条は、「弁護人ナクシテ弁論ヲ為シタル時ハ刑ノ言渡ノ効ナカル可シ」としていました。しか

し、代言人の人数が絶対的に不足しており、この規定は、早々に無効というこ
とにされました。

　旧々刑訴法においても、当初、重罪事件については、公判開廷前に弁護人選
任の有無を確認し、選任していない場合には、治罪法の場合と同様に裁判長が
職権でその裁判所所属の弁護士中からこれを選任することにしていました
（237条1項、2項）。しかし、その後の法改正で、被告人が15歳未満であった
り、婦女の場合など弁護人が必要と考えられる5つの場合について、179条ノ
2という条文が追加され（1899年）、裁判所が、検事の申立によるか、または
職権をもって、弁護人を選任できることになりました。その場合も裁判長は、
裁判所所属の弁護士中より弁護人を選任しなければならないことにしました
（179条ノ2第2項）。

　さらに旧刑訴法になりますと、旧々刑訴法の場合より、いくらか広くなりま
すがだいたい同様の範囲で官選弁護が認められるのですが（334条、335条）、
弁護人として選任されるのが、裁判所所在地にいる弁護士だけでなく、司法官
試補がつけ加えられることになっています（43条1項）。ここが今日お話する
一つのポイントでありますけれども、種明かしは後にいたしまして、先に進み
たいと思います。

　この戦前の官選弁護制度の問題点として指摘されていることを、内田剛弘弁
護士の「国選弁護をめぐる問題点」という論文（『講座・現代の弁護士3』〔日
本評論社・1970年〕367頁）を参考にご紹介しておきますと、第1に、旧刑
訴法になって予審段階から私選の弁護人を選任できることにはなりましたけれ
ども、官選弁護は認められていないという状態でした。これは現在、被疑者に
国選弁護人を認めていないのと、同様の意味で問題であったといってよいでし
ょう。

　それから第2に、司法官試補を弁護人として選任できることにしていたとい
うことであります。これはもちろん、弁護士がつくのとは事情が全く違うわけ
でありますし、また司法官試補は、その訓練、修習というような目的で付いて
いるわけですから、極めて問題があったことは間違いないだろうと思います。

　さらに第3には、無報酬であったという問題もあるわけです。現在は、もち

226　　第2部　刑事弁護担い手論の展開

ろん国選弁護について報酬が出るわけですが、官選弁護については報酬が出なかった。そのことで弁護活動が制約されていたことは間違いないことであろうかと思います。

それから4番目に、私選弁護人との重複弁護人選任ということがあったと言われています。これは私選弁護人がいる場合であっても官選弁護が選任されることがあります。それは、今のようにどちらかを選択するということではなくて、裁判所が官選弁護をつけることによって裁判所の意向を反映した弁護活動にしようとしていたともいわれ、極めて問題な事態であったことは間違いないだろうと思います。

しかし、ここで注意しておく必要がありますのは、司法官試補選任の背景には、弁護士の絶対的不足があったということです。

以上のような戦前の制度が、戦後の改革の過程の中でどういった経過を経て現在の制度になったのかということを次に見ておきたいと思います。

まず憲法制定過程から見ておきたいと思いますが、現在明らかになっている限りでは、制定過程で、国選弁護についてどういう議論があったかということを詳細に知ることはできないというのが資料的には実情でございます。ですから不十分な資料の中から推測をまじえてご報告申し上げるということしかないということはあらかじめお断りせざるを得ません。それでも、憲法制定過程での弁護人依頼権がどういったものとして位置づけられ議論の対象になったかということについて興味深い点もございます。

連合国軍最高指令部の方ではかなり早い段階から逮捕時点からの弁護人依頼権の保障ということを考えていたということがうかがわれます。それは1945年の12月6日に出されました文書にその旨の記載がございます。それからさらに興味深いところでは、1946年1月11日に出ております「幕僚長に対する覚書」というもので、逮捕時からの弁護人依頼権からさらに進みまして、「自白は弁護人の立会いのもとでなされたのでない限り、いかなる法廷手続においてもこれを証拠にすることができないという憲法上の規定が必要であるとの意見の表明があった。」というようなことが記載されております。この意見は、その後連合国側の判断によって撤回されるということになりますけれども、こ

第3章　憲法・刑事訴訟法における刑事弁護の位置　227

ういうかなり進んだ議論が行われていたということは銘記しておく必要がある
だろうと思います。

　また1946年２月段階の「民生局長のための覚え書き」という文書では、そ
の段階での国選については日本語訳としましては、「被告人は」ということに
なっていますが、「資格を有する弁護人を依頼することができる」ということ
になっています。この「被告人」には、"the accused"という英語が使われて
いるということを指摘しておく必要があろうかと思います。この点については、
後ほどもう少し触れますが、ともかく憲法制定過程におきましては直接国選弁
護をどの範囲で認めるべきなのかということについてどのような議論があった
のかを明らかにする資料はございませんけれども、少なくとも早い時点から実
質的な弁護活動というものが保障されなければならないということで議論が行
われていたことはほぼ間違いないところだろうと申し上げられるかと思います。

　そういった憲法制定過程での経緯を受けて制定されました刑事訴訟法の制定
過程ではどのような議論があったのかということを次にご紹介しておきたいと
思います。刑訴法の制定過程の中では、かなり早い時点では被疑者に対する国
選制度を設けるべきであるという意見が主流をなし、その方向での案が用意さ
れていたということであります。この点についても必ずしも確実で十分な資料
があるということではありませんけれども、現在明らかになっている限りにお
いても、当然憲法制定過程での議論を受けた議論として、そういった立案なり
議論が行われていたということをうかがい知ることができるわけです。

　具体的には、1946年の４月30日に、司法省刑事局別室によって作成された
ことになっている「刑事訴訟法改正方針試案」というのがあります。この段階
では一般的・抽象的に「官選弁護の制度を拡充し」ということにされているだ
けですが、1946年の８月５日になりますと、「被疑者の弁護権を次の要領によ
り認めること」ということで、「官選弁護の制度も次の要領により整備拡充す
ること」として、「勾留中の被疑者にとっても又、同様とすること」というこ
とにしています。つまり、被疑者に対しても国選弁護を認めるべきであるとい
うことが明確な形で出てきます。

　その他費用等のことについても若干規定がございます。それは司法省刑事局

別室というところでつくりました「刑事訴訟法改正要綱試案」ですが、この「改正要綱試案」についての議論が、8月6日に、司法法制審議会第3小委員会で行われています。いろいろと議論が行われておりますが、そこで注意をしたいのは、飛鳥田喜一という横浜の弁護士の委員が、「横浜弁護士会では数が少ない。従って官選弁護人名簿を作ることはできない。人数が少ないと選任がむづかしい。」という発言をしていることです。

　さらに、次の8月9日の司法法制審議会総会・臨時法制調査会第三部会の議論で、注目していただきたいが、「憲法34条は、『被疑者を含むのか』という質問に対して、今枝という方が、「34条としては、含まぬと、私は思ふ」と答え、括弧書きで、「法制局全体の意見ではない」というのがあります。これは、憲法34条と書いてありますから、今の34条と思われますと誤解でして、それは現在の37条です。ですから、さきほどちょっと申し上げましたthe accusedという条文との関係だと推測されますけれども、34条、つまり現在の37条は、被疑者を含むのかという疑問が当初から存在していたということです。

　時間がなくなってきましたので、細かく申し上げている余裕がありませんけれども、具体的な案としましては、1946年8月26日の段階での「改正刑事訴訟法第一次案」第四章には、もちろん明確に勾留中の被疑者についても国選弁護を保障すべきであるという規定があります。そして、第二次案、第三次案まで、それに類する規定が用意されていました。ところが、1946年の12月に用意された第四次案になりまして、この規定が削除されます。この段階から、被疑者国選の規定は、葬り去られるといいますか、消えてなくなることになるわけであります。

　以上が制定過程での議論ということになります。このような経過を受けて戦後どう議論が展開されてきたのかということは、もう時間がございませんので、簡単にだけ申し上げます。以上のような制定経過を必ずしも全部前提にしたわけではございませんけれども、それをもう一つの根拠にしながら学説の展開としては憲法34条、37条を前提とする限り、解釈論としては被疑者の国選弁護制度が用意されるべきである。つまり憲法的に言うならば被疑者国選弁護制度は当然あってしかるべきものであるということが主張されてきているわけです。

それはあらためて申し上げるまでもなく、憲法34条は身体拘束時点からの弁護人依頼権を保障しているわけですから、その時点から憲法は弁護人が必要であると考えていたわけで、その段階で弁護人がつくような体制をつくるということを要求していることは間違いないと申し上げておきます。

　以上のことを前提として最後に制定経過から一つだけ今の段階で申し上げておきたいことがございます。それは、もちろんそれがすべての絶対的要因であったと申し上げるつもりはございませんけれども、少なくとも今申し上げたところからお分かりいただけますように、被疑者国選弁護制度を実現するための１つの大きな障害、つまり不十分な点として問題にされてきたのが、実は弁護士不足でありますし、弁護士の方たちの対応可能性であったと申し上げて良いかと思います。つまり、これは最終的に担うのはここにお集まりの弁護士の方たちであるわけでありまして、弁護士の方たちがやるという覚悟を決められれば、実に簡単なことなのです。ところが、その覚悟ができていないということによって被疑者国選弁護が実現しなかったのではないかということを、あえて申し上げさせていただき、その点をもぜひお考えいただいてご議論いただきたいということをお願いいたしまして私の話を終わらせていただきます。

３．まとめの発言

　どうも貴重な時間をいただきありがとうございます。アッという間に５時近くになっておりまして、今日は非常に緊張してお話をいろいろと伺わせていただきました。と申しますのは、私幸い、1988年の名古屋での司法シンポ、それから一昨年の松江での人権シンポに出席する機会を与えていただきまして、この間の日弁連の刑事弁護問題についての取組みをつぶさにいろいろと議論という形で聞かせていただき、また刑事弁護センターでお話をする機会も与えていただいたりしております。

　そのような中で、これまで私などの想像を超える急速な勢いで刑事弁護についての動きが活発化してきていることを感じておりましたが、議論としてはこれまではどちらかというとまだ抽象的にその重要性が強調され、体制づくりの

必要性が強調されてきたという面が強かったかと思います。しかし今日は、恐らくここにお集まりの方たちが全国にお帰りになれば、まだ実施していないところは何らかの形で当番弁護士に類する制度を始められるということで、具体的に刑事弁護の活性化へ向けた制度的な体制作りを担われることになるのだろうと思います。その意味でこの機会がいよいよ全国的な実践の起点になり、具体的な動きが活発化するのだろうと思うからであります。

　このような機会に出席させていただいたことにお礼申し上げますとともに、総括というようなことには到底なりませんけれど、何点か感想的なことを申し上げさせていただきたいと思います。

　まず第1に、今日の皆様のご発言を伺っていますと、この間の事態の進展、急速な勢いで進展してきている事態が、あらためて、起訴前弁護の重要性と必要性というものを確認させることになっていると申し上げていいだろうと思います。もちろんこれは従前から強調されてきたことですけれども、あらためて実際に弁護士の方たちが当番弁護士ということで対応されたことによって、起訴前弁護がいかに重要かということを感じられているということだろうと思いますし、ご発言にもそのような経験が数多く報告されていただろうと思います。

　そしてそのことは第2に、この点は非常に重要かと思うのですが、弁護士の社会的責任の問題について、弁護士の方たちにあらためて自覚を促すことになってきていると思います。つまり当然従前から弁護士は民事弁護だけではなくて刑事弁護をもその職責として担っているということが当たり前のこととして確認されていたかと思いますが、ここまで来ますと、弁護士が実際に刑事弁護について起訴前からの弁護活動を担っているかどうかが問題だということでして、それができないというようなことだとすると、弁護士の社会的責任を全うできていないということになり、社会的な自己否定になりかねないというところまできているということをご自覚いただきたく必要があるように思います。

　ということで少々勝手を言わせていただきますので、そのようなこととしてお聴きいただければ結構ですが、実は資料集の262頁に、九州の被疑者数に関する統計というのがございます。もちろん、九州は先ほど長崎からのご報告がありましたように、離島を抱えていたり、山岳地帯があったりということはあ

第3章　憲法・刑事訴訟法における刑事弁護の位置　231

りますけれども、とりあえず福岡のところだけを見ますと、毎日いったい被逮捕者がどのぐらいいるのかということを確認しますと、年間で4500人ぐらいになっています。この間また減っているというようなことですので、大ざっぱにいいますと1日13人程度の被逮捕者であります。福岡県に弁護士が何人いらっしゃるかといいますと約450人いらっしゃいます。

　非常に大ざっぱな計算でありますけれども、弁護士が対応する必要のない場合もあるだろうと思いますし、450人の弁護士が1日に13人の被逮捕者に対応できないということが社会的に容認されるのかどうか。つまりプロフェッションとして、社会的にもそれだけの地位と便宜を供与されている弁護士が、これに対応できないとなると、これはやはり問題にならざるを得ないだろうと私には思われます。司法試験改革問題が俎上にのぼってきているこの時期でもありますし、ぜひそういった観点からもお考えいただく必要があるのではないかと思われます。

　それから3番目に、先ほど中坊公平会長のごあいさつの中でも触れられましたけれども、今司法制度改革、あるいは刑事手続改革ということが重要な段階に来ているだろうと思います。そしてこの当番弁護士の実施、あるいは被疑者国選弁護へ向けての動きというのは、これまでともするとどうも抽象論に終わりがちであった刑事手続改革に非常に重要なインパクトを与えることになることは間違いないだろうと思います。

　と申しますのは、例えば起訴前段階でいままで自白偏重型捜査ということで問題にされてきました取調べ受任義務があるのかないのかというような点について、学説の主流は、取調べ受任義務を否定する立場から議論してきたかと思いますが、私の見るところでは、残念ながら、その実効性の担保という点で不明確であり、あいまいであり、実際にその担保を確保することができずに議論をしてきたのではないかということです。学説の取調べ受忍義務否定説は正当な要求であったにもかかわらず、実務では取調べ受任義務がなくなっていないということになっているわけです。これをどのように打開するかと言えば、結局弁護士の方たちにご奮闘いただくしかないと思うわけです。

　つまりすぐにでも弁護士の方たちが駆けつけてくだされば、打開への道は容

易に拓けるわけです。この間冗談半分に申し上げているのですが、弁護士の方たちは夜中洲で飲んでいる時に要請があったら、酔払ったまま行かれても構わないのです。医師ですとこれは医療過誤になる危険性がありますけれども、弁護士の方たちは酔払って行って一言「今は酔っているので、あしたしらふになって来るまでしゃべるな」と、こう言えばいいわけです。それから通常でも被疑者に「弁護士の立会いなしには、私は一切しゃべらない。」と言ってもらえば良いのです。ですからこれは刑事訴訟法に規定があるかどうかという問題ではないわけです。少なくとも秘密接見は保障されているわけでありますから、すぐ弁護士がついて接見できれば、それはもう具体的に追求できるわけです。そういう意味で、具体的な制度改革へ向けての橋頭堡づくりになるのではないかと思います。

　もう時間がありませんので、急がせていただきますが、4番目としまして、先ほど来、急速に事態は変わってきているということを申し上げましたけれども、ここまで来ますと、はっきり申し上げて当番弁護士制度を実施していない会は、論外ということだと思います。既に、事態はもう実施していればいいということではないところまでトップランナーはきているということを自覚していただく必要があるだろうと思います。

　ご議論の中でいろいろなご意見がありましたし、もちろん可能な方法でできる範囲でということになろうかと思いますけれども、さきほど制度は国家に作らせる必要があるというご発言がありました。最終的にはもちろん国家に制度を作らせる必要があることは間違いありません。しかし、実際に国家がつくっても、それを引受けて実践するのは弁護士の方たちであるわけです。ですから弁護士の方たちにどういう受入れ体制ができるのか、また弁護士の方たちが被疑者弁護、つまり起訴前弁護がどれだけどういうものとして実現される必要があるのかという認識をお持ちになっているかどうかということが、実現する制度の質にかかわってくるということになると思うのです。

　そのような意味で申し上げますと、やはり24時間体制とか、最終的にはもちろんさまざまな条件を考える必要があるでしょうけれども、やはり待機制へ向けてのご努力を是非お願いしたいと思います。また、先ほど長崎の方から重

第3章　憲法・刑事訴訟法における刑事弁護の位置　　233

要なご指摘がありました。単位会制度の枠を前提とされるのではなく、単位会の垣根を越えたブロックでの協力体制ということも是非お考えいただきたいと思います。警察も検察も、それに裁判所も全国的な視野の中で体制作りをしているわけですから、弁護士会だけが、体制ができないということでは、対応できないことになりかねません。

　そして最後なのですが、確かに、そうは言っても45年間実現してこなかったことを、一気に1年や2年で実現しようとしても、それは無理なのではないかと言われれば、そのようにも思います。その意味では焦らずじっくりと体制づくりをお考えいただく必要があることは間違いないだろうと思います。しかしそのためにもいろいろとノウハウとして考えていただく必要があろうかと思うのですが、そういうことと関係で協力していただけるところには全部協力していただくということを考える必要がある。その中でも特に重要なのは、やはりマスコミの協力と言いますか、宣伝体制の問題だろうと思います。

　福岡県がかなりの成果を上げ得たのは、最初のごあいさつの中でご報告がありましたけれども、これまでの弁護士の方たちでは考えられない、しかも県弁護士会という単位では考えられないようなご努力をされたということがあっただろうと思います。ビラまきからポスター貼りから、これはなかなかできることではないと思います。

　しかしこれには限界があるわけでして、マスコミとの協力というのは非常に重要だと思います。先ほどご紹介がありましたように、福岡県弁護士会では、三行広告をお出しになり始めました。その英断には大いに敬意を払いたいと思います。しかし、私はこの点について一つ問題があると思います。それは福岡県弁護士会が資金を用意しておやりになっています。これはなぜなのかというと、どうも弁護士の方たちのご意見を伺いますと、やはりまだ刑事弁護を当番弁護士という形で実現するということで宣伝をすることについて躊躇を感じられるということです。それは今までやはり刑事弁護を社会的に位置づけきれていなかったということではないかと思われます。刑事弁護は、弁護士の職責で、それは公的な意味を持ったものであって、当然、弁護士会の責任であるのみならず、裁判所、検察庁、警察は協力すべきものであるし、マスコミも協力すべ

きものであるという強い押出しがないというところに問題があるだろうと思うのです。

　私は、これは当然地元の新聞は三行広告で広告費を取るようなことではなく、無料で記事として載せるべきことだと思いますし、無料で載せるべきだと弁護士会が胸を張って主張できることであるはずだと思うのです。そのような主張ができないでいるということにやはり問題があるのだろうと思います。是非、責任を持ってそのような主張ができるような体制を各弁護士会にお創りいただいて、宣伝に無料で協力していただくことをお考えいただければと思います。

　どうも失礼いたしました。

第3部
刑事弁護による改革可能性

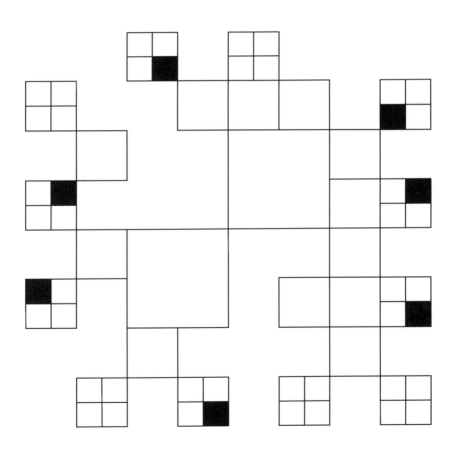

第1章

刑事弁護の隘路の克服へ

> 　本章は、日本弁護士連合会『21世紀弁護士論』(有斐閣・2000年)に、「刑事弁護の新しい世紀」と題して執筆させていただいたものを改題・補正して収録させていただいた。同題での執筆を依頼されていた上田國廣弁護士からの要請により、共通の問題関心に基づき、それぞれの責任で分担執筆させていただいた前半部分(290-297頁)である。

1．はじめに

　刑事訴訟法施行から50年、当番弁護士発足から10年を経て、ようやく日本国憲法が保障した被疑者の弁護権を実質化するための国費による被疑者弁護制度の法制化が現実的課題になってきた。

　この50年、あるいは10年という年月を長いとみるか、短いとみるかは、評価が分かれるであろう。しかし、この年月を要して、なお十全な被疑者弁護を保障する法制度が整備されていないという事実は、決して軽くはない。その第一次的責任を刑事立法に中心的責任を負う法務当局に帰することは容易である。しかし、立法当局を批判するだけで被疑者弁護の充実が実現するわけではないことはいうまでもない。

　そのことが弁護士に自覚されたのは、ようやく10年前になってであったともいえるかもしれない。当番弁護士制度の創設は、被疑者弁護の充実が第一義的には立法によらずにも実現できることを明らかにすることになった。と同時に、あらためてそれまでの被疑者弁護の実状が決して十分なものでなかったことを確認させることにもなったといってよいであろう。そして、貧困な被疑者

第1章　刑事弁護の隘路の克服へ　　239

弁護は、選任率といった数字の上では充実しているかに見えた被告人弁護の基盤の脆弱さをも示していた。

そこであらためて、日本国憲法の下での刑事弁護をめぐる問題状況を振り返り、将来への展望を探りたいと思う。

とはいえ、これまでにも、歴史的に刑事弁護の展開を振り返る作業が存在しなかったわけではない。[*1] その成果としての時系列的な総括は、全体としての刑事弁護の展開の経緯を明らかにし、多面的・客観的にそれぞれの時点での問題状況を分析し、その規定要因を析出することに成功してきたようにも窺える。しかし、自ら当番弁護士制度を創設することになったその担い手である弁護士の刑事弁護に関わっての主体的条件ないしは状況についての50年という長期的視野の中での解明は、必ずしも十分に行われてきてはいないようにも思われる。

そこで、本稿では、これまでの成果に依拠しながら、簡単に時系列的に刑事弁護の展開を振り返り、さらに長期的視野の中で担い手をめぐる問題状況を確認し、今後の検討に資する視点を提供できればと考えている。

その上で、新しい時代の刑事弁護についても論じることにする。とはいえ、本稿は、冒頭表記2名が分担執筆したものであり、問題関心は共通しているもののそれぞれの担当部分については、それぞれの責任で執筆したものであることをあらかじめご了解いただきたい。

2. 刑事弁護の50年

まず、この50年を時系列的に簡単に振り返っておこう。

日本国憲法制定当初は、労働・公安事件を中心に、憲法の規定を生かそうという先進的な刑事弁護活動の展開も見られ、被告人の弁護人選任率も一定の水準に達していた。例えば、1950年（以下、19を略す）には被告人の弁護人選

[*1] 例えば、大出良知「刑事弁護の憲法的基礎づけのための一試論」自由と正義40巻7号（1989年）123頁以下（本書第2部第3章第1節）、「季刊・刑事弁護」編集委員会「刑事弁護の充実強化のために」季刊刑事弁護創刊号（1995年）26頁以下、高田昭正「刑事弁護の発展と刑事訴訟改革－捜査弁護を中心に」法律時報71巻3号（1999年）9頁以下、上田國廣ほか「刑事弁護の活性化に向けた弁護士の取組みとその到達点」季刊刑事弁護20号（1999年）187頁以下等参照。

任率が国選も含めて90％を超え、勾留理由開示請求数が、49年には、531件であったものが、50年には、5,308件に達することになる。保釈率も、51年には地裁で58.2％。簡裁で27.3％になっていた。しかし、全体として見れば、通常事件では被疑者に弁護人が選任されていないのが常態であったと推測されるだけでなく、刑事訴訟規則の改定（50年）や刑事訴訟法の改定（53年）によって、捜査を中心に糾問的・職権主義的な旧刑訴法的運用が定着させられていくことになる。

　トータルには、理論的支えが不十分であっただけでなく、数の上でも認識の上でも弁護士の対応体制は十分でなく、当事者主義の基盤は、なお形成されていなかったといわざるを得ない。

　50年代末から60年代にかけては、二俣、幸浦などの有罪判決が最高裁で破棄され、松川、八海等の事件が社会的関心を呼び、憲法的理念を体現しようとする新しい時代の担い手である若い弁護士・裁判官などが育つとともに憲法的当事者主義理論も体系化されることになる。また、アメリカにおける捜査手続の抜本的な改革の動きなども伝えられ、裁判所の判断の中にも旧法的運用を脱却しようとする方向性を見いだすことができるようになる。例えば、勾留却下率が69年にはこの50年間の最高値、4.99％を、地裁の保釈率も72年になってやはり最高値の58.4％を記録している。

　とはいえ、刑事弁護がその動きを確固としたものとして定着させる基盤を用意できていたわけではない。労働・公安事件の先進的弁護が、通常事件の誤判問題にも影響を及ぼすようになり、接見交通権について一般的指定を違法とする決定が生まれたりしたが、被疑者弁護に顕著な広がりが見られたわけではなかった。

　このような状況の中、いわゆる「司法の危機」をきっかけとする裁判所の逆行的動きは、学生公安事件等を梃子としながら東京地裁を中心にいわゆる「東京地裁方式」と呼ばれる審理方式を生み、通常事件にも影響を広げ、訴訟促進・合理化が急速に進められることになった。強権的な訴訟指揮によって弁護の余地を奪われるとともに、高度経済成長による民事事件の増加に対応する必要も生じ、弁護士の刑事弁護離れが進行し、調書裁判に象徴される裁判の形骸化が

第1章　刑事弁護の隘路の克服へ　　241

深刻化することにもなった。それは、糺問的・職権主義的旧法的運用の極致ともいうべきものであった。

しかし、他方で、誤判問題への取組みの進展は、再審による誤判の救済をも課題とし、白鳥決定（75年）を生み、一連の再審開始決定、無罪判決による誤判の救済を実現した。その救済を契機として誤判原因論の視点から代用監獄の廃止、自白偏重主義からの脱却、接見交通権の確立を目指す弁護活動が展開されることになる。

そして、司法当局および法務・検察当局と弁護士との間で刑事手続の実状についての認識が全く異なり、当局の手による改革を期待できないという認識の広がりが弁護士・弁護士会に自覚的な改革努力を促すことになった。89年の松江人権大会をきっかけとした日弁連刑事弁護センターの設立（90年）、当番弁護士制度の創設（90年）は、被疑者弁護の活性化から刑事手続改革を展望する現実的基盤を用意することになったが、それは現行法施行当初から意図されてきた糺問的・職権主義的旧法的運用を克服する当事者主義的手続運用の基盤の確認・確立の第一歩でもあったと考えられるのである。

3．刑事弁護の主体的条件

あらためて確認するまでもなく、現行法の下では、弁護人は「資格を有する」者（憲37条3項）。すなわち弁護士でなければならないことになった（刑訴31条1項）。旧法では、官選弁護人として司法官試補を選任できるとしていただけでなく（43条）、裁判所・予審判事の許可があれば「弁護士ニ非サル者」を弁護人に選任できた（40条2項）。

憲法、刑事訴訟法施行当時の弁護士数は、いずれも6,000人弱である。これに対して、公判請求された被告人数は、50年代を通じて毎年14万人から15万人程度であり、被逮捕被疑者はさらに多く、50年代はじめまでは37〜8万人。被勾留被疑者は、22〜3万人であった。

ということは、弁護士1人当たりの年間被逮捕被疑者数は約60人。被勾留者被疑者数は約40人。被告人数ということになっても、約25人であった。一番

242　第3部　刑事弁護による改革可能性

少ない被告人数ということでも、国選弁護制度の導入にあたって立法過程で「かなり負担になろう」ということで想定されていた数字である「17人8分」よりもさらに多い数字であった。[*2]

　すなわち、当時は民事事件数がさほどでもなかった（49年度の新受全事件数は、約66万件）ということを前提にしたとしても、被告人の弁護でさえ相当の負担になると考えられており、新たに弁護人の選任が可能になった被疑者段階からの十全な弁護は、それを担う弁護士の人員という点でそもそも基盤が存在しなかったといわざるを得ない。刑事訴訟法の立案過程で、「勾留中の被疑者は、貧困その他の理由により自ら弁護人を選任することができないときは、裁判所に理由を疎明して、その選任を請求することができる。」という条文案が第3次案まで用意されていた。そこでは、弁護士による対応が困難な場合には、司法修習生、裁判所書記官をも弁護人として選任できることにしていた。[*3]この案は、第4次案で削除されることになったが、その一因に弁護士の人員問題があったことは、推測に難くない。

　これに対して現在の実状を確認するならば、一般的には、公判請求件数、逮捕件数、勾留件数とも大幅に減少しており、弁護士数は2.5倍を超えている。この実状が、担い手という点で、ようやく被疑者弁護＝当番弁護士を担い得る条件を提供することになったといってよいかもしれない。

　しかし、他方で民事事件は大幅に増加し（97年度の新受全事件数は、約268万件）。ほとんどの弁護士が民事事件に忙殺されており、国選弁護登録者数は、1999年5月時点で、8,792名（登録率53％）。当番弁護士登録者数は、7,418名（登録率43％）にとどまっている。98年の逮捕件数109,157件を前提にすれば、当番弁護士登録者1人当たり約15件ということになるが、現実に出動要請があったのは、25,571件（23.43％）にとどまっており、受任件数は5,807件にすぎない。さらに出動要請、受任事件が増加した場合、弁護士の偏在問題をも斟酌すれば、時代の要請に即応した被疑者段階からの十全な弁護を目指す

---

*2　「季刊刑事弁護」編集委員会・前掲注1論文27頁。
*3　その詳細については、大出良知「刑事訴訟法における被疑者弁護の位置」自由と正義44巻7号（1993）14頁以下参照。

上で、十分な対応体制があるといえるかは大いに疑問の残るところである。

　さらに、量的な問題だけでなく質に関わる意識の問題についても検討が必要である。

　日本国憲法制定当初から、先進的な刑事弁護活動が展開されたのは、主として、冷戦の激化を反映した政治的対立から生まれた、政令201号（国家公務員の争議禁止）違反、公安条例違反、政令325号（占領目的阻害行為等処罰令）違反をはじめとする労働・公安関係事件においてであった。いうまでもなく、この種の事件は、政治的確信に基づく行為に対する刑事罰による対処である場合がほとんどであり、弁護活動も徹底したものになった。

　また、検察・裁判所もほとんど例外なく頑迷な対応を見せることになった。

　現に、多数にのぼった勾留理由開示の請求には、司法当局者から「極く限られた少数の者の訴訟戦術、思想宣伝乃至は裁判所侮辱の具に供せられている状態」との非難が行われていた。[*4]

　このような対立の構図は、その後多発する刑事公安冤罪事件にも引き継がれることになった。例えば、三鷹、松川、青梅、白鳥、辰野、メーデー、菅生、芦別など、いずれもこの50年間の刑事裁判史に登場する著名な事件は、検察・裁判所の政治的予断に基づく有罪推定によって事件審理が先導されていた。このような政治的予断を容認する検察・裁判所の権力主義的な基盤は深く広くわが国の刑事訴訟と刑事裁判官を支配し、一般的に有罪推定の下での判断を正当化してきた。

　そして、予断に支配された手続は、予断に基づく立件を容易に可能にする証拠を利用するのに都合のよい条件を用意してきた。すなわち、予断を最も容易に証拠化する方法である自白を確保しやすい法制・実務と施設設備（代用監獄）の墨守であり、自白偏重手続の形成である。

　そして、この有罪推定を打ち破り無罪を獲得するためには、虚偽自白の証明力を打ち砕き、無罪を立証することが必要であった。しかし、そのためには最

＊4　最高裁判所事務総局刑事局「昭和二八年における刑事事件の概況」法曹時報6巻11号（1954年）70頁。

低限、被告人側の無罪の確信と、無罪立証を可能にする組織的弁護活動が不可欠であった。辛うじてその条件を充たした上記の事件は、白鳥事件と三鷹事件の1人を除いて、有罪判決を言い渡されたことがあったにせよ、いずれも最終的には無罪判決によって決着をみた。

しかし、そのような弁護活動に支えられることのなかった通常の事件である二俣、幸浦、小島といった、幾つかは辛うじて有罪の確定を免れたが、有罪が確定してしまった事件も少なくなかった。それらが、70年代後半から80年代を通じて再審によって救済された免田、財田川、松山、島田などの死刑確定事件をはじめとする誤判事件であった。その救済を判例の上でリードしたのが、前述の政治的予断によって有罪とされ唯一救済されていなかった白鳥事件であり、政治的予断に対抗して無罪立証を尽くしてきた弁護活動だった。

すなわち、頑迷な裁判所の予断に対抗するためにわが国の先進的弁護活動は、意識するかしないかに関わりなく、無罪推定が機能していないという手続環境の下で、無罪立証を強いられ、弁護人も無罪を立証せざるを得ないと考え、無罪立証に意を尽くさざるを得なかった[5]。その結果、弁護人が、事実上無罪の確信と無罪立証が無罪を可能にするという意識にとらわれることになったとしても不思議ではなかった。

4．刑事弁護の課題

以上のように、現行法の下での刑事弁護の歴史は、その担い手の点で、量の上でも意識の上でも、決して満足すべき状況にはなく、守勢的に最低限の基盤を確保してきたにすぎないことを示しているといってもよいかもしれない。

当番弁護士制度の創設は、前述したように一応の担い手の量的基盤の確保を基礎に、ようやく被疑者段階から一貫した弁護を可能にする体制を用意したということであり、当事者主義を実質化する基盤を確保することになったと考え

---

[5] 最近の実状については、大出良知「逆転無罪判決からみえてくる刑事裁判の実態」季刊刑事弁護20号（1999年）48頁以下（本書第3部第4章第1節）参照。

第1章　刑事弁護の隘路の克服へ　　245

られる。

　それでは、その基盤の上に、当事者主義を実質化するために刑事弁護に何が求められているのであろうか。本稿の射程の範囲で言及するならば、第1に、被疑者弁護の量的拡大に対応する刑事弁護の役割についての再検討が求められている。すなわち、多数を占める最終的に「事実関係を争わない事件」において捜査段階から被疑者の主体性を確保し、当事者主義を実質化する刑事弁護が必要になっている。

　第2に、「事実関係を争う事件」が、「事実関係を争わない事件」に埋没しないような明確な権利主張・権利擁護が必要であり、その実効性の確保のためにより早期からの弁護活動を実現する体制を整えることである。すなわち、逮捕直後、あるいは「任意同行」が多用されている実状からは、逮捕以前からの弁護を実現するための情報受信と弁護士派遣の体制を整える必要がある。

　第3に、刑事訴訟の原理について、弁護士の認識を再確認し、検察・裁判所を説得し得る能力の涵養が求められている。特に、無罪の推定。「疑わしいときには被告人の利益に」の鉄則を、捜査、公判審理の全般に貫徹させるため、弁護による意識的な問題提起を可能にする弁護人の知識の確認と意識の覚醒を組織的に保障し、実務上の点検を日常化していくことが必要であろう。

第2章――――――――――――――――――――――――――――――

刑事弁護による「調書裁判」の克服へ

本章は、1991年7月に開催された日本刑法学会関西部会における共同研究「刑事弁護と『調書裁判』」での報告に基づき執筆し、刑法雑誌32巻4号（1992年）598頁以下に「刑事弁護と『調書裁判』―憲法論的視点から」として収録していただいたものを改題・補正し収録させていただいた。

1.「調書裁判」の構造

この共同研究における各報告は、被疑者・被告人と弁護人の視座から、「調書裁判」がもたらしている「ひずみ」を現実の手続から析出し、「調書裁判」の改善・改革への課題に言及してきた。総括的なコメントにあたって、あらためてまず、このような視座の必要性、有効性を理論的に確認しておく必要があろう。

そのためには、「調書裁判」の構造を的確に把握することが肝要である。この点については、既に、「共同研究の視点」あるいは高田報告においても言及されているところである。しかし、この2つの報告の分析は、「調書裁判」といわれる刑事手続のいわば外形的あるいは機能的内容に注目した把握であり、「調書裁判」の問題性を総合的に把握するためにはさらに少なくとも3つほどの視点から分析ないし整理をしてみる必要がある。

まず第1に、制度的枠組みとの関係である。

あらためて具体的に確認することはしないが、日本国憲法は、捜査段階から

の弾劾的・当事者主義的構造による口頭・公開・直接主義に基づく公判中心主義を構想しており、刑事訴訟法も基本的には憲法の構想に即した枠組みを用意している。憲法と刑事訴訟法の間に齟齬があることも周知のとおりであるが、その齟齬は、憲法に即した理解によって、整合可能であり、整合させるべきものである。すなわち、旧刑事訴訟法の下での刑事裁判は、糺問主義的検察官司法と規定される手続構造の下で聴取書排除に広範な例外が認められるなど、制度的枠組みとして構造的に「調書裁判」化していた。[*1] これに対して、現時点で問題化している「調書裁判」は、制度的枠組みから必然的に生み出されたものではなく、制度的には否定されるべき運用の歪みの結果である。

それゆえ、第2に、運用として「調書裁判」化を可能にしている担い手の実情との関係を確認する必要がある。

「調書裁判」化を運用上積極的に指向してきたのは、密室での調書作成を捜査の中心に位置づけてきた警察である。警察は、一貫した中央集権的な組織体制の下に、全体としては人的にも財政的にもますます大きく強力な組織になっている。ところが、警備公安警察を中軸とする対他的発言力の高まりとは裏腹に、刑事警察を担う個々の警察官をめぐる環境は、悪化の一途をたどっている。組織全体の官僚化が進行し、現場に人材を確保できなくなっており、硬直的な非科学的捜査を担う力量しか持ち合わせていないのではないかと疑われる状況である。[*2] 代用監獄を利用した供述偏重型捜査＝調書裁判捜査に固執するのは、その証左とも思われる。

次に、検察は、個々の検察官の独任官庁としての位置づけがますます希薄化し、上意下達的組織として硬直化するとともに、警察との関係での相対的地位低下等によって人材難による非法曹化が進行し、警察捜査に対するチェック機能をますます失い、[*3] 警察捜査を上塗りするだけの調書中心の手続を正当化してきた。

＊1　小田中聰樹『刑事訴訟法の歴史的分析』（日本評論社・1976年）参照。

＊2　とりあえず、丸山昇『日本警察崩壊だー』（第三書館・1990年）、大谷昭宏『警察が危ない』（朝日ソノラマ・1991年）を参照。

＊3　「特集・いま、あらためて検察問題を考える」法と民主主義1990年6月号参照。

さらに調書による密室での心証形成を常態として「調書裁判」化を容認してきた裁判所は、最高裁事務総局を頂点とする司法官僚制の確立と、その下での判決内容にまでわたる統制の強化による行政への追随、癒着による治安機関化の進行によって、検察との人的、意識的一体化が進んでいる。[*4] また、警察との関係は、従前、検察をとおしての間接的関係であったといってよいであろうが、検察の地位低下、警察の体制強化により、直接的関係になりつつあり、裁判所の審理・判断に対する警察からの要求が強まっており、[*5] 裁判所に警察に対抗する力があるか疑問である。

　さらにこの事態は、消極的には、刑事弁護の不十分性によって支えられてきた。刑事弁護は少なくとも最近20年ちかくにわたって三ナイ状態であった。そもそも弁護士が偏在していてイナイ、裁判所の強権発動による手続の糾問化が進行し、刑事弁護の余地が奪われオモシロクナイ、しかも経済的にはモウカラナイということであり、刑事弁護離れ、形骸化が進行してきた。

　以上のように「調書裁判」は、端的には、警察捜査段階において作成された調書によって公判が支配されるにいたっているということであり、「調書裁判」は、警察司法の現出というべき事態である。[*6]

　第3に、以上のような認識を踏まえ、実践的視点から事態の打開可能性を探ってみる必要がある。

　「調書裁判」が運用の結果である以上、その打開の可能性は、必ずしも制度改革にではなく、運用の改善に求めることができる。とはいえ、「調書裁判」化は、捜査当局の処罰要求をストレートに現実化させる方策として追及されてきたものであり、「調書裁判」化を積極的に担ってきた警察・検察、それにその動きを容認し協同してきた裁判所に運用姿勢の改善を求めることは容易ではない。結局、第一次的にはこれに対抗する被疑者・被告人とこれを支える刑事弁護によって追求されなければならない。従前、刑事弁護の不十分性が、消極

＊4　日本民主法律家協会司法制度委員会編『全裁判官経歴総覧改訂新版』（公人社、1990年）参照。
＊5　大出良知「刑事警察の四〇年と『刑事警察充実強化対策要綱』」法セミ増刊『警察の現在』（1987年）50頁以下参照。
＊6　大出・前掲『警察の現在』56頁。

第2章　刑事弁護による「調書裁判」の克服へ　　249

的に「調書裁判」化を支えていたことからして、刑事弁護の活性化に事態打開の可能性を探ることは充分可能である。

その際、重要なのは、刑事裁判の歪みによって人権問題が惹起されており、たとえ警察や検察であってもそれを無視しつづけることは容易ではなく、事態打開の実践的契機として位置づけ可能なことである。

２．担い手の動きと事態打開の可能性

ところで、最近、刑事裁判に関わって裁判所を中心に新たな動きを看取することができる。その動きが、「調書裁判」化している現状との関係でどのような意味をもっているのか、前述のような認識に立って、検討してみるとともに、刑事弁護による現実的な事態打開可能性の有無をさぐっておくことにする。

最近の動きの起点は、遡れば最高裁白鳥決定（1975年5月20日）ということになるであろうが、白鳥決定の時点でその基盤を成していたのは、必ずしも「調書裁判」批判のエネルギーではない。端的に事実誤認による人権侵害に対する批判であった。それゆえ、社会的関心を喚起し、担い手のそれぞれの立場からの対処を必然的なものにした。事実誤認救済の進展が、事実誤認の原因究明へと向かわしめたのもまた必然であった。その影響力という点で頂点に位置したといってよいであろう問題提起が、平野龍一博士による「調書裁判」批判であり、学界や弁護士層の間に大きな波紋を広げることになった。[*7]

しかし、警察・検察、それに裁判所は、それ以前に異なった角度からの対応を開始していた。確認しうる限り、最も組織的な対応が早かったのは警察である。例えば、再審で弘前、加藤、米谷各事件の無罪が確定し、通常手続でも四日市事件が第一審無罪で確定した1979年段階で、杉江宏亮（警察庁捜査第一課）「最近の無罪判決において指摘された捜査上の問題点（上）（下）」警察公論34巻3＝4号が、裁判所の視点を分析し、不用意な捜査方法が違法視されたり、誤解されたりするとして、「取調状況一覧表」の作成などによる「積極的

---

*7 「現行刑事訴訟の診断」『団藤重光博士古稀祝賀論文集（4）』（有斐閣・1986年）407頁以下。

な意味での適正捜査」の必要性を強調していた。また、松山事件の再審開始が確定した83年には、関一（警察庁捜査第一課）「最近の無罪判決において指摘された捜査上の問題点について(1)(2)(3)」警察時報38巻7、8、9号が、事実認定が厳格化しているとしてこれに対応する「適正かつち密な捜査」を提起した。また、代用監獄の恒久化を企図した留置施設法案の立案・上程（1982年4月）も上述のように対応策の一環であったと考えられる。また検察は、1984年になって最高検察庁に、再審で無罪になった免田、財田川、松山三事件の問題点を検討する再審無罪事件検討委員会を発足させた。さらに最高裁も、同じ1984年の司法研究として「事実認定に関する実証的研究」を田崎文夫ほか三名の裁判官に命じている。

　これに対して裁判所内部では、最高裁の動きとは別に裁判官懇話会を中心とする検討作業がいち早く本格化し、1984年に第10回全国裁判官懇話会が、「供述調書をめぐる諸問題」をテーマにしている（判例時報1140号18頁以下）。[*8]その後守屋克彦判事の一連の研究成果が相次いで公表されることになる。[*9]その動きに対抗するかのように、最高裁は1985年から1989年末まで供述調書に関わる問題を検討する裁判官会同・協議会を全国で継続的に開催した。裁判官懇話会は、「調書裁判」の構造的改善・改革を指向していたといってよいであろう。しかし、最高検の再審無罪事件検討委員会や裁判所の司法研究、会同・協議会は、司法研究が『自白の信用性』（法曹会、1991年）として公刊されたことに端的に示されているように、「任意性」ではなく、「信用性」に力点を置き、「適正に」有罪を確保する方策を模索するものでしかなかった。

　89年に相次いで遠藤、山中、板橋各事件の有罪判決を破棄した最高裁判決も、基本的にその延長線上にあり、あくまで事実認定にとっての有効性の確保に主眼を置いたものであった。すなわち、「調書裁判」の基盤を成す取調べ問題をはじめとする捜査手続の改革・適正化を意図したものではない。同じ1989年にやはり最高裁が、深夜から徹夜で22時間にわたった取調べを任意捜査とし

---

*8　さらに、第12回全国裁判官懇話会でも「自白の任意性をめぐる諸問題」をテーマとして取り上げている（判例時報1310号3頁以下）。

*9　その成果をまとめたのが、『自白の分析と評価』（勁草書房・1988年）である。

て容認し、異常な取調べ方法によって獲得した自白に任意性を認めたのはその証左といってよいであろう。

　また、90年から91年にかけて会同・協議会の帰結として喧伝されてきた「取調経過（状況）一覧表」を利用した任意性調査も、従前どおりの取調べを前提として、調査資料の作成・提出について捜査当局の主導権を容認した実質化でしかない。

3．刑事弁護の可能性

　以上のように、裁判所は、糾問的な調書作成過程の容認と公判における職権的な審査可能性を追及することで、「調書裁判」を前提とした事実認定の一応の「適正」化を指向している。すなわち、被疑者・被告人や弁護人といった当事者を除外し、事実認定という場面での人権侵害を回避しようということであろう。確かに、従前起訴前にそもそも弁護人が選任されているということが稀でしかなかったという事情が裁判所の職権的な姿勢を生み出す原因になっていたかもしれない。しかし、被疑者等の当事者を除外して成立するのは、捜査当局との妥協であり、警察司法といった事態を打開することは不可能である。

　事態を打開するためには、端的に、不当な長期間にわたる身体拘束を許さない、密室状態での長時間にわたる取調べを許さない、捜査当局による一方的な調書作成を許さないということが可能であるかどうかにかかっている。そして、憲法は、このような対応を可能にする制度的枠組みを用意しているのであり、その実質化が実践的に問われているだけである。

　そこで、あらためて憲法の保障する弁護権の内実を実践的な視点から要点だけを確認しておこう。

　(1)　被疑者は身体拘束直後から弁護人の実質的援助を受ける権利を保障され

＊10　最決平成元年7月4日刑集43巻7号581頁。
＊11　最決平成元年10月27日最高裁判所裁判集刑事253号215頁。
＊12　取調経過（状況）一覧表の利用状況については、「特集取調経過一覧表をめぐって」判例タイムズ765号（1991年）7頁以下、767号（1991年）4頁以下を参照。その問題性については、「特集刑事裁判は甦るか」法学セミナー1991年9月号24頁以下参照。

ている（憲法34条）。そのためには、まず、身体を拘束した者が被疑者に権利内容を理解できるように告知しなければならない。その告知の実効性は、最終的には、被疑者本人が依頼する可能性のある「弁護人となろうとする者」によって担保されるべきものである（刑訴法39条）。従って、有効な告知が行われたか否か、さらにその上で被疑者本人が弁護人に依頼する意思があるか否かを確認するために、「弁護人となろうとする者」の接見が認められなければならない。刑訴法78条は、被疑者から申し出を受けた場合の通知義務を規定したにすぎない。

⑵　被疑者が身体拘束直後から弁護人の実質的援助を受ける権利を制度的に担保するためには、被疑者国選弁護制度が不可欠である。それゆえ憲法は、多数説になりつつあるように、被疑者国選弁護制度をも要求している（憲法34、37条）。とはいえ、被疑者国選弁護制度がない現状では、弁護士ないし弁護士会が保障すべきである。[*13]刑訴法31条は、弁護人を弁護士以外からは選任できないことにしており、憲法の保障を前提にすれば、独占的権限に対応する義務があると考えるべきである。

⑶　憲法34条が保障する弁護権の内実として、被疑者の意思に反した制限を許さない絶対的に自由な接見交通権が含まれるのは当然として、不当な身体拘束の継続に対するあらゆるチェック手段が保障されていると解される。憲法は勾留理由開示公判への弁護人の必要的立会を明示していると解される（34条）。それは、勾留が正当な「理由」に基づいているかどうかを被疑者側の法律専門家にチェックさせる趣旨であり、同じく憲法上「理由」を告知する場とされている勾留質問への弁護人の立会権も含意されていると解される。勾留理由開示についてだけ立会権を明示したのは、勾留理由開示が公開の法廷で行われることに意味がありその点との関連で例示したものと解される。

⑷　憲法34条の弁護権は、ミランダ判決を援用するまでもなく、憲法38条が規定する黙秘権と自白法則の実効性を担保するものでもある。ということは、

---

*13　福岡県弁護士会が当番弁護士制度の一環として実施している「委員会派遣」制度は、なお不十分ではあるが、この要請に応えようとするものといってよいであろう。その内容については、「特集スタートした当番弁護士」法学セミナー1992年2月号26頁以下参照。

憲法34条が取調べへの弁護人の立会権の保障を含むと解するのが合理的である。従って、刑訴法198条1項は、このような条件の下での取調べを許容したにすぎず、但書はあくまでも身体拘束の効力に関する注意規定であり、時間的にも弁護人の立会い可能な範囲での取調べだけが許されることになることはいうまでもない。

(5) さらに、憲法34、37条の弁護権の保障は、公判での訴追側と対等な防禦活動を保障しようともしており、証人尋問の実効性を確保するため、調書を作成された参考人との面接権、捜査当局収集証拠の事前全面開示要求権をも含むものである。

　以上のような憲法上の解釈可能性を最大限に活用した弁護活動に支えられた当事者主義的な手続が実現できれば、一方的な「調書」作成は不可能になり、「調書裁判」は終焉する。問題は、弁護士がこのような手続運用を実現するための体制を準備することが可能かということであるが、刑事弁護をめぐる事情も明らかに変化してきている。日弁連による事実誤認救済を主眼とした再審問題への取り組みから、刑事手続全体の適正化を課題にするまでには時間を要し、検察・裁判所の動きには若干遅れをとったものの、1988年の司法シンポジウム、1989年の人権大会シンポジウムなどを中心とした刑事弁護の活性化へ向けての組織的な取り組みが継続的に行われてきており、その蓄積の上に、日弁連の刑事弁護センターも発足している。さらに、無料で身体を拘束された被疑者に面会し、相談にのるとともに必要なアドバイスを与える当番弁護士制度も発足し、急速に全国化ししつつある。[*14]

　従前、学説は、実践的な観点からその理論的枠組みの中に担い手を位置づけるということをしてこなかった。しかし、なお職権主義的な手続運用を容認するのか、それとも当事者主義的な運用を確立し、「調書裁判」の悪弊を断つのかの重要な岐路に立っている現在、その事態打開を手続運用上、「誰に」依拠

＊14　当番弁護士制度の現状については、前掲法学セミナー、「特集動き出した当番弁護士制度」自由と正義1992年2月号4頁以下参照。

して具体化するのかが問われており、その立場を明確にした理論化が課題になっていることをあらためて自覚する必要があろう。

第3章

被疑者取調問題の展開

　本章6．までは、井戸田侃立命館教授（当時）を研究代表として、1981年から5年間にわたって行われた「起訴前手続」についての総合的共同研究の成果である『総合研究＝被疑者取調べ』（日本評論社・1991年）127頁以下に「被疑者取調の歴史的考察（戦後）」というタイトルで執筆させていただいた原稿であり、7．以降は、ほぼ同様の問題関心から1990年代末までを検討対象に、庭山英雄先生の古稀をお祝いする論文集『民衆司法と刑事法学』（現代人文社・1999年）111頁以下に、「九〇年代刑事警察の展開と代用監獄問題」というタイトルで執筆させていただいた原稿の対象年代が、6．に続くことになる同書116頁以下を7．以下として合わせて収録させていただいた。被疑者取調については、長年にわたって刑事弁護が十分に対応できなかったこともあり、牢固たる自白偏重手続の中心に位置し、刑事弁護の対抗的位置にあったということで、その後の被疑者弁護の展開との関係で、1990年前後までの問題状況をあらためて確認しておくことにも意味があると考え、いずれも改題・補正し本書に収録させていただくことにした。

1．はじめに

　戦後改革期を除けば、被疑者取調に関する直接的な法制上の変化はない。したがって、本節では戦後の被疑者取調の実情を限られた範囲で素描し、検討することになる。便宜上、時期を7つに分けることにするが、戦後改革期以外は、

256　　第3部　刑事弁護による改革可能性

主として被疑者取調の第一次的担い手である刑事警察の動向に即して区分していくことにし、区分の意味については、行論中で概ね明らかにしていくことにしたい。

2. 戦後改革における被疑者取調（1945年〜1948年）

ポツダム宣言による敗戦後の民主化政策遂行の中で、刑事手続改革も重要な課題の一つであった。[1][2]その目的が、「犯罪捜査ニ関スル人権擁護」にあったことも疑いない。[3]

ところが、司法省を中心とする政治支配層のこの問題への当初の対処方針は、連合国軍総司令部（GHQ）の指示をも奇貨として、[4]予審を廃止し、捜査機関の強制捜査権限を拡大強化しようとするものだった。すなわち、「現在捜査機関ノ権限ガ十分デナイ為行政執行法ニ依ル行政検束ガ勾留ノ代リニ利用サレルコトニナリ、…此ノ間ニ色々人権蹂躙問題ガ起ル」[5]というのであり、このような主張が、戦前からの予審廃止・強制捜査権限拡大強化論と軌を一にするものであったことは言うまでもない。

このような発想の下にまとめられた「刑事訴訟法中改正要綱案」（1946年2

---

*1　戦後の刑事手続改革全般については、小田中聰樹『現代刑事訴訟法論』25頁以下参照（日本評論社・1977年）。

*2　戦後改革期における「被疑者取調」をめぐる論議の経緯については、多田辰也「被疑者取調べとその適正化（1）」立教法学27号（1986年）112頁以下によって詳細に検討されている。それゆえ、ここでは本稿の行論に必要な限りでの素描に止めることを、あらかじめお断りしておく。

*3　1945年10月9日、いち早く幣原内閣が、「終戦ニ伴フ新事態ニ即応スル司法制度ヲ確立スル為、従来ノ制度ニ再検討ヲ加」えることを目的に司法省内に司法大臣の諮問機関として設置した「司法制度改正審議会」に諮問された事項が、次の二点であった。
第一　新情勢ニ鑑ミ裁判並ニ検察ノ機構ニ付改正ヲ要スベキ具体的事項如何
第二　新情勢ニ鑑ミ犯罪捜査ニ関シ人権ヲ擁護スベキ具体的方策如何
内藤頼博・終戦後の司法制度改革の経過（司法研究報告書8輯10号〔1959年〕第2分冊）10頁以下。

*4　1945年10月11日のマッカーサーの五大改革の指示の第4項目である「秘密の検察及びその濫用が国民をたえざる恐怖に曝してきた諸制度の廃止」が、予審の廃止を示唆したものと受けとめられた。小田中・前掲書43頁参照。

*5　前記「司法制度改正審議会」の第二諮問事項関係小委員での佐藤藤佐司法省刑事局長の趣旨説明。刑事訴訟法制定過程研究会「刑事訴訟法の制定過程（三）」（松尾浩也担当）法学協会雑誌91巻10号60頁（1974年）。

月26日）^{*6}は、当然のこととして、「検事及警察官」に強制処分としての「被疑者訊問権」を与えようとするものであった。とはいえ、捜査機関の捜査権限の拡大強化だけを実現しようというのは、もはや不可能な状況にあったことはもちろんである。この「要綱案」も、弁護権の拡充、告訴告発の実効性の保障、暴行陵虐により採取した供述証拠の排除なども提起していた。しかし、それはあくまでも「強制捜査権行使ノ公正ヲ確保スル為」^{*7}であり、所詮、「支配層の先取り的対応」^{*8}にすぎず、支配層に抜本的な改革を実現する発想も能力もなかったというのが実情であった。

　結局、支配層の思惑を打破して、発想の転換を迫ることになったのは、GHQであり、支配層の実情は、改革作業の中で、強いマイナス要因として働くことになった。GHQからは、早くから、^{*9}早い段階での弁護人選任権の付与、秘密交通権の保障、黙秘権の告知など重要な提案が行われていた。しかし、日本側が立案した草案は、1947年5月3日の日本国憲法の施行と同時施行を目指した刑事訴訟法の第6次案でさえ、^{*10}強制処分としての被疑者訊問を規定していた。それ故当然と言えば当然だが、秘密交通権はおろか、そもそも被疑者の弁護人との接見交通についての規定さえ存在しなかった。黙秘権の告知についてもまだ規定されていない。さらに、取調の事後的規制としての自白法則等の規定も存在しない。

　日本国憲法が施行された後は、さすがに被疑者の取調も任意処分化され、自白法則、補強法則も憲法の規定に従って用意されることになった。接見交通権も規定されるにいたった（第7次案）。^{*11}

＊6　その全文は、前掲「刑事訴訟法の制定過程（五）」（松尾担当）法学協会雑誌91巻12号（1974年）48頁以下参照。

＊7　前掲「刑事訴訟法の制定過程（五）」（松尾担当）法学協会雑誌91巻12号54頁。

＊8　小田中・前掲書46頁。

＊9　前掲「刑事訴訟法の制定過程（六）」（小田中聰樹担当）法学協会雑誌92巻5号（1975年）108頁。

＊10　第6次案全文は、前掲「刑事訴訟法の制定過程（一七）（一八）（一九）」（小田中担当）法学協会雑誌95巻12号（1978年）50頁、96巻1号75頁以下、2号（1979年）75頁以下に収録されている。

＊11　小田中・前掲書100頁。

しかし、日本側の最終案となった第9次案[*12]（1947年10月20日）でも、秘密交通権が保障されたわけではなく、黙秘権（の告知）の規定も相変わらず存在しなかった。自白法則によって排除される自白も限定され、補強法則の公判廷自白への適用もまだである。

　この第9次案に基づくGHQとの間の折衝は、予備会議としての刑事訴訟法改正小審会議（1948年3月23日〜4月5日）を経て、刑事訴訟法改正協議会（1948年4月12日〜5月5日）で行われることになる[*13]。

　予備会議の段階で一応の決着をみたのは、接見交通についてだけであり、取調自体や黙秘権（の告知）についての調整は、日本側の抵抗も強く、最終の協議会まで持ち越されることになった。接見交通についてのGHQからの要求は、「立会いなき接見」（秘密交通）と接見指定の要件の変更であり、いずれもGHQの意向が受け入れられた。すなわち秘密交通権が保障されることになり、接見指定の要件とされていた「捜査のため必要があるとき」が削除され、制限の趣旨は、但書に「制限が合理的」で、かつ「防禦を準備する権利を害しない場合に限る」という形で盛り込まれることになった。ところが、接見指定についての修正は、日本側による文言整理の際に反古にされ、現行法のようにされてしまった[*14]。

　協議会にあたっては、GHQ側が、未結着の点についてプロブレムシート（勧告）を用意し、その内容に添って協議が進められた。

　被疑者取調に関わっては、まず次のような提案が用意された[*15]。

　「如何なる場合においても、検察官、司法警察職員は、被告人、被疑者その他の何人に対しても質問に答えることを強制し得ない。検察官、司法警察職員の取調の段階においては、被訊問者は何時でも答を拒絶することができ、又逮捕されていないときには退出することができる。（No prosecutor or police

---

*12　第9次案の全文は、法務府検務局『新刑事訴訟法制定資料（一）』検務資料〔二八〕（1952年）に収録されている。

*13　小田中・前掲書105頁。

*14　小田中・前掲書106頁以下、三井誠「接見交通問題の展開」法律時報54巻3号（1982年）13頁以下参照。

*15　前掲『新刑事訴訟法制定資料（一）』70頁。英文は、英文12頁以下。

official may, under any circumstances whatsoever, compel a person, whether an accused, a suspect, or otherwise, to answer questions. At any time, in the course of any examination by a prosecutor or judicial police official, the person questioned may refuse to give answers and may withdraw if not under arrest.)」（第10問）

　そして、この提案は、次のように修正されている。[*16]

　「検察官又は警察官は犯罪捜査中被告人、被疑者、又は事件の知識を有すると信ぜられる者に対し訊問に答えるよう要求することができる。すべての被訊問者は答を拒絶する権利を有し、若し逮捕されていない場合には何時でも退去することができる。(A prosecutor or police official may, in the course of the investigation of a crime, call upon an accused, a suspect or a person believed to have information, to answer questions. The individual questioned has the right to refuse to answer, and, if not under arrest, may withdraw at any time.)」（第5問及び第10問の修正（一））

　この提案が、現行刑訴法198条1項の基礎となったことは間違いないが、現行法との三つの点での相異に注意する必要がある。その第一は、プロブレムシートの「訊問に答えるよう要求することができる」が、現行法では「出頭を求め、これを取り調べることができる」となっていること。第二にはプロブレムシートが、「答を拒絶する権利」の存在を明定していること。そして、三つ目が、プロブレムシートが、「退去すること」だけを問題にしているのに対し、現行1項但書が、「出頭を拒み、又は出頭後、何時でも退去することができる」としていることである。

　この変化の経緯は定かではないが、この変化が、現行1項但書をめぐる解釈上の紛議を呼ぶことにもなったと考えられる。すなわち、プロブレムシートは端的に、「訊問に答えるよう要求する」としており、言ってみれば、これが「取調」であり、その拒否は、「答を拒絶する」ことでしかない。したがって、「退去」は、「答える」か否かとは別の問題であり、単純に身体が拘束されている

＊16　前掲『新刑事訴訟法制定資料（一）』72頁。英文は、英文14頁。

260　第3部　刑事弁護による改革可能性

か否かの問題だと考えられていると言ってよいであろう。英文のandもそのことを示しているように思われる。つまり、身体が拘束されていて「退去」できない場合に、「取調べ受忍義務などという考えがあったとは思われない[17]」のである。これに対し、現行法は、文言上は、「取調」という広い意味をもつ文言を使用したことで、「答を拒絶する権利」がストレートには「取調を拒絶する権利」と結びつかないことになった。さらに、「出頭を求め、これを取り調べることができる」としたため、「取調のための出頭」との解釈の余地を生み、「逮捕又は勾留」が、その出頭を強制する手段と見ることを可能にしたと言ってよいであろう。それゆえ、逮捕または勾留されている場合には、供述（答える）義務はないが、取調受忍義務はあるという解釈の余地を生み出すことにもなったと思われる。

ちなみに、黙秘権の告知についても、「被疑者を訊問する場合には訊問の始めに於て被疑者は質問に答えるのを拒み得るということを告げなければならない」（第76問）との勧告が行われており[18]、前述の「取調」と合わせて現行198条に規定されることになった。

また、自白の証拠能力についても、GHQ側というより日本側の弁護士委員から問題が提起された。それは、警察官作成の供述調書に証拠能力を認めることに対する批判であり、その結果、裁判官面前調書、検察官面前調書、警察官面前調書が区別されることになった（第5問及び第10問の修正（一）[19]）。しかし、さらに警察の拷問による自白調書の作成が問題とされ、任意性の審査の厳格化が意図されることになった。すなわち、「裁判所は、いささかでも自白が自由意思によりなされたのではない疑があるときその自白を証拠とすることを拒否しなければならない」（第5問及び第10問の修正（二））としたのであった[20]。

以上のように、刑事訴訟法の改正作業においては、ともかくもGHQの主導によって、黙秘権、弁護権の実質化がはかられ、被疑者取調は任意捜査として

---

*17　多田・前掲「被疑者取調べとその適正化（1）」133頁。
*18　前掲『新刑事訴訟法制定資料（一）』104頁。
*19　小田中・前掲書117頁以下、前掲『新刑事訴訟法制定資料（一）』73頁以下。
*20　前掲『新刑事訴訟法制定資料（一）』76頁。

法的規制が強化された。捜査段階での調書の利用にも制限が加えられ、起訴状一本主義の採用と相俟って、公判が自立化し、さらに、自白中心主義克服への手立も講じられた。とはいえ、それはあくまでも法規定上でのことであり、それもこれまで見てきたところからも明らかなように、立案過程での前進的側面がそのまま条文化されたわけでもなかった。それゆえ、この新しい刑事訴訟法が、どのように運用されるかは予測できない状態にあったと言ってよいであろう。

3．人権侵害的取調の横行（1949年～1953年）

1949年1月1日、新刑事訴訟法が施行され、人権侵害的捜査は、少なくとも顕著な減少化傾向を示すかに思われた。検察官の指揮監督を離れ、第一次的捜査権を担うことになった警察も、「昨今の如く犯罪横行の際人権を尊重しつつ捜査を進めることがいかに困難であるかは、いうまでもないが、不屈の精神を以て、この苦難の道を克服してこそ、新警察にふさわしい新しい捜査の道が開かれる」[*21]との決意の下にスタートした。しかし、一躍警察部門の中心に位置することになった刑事警察にとっては、「極めて不振であった」戦時中の悪夢を断つことが第一義的課題とされた。すなわち、「刑事警察振興の第一歩は検挙力向上」であり、「これなくしては国民の信を繋ぐは全く不可能となりやがては刑事課廃止論の叫ばれた往年（戦時中──著者注）の状況に立ち至るであろう」といった思い[*22]に強く支配されてのスタートでもあった。その基礎には、早くも警察による人権侵害は、「戦後逐次改善されて来た」とし、「法規、制度の改正に何等の関係なく従来の捜査を継続するとすればそれは大なる人権蹂躙問題を惹起する危険を含んで居り、法規、制度に萎縮を来たしては著しい治安上の不安がひき起される。現在の状況はむしろ前者から後者に推移しつつあ

＊21　「新刑事訴訟法施行にあたっての国家地方警察本部長官の訓示」警察研究20巻2号57頁（1949年）。

＊22　「新警察制度下における捜査課の運営について」（国家地方警察本部捜査課発昭和23年4月5日付刑事通報第2号）。この通報は、警察庁刑事部捜査課編『捜査関係参考例規』（1954年）14頁以下に収録されているのを参照した。

262　第3部　刑事弁護による改革可能性

る。」といった認識[*23]があったことを看過するわけにはいかない。このような認識の下での刑事訴訟法の運用には、おのずから限界があったと言わざるをえない。それに、背景的事情として、朝鮮戦争を前にした占領政策の転換による政治的反動があったことも忘れてはならない。

とはいえ、刑事訴訟法の施行にあたっては被疑者の取調に際して、「事宜[ママ]により弁護人を立ち会わせることは、勿論差支ない。[*24]」こと、黙秘権の告知（198条2項）が、「従前の自白強要の弊風を一掃……しようとする趣旨に出ている[*25]」こと、秘密交通権は、弁護人との一体不可分的の緊密性を保持すべきであることと共に、新法は被告人又被疑者に終始沈黙する権利又は供述を拒む権利を認めていることに照応し（ている）[*26]」ことなどが強調されていた。そして、例えば、政令201号（国家公務員の争議禁止）違反事件、公安条例違反事件、政令325号（占領目的阻害行為等処罰）違反事件などのいわゆる刑事弾圧事件を中心に、黙秘権や秘密交通権の定着化へ向けた意識的な取組みが行われることにもなった。[*27]

しかし、学界の関心は主として当事者主義化に伴う公訴、公判段階に関わる問題に向けられ、捜査段階に向けられるまでにはまだ時間が必要であった。[*28]そのような中で、すぐに、198条1項但書に関わって、逮捕または勾留されている場合に、取調受忍義務（出頭義務、滞留義務）を肯定する解釈が通説化することになる。すなわち、逮捕、勾留されている場合には、その身体拘束場所からの「出頭を拒み、または出頭後退去することはできない」。それは、「被疑者の逮捕・勾留は主として捜査のために被疑者の身体を確保することを目的とするものであるから…当然に逮捕・勾留の趣旨の中に包含されている」という

---

*23　前掲「新警察制度下における捜査課の運営について」14頁。
*24　宮下明義（法務府検務局刑事課長）『新刑事訴訟法逐条解説Ⅱ』（1949年）56頁。
*25　宮下・前掲『新刑事訴訟法逐条解説Ⅱ』54頁。
*26　野木新一（法務府検務局刑事課長）＝宮下明義＝横井大三（同前事務官）『新刑事訴訟法概説』40頁（立花書房・1948年）。
*27　その実情については、とりあえず、法務省刑事局『刑事訴訟法の運用及び改正意見に関する調査（上巻）』検察資料（33）（1952年）に詳しい。
*28　松尾浩也「捜査の構造について」刑法雑誌15巻3＝4号（1967年）326頁参照。

のである。また、198条2項による黙秘権の保障についても、「文理上はなんら限定もないが、憲法三八条一項にいわゆる『自己に不利益な供述』にかぎってこれを拒むことができる趣旨」といった限定的な解釈が主張されてもいた。[30]

このような状況の中で、法務・検察サイドから法改正への動きも表面化してくることになる。日本国憲法をうけた刑事訴訟法の前進的側面は、前述のように、制定過程から多くの抵抗があったが、施行後まだ2年半という時点で、法務省が、「改正に備え」て、「刑事訴訟法運用の実態及び改正意見に関する調査」を開始した。[31]その調査などを集約したのが、1953年に行われた刑事訴訟の一部改正であり、起訴前勾留期間の延長や権利保釈例外事由の拡大など捜査当局側の便宜をはかる改正が行われたが、[32]特に捜査の現場が強く抵抗感を持っていたのが、黙秘権の告知であり、秘密交通権であった。

黙秘権の告知について、制定時の規定どおり、「供述を拒むことができる旨」告知することに支障がないと回答した検察庁は、僅か三庁だけであり、他はいずれも、取調との矛盾や捜査の困難化を理由に改廃を要求していた。[33]そこで用意された改正案は、告知内容を「自己に不利益な供述を強要されるものではないこと」と変える案であった。すなわち、拒みうる範囲を、憲法38条1項の規定する「不利益な供述」だけに限定しようとした。しかし、この変更には、そもそも被疑者が捜査機関に対して供述義務を負うということはなく、憲法以前の権利として一切の事項について供述を拒否する権利を有するとする強い批判もあり、[34]衆議院の審議過程で、現行の「自己の意思に反して供述する必要がない旨」と修正されることになった。また、秘密交通権についても、81条で接見禁止になっている場合には、「法第三九条第一項の規定にかかわらず、立会人を置くことができる」との改正案が用意された。これに対しても、日弁

---

*29 団藤重光『条解刑事訴訟法上』365頁（弘文堂・1950年）。

*30 団藤・前掲書367頁。

*31 その結果を集約したのが、前掲『刑事訴訟法の運用及び改正意見に関する調査（上巻）（下巻）』である。

*32 この改正については、例えば、横井大三（法務省刑事局参事官）『改正刑事訴訟法概説』（立花書房・1953年）、日本刑法学会『改正刑事訴訟法』（有斐閣・1953年）など参照。

*33 前掲『刑事訴訟法の運用及び改正意見に関する調査（上巻）』1頁以下。

*34 平野龍一「黙秘権」刑法雑誌2巻4号（1952年）39頁以下。

連が反対を決議するなど強い批判があり、この修正は成立しなかった。しかし、他面、運用上は、1949年に発生した三鷹事件や松川事件などをめぐって、早くも一般的指定方式が採用、実施されることになった[36]のをはじめ、その妨害の手立ても種々考案された。中には、捜査官の立会をあくまでも条件として要求したり、盗聴器を用いるといったことも行われていた[37]。

このような中で、裁判所も捜査当局の自白採取に極めて寛容な態度をとりつづけた。二俣事件での最高裁の破棄差戻判決（1953年11月27日刑集7巻11号2303頁）に端的に示されたように、強制、拷問、脅迫の存在を認定しようとしない。他には、事案の複雑性等を理由に、安易に勾留の必要性を認め、「不当に長く」という要件が否定される事例も多かった。例えば、拘禁160日ないし170日後の自白にも任意性が認められた（最判1950年8月9日刑集4巻8号1562頁）。さらに、任意性が肯定された例としては、不法不当な拘禁中の自白（最判1952年11月25日刑集6巻10号1245頁）、黙秘権の告知を欠いた自白（最判1950年2月21日刑集4巻11号2359頁）、弁護人との接見交通権を侵害して得た自白（最判1953年7月10日刑集7巻7号1474頁）などがある。

このような事情の当然の帰結と言ってもよいであろうが、捜査実務では、旧態依然として、予断と偏見に基づく「経験」と勘に頼った自白偏重捜査が維持され、自白追及のために安易に身体の拘束が行われ、拷問も跡を絶たなかった。幸浦、松川、二俣、小島、八海、それに最近になって再審で相次いで無罪になった免田、財田川、梅田などといった事件が、この時期の人権侵害的な捜査（取調）を象徴している[38]。このような事態を、警察当局者は、「戦後の混乱期のおびただしい犯罪量との対決」を強いられ、新刑事訴訟法の基本的な考え方を「第

---

*35　日本弁護士連合会「刑事訴訟法改正の問題点に対する意見」自由と正義2巻11号（1951年）55頁参照。

*36　桐山隆彦『警察官のための刑事訴訟法解説』50頁（1951年）。前掲『刑事訴訟法の運用及び改正意見に関する調査（上巻）』83頁以下参照。

*37　前掲『刑事訴訟法の運用及び改正意見に関する調査（上巻）』77頁、78頁参照。

*38　これらの事件については、上田誠吉＝後藤昌次郎『誤まった裁判』（岩波新書・1960年）、日本弁護士連合会『再審』（日本評論社・1977年）、同『続再審』（日本評論社・1986年）、『法学セミナー増刊・日本の冤罪』（日本評論社・1983年）等参照。

一線へ浸透させるには、かなりの時間と努力を要した」と弁明する。その当[*39]
否はともかくとして、このような弁明を必要とする事態であったことは間違い
ない。

4．捜査の適正化と弾劾的捜査観（1953年〜1963年）

ところで、前述した1953年の一部改正は、主として捜査当局の便宜をはか
ることを意図した改正であった。しかし、他面、その背景に警察捜査に対する
批判の高まりがあったことを看過してはならない。まず第一番に批判の対象と
なったのは、逮捕権の濫用だったが、それに止まる批判でなかったことは言う
までもない。しかも、法務・検察当局は、この問題を奇貨として、警察の第一
次的捜査権の剥奪をも指向したと思われる改正も意図していた。具体的には検
察官の一般的指示権の強化と逮捕状請求にあたっての検察官の同意を要求した。
しかし、これには、警察側から猛烈な反対があった。特に、逮捕状請求にあた
っての同意権には強い抵抗があり、「令状請求警部」の指定と裁判官の必要性
判断権の明定（199条2項）によって結着をみた。

結局この改正は、警察と法務・検察との権限争いという趣をも呈していたが、
一応抵抗の成果をあげた警察は、再び同様の批判を招かないために、捜査の「適
正化」へ向けての努力が不可欠な状況に追い込まれていた。そのことは、この
法改正を受けて、国家地方警察本部が、直ちに発した「刑事訴訟法の改正に伴
う警察運営の刷新改善要綱」（1953年9月14日付次長通牒）に端的に示されて
いる。すなわち、この法改正に際して、「警察の逮捕権の濫用その他捜査につ
いて激しい非難があったが、その根底をなすものは警察に対する不信の念であ
る。…捜査の第一次的責任を負う警察は、…非難の存する現実を直視し、…あ
らゆる努力を傾注して果敢に刷新改善の措置をとる必要がある。」というので
あった。そして、方針として掲げられた主な事項のうち取調に関わる点をあ[*40]

＊39　警察庁警察史編さん委員会『戦後警察史』（1977年）320頁以下。
＊40　警察研究24巻12号（1953年）84頁以下。

266　第3部　刑事弁護による改革可能性

げれば、①捜査運営の適正化を徹底し、警察の責務を完遂すること、②逮捕権の運用その他捜査の運営に関する欠陥を深く反省し、その是正に努めること、③見込捜査、自白偏重の捜査等旧時代的捜査方法の残滓を一掃し、合理捜査の徹底を図ること、などである。

　その前提となった捜査の実情についての警察当局自体の認識をいくらか敷衍するならば、「一般に身柄のひき方が早く、自白によって証拠を固めようとする傾向が多い」、あるいは、「余罪追及のためと称して、微罪を名目に逮捕状を請求したり」しているとして、「『証を得て人を求める』の原則に徹底し、充分な事前捜査により確実な資料の収集をはか（る）」こと、「任意捜査を原則とする刑事訴訟法の趣旨を徹底せしめ、単なる捜査上の便宜のため、不必要に強制捜査を行うことのないようにする」ことなどが必要とされた。また、その基礎に「逮捕は逃亡又は罪証隠滅等の虞のある被疑者に対して行なわれるべきものであって、自白させるための手段として行なわれるべきものではないのであります」という従前の通説や実務とは異なる認識が存在することも窺われた。

　しかし、事態は、そう簡単に改善されることにはならなかった。警察庁が調査したところによれば、1953年から55年の３年間に、53件の犯人誤認事件の発生が報告されており、時あたかも、松川事件や八海事件をめぐって国民的な裁判批判や捜査批判が展開されてもいた。それゆえ、「その後も不適正な捜査の事例は、…あとを絶たないので、警察は依然きびしい世の批判を浴びている」といった認識に立たざるをえないのも当然だった。そこで、警察内部では、捜査適正化へ向けての様々な努力が続けられることになった。その際の、被疑

---

*41　「捜査の適正性」は、「捜査の合理性」、「捜査の合法性」、「捜査の妥当性＝任意捜査の原則」から成ると考えられていた。尾崎幸一（捜査課警視正）「捜査の合理化について」警察庁刑事部捜査課編『適正な捜査運営のために』（刑事警察資料41巻）72頁以下（1956年）。

*42　「捜査運営刷新改善に関する次長通ちょうの説明要旨（未定稿）」（昭和28年11月24日付教養資料19号）前掲『捜査関係参考例規』50頁。

*43　「全国捜査課長会議における国家地方警察本部長官訓示要旨」（昭和28年11月27日付）前掲『捜査関係参考例規』8頁。

*44　その詳細な報告文書が、警察庁刑事部捜査課編『犯人誤認事件の実態』（刑事警察資料42巻（発行年未記入））であり、その内容については、大出《紹介》捜査当局による誤起訴・誤判原因検討資料」法律時報55巻10号（1983年）52頁以下に紹介してある。

*45　宮地直邦（警視長）「適正な捜査運営のために」前掲刑事警察資料41巻8頁。

者の取調の実情についての基本的な認識は次のように極めて率直である。「先入主に捉われて、一旦被疑者と認定したものに対しては、あくまでも容疑事実を自認させなければ取調官としての責任が完遂できないような誤った観念を持っているもの、或は偏見を固執し、捜査官の主観的証拠や不充分な容疑情報等に捉われて、容疑者側において供述し弁明に努めても、これを取り上げず、自供を迫るものがなしとしない。」[46]というのである。

そして、問題となっている実例に即して、「任意性の確保」にあたって、「取調場所の選定」や「被疑者の利益点の聴取」、それに「法第一九八条二項の告知」などに留意すること。さらに、「供述と現場の照合」「否認弁解と裏付捜査」、「取調中の心理的生理的現象の観察」などにも注意することが要求されている[47]。

このような中で、新しく現行の犯罪捜査規範が制定され、あらためて、取調についても、「取調べの心構えとしての予断の排除」（163条）、「取調べの態度」（164条）、「任意性の確保」（165条）など17条にわたって詳細かつ具体的な規定が置かれた。

他方、裁判所も、最高裁が、国民からの批判を受け、幸浦[48]、八丈島[49]、八海[50]、小島[51]、松川[52]などの事件につき相次いで有罪判決を破棄した。八丈島や小島などの事件では、ようやく自白の任意性を疑問視したり、否定することになったが、自白の任意性の挙証責任が検察官にある旨を確認し、勾留中の糧食差入禁止という手続上の不法によって自白の任意性を否定する判断も示すことになった（最判1957年5月31日[53]）。

また、アメリカの判例の動きが、わが国に紹介されはじめ、影響を及ぼしはじめてもいた。特に取調に関わっては、連邦最高裁のマロリー判決（1957年）が、マクナブ判決（1943年）を確認し、被逮捕者を遅滞なくマジストレイト

＊46　田中平（警視正）「強力犯の捜査について」前掲刑事警察資料41巻201頁。
＊47　田中・前掲刑事警察資料41巻201頁以下。
＊48　1957年11月14日刑集11巻2号554頁。
＊49　1957年7月19日刑集11巻7号1882頁。
＊50　1957年10月15日刑集11巻11号2731頁。
＊51　1958年6月13日刑集12巻9号2009頁。
＊52　1959年8月10日刑集13巻9号1419頁。
＊53　刑集11巻5号1579頁。

に引致するという法の要求に違反して不法に拘禁した間の自白を一切排除していた。

このような状況の中で、平野龍一教授が、弾劾的捜査観の立場から198条1項但書について取調受忍義務を否定する解釈を提起することになった（1958年）[*54]。通説のように取調受忍義務を認めたのでは、「供述の義務はないといっても、実質的には供述を強いるものに異ならない」というのである。そして、但書は、「出頭、退去を認めることが逮捕または勾留の効力自体を否定するものではない趣旨を、注意的に明らかにしたにとどまる」[*55]と解釈された。

折しも、実務家や研究者の間に誤判問題への関心が高まり、反省の気運が生まれていたこともあって、平野説は、文言解釈上の難点を指摘されながらも、その基本的認識は、順次学説の支持するところとなっていった。そして、弾劾的捜査観は、実務においても定着への歩を進めるかと思われた。

5．適正化から刑事警察の「強化」へ（1963年〜1970年）

たしかに、1960年代に入ると、アメリカの判例の展開が、わが国の学説に本格的な影響を及ぼすようになり、その学説を媒介として実務にも新たな動きが形成されはじめたと言ってよいであろう。

具体的には、まず、マロリー判決までの動きを踏まえた自白法則について違法排除説が提唱されることになる[*56]。そして、その直後に最高裁は、手錠をはめたままの取調によっては、「任意の供述は期待できないものと推定せられ、反証のない限りその供述の任意性につき一応の疑いをさしはさむべきである」と判示したが[*57]、アメリカの判例はエスコビード事件判決（1964年）を経て、1966年6月13日には、ミランダ判決にまで至ることになった[*58]。すなわち、取

＊54　『刑事訴訟法』（有斐閣）106頁。
＊55　前掲『刑事訴訟法』106頁。
＊56　田宮裕「自白の証拠法上の地位（一）―（四）」警察研究34巻2号21頁以下、3号3頁以下、4号17頁以下、6号3頁以下（以上、1963年）。
＊57　1963年9月13日刑集17巻8号1703頁。
＊58　田宮裕「被疑者の尋問に関するエスコビード・ルールの発展」判例時報452号（1966年）3

第3章　被疑者取調問題の展開　　269

調にあたっての弁護人の立会権を認めたのである。このようなドラスティックな展開には比すべくもないが、わが国でも、ミランダ判決の直後には、最高裁が、「約束による自白」を排除すべき旨決定し[*59]、「曙光は見えはじめた」[*60]と評されることにもなる。

さらに、ミランダ判決の意義の明確化が進められる中で、地裁の判断ではあるが、別件逮捕が違法視され、その身体拘束中の自白が排除されたり[*61]、秘密交通権に関わって一般的指定がはじめて違法視されることにもなった[*62]。そして代用監獄を勾留場所とすることを否定する判例も相次いだ[*63]。

このような状況の中で、1967年4月に開催された日本刑法学会は、その分科会の共同研究として「捜査の構造」を取り上げ、提起以来ほぼ10年を経過しての一応の総括を試みた[*64]。そして、1968年になって、青梅事件、八海事件が「無罪」の確定によって結着をみることになり、学界からは、「まだまだ旧い捜査観からの脱却とはいえないような実態」であり、「自白捜査への糾弾は、新しい方向への第一歩にすぎない」[*65]としながらも、ともかくも「戦後」は「終わりのはじまり」を迎えたとも言われた。それは、「自白捜査に対する裁判所の批判的姿勢」に「曙光」を見ることができるということだったとも言ってよいであろう[*66]。

それゆえ、学説の中には、漸次的改革を選択することが現実的であるとする認識も生まれてきた。具体的には秘密の取調が黙秘権を侵害し、弁護権を侵害する強制処分であることを認めながら、なお、「取調の立会の要否は立法者の

　　頁以下参照。

*59　1966年7月1日刑集20巻6号537頁。

*60　田宮裕「刑事訴訟における『戦後』の終焉」ジュリスト404号（1968年）92頁。

*61　東京地判1967年4月12日下刑集9巻4号410頁。

*62　鳥取地決1967年3月7日下刑集9巻3号375頁。

*63　例えば、和歌山地決1967年2月7日下刑集9巻2号165頁。岐阜地決1968年11月29日下刑集10巻11号1164頁。福岡地決1969年4月16刑裁月報1巻4号453頁など。なお、中門弘（警察庁捜査第一課課長補佐）「勾留裁判にみられる代用監獄否定の理由とその考察」警察学論集23巻12号（1969年）1頁以下参照。

*64　その成果を収録したのが、刑法雑誌15巻3＝4号（1967年）である。

*65　田宮・前掲ジュリスト404号89頁。

*66　田宮・前掲ジュリスト404号92頁。

合理性の判断にまかせた」として、「被疑者の場合は、法に許容の規定があるから、秘密の尋問を許してよい[67]」とするのである。そして、「最小限」の要求として、次の４点が掲げられる[68]。①厳格な黙秘権の告知。②秘密交通の自由。③取調内容・過程の正確な記録。④自白調書の広範なディスカバリー。

　すなわち、今後、「かなり徹底した自白の排除法則が展開するやにみえるから、現段階ではその推移を見守りこの方向を育むことこそ重要だと思われる[69]」というのである。

　しかし、このような認識は、全く楽観的にすぎた。実は、遅ればせながら、ようやく司法による捜査に対しての抑制が機能しはじめた段階では、第一次的捜査機関である警察はすでに方針を転換し、刑事警察の「強化」へ動き出し、後手に回った裁判所による抑制が現実的にどこまで可能か、測り難い状態になっていた。

　すなわち、方針転換は、1963年に警察庁が策定した「刑事警察強化対策要綱」（５月25日付刑事局長通達、以下「強化要綱」という）[70]によってはじまった。その策定の直接の要因は、1963年３月に発生した「吉展ちゃん誘拐事件」と同年５月に発生した「狭山事件」であった。いずれの事件でも、捜査当局が犯人と接触しながら犯人の逮捕に失敗し、しかも被害者が殺されてしまった。そのため、刑事警察に対し、各方面から厳しい批判が加えられた。マスコミはもちろん、５月９日には、自民党治安対策委員長が国家公安委員長に対し、「刑事警察の運営について」の申し入れを行ない、５月16日には、参議院地方行政委員会が、「刑事警察に関する決議」を採択していた。「刑事警察の体制の強化と運営に検討を加え」、科学的、機動的整備の拡充、捜査技術の向上、待遇の改善などによる「警察機能の充実」を期すべきことを求めていた[71]。

　このような批判を受けた警察当局は、「『捜査の適正化』という部面における

＊67　田宮・前掲警察研究34巻３号13頁。
＊68　田宮・前掲ジュリスト404号93頁。
＊69　田宮・前掲ジュリスト404号93頁。
＊70　警察研究34巻９号145頁以下（1963年）。
＊71　この間の経緯は、前掲『戦後警察史』760頁以下による。

改善と進歩は、かなり著しいものがある」[72]という認識のもとに、「捜査の適正化」の上に、「捜査の高度化」をはかっていくことが、今日の「刑事警察の強化」の目標だと応じた。そして、「現在の刑事警察の根本的な弱点」は、基本的捜査力の不足、積極的・攻撃的な捜査力に欠けていること、広域的常習犯罪に対する捜査力の弱さ、都市犯罪に対する捜査力の弱さなどにある[73]として、強化方策が推進されることになった。

とはいえ、たまたま何件かの凶悪事件が未解決だったからといって、犯罪をめぐる全般的状況が、それまでに比し、特に憂慮すべき状態にあったわけではない。それに、「捜査の適正化」も、「問題の根本である自白捜査の改善ということは、少しも進渉していない」で、「自白偏重の従来の捜査のあり方を改善するという面については、研究や教養が立ちおくれ」ていたことを捜査当局者自身認めていた。[74]

とすれば、なお「捜査の適正化」へ向けた徹底した取り組みが必要な段階だったと思われる。にもかかわらず、「強化」方針への転換が行われた背景には、1960年安保闘争の昂揚が政治支配層や警察に与えた衝撃もあったと考えられる。刑事警察の立ち遅れをも口実としながら、警察全般の「近代化」が志向されたと言ってよいであろう。[75]

このような「適正化」を中途半端なままにした「強化」策の推進は、結局のところ実質において旧態依然たる自白偏重捜査を必然的なものにもした。このような刑事手続の歯牙にかけられたのが、狭山事件（1963年発生）、千葉大チフス事件（1966年発生）、袴田事件（1966年発生）、布川事件（1967年発生）、日産サニー事件（1967年発生）、鹿児島夫婦殺し事件（1969年発生）、大森勧銀事件（1970年発生）等々であったといってよいであろう。[76]

＊72　高松敬治（警察庁捜査第一課長）「刑事警察の強化」警察学論集17巻4号（1963年）6頁以下。

＊73　高橋・前掲警察学論集17巻4号6頁以下。

＊74　尾崎幸一（警察大学校刑事教養部長）「今日における捜査の課題」警察学論集20巻11号（1967年）70頁。

＊75　渡辺治「現代警察とそのイデオロギー」『講座現代資本主義国家2』242頁以下（大月書店・1980年）参照。

＊76　これらの事件についても、とりあえず、前掲『日本の冤罪』参照。

そして、警察関係者からは、自白中心主義的捜査から脱却できないでいるのは検察や裁判所が自白を要求するからであり、警察の力だけで解決できるものではないとの正当化の発言も聞かれた。[77]

6．裁判所の変質と取調否定説（1970年〜1982年）

　1970年代から80年代にかけては、警察力がさらに拡充、強化され、裁判所のチェック機能が低下するなか、警察主導による「自白追及」的取調中心の刑事手続が再編されることになる。

　1960年代末には、学生公安事件が多発し、1970年の日米安全保障条約の固定期限終了を前にして、大衆運動も昂揚を見せていた。そのような状況をのりきることに成功した警察は、1970年代に入って、その「自信」を背景に、新たな体勢整備を行うことになる。それは、刑事警察の領域にとどまるものではなく、そのための綱領的文書が1972年6月にまとめられた「七〇年代の警察」[78]である。その要点は、「国民の要望」に即し、「国民と連繋」する「国民の警察」のイデオロギーのもとにCR（コミュニティ・リレーションズ）戦略を展開することにあった。すなわち、地域社会に密着し、警察の有する総合力を有効に発揮することによって国民生活に関連して生起するあらゆる問題に対処しようというのである。[79]　その狙いは、端的には、警察による国民の監視、管理体制づくりにあったと言ってよいであろう。1980年7月にまとめられた「八〇年代の警察」[80]も、同様の発想の下に、時代状況を踏まえ、80年代の社会変化

＊77　丸谷定弘（特別捜査幹部研修所教授）「警察捜査の新しい課題」警察学論集21巻11号（1967年）95頁。なお、本田正義（最高検検事・司法研修所教官）＝荒川正三郎（東京地裁判事）＝平瀬敏夫（警視庁刑事部参事官）＝尾崎幸一（警察大学校教授）「座談会・現下の捜査の諸問題」警察学論集17巻4号（1964年）35頁以下も参照。

＊78　警察庁総合対策委員会「七〇年代の警察」警察学論集25巻7号97頁以下、8号103頁以下、9号152頁以下（以上、1972年）。

＊79　この点の詳細については、小田中聰樹『治安政策と法の展開過程』244頁以下（法律文化社・1982年）、渡邊・前掲『講座現代資本主義国家2』245頁以下参照。

＊80　抜粋が、法学セミナー増刊『現代の警察』339頁以下（日本評論社・1980年）にも収録されている。

に先取り的に対応すべく、さらに広域にわたる有機的な対応と各地域やこれまで警察の手が及びにくかった領域への木目の細い対応策を打ち出した。

この1970年代から80年代にかけての治安政策的視点からする警察強化策の展開は、刑事警察が「警察職務の中核」から「一部」へと変化したことを意味するとともに、刑事警察の対象領域の変化をも意味していた。「七〇年代の警察」による刑事警察の位置づけの変化は、すでに1970年10月に発せられた「刑事警察刷新強化対策要綱」（10月24日付次長通達、以下「刷新要綱」という）[81]によって方針化されていた。この「刷新要綱」は、1960年代に展開された前記「強化要綱」による「捜査の高度化を図る」が、「なかなかうまくいかなかった」[82]という警察当局者の認識に基づいて、「刑事警察の飛躍的な刷新強化を図る」[83]ために制定されることになったという。その主な内容は、まず第一に、犯罪の広域化、スピード化などに対処するための機動力の拡充強化、第二に、刑事警察にとどまらない警察力の総合運用による捜査の初期的段階における検挙活動の強化、第三に、膨大化する犯罪関係情報を集中管理し、迅速かつ的確な分析、照合、索出を可能にする情報管理システムの創設、第四に、効率的な情報収集など、犯罪捜査における国民の協力を確保するため、地域防犯組織等との緊密な連けい等による国民とのコミュニケーションの改善強化、などである。

このように、「刷新要綱」は、前述の二つの要綱とは異なり、具体的な直接的誘因があって制定されたものでなく、検挙率の低下傾向や都市化現象といったことから抽象的可能性を想定した対策であり、その内容も、直接捜査に関わる技術や心構えといったことではなく、体制や装備といった点に力点が置かれている。この傾向は、「八〇年代の警察」に合わせて制定されたと言ってよいであろう「刑事警察強化総合対策要綱」（1980年10月24日付次長通達、以下「総合要綱」という）[84]にも引き継がれている。すなわち、この「総合要綱」も、主として、「社会的公正の確保を求める国民の要望にこたえ」、社会構造の変ぼう

＊81　警察研究42巻3号173頁以下（1970年）。
＊82　高松敬治（警察庁刑事局長）「刑事警察刷新強化の課題」警察学論集24巻1号（1971年）4頁。
＊83　前掲警察研究42巻3号173頁。
＊84　中平和水（警察庁刑事局長）「刑事警察強化総合対策要綱について」警察学論集34巻3号（1981年）1頁以下。

を背景とした「捜査活動の困難化」と「犯罪の質的変化（特に広域化傾向）、新しい型の犯罪の登場等」に対処することが目的であり、具体的直接的必要性があったわけではない。しかも、「刷新要綱」が「大きな成果をあげてきた」[85]ことを踏まえ、「現状に満足することなく」、「長期的展望に立った刑事警察の積極的対応策を講ずる」ために制定したものである。それは、「元来、刑事警察は、発生する事件に的確に対応し、これを処理するという受身の性格が強いため、ともすると、それらの日常の業務に埋没して、将来の展望に基づいた施策を推進するということが不十分になりがちである。それ故に、我々は常に時代を先取りし、将来展望に立った刑事警察強化のための長期的施策の確立に心掛ける必要がある」という趣旨に出たものであるという[86]。

　要するに、「刷新要綱」と「総合要綱」は、刑事警察を従前の枠を越えた防犯的領域をも含むものへと拡大させ、治安政策的視点から位置づけている。確かに「刷新要綱」の制定に際しては、「弾劾的捜査観」の浸透と警察当局が考えた1960年代後半の前述したような相対的には捜査当局に厳しい判例の動きに対処しなければならない、ということも一つの要因になっていた[87]。そして、1970年代半ば頃までは「適正捜査の推進」が課題として提起されてもいた。しかし、その「適正捜査」は、「合法・公正・妥当な捜査」とはいうが、その理念は、「国民が期待し、納得する捜査の展開」にあると抽象化され、1950年代末から1960年代にかけての「適正化」とはいくらか趣を異にし、長期の身体拘束、密室状態での自白追及に具体的な反省があったわけではない[88]。

　現に警察当局者からは、被疑者の取調について、「取調のある段階までは、被疑者は黒であるという信念をもってやらないと調に熱が入らない。被疑者に

＊85　中平・前掲警察学論集34巻3号5頁。
＊86　中平・前掲警察学論集34巻3号2頁。
＊87　中平・前掲警察学論集34巻3号4頁。因みに、警察当局の立場から学説・判例の動きを批判したものとして、松下一永（警視庁刑事管理官）「自白法則の実務的考察」警察学論集24巻2号（1971年）1頁以下がある。
＊88　田村宜明（警察庁刑事局長）「刑事警察の回顧と展望」『警察業務の回顧と展望昭和五〇年』（警察公論1975年2月号付録）56頁以下。因みに、1976年の「回顧と展望」からは、「適正捜査の推進」の項目がなくなっている。土金賢三（警察庁刑事局長）「刑事警察の回顧と展望」『警察業務の回顧と展望昭和五一年』（警察公論1976年2月号付録）53頁以下参照。

第3章　被疑者取調問題の展開　　275

『これ以上うそは言えない』と感じさせるような迫力も出ないから自供させることができない」、「捜査官は裁判官とは違うのだから、いつでも全く白紙の立場でというわけにはいかない。とくに被疑者の取調は前に述べたように、ある程度確信をもってやらないと、真実の供述が得られない場合が多い」といった発言[89]が相変わらず存在した。そして、いわゆる公安事件を中心に、新たな冤罪、例えば、総監公舎事件、日石事件、土田邸事件、三崎事件、富士高事件、甲山事件、四日市事件等々が発生することにもなるのである。

このような捜査当局の動きの背景には、1960年代から1970年代末にかけて、裁判所をめぐる事情の変化があったことも看過しえない。すなわち、1960年代に一定程度前進的な役割を演じた裁判所は、一方で、いわゆる東大裁判に象徴される学生公安事件での捜査当局の大量逮捕、大量起訴方針の下、東京地裁を中心に杜撰な令状発付、強権的訴訟指揮などによって支えられた強引な裁判を行うことになる[90]。また他方では、4・2都教組判決など労働関係判例の動きが契機となったといわれる、青年法律家協会会員裁判官への攻撃という形をとって進行した「司法反動」が平賀書簡事件、宮本康昭裁判官の再任拒否等を通して、裁判官の思想統制から裁判内容の規制にまで及んでくる[91]。とはいえ、最高裁は[93]、1975年に、いわゆる白鳥決定[94]によって再審の門戸を広げ、1970年代後半には、弘前事件、加藤事件、米谷事件が再審で無罪になり、死刑確定因からの再審請求にも、再審開始が相次いだ[95]。また、1978年には、接見自由の原則を確認した杉山判決[96]も出ていた。このような動きが、事実誤認の救済に一定の影響を及ぼしたことは間違いない。しかし、判例は全般に自白の証拠能

＊89　綱川政雄（元刑事指導官室長）『被疑者の取調技術』（立花書房・1977年）38頁。

＊90　小田中聰樹『現代司法の構造と思想』（日本評論社・1973年）207頁以下。

＊91　小田中・前掲『現代司法の構造と思想』12頁以下、宮本康昭『危機にたつ司法』（汐文社・1978年）参照。

＊92　大出「最高裁判所による裁判統制の現状（一）」法経研究32巻2号（1983年）1頁以下、同「裁判統制の実証的分析と司法運動の課題（上）」法と民主主義184号（1984年）31頁以下も参照。

＊93　この点については、高田昭正「最近の刑事裁判の動向（上）（下）」法と民主主義177号24頁以下、179号34頁以下（以上、1983年）参照。

＊94　1975年5月20日刑集29巻5号177頁。

＊95　前掲『再審』、前掲『続再審』参照。

＊96　1978年7月10日民集32巻5号820頁。

276　　第3部　刑事弁護による改革可能性

力問題についての判断にあたって消極的姿勢を示すことが多く、捜査の抑制に実効ある判決はほとんど期待できない状況であった。

　そして、犯罪捜査の現場が、相変わらず自白中心主義で動いていることを如実に示し、その正当化を計ろうとする動きが顕在化することにもなる。法制審議会監獄法改正部会で代用監獄制度を存続させる強行採決があり（1979年11月）、代用監獄の恒久化を狙った留置施設法案が刑事施設法案の立案経緯を全く無視して提案されたことである（1982年4月）。このような状況の中で、身体拘束被疑者の取調は、全面的に否定されているとする刑訴法198条1項但書の解釈論が提起されることにもなる。[*97]すなわち、198条1項但書が、「出頭を拒み、又は出頭後、何時でも退去することができる」者から、「逮捕又は勾留されている」者を除外しているのは、そもそも、捜査機関が、身体を拘束されている（逮捕・勾留）者に対して取調権を有していないから除外しているのだとする。接見交通が制限されたり、弁護人の立会が認められていないのは、それ故にだともいう。したがって、捜査機関が、被疑者を取り調べたいと思うときには、身体の拘束を避けるか、身体を拘束する以前に行うほかないとする。しかし、被疑者の出頭拒否を逃亡あるいは罪証隠滅の徴憑と捉え、裁判所に対する身体拘束の令状請求の根拠とすることは認めている。被疑者は、出頭要請の際、「身柄拘束の危険と取調受忍との間の選択」を求められており、198条1項は、「このような二つの不利益の間の選択を余儀なくされるという意味で、強制処分規定であり」、197条1項但書を受けた創設規定だということになる。[*98]

　この取調否定説には、その是非はともかく、学説の主張を無視しつづける実務に対する苛立ちあるいは怒りといったものさえ感じられるのである。

---

*97　沢登佳人「逮捕または勾留中の被疑者の取調べは許されない」法政理論12巻2号（1979年）1頁以下。

*98　横山晃一郎『誤判の構造』（日本評論社・1985年）168頁以下。

7．取調問題の新たな展開（1982年〜1988年）

　突然提案された留置施設法案と、それと一体となった刑事施設法案への反対は強く、一旦は廃案になった（1983年12月）。それに再審開始になっていた死刑確定事件が、相次いで無罪になり、自白を偏重した捜査や裁判があらためて厳しい批判を受けることになった。平野龍一博士も、調書裁判化した刑事訴訟が、「かなり絶望的である」との診断を下した[99]。

　このような状況の中で、さすがに警察当局者からも、「最近の無罪判決や再審開始決定も、刑事警察に対する国民の信頼を左右しかねない」という認識の下に、「的確な検挙」、「ち密な捜査」、「捜査の適正」について的確な捜査指揮を行うことと、無罪判決等における捜査上の反省・教訓を徹底させることが課題という声も出てきた[100]。しかし、それも結局は、自白採取を前提に、その自白を有効に利用しうる条件整備を目指したものということもできる。現に、積極的に、取調の重要性や不可欠性を強調し、自白の必要性を理論的に根拠づけようとする試みも行われていた[101]。具体的には、被疑者の取調に、人権保障機能や事件ごとの逮捕・勾留の反覆防止機能、それに秩序維持機能などがあるとして、次のような点があげられる。①他の証拠が出るとは限らない。②人権侵害的科学捜査は利用できない。③犯罪の種類や要件によっては立証に不可欠。④有利な証拠の発見にもなる。⑤他の供述の信用性チェックに不可欠。

　また、「刑訴法は捜査段階では糺問方式を容認している」、「逮捕・勾留は取調べを予定している」、「取調べの主たる目的は自白を求めることにある」、「自白を求めることは正しい捜査である」といった主張も見られた[102]。

＊99　平野「現行刑事訴訟の診断」『団藤重光博士古稀祝賀論文集第四巻』423頁（有斐閣・1985年）。

＊100　三上和幸（警察庁捜査第一課長）「国民の期待と信頼に応える刑事警察の運営」警察学論集37巻3号（1984年）9頁。

＊101　友川清中（特別捜査幹部研修所教授）「取調べ—その実状と機能及び重要性」警察学論集35巻9号（1982年）75頁以下。

＊102　林茂樹（特別幹部研修所教授）「逮捕・勾留中の被疑者の取調べについての一考察（下）」警察学論集37巻12号（1984年）51頁以下。

さらに、取調受忍義務肯定説に与するとも思われる判例も現われている。[103]すなわち、「逮捕されている被疑者が、犯罪捜査のため、司法警察員が出頭を要求したのにこれに応ぜず留置場から出頭しないときは、必要最少限度の有形力を用いて、司法警察職員のもとに出頭させることができることは、刑訴法一九八条一項但書の趣旨により明らかで（ある）」と言う。そして、被疑者の脇の下に手を入れて持ち上げて出房させた有形力の行使を必要最小限度の範囲内にあるとしている。

　このような状況を反映してか、捜査の現場では、例えば、殺人等被疑事件で、1985年7月24日に弁護人に選任されてから、8月10日まで計7回にわたって一般的指定を理由に接見を拒否され、準抗告はいずれも認容されたにもかかわらず、担当検察官がその決定を無視しつづけ、結局、1回30分間の接見ができただけというような事例も跡を絶っていない。[104]

　学説からも、取調否定説といったドラスティックな対応ではなく、捜査実務との接点を見い出そうという動きが出ている。例えばこれまでの取調受忍義務否定説の論議には、取調の適正さは如何に守られるか、供述の任意性と信用性は如何にして担保されているかといった実質的な検討が欠けており、刑訴法198条1項但書の文理上の難点を克服しきれないという。そして、1項但書は「例外的に相当の根拠がある一定の場合」に、「出頭、滞留義務が肯定されることもある」とすると同時に、取調方式や取調手続の客観化という視点から取調の適正化への具体的方策を検討しようというのである。具体的方策として重視されているのは、取調過程のビデオテープや録音テープによる記録や弁護人の立会である。[105]

　このような状況の中で、警察当局は、「刑事警察充実強化対策要綱」（1986

＊103　東京地決1984年6月3日判例時報1131号160頁。
＊104　柳沼八郎「接見交通権問題の現状と課題」自由七正義38巻7号（1987年）56頁以下。
＊105　三井誠「被疑者の取調べとその規制」刑法雑誌27巻1号（1986年）171頁以下。この論稿は、日本刑法学会62回大会における、「共同研究・取調べの理論と現実」での報告を整理したものであるが、学会での論議についての警察サイドからの発言として山崎裕人（警察庁刑事局長）「『被疑者の取調べ』考」警察学論集38巻8号（1985年）62頁以下がある。

年10月17日付次長通達、以下、「充実要綱」という）を制定した。「近年にお[*106]
ける社会情勢の変化」に対応することを目的に、従前の「要綱」の手直しがほ
とんどと言ってよいであろうが、従前と実質的に異なった内容があるとすれば、
それは、「最近における裁判の傾向から、より一層ち密な捜査を推進する必要
性が高まっている」という認識を前提に、「優れた捜査官の育成及びち密な捜
査推進体制の強化」が提起されている点である。その中で、さらに細目として
特に重要と思われるのが、「公判対応体制の確立」である。「今までにない新し
い体制を確立しようとするものである」その趣旨を敷行すると、最近の裁判で
は、弁護側の反証に反論する必要がある事案が増えており、「今後は、警察と
しても、事件を検察官に送致してしまえば終わりということでなく、その捜査
結果については、最後まで責任を負うという立場に立って、刑事部内に刑事公
判連絡係（仮称）を設置し、公判の動きをフォローし」、公判での争点の把握、[*107]
証人準備、補充捜査などを的確に行うというのである。

　前述したところからも明らかなように、警察当局による現在の、「取調」の
正当化は、被疑者が犯人であるという大前提に立ち、密室での取調が生み出す
危険性に対する配慮を全く欠いている。そして、裁判所が自白の任意性をほと
んど否定しないという状況の下で、もっぱら信用性を確保するための自白採取
技術の改善に問題を矮小化しようとしている。このような刑事手続の到達点か
らすれば、「充実要綱」は、結局、自白中心主義的な捜査を、裁判所への直接
的な働きかけによって事実認定面で正当化しようとするものとも思われる。そ
れは、自白偏重の調書裁判の必然的帰結でもあろうが、警察が、刑事手続全体
を支配し、いわば「警察司法」を実現すべく本格的に動きはじめた、と見るの
は穿ちすぎであろうか。留置施設法案の再度の国会上程（1987年4月）は、
警察のその野望の表明以外のなにものでもないであろう。

---

*106　仁平圀雄（警察庁刑事局長）「刑事警察充実強化対策要綱について」警察学論集40巻1号
　　　（1987年）1頁以下。
*107　前掲警察学論集40巻1号10頁。

280　　第3部　刑事弁護による改革可能性

8. 「事件に強い警察確立」へ（1989年〜1996年）

　1980年代末から1990年代にかけて、警察は全体としてさまざまな施策を講じ、その権限の拡大・強化、融合化、中央集権化を進めることになり[*108]、刑事警察の強化もその一環として位置づけられる。

　その第一着手が、幼女連続誘拐殺人事件の発生を契機とする、1989年の警察庁次長通達、「事件に強い警察確立方策の総合的推進について」（5月29日）であった。この通達によって、各警察本部に本部長（警視庁は、副総監）を長とする「事件に強い警察確立のための総合対策委員会」を設置し、その検討を整理・集約した「事件に強い警察確立のための指針」（10月30日）を取りまとめた[*109]。

　「刑事警察充実強化対策要綱」の目指した「ち密な捜査」も、最終的には「強靱な刑事警察」の確立を目標としたものだったが、1988年前後から、「事件に強い警察の確立」と「国民の立場に立った警察運営」をスローガンとする政策が展開されることになる。警察当局者も認識するように「事件に強い警察というのは、重要事件を検挙・解決できる警察ということだと思いますが、それはまさしく刑事警察に課せられている課題そのものである[*110]」。しかし、それを「全警察を挙げて事件に強い警察の確立を図ることとした[*111]」点に特徴があるといってよいであろう。すなわち、権限の拡大・強化、融合化、中央集権化への本格的スタートであり、国民の刑事警察に対する期待と考えられていた「事件に強い」、「国民の心を心とする[*112]」を基礎としたスローガンを選定したということであろう。

＊108　大出良知「刑事司法改革の契機と展望──警察をめぐる対抗」法律時報71巻3号（1999年）36頁参照。

＊109　事件に強い警察確立方策研究会「事件に強い警察確立のために（上）（下）」警察公論45巻1号28頁以下、2号28頁以下参照（以上、1990年）。

＊110　中門弘（警察庁刑事局長）「特別対談─刑事警察の課題と対応」警察学論集42巻3号（1989年）4〜5頁。

＊111　事件に強い警察確立方策研究会・前掲警察公論45巻1号29頁。

＊112　上原英毅（警察大学校教授）「犯罪捜査と市民応接」警察学論集41巻9号（1988年）51頁。

第3章　被疑者取調問題の展開　281

その具体的な内容は、「重要凶悪事件等への的確な対応」、「人事、教養制度等の改善」、「国民の理解と協力の確保」の３本柱からなっていたが、その実質は、継続的、横断的・総合的、広域的捜査力の効率的運用であり、きめ細かな国民との接点の拡大、国民意識の動員による活動基盤の拡大であろう。

　その後、要綱形式の刑事警察強化策は示されていないが、1990年代を通じて、「事件に強い警察の確立」が基底的なスローガンとして維持されてきたといってよいであろう。その下で展開された、中心的な施策を刑事警察との関連で具体的に見ておこう。

　まず警察権限の中央集権化への動きが、本格的にはじまる。犯罪の広域化、スピード化を理由にした、それまでの広域捜査体制の見直しである。その出発点が前述の「事件に強い警察確立方策の総合的推進について」であり、「事件に強い警察確立のための指針」において、「都道府県の境界付近における捜査活動のあり方について検討を進める」ことが提起される。具体的には、例えば、警察庁に「広域捜査の司令塔」[113]として「広域捜査指導官室」を設置し、都道府県警察に「広域機動捜査班」を設けることにした。すなわち、事件発生段階から関係都道府県警察間の広域連携による組織捜査を可能にする体制を作るとともに、警察庁の指導をも可能にしたのである。

　しかし、この段階では、なお「都道府県警察相互間の共助、協力活動」にとどまっていたとして、1992年には、「管区広域捜査隊運営要綱」（１月16日付刑事局長通達）によって、「捜査共助という感覚の枠を越えて、関係都道府県警察による有機的、一体的な捜査対応」を可能にする「管区広域捜査隊」の編成を可能にし、まず「北関東広域捜査隊」（1992年３月）を発足させた。[114]

　ところが、さらに２年後の1994年には、警察法改正の一環として、広域化に有効に対応するとして新たな方策を講じている。自動車利用犯罪の増加と都府県境周辺地区の市街地化、広域連携捜査必要犯罪の増加、犯罪の複雑化・巧

＊113　深山健男（前警察庁捜査第一課長）「広域捜査への対応について」警察学論集46巻４号（1993年）11頁。
＊114　北口紀生（警察庁捜査第一課課長補佐）「新たな広域捜査体制の展開」警察学論集45巻６号（1992年）22頁。

282　第３部　刑事弁護による改革可能性

妙化に対応する専門的捜査の必要性等を根拠に、より広い地域を対象化し隣（近）接都道府県警察による境界周辺の共同処理の権限と合同捜査における指揮の一元化を実現することになる。[115]

そして、オウム真理教関連事件発生後の1996年には、再度警察法の改正が行われ、都道府県警察が直接管轄区域外に権限を及ぼすことを可能にすると同時に、「広域組織犯罪等」（警察法5条2項5号）に対処する警察の態勢に関する事務を国家公安委員会と警察庁の事務とし、捜査に関わって警察庁長官の指揮監督権が都道府県警察に及ぶようにした。[116]

以上のように、この10年足らずの間に、社会的関心を呼んだ事件を巧みに利用し、捜査権限についての建前としての「自治体警察」の壁をも取り払う中央集権化が一気に進められてきたといってよいであろう。

中央集権化と並んで警察権限の融合化も意識的に追求されてきた。1990年代に入ってそのための機会とされたのが、1991年に制定された「暴力団対策法（暴力団員による不当な行為の防止等に関する法律）」である。この「暴力団対策法」は、警察当局者自身によっても、「刑事警察部門にとって期を画するものとなる」と評価されていた。[117]

というのも、この法律が、犯罪行為にいたらない暴力団の各種活動を行政的措置によって規制していくことを主眼としており、「一般のいわゆる刑罰法令とは異なって、違法行為を発見して事後的に措置するといった性質のものではなく、警察が積極的に創意工夫を凝らして本法に基づく行政措置をタイムリーかつ的確にとることによってはじめてこの法律の持つ意義が具体化される」[119]からである。つまり、「本法の基本性格は行政法規であり、そこに規定された手

---

*115　篠原弘志（警察庁刑事企画課長）「捜査に係る警察活動の広域化対応のための制度改正について」警察学論集47巻10号（1994年）61頁以下参照。

*116　露木康浩（警察庁総務課課長補佐）「警察法の一部を改正する法律について」警察学論集49巻7号（1996年）1頁以下参照。

*117　吉田英法（警察庁刑事局付兼保安部付警視正）「刑事警察と暴力団対策法の法制上の位置付け」警察学論集45巻1号（1992年）54頁。

*118　國松孝次（警察庁刑事局長）「暴力団対策法の成立と今後の暴力団取締りについて」警察学論集45巻1号（1992年）6頁。

*119　國松・前掲警察学論集45巻1号6頁。

第3章　被疑者取調問題の展開　283

続きも当然に行政手続きとなる」という前提があるのである。[*120]

　それゆえ、刑事警察と行政警察について厳格な峻別を前提としてきた歴史的・法的経緯からすれば[*121]、新たな一歩を踏み出すことになる。そのことを自覚していればこそ、「無用の紛義をまねかないためにも従来からの刑事手続とは明確に一線を画し」、運用する必要があるとされていた。[*122] 確かに、「法律上の『刑事警察』の概念に本法の施行事務が含まれるか否か、どのように法律上整理されるのかは別として」、「本法による暴力団の取締りの前提となる暴力団の指定をするためには、永年にわたって培ってきた暴力団の犯罪の捜査によって蓄積されたところによるところが大きい」という実質的な理由で刑事警察部門が所掌することになったという。[*123]

　しかし、「我々は刑事警察の長い歴史上はじめて、自らが主管する本格的な暴力団取締り法規を持つこととなった」という認識からしても[*124]、行政警察と刑事警察の融合化が当初から意図されていたものであることは客観的には明らかである。「暴力団対策部」が設置されたからといって、刑事警察の一部門が、「犯罪に係らないものについても…防犯・保安警察的措置を講じる」[*125] ことになったことは間違いないのである。

　ここでも、「各地域・職域における暴力団排除運動」の広がりが新たな態勢作りの基盤とされていることも忘れてはならないであろう。[*126]

　さらに、日常生活に直接関わる領域でも融合的権限の一層の拡大・強化が進められてきたことも看過しえない。

　まず、暴力団対策法が制定されたと同じ1992年に、警察庁組織令と警察法施行令の一部改正が行われ、警察庁保安部の「外勤課」の名称が「地域課」と

＊120　國松・前掲警察学論集45巻１号８頁。
＊121　この点については、小田中ほか『盗聴立法批判』156頁以下［白取祐司執筆部分］参照（日本評論社・1997年）。
＊122　國松・前掲警察学論集45巻１号８頁。
＊123　吉田・前掲警察学論集45巻１号54頁。
＊124　國松・前掲警察学論集45巻１号２頁。
＊125　渡辺康弘（警察庁企画課課長補佐）「暴力団対策部の設置について」警察学論集45巻５号（1992年）40頁。
＊126　國松・前掲警察学論集45巻１号10頁。

改められ、都道府県警察の「警ら部」が「地域部」に改められた。もちろんこの改正は、単なる名称変更にとどまるものではない。「これまでの警察庁外勤課の所掌事務の中には、『地域警察』に関する事務が明文では規定されておらず、その位置付けが不明確になっていた」ため、「現在行っている業務や活動の実態を踏まえ、…現状に即した規定とした」ということである。その「地域警察」[127]については、「地域内で発生する事件・事故を予防または処理するとともに、当該地域内の住民に溶け込み、地域の基盤となる治安を維持向上する活動など、住民の安全と平穏を確保する警察活動をいう」とされる。[128]

　この定義からすれば、市民の日常生活のほとんど全てが警察活動の対象になるであろう。それゆえ、法は許容してこなかったのであり、であればこそ明文がなかったと考えるべきものである。それを任意に形成された「実態」を超えて認知するとなれば、警察による日常生活全般への介入を事実上容認することになりかねない。「地域内で発生する事件・事故を予防又は処理する」ことになれば、必然的に日常的にその事態に備えるということになるからであり、刑事警察と行政警察の融合化によってその範囲は極限まで拡大されることになる。しかもこの時点では政令による認知であり、手続的にも多くの問題が存在した。

　この融合的権限拡大は、現行警察法制定40周年を迎えた1994年に、30年ぶりの制度改正を企図した警察法の改正によって法的に認知されることになった。この改正では、すでに言及した広域化対応の改正のほかに国際化と情報化に対応する改正と生活安全局の設置が含まれていた。

　生活安全局は、従前の刑事局保安部の体制を再編強化するために設置され、その所掌事務は、①犯罪、事故その他の事案に係る市民生活の安全と平穏に関すること、②地域警察その他の警らに関すること、③犯罪の予防に関すること、④保安警察に関すること、の４点とされている(22条)。その設置の趣旨は、「総合的な防犯対策、地域における安全を確保するための地域警察を中心とする諸活動、少年非行対策、銃器・薬物対策など市民生活に身近な警察行政をより強

＊127　末綱隆（警察庁地域課長）「『外勤課』から『地域課』へ」警察学論集45巻7号（1992年）40頁。

＊128　末綱・前掲警察学論集45巻7号43頁（注）。

力に推進するため」であり、前述した地域課に関する問題点が、法的レベル
でさらに拡大・強化されることになった。[*129]

9. おわりに──取調の位置と代用監獄問題

　以上のように、1990年代の警察は、1970年代から1980年代にかけて各種「総合対策要綱」として展開した各分野警察力の総合的対応という方式から融合化・一体化の方向へ大きく踏み出してきたといってよいであろう。すなわち、総合的・融合的警察力によって犯罪捜査、犯罪予防をはじめとする市民生活に関わるあらゆる問題に介入する権限を獲得してきた。

　そのような広範で強力な権限全てが、刑事手続にも向けられているといってよいであろうが、警察当局者からは、そのような事態を犯罪情勢の変化から正当化しようとする主張も行われている。21世紀をも視野に入れて、「今後の犯罪は、ますます大規模かつ複雑化し、これを迎え撃つ警察が刑事、生活安全、警備といった縦割りでバラバラの対応をしていたのでは到底手に負えないものになる可能性が極めて強く、警察の犯罪捜査部門の抜本的な再編成は待ったなしといえる」として、「もはや『刑事警察の』といった視野では対応しきれず、『警察捜査の』といった方が適切かもしれない」とも主張する。[*130]

　このような状況変化の中での、被疑者の取調と代用監獄がどのように位置づけられてきたのか確認しておこう。

　1980年代末の「ち密な捜査」の推進にあたっては、あらためて「被疑者取調べのみに重点を置くことなく、物的証拠をできる限り収集し、総合的、科学的に捜査を行っていくこと」が確認されていた。しかし、同時に、「事件の真相を究明し、適正な裁判が行われるためには、依然として自白は極めて重要な証拠であ（る）」ともしており、「あくまで適正な取調べによって真実の自白を

---

*129　黒澤正和（警察庁総務課長）「警察法の一部を改正する法律について」警察学論集47巻10号（1994年）49頁。

*130　野村護（警察庁刑事企画課課長補佐）「刑事警察五〇年のあゆみ」警察学論集52巻1号（1999年）84頁。

求めていくことが必要である」という認識も示されている。[*131]

　このような必要性についての認識を前提とする限り、被疑者の代用監獄への拘束の必要性についての認識にも基本的に変化はなかったというべきであろう。警察当局が必要性を主張する理由は、次の5点であった。[*132]

　①被疑者の十分な取調の必要性がある。検察官への送致制限時間48時間以内に、通常、被疑者の取調を十分尽くし、それに対応する裏付捜査等を行い被疑者の犯罪の嫌疑を明確にするとともに犯罪の動機、情状等を認定する捜査を全うすることは困難である。

　②拘置所等における取調は体制や施設が不十分なことなどから一定の制約を受ける。拘置所等の人的体制の不備、取調室等の数的、質的不備及び距離的問題から、取調上時間的制約を受ける等、捜査上多大の支障が生じる。

　③犯行現場等への引当たり、実況見分の立会い等の必要性が認められる。距離的問題のほか、拘置所等の護送体制の不備等から機動的にこれらの諸捜査を実施することが容易でない。

　④関係人に対する面割捜査等の必要性が認められる。拘置所等においては、取調室等の施設上の不備と管理体制上の問題から一般人の入室制限や距離的な問題等から関係者の協力も得にくく、事実上同所での対質、面割捜査等は不可能である。

　⑤拘置所等に多数の証拠品を持込んで被疑者に呈示することは困難である。

　これらの理由のうち、②から⑤までは拘置所等の状況を問題にするものであり、あくまでも①の必要性が前提になっており、独立した絶対的な理由とはなり得ない性格のものであるといってよいであろう。

　「事件に強い警察の確立」の追求にあたっても、この取調の必要性についての認識に変化はない。捜査当局者の認識からすれば、聞き込み、物からの捜査、無形資料からの捜査等によって「容疑者の割り出し」が可能になったとしても、

---

*131　田端智明（警察庁刑事企画課課長補佐）「『ち密な捜査』の推進について」警察学論集40巻9号（1987年）80頁。

*132　坪田輝夫（警察大学校特別捜査幹部研修所教授）「勾留場所の決定に関する裁判例（準抗告決定）とその考察」警察学論集43巻6号（1990年）71～72頁。

第3章　被疑者取調問題の展開　　287

それは「あくまでも容疑者としての嫌疑がある者を浮上させたのであって、被疑者としての嫌疑まで高めるのにはそのための証拠が必要である[133]」ということになる。「犯罪事実の存否を直接証明するためには、供述証拠に頼らざるを得ないことが多い」し、「自白を獲得することになる取調べは、真犯人であるとの捜査官ひいては裁判官の心証形成に重要な役割を果たす[134]」というのである。

　最近ではさらに新たな視点から自白の必要性や重要性を主張するとともに、自白獲得へ向けた「効果的被疑者取調べの方策」についての検討も行われはじめている。

　自白の必要性・重要性について、「多数大量の犯罪事件を迅速かつ適正に捜査する」ためという捜査の合理化・効率化が第一に主張されることになっている。あわせて科学的証拠と被疑者の関係の確認や犯罪全般の完全な捜査にとっての必要性も強調されている[135]。そのようななかで、「いかなる被疑者でも自白させるという実力を備えたプロ中のプロたる『取調べのプロ』を育成することが重要[136]」とされるが、そのプロが、効率的に自供を獲得するためにまず第一に必要とされているのは、取調にあたっての十分な準備である。すなわち当該犯罪事実、被疑者、被害者に関わる十分な情報を確保しておくことである[137]。

　次に強調されるのが、取調官の基本的姿勢と心構えである。具体的には、供述を得る厳しさ、供述の重要性を念頭において被疑者と対峙すること、人権の尊重・誠意と親切、「被疑者は黒」という確固たる信念、精神力である[138]。

　第三に、取調の技術があげられる。取調官の能力や資質等、被疑者の性格・経歴などにより千差万別であることを当然の前提として挙示されている５つの留意点は、被疑者に適応した取調、断固たる取調の実施、自供しやすい雰囲気に心掛けた取調、弁解や主張の十分な聴取、話しやすい事実から自供を得る等

＊133　松尾庄一（警察大学校特別捜査幹部研修所主任教授）「捜査手法試論（上）」警察学論集45巻12号（1992年）18頁。
＊134　松尾・前掲警察学論集45巻12号18頁。
＊135　上村清（警察大学校特別捜査研修所教授）「被疑者供述を効果的に得るための一考察」警察学論集50巻３号（1997年）104～106頁。
＊136　上村・同前警察学論集50巻３号107頁。
＊137　上村・同前警察学論集50巻３号112～114頁。
＊138　上村・同前警察学論集50巻３号114～116頁。

である。[*139]

　以上のような取調に対する認識からすれば、警察当局者の主張のような自白の必要性・重要性を前提としても、何故拘束が、しかも代用監獄での拘束が不可欠ということになるのかは明らかでない。むしろ、人権に配慮した、確固たる証拠と自信をもち、理を尽くして取調にあたるということであれば、拘束を伴わない取調で十分ということではないだろうか。犯行の核心について客観的証拠が揃っていれば、拘束の有無にかかわらず自白せざるを得ないのが通例であろうし、もし自白なしでは客観的証拠が被疑者と結びつかないというのであれば、無理はえん罪を生むことになりかねないからである。

　とすれば、何故警察当局は代用監獄の存置に拘泥するのであろうか。それは、事件の解決に資するためというよりも、この間ますます広範で強力な権限を獲得し、最強の実力的権力機関としての地位を確実にしてきた警察の権威、威嚇力、その保持する強制権限の象徴として維持されているとしか考えられない。もちろん、維持することでの事実上の効果は期待されているであろうが、それは理論上・論理上正当化できるものではない。

　警察が、真に「国民のための警察」を指向するのであれば、権力主義的な犯罪鎮圧にかけるのではなく、理にかなった対応についての国民の理解を得る努力を積み重ねることこそが重要に思われる。

---

*139　上村・同前警察学論集50巻3号117～121頁。

第3章　被疑者取調問題の展開　　289

第4章──────────────

刑事弁護への期待と課題

　司法制度改革を前に、「季刊刑事弁護」では、様々な角度から刑事手続の否定的事態を実践的に克服する方策を検討する特集を企画しており、本章では、編集委員として企画に参画し執筆した特集の趣旨ないし総論を4編収録させていただいた。収録にあたっては、当時の問題関心の有り様を示すという意味もあり、基本的に当時の特集の一部という体裁と内容を維持し、改題、補正させていただいている。

第1節
──────────────

逆転無罪事件からみえてくる刑事弁護の課題

　本節は、季刊刑事弁護20号（1999年）47頁以下の特集「逆転無罪事件から学ぶ」に、「逆転無罪事件からみえてくる刑事裁判の実態」とのタイトルで執筆した特集の趣旨と内容についての解題である。特集中のケーススタディについては、番号と可能な範囲での有罪証拠の種類と罪種の紹介にとどめざるを得ないことをご容赦いただきたい。

290　　第3部　刑事弁護による改革可能性

1. 特集の趣旨と意義

　わが国の刑事裁判の有罪率が約99.9％という事態に立ち至ってすでに久しい。検察官や裁判官のなかには、この事態を肯定的に評価する向きもある。起訴が的確に行われ、適正な裁判が行われている結果であるというのである。

　しかし、弁護側からは、まったく異なる声があがっている。刑事裁判では、無罪推定ではなく有罪推定が働いており、本来無罪という結論に到達すべきであると考えられる事件でも無罪を獲得するのは極めて困難である。無罪であるべきものが有罪という結論になっても、執行猶予がついたりすれば、現実には上訴で争うことも躊躇せざるをえないといわれる。

　弁護の立場からは、このような実情をどう打開するかが、深刻な課題である。しかし、頑迷な裁判所を相手にこの課題に実践的に応える方法は、そうあるわけではない。結局はまず、このようななかでも最終的に無罪を獲得している数少ないケースについて、弁護の立場から、無罪獲得に至った経緯をつぶさに検討するなかから教訓を引き出すしかないであろう。

　そこで、無罪獲得事例について担当弁護人にできるだけ具体的にレポートしていただくことを考えた。その際、配慮したのは、第一に、最近の実情を反映させるために、ここ数年のうちに無罪を獲得した事件を取り上げること。第二には、必ずしも社会的に関心を集めているような大事件ではなく、日常刑事弁護に携わる弁護士なら誰でも行き当たるような事件を取り上げることである。

　もちろん、このような事件は、いくら無罪判決が少ないからとはいえ、相当数存在する。そこで、さらに、各事件の個別性を越えて、その無罪獲得と弁護活動の意義を客観化できるケースを取り上げたいと考え選択することになったのが、逆転無罪事件である。

　その理由は、一審と控訴審という違いはあるものの、実質的には、まったくの同一事件について、有罪と無罪という二つの結論が併存しており、両者を比較することで、一審の無罪判決のみの場合に比して、無罪判決の意味を相対化、客観化することが可能になると考えたからである。

具体的には、まず、無罪獲得に至った弁護活動を一審の弁護活動と実質的に比較することが可能であり、この特集の最大の目的である無罪獲得に至ったノウハウを客観的に確認することができるであろう。

　さらにこれにとどまることなく、有罪率99.9％という状況での一審の有罪判決の一般的実情を明らかにできるであろう。

　そして、もう一つ、有罪判決と比較することで現在の刑事裁判における無罪判決の意味を明らかにすることも可能になると考えられた。

　この三点のうち、第一点目について検討しているのが森下弘論文「無罪判決獲得のための弁護人の立証活動」であり、本節では、残りの二点について検討することにしたい。なお、この特集では、中心的な有罪証拠の種類と罪種によるバリエーションを考え、1994年以降に逆転無罪になった9件を取り上げた。この件数は、1998年以降の統計はまだ入手できなかったが、後掲**表1**から明らかなように、1998、1999の両年について仮に1994〜1997年の平均値を想定したとしても、ほぼ6分の1に相当する件数であり、全体の状況・傾向を論定するのに十分な数字と考えられる。

2．無罪判決の統計上の位置

　内容的な検討に入る前に、まず、あらためて有罪率99.9％の統計的視点からの意味を確認しておくことにしたい。それは、(逆転)無罪判決の検討結果が、どこまで普遍性をもちうるかということに関わると考えられるからである。

　表1は、1950年以降の通常第一審事件の無罪率の傾向を把握するために、1990年まで5年ごと、およびこの特集において事件を取り上げた1994年以降、現時点で統計が明らかにされている1997年までの毎年の無罪率を示すとともに、控訴審における破棄自判無罪率を示している。通常第一審事件の無罪率については、地裁と簡裁とを合わせた数字であり、地裁と簡裁のそれぞれの無罪率も算出した。

　また、**表2**は、1970年以降1990年まで10年ごとと、表1の場合と同じ理由から1994年から1997年までの毎年について、地裁第一審の無罪人員数を支部

を含む地裁ごとに示すとともに、破棄自判無罪人員の各高裁別の人員とその原審を地裁管内ごとに示している。

この二つの表に示した統計数値から確認できる主な点は、以下の4点ほどにまとめることが可能であろう。

第1に、無罪率の変化が示す意味である。

無罪率は、1950年以降では、**表1**に記載されていない1951年が1.73%と最も高く、1950年が二番目であるが、これは太平洋戦争敗戦後の社会的混乱の影響がまだ残っていたものと推測される。その後、漸減傾向をたどり、1958年にはいったん0.41%で底を打って漸増に転じ、横這い・漸増傾向を維持する。**表1**にある1970年に0.82%であらためて頂点に達し、その後は低下を続け、1994年にはついにほぼ0.1%になり、有罪率が99.9%ということになった。もっとも地裁事件だけということであれば、すでに1987年、1988年に0.1%を割り込んでおり、1994年からあらためて0.1%を下回ることになった。

1970年には、メーデー事件の一審で110名が無罪になり、一気に無罪率を押し上げたことは間違いないが、メーデー事件がなかったとしても、1963年（0.678%）をわずかに上回って（0.683%）1958年以降の最高点であったことにかわりはない。

とすれば、このほぼ一貫した低下傾向は、どのように解すればいいのであろうか。一つの考えうる答えは、冒頭にも述べたように、起訴、裁判が適正に行われているからだということになる。

しかし、適正な運用というだけでこれほどまでに傾向的に低下が続くということになるのであろうか、という素朴な疑問は解消しえない。むしろそのような個々的な処理対応を超えた、政策的な意図がその基底にあるのではないか、という答えも十分考えうる。すなわち、有罪立証に要求する証明の程度が意識的に緩和され、無罪の基準が厳しくされているということではないか。

そこで第2に注目すべきは、表2の裁判所別無罪人員である。各地裁別に見ても全体の低下傾向は明らかであるが、多くが0人、1人、2人という数字になってしまっており、数字の上で意味のある比較にならないと思われ、高裁管内別に見てみることにする。そのなかでも最も低下の著しいのが、東京高裁管

第4章　刑事弁護への期待と課題　　293

内である。1994年から1997年までの平均無罪率は0.054％であり、メーデー事件を除いた1970年の無罪率と比較しても、表中には示してないが、平均無罪率は1970年の11.73％でしかない。次に落差の大きい名古屋高裁管内は、無罪率は0.045％と東京高裁管内より低いが、平均無罪率は1970年の12.16％である。最も落差の小さい札幌高裁管内は、平均無罪率自体も0.119％であり、1970年の28.33％の割合を占めている。次が福岡高裁管内の0.109％で、1970年の21.37％、20％を超えたのがもう一つ仙台高裁管内で、平均無罪率は0.091％で、1970年の20.93％である。

このような数字から確認できる重要なポイントは、起点が1970年であること、東京高裁管内の数字が最も極端に動いていることである。しばしば指摘されるように、1970年前後は、いわゆる「司法の危機」と呼ばれた、司法内部の統制体制強化へ向けた強権的再編期であり、また時期を同じくして学生公安事件の処理を契機に、東京地裁において「東京地裁方式」と呼ばれることになる強権的な事件処理方式が生み出され、東京高裁管内はじめ各地に影響を広げていくことになる。いちいち数字は挙げなかったが、なにも無罪率だけではなく、逮捕状請求却下率、勾留請求却下率、公判開廷回数、召喚証人数はじめ多くの刑事手続の運用の実態を示す数字が、ほとんどすべてといってよいほど、1970年前後を起点として低下の一途をたどっている（ジュリスト930号138～139頁、同1148号59頁以下参照）。その数字の変化は、刑事手続の形骸化が進行しているとの評価も可能であり、無罪率の低下もその一環と考えることができる。

第3に、控訴審の破棄自判無罪率も、通常一審無罪率とほぼ同様の傾向を示している。確かに、一審無罪率の低下が適正な手続運用の結果であるとすれば、控訴審で逆転となる事件も減少するであろう。しかし、逆に有罪立証に要求する証明の程度が意識的に緩和され、無罪の基準が厳しくされているということでも、論理的には同様の結果になるはずであり、数字だけからの評価は困難である。

いずれにせよ、最後に指摘しておく必要があるのは、通常一審であれ控訴審の破棄自判であれ、数字の上では無罪という結論は極めて例外的な事態である。すなわち、適正な手続運用の結果というのであれば、この極めて例外的な無罪

という結論は、起訴後公判で予期せぬ事情が判明するというような場合以外には考えがたいということになるであろう。とくに控訴審での破棄自判は、適正な起訴、適正な一審の審理の結果有罪という結論にいったんは到達していたのであり、その結論が誤っていたということは、さらに例外的な事態であり、およそ予想だにしなかった事情が判明した場合ということになるであろう。これに対して、形骸化が進行していて、単に本来無罪であるべき事件が有罪ということで処理されているとすれば、なぜ一審で有罪になったのかも疑問であり、およそ放置不可能といった明々白々な無罪事例のみが救済されるということになっていると考えられる。

3．有罪率99.9%の実態

そこで、その実情をいくらかでも確認してみることにしよう。各事例の詳細については、ケーススタディ各報告を参照いただきたい。

まず第一に指摘しなければならないのは、9事例のうち、一審が有罪であったことに理由なしとしないという事例は、⑧の事例（利益供与事件）ぐらいである。それ以外の事例は、不起訴、あるいは一審無罪で決着がついていても異とするに足りない事案であったであろう。

すでに事件後の被告人に対するプレゼントの事実が指摘されていた④（被害者供述・恐喝事件）、共犯者の矛盾に充ちた供述だけが証拠であった①（窃盗事件）と被害者の荒唐無稽な被害者供述だけであった⑤（恐喝事件）、当初から一貫した被告人の弁解の存在した⑨（業務上横領＝背任事件）などは即座に無罪が可能であったであろう。また、被害者とその同僚の警察官の矛盾した供述に依拠していた②（目撃証言・公務執行妨害事件）、不開示の写真帳と単独面接による犯人識別に始まった③（犯人識別供述・脅迫＝窃盗未遂事件）、自白と否認が繰り返され、アリバイ関係の証拠が発見されていた⑥（アリバイ・収賄事件）、また解釈問題が絡んでいる⑦（恐喝事件）なども、もう一歩調査を進めれば、容易に異なった結論に到達していたであろう。

それではそのような早期の決着を阻んだものは何かが第二の問題である。

第4章　刑事弁護への期待と課題　　295

その最大の原因は、繰り返し指摘されている捜査官や裁判官の予断・偏見・洞察力の欠如である。不安定な生活をしている男性に対する偏見と女性に対する固定観念に支配された④、捜査関係者であるというだけでその供述を信用している②⑥、被告人を不審者と見なして審理に臨んでいる①③⑦、学生に対する偏見がある⑤、賭博的行為に対する偏見がある⑨、といったことが推測できる。

　もちろん、このような予断・偏見・洞察力の欠如が基盤としているのは、有罪率99.9％であることも間違いないであろう。起訴された以上は有罪であろうという予断からはじまるという、事実上の有罪推定が働いているとしかいいようがない。

　その結果として、たとえば①②⑤⑨などで、明らかに矛盾・不合理な供述を被告人が有罪という方向で解釈するということが、いとも簡単に行われている。供述証拠の危険性が繰り返し指摘されているにもかかわらず、相変わらず誤判の原因として大きな比重を占めているのは、その信用性判断にあたって視点を狂わせる有罪推定が働いているからとしか考えられない。その根本を見据えた対応策なしに事態の打開は図れないということになるであろう。

　さらに、関連して第三に指摘しておかなければならないのは、捜査当局の不当・違法な捜査が、予断を正当化するために用いられていることである。たとえば、④では、明らかに虚偽の事実を利用して自白を迫り、②では、同僚を含めた警察官による偽証というべき口裏合わせが行われており、⑥では、捜査当局にとって都合の悪い証拠を抹殺するためには何でもするというダーティな体質が浮き彫りにされている。

　すなわち、いったん有罪という心証の下に立件した以上は、どんな手段を用いてでも有罪を獲得するという頑迷な姿勢を看て取れるが、その背景には、99.9％有罪という状況の下で、無罪になるということに対する極めて大きな心理的な抵抗感が生まれてきているようにも推測される。逆に言えば、たとえ違法・不当な手段を用いても、有罪という結果に至ればすべてが正当化されるということでもあろう。

　このような作為的な方法と同様に有罪獲得手段として多用されているのが、長期の身体拘束である。④では、一審の有罪判決でさえ懲役１年２月であった

にもかかわらず、勾留は約2年にわたっている。これでは最終的に無罪になっても、すでに有罪の執行が行われたに等しい状態であり、裁判が裁判としての機能を果たす最低限の基盤さえ放擲されているといわざるをえない。

また、たとえ身体を拘束されていない場合であっても、無罪獲得のために費やさざるをえない時間は、被告人にとっては耐えがたい負担である。2年、3年はあたりまえで、⑥は5年、②は7年を費やしている。

長時間を費やさざるをえない状況を作り出し、争う意欲を殺ぐというのも、有罪率99.9％を維持する巧妙な手段になっているといわざるをえない。

4．無罪獲得の条件

以上のように、99.9％有罪という実態は、公訴提起や一審の審理が適正に行われている結果であるどころか、多分に有罪という予断に支えられた極めて杜撰な捜査と、不当に厳しい無罪立証を要求する裁判所の対応によって維持されているといってよいであろう。このような実態を根本的に改善・改革する必要があるが、制度改革への展望は決して明るいものではない。そのようななかで求められているのは、一歩一歩確実に違法・不当な捜査と不当な裁判を批判する弁護活動であり、他に現実的な有効な方法はないといわざるをえない。

しかし、的確な弁護活動が直ちに結果に結びつくという保障があるわけでもない。しかも、あらゆる場面で全力を尽くすということでなければ、最終的にも救済はおぼつかない。すなわち、一審で無罪という結論でおかしくなかったというところまで到達していなければ、控訴審で無罪に到達するのも容易ではない、というのが現実である。

それゆえ、弁護人はもちろん、被告人も「あきらめない」ということでなければ無罪を獲得することは極めて困難である。しかも、捜査当局、裁判所当局は、あらゆる手段を用いてあきらめさせようとしているなかで抵抗することが求められている。そのためには、全力を投入するにしても、多くの事例から教訓を学び、より有効な弁護を目指す必要がある。その意味で、この特集が、少しでも「あきらめない」弁護活動の糧になれば幸いである。

第4章　刑事弁護への期待と課題　　297

表1 一審無罪率・控訴破棄自判無罪率（各年別）

事項／年	通常第一審事件					控訴事件		
	判決人員	全部無罪人員	無罪率	地裁事件無罪率	簡裁事件無罪率	終局総人員	破棄自判全部無罪人員	率
1950	154,284	2,617	1.70	—	—	—	—	—
1955	124,037	925	0.75	0.92	0.56	17,882	134	0.75
1960	99,478	490	0.49	0.57	0.40	12,800	85	0.66
1965	91,256	407	0.45	0.38	0.55	12,128	69	0.57
1970	71,748	589	0.82	0.75	0.97	8,797	84	0.95
1975	73,728	341	0.43	0.41	0.62	8,928	68	0.76
1980	79,848	186	0.23	0.20	0.39	7,686	38	0.48
1985	79,083	113	0.14	0.11	0.28	6,426	26	0.40
1990	58,897	101	0.172	0.124	0.413	5,077	27	0.53
1994	59,124	60	0.101	0.091	0.153	4,808	15	0.31
1995	60,103	56	0.093	0.077	0.183	5,086	11	0.22
1996	63,206	54	0.085	0.065	0.211	5,282	7	0.13
1997	65,680	67	0.102	0.088	0.186	5,450	5	0.09

注）数字はいずれも『司法統計年報』の各年版から直接引用するか、各年版によって算出したものである。「判決人員」は、有罪、無罪および免訴の裁判を受けた人員である。ただし、1975年以前の地裁事件無罪率と簡裁事件無罪率の算出にあたっては、「判決人員」に免訴の裁判を受けた人員をふくんでいない。

表2 裁判所別無罪人員（各年別）

裁判所／年	地域一審各裁判所管内別無罪人員							控訴各裁判所管内別破棄自判無罪人員						
	1970	1980	1990	1994	1995	1996	1997	1970	1980	1990	1994	1995	1996	1997
東京高裁管内	200	58	11	4	11	6	18	35	10	4	4	3	1	1
東京地裁管内	133	9	2	2	3	3	12	12	5	2	2	1		1
横浜	14	21	2	2	3	2	3	8			2			
浦和	1	7	3					1		1				
千葉	5	4	2		4		1	3	2					
水戸	12	1						4						
宇都宮	27				1			3				1		
前橋	2	4	2						2					
静岡	2	8				1	1	4		1				
甲府		2					1							
長野	4	1										1	1	
新潟		1			1				1					
大阪高裁管内	65	28	31	4	13	9	9	15	6	12	4	2	1	1
大阪地裁管内	32	12	18	2	8	2	2	6	3	10	2	1		1
京都	6	5	1		2	1	4	2	1					
神戸	16	9	9		2	1	3	4		2		1	1	
奈良	6		2	1				2	1		1			
大津	2				1	2								
和歌山	3	2	1			3		1	1					

名古屋高裁管内	16	8	3		1	2	1	5	5	1				
名古屋地裁管内	2		2		1	1	1	3	4					
津			1			1		2						
岐阜		4												
福井		3							1					
金沢									1					
富山		1												
広島高裁管内	6	7	5	2	3	5	2	6	1	3	2		2	1
広島	2		2	1	1	3	1	2	1	2	1			1
山口	1	3	2			1		1						
岡山		2			2	1	1		1				2	
鳥取	1	2		1				1		1				
松江	2		1					2						
福岡高裁管内	28	13	3	6	7	6	8	14	10	7	1	6	2	1
福岡地裁管内	11	6	2	3	3	3	5	6	3	6		5	2	1
佐賀	5							1						
長崎	1	5						2	6					
大分	5			2				3			1	1		
熊本	1			2	2	1	2							
鹿児島	3		1							1				
宮崎	2	1												
那覇		1		1		2	2		1					
仙台高裁管内	15	7	2	1	2	3	4	3	3		4			1
仙台	1			1		1	1	1						1
福島	2				1				1		2			
山形	7		1											
盛岡	2	3	1											
秋田	2	3				3	2		2		2			
青森	1	1			1			2						
札幌高裁管内	12	3	2	4	1	3	4	2						
札幌	7	3	2	4	1	3	3	1						
函館							1							
旭川	4													
釧路	1							1						
高松高裁管内	11	2	4		1	1	4	4	3				1	
高松地裁管内	6		1					1						
徳島	3	2	1		1	1		1						
高知	1		1						2					
松山	1		1			1	4	2	1				1	
合計	373	126	61	45	39	35	50	84	38	27	15	11	7	5

注）数字はいずれも『司法統計年報』の各年版によっている。空欄はいずれも0である。
　　1970年の那覇地裁は、復帰前なので対象外である。
　　地裁一審各裁判所には各管内の地裁支部を含んでいる。
　　控訴破棄自判無罪数には各管内の地裁支部、家裁、家裁支部、および簡裁を原審とする場合をも含んでいる。

第2節

当番弁護士による被疑者弁護の展開

> 本節は、季刊刑事弁護21号（2000年）11頁以下の創刊5周年を記念する特別企画「被疑者弁護のこれから」に「当番弁護士によって被疑者弁護はどう変わったか」とのタイトルで執筆した特集の趣旨とその時点での当番弁護士制度の到達点を素描したものを改題し、補正して収録している。なお、本節でお名前をあげさせていただいた方々の肩書は、当時のものである。

1．特集の趣旨と課題

2000年を迎え、この4月には日本弁護士連合会刑事弁護センターが発足以来満10年を迎えることになる。被疑者弁護の充実・強化を第一義的課題に掲げ、当番弁護士制度の創設、全国化を実現してきたことはいうまでもない。現在は、国費による被疑者弁護制度の法制化を目指し、法務省、最高裁と意見交換会を継続中である。

また、このような刑事弁護の新たな展開を受け、その理論的バックアップと実践的情報提供を目的に1995年に創刊されたのが、「季刊刑事弁護」であり、21号で満5年を迎えることになった。

そこで、21号では、創刊5周年を記念して、この10年ないし5年を振り返り、あらためて刑事弁護、とりわけ被疑者弁護の到達点を明らかにするとともに、これからの被疑者弁護を展望しようという特集を企画することになった。

刑事弁護センターから浦功委員長、竹之内明副委員長、丸島俊介事務局長にご出席いただくとともに、創刊1周年に際し、やはり座談会に出席いただき「当番弁護士制度の五年―その成果と展望」（5号〔1996年〕28頁以下）を論じて

いただいた田口守一早稲田大学教授にご出席いただき、「季刊刑事弁護」編集委員・川崎英明東北大学教授が加わって、刑事弁護センター発足から10年の刑事弁護の展開を総括いただくとともに改革への展望を論じていただいた。

また、刑事弁護センターの全面的なご協力を得るとともに、全国の刑事法研究者の協力の下に、当番弁護士登録弁護士100人に対するインタビュー調査を実施し、限定的ながら創設以来丸９年を経た「当番弁護士の実情と本音」を調査し、大久保哲久留米大学教授に分析していただいた。

さらに、当番弁護士制度発足時に検察官として福岡に在勤されていた高井康行弁護士に当番弁護士の果たした役割、捜査弁護のあり方等に貴重な問題提起をいただくことができた。この問題提起にも関連し、最近弁護士会内部で進んでいる「刑事弁護のあり方」をめぐる論議を刑事弁護センターの事務局次長でもある岡慎一弁護士に整理していただいたが、この論稿は、21号に続き創刊５周年を記念する次（22）号の特集「刑事弁護の論理と倫理」とを架橋するものでもある。

「季刊刑事弁護」編集委員でもある高田昭正大阪市立大学教授には、座談会でも論じられている国費による被疑者弁護の法制化をめぐる論議を整理してもらい、法制化へ向けて方向性を示してもらった。

法制化にあたっての基盤整備の重要ポイントの一つは、弁護士偏在問題への対応であるが、現在日弁連が対馬に設置を予定している公設事務所の開設準備状況を、その掌にあたられている牟田哲朗弁護士に報告していただいてもいる。

それに最後に、当番弁護士の活躍ぶりを５人の担当弁護士の方々にご紹介いただくことができた。

以上のような構成で、それぞれ的確な論稿をいただくことができ、なんとかこの10年間の歩みと現在の問題状況を整理することができたのではないかと考えているが、さらに付け加えるとするならば、この10年間の歩みが、それまでの40年間の刑事弁護をどのように変え、何を付け加え、それがいかなる意味を持っているかを鳥瞰することではないかと思われる。そのことで、この間の歩みを歴史的に位置づけ、その意義を確認できると思われるからである。そこで本節では、以下不十分ながら、その役割を果たせればと考えている。

２．刑事弁護の40年

　まず最初に、当番弁護士制度創設までの40年間の刑事弁護をめぐる状況を、何がどう変わったのかを確認できる範囲で簡単に振り返っておこう。

　日本国憲法制定当初は、労働・公安事件を中心に、憲法の規定を生かそうという先進的な刑事弁護活動の展開も見られ、被告人の弁護人選任率は、一定の水準に達していた。たとえば、1950年には被告人の弁護人選任率が国選も含めて90％を超え、勾留理由開示請求数が、1949年には、531件であったものが、1950年には、5308件に達することになる。保釈率も、1951年には地裁で58.2％、簡裁で27.3％になっていた。しかし、全体として見れば、通常事件では被疑者に弁護人が選任されていないのが常態であったと推測されるだけでなく、刑事訴訟規則の改定（1950年）や刑事訴訟法の改定（1953年）によって、捜査を中心に糾問的・職権主義的な旧刑訴法的運用が定着させられていくことになる。

　トータルには、理論的支えが不十分であっただけでなく、数のうえでも認識のうえでも弁護士の対応体制は十分でなく、一部の事件を除いて刑事弁護が実質化することにはなっていなかったといわざるをえない。

　1950年代末から1960年代にかけては、被疑者弁護もなく自白中心の旧法的捜査の犠牲になったともいうべき二俣、幸浦などの有罪判決が最高裁で破棄されるとともに、松川、八海等の事件が社会的関心を呼び、憲法的理念を体現しようとする新しい時代の担い手である若い弁護士・裁判官などが育つとともに憲法的当事者主義理論も体系化されることになる。また、アメリカにおける捜査手続の抜本的な改革の動きなども伝えられ、裁判所の判断の中にも旧法的運用を脱却しようとする方向性を見出すことができるようになる。たとえば、勾留却下率が、1969年にはこの50年間の最高値、4.99％を、地裁の保釈率も、1972年になってやはり最高値の58.4％を記録している。

　とはいえ、刑事弁護がその動きを確固としたものとして定着させる基盤を用意できていたわけではない。労働・公安事件の先進的弁護が、通常事件の誤判

問題にも影響を及ぼすようになり、接見交通権について一般的指定を違法とする決定が生まれたりしたが、被疑者弁護に顕著な広がりが見られたわけではなかった。

このような状況のなか、いわゆる「司法の危機」をきっかけとする裁判所の逆行的動きは、学生公安事件等を挺子としながら東京地裁を中心にいわゆる「東京地裁方式」と呼ばれる審理方式を生み、通常事件にも影響を広げ、訴訟促進・合理化が急速に進められることになった。強権的な訴訟指揮によって弁護の余地を奪われるとともに、高度経済成長による民事事件の増加に対応する必要も生じ、弁護士の刑事弁護離れが進行し、調書裁判に象徴される裁判の形骸化が深刻化することにもなった。それは、糾問的・職権主義的な旧法的運用の極致ともいうべきものであった。

しかし、他方で、誤判問題への取組みの進展は、再審による誤判の救済をも課題とし、白鳥決定（1975年）を生み、一連の再審開始決定、無罪判決による誤判の救済を実現した。その救済を契機として誤判原因論の視点から、捜査段階での弁護活動の重要性が再認識されることになり、代用監獄の廃止、自白偏重主義からの脱却、接見交通権の確立を目指す弁護活動が展開されることになる。

そして、司法当局および法務・検察当局と弁護士との間で刑事手続の実情についての認識がまったく異なり、当局の手による改革を期待できないという認識の広がりが弁護士・弁護士会に自覚的な改革努力を促すことになった。1989年の松江人権大会をきっかけとした日弁連刑事弁護センターの設立（1990年）、当番弁護士制度の創設（1990年）は、自ら制度的枠組みを用意することで被疑者弁護の活性化を図ろうとする試みであった。

3．当番弁護士活動の９年

それでは次に、その当番弁護士制度の運用が、どのように展開してきたかを統計数値を中心に確認しておこう（各数値は、日本弁護士連合会「第六回国選弁護シンポジウム基調報告書」、「第四二回人権擁護大会シンポジウム第一分科

会基調報告書[資料編]」、「季刊刑事弁護」6、11、15、18号所収の「当番弁護士制度運用状況集計表」によった)。

　まず第一に、受付事件数の変化に注目する必要がある。全国で実施されることになった翌年の1993年には、年間の受付事件数が9907件だったが、毎年増加の一途をたどり、1998年には2万5571件にまで増加している。この変化は、身体拘束事件の約11％から、約25％への増加でもあった。当番弁護士創設以前の被疑者弁護の統計的実情は不明であるが、多くても数％であったというのが、大方の推測であり、絶対数として十分かはともかく、飛躍的増加であることは間違いないであろう。負担件数は、1998年を例にとると、登録弁護士一人あたり平均3.5件ということになるが、もっとも多い山口県の8.9件からもっとも少ない山梨県の1件まで、相当の幅がある。

　そこで第二に、この増加が、どのような罪種への広がりを見せているのかも確認しておくことにしよう。通年統計が、1996年分からしか存在しないため、3年分について主な5つの罪種について検挙人員（各年版犯罪白書による）と対比すると**表I**のようになる。なお、受付件数の後の（　）内の数字は、全体の受付件数に対する比率（％）である。この数字からは、いずれの罪種についても、検挙人員に対する受付件数の割合が、毎年上昇していることがわかるとともに、1998年の殺人41％、強盗28％は、重大事件での対応力が確実についてきていることを示しているといってよいであろう。また、表には示していないが、罪種の広がりということでは、あらゆる罪種に対応してきていることが確認できる。

　第三に、申込者と連絡時期についても確認しておく必要がある。1993年から1998年までの警察署をとおしての申込みの割合と弁護士会が申込みを待たずに弁護士を派遣する委員会派遣の割合、それに逮捕中の申込みの割合の変化は、**表II**のとおりである。この数字からは、警察署経由の申込みが確実に増加していることが確認できる。警察署経由が、身体拘束直後の申込みということになるか否かは定かではない。しかし、逮捕中の申込みも着実に増加しており、早い段階での弁護人との接見が可能になったケースが増加していることは間違いない。

表Ⅰ

年	96年			97年			98年		
事項／罪種	受付件数	検挙人数	%	受付件数	検挙人数	%	受付件数	検挙人数	%
殺人	430(2.18)	1,242	35	465(1.92)	1,284	36	561(2.09)	1,365	41
強盗	559(2.83)	2,390	23	916(3.78)	3,152	29	955(3.55)	3,379	28
傷害	1,797(9.09)	21,079	9	2,241(9.24)	22,826	10	2,568(9.56)	22,795	11
強姦	763(3.89)	1,117	69	1,074(4.43)	1,448	74	1,130(4.20)	1,512	75
放火	133(0.67)	710	19	170(0.70)	749	23	186(0.69)	693	27
全受付件数	19,759			24,249			26,875		

表Ⅱ

（単位%）	93年	94年	95年	96年	97年	98年
警察署経由	20.72	20.34	23.36	25.93	26.62	27.04
委員会派遣	3.09	4.07	3.31	3.53	4.23	3.60
逮捕中	17.07	17.62	15.56	16.62	17.71	24.34

表Ⅲ

	93年		94年		95年		96年		97年		98年	
	単位会名		単位会名		単位会名		単位会名		単位会名		単位会名	
	件数	%	件数	%	件数	%	件数	%	件数	%	件数	%
1位	山形県		東京三会		東京三会		東京三会		東京三会		東京三会	
	48	63.2	1,230	55.5	1,095	49.9	1,222	47.2	1,667	46.4	1,785	42.5
2位	東京三会		金沢		大阪		山形県		大阪		大阪	
	968	59.6	24	49.0	580	40.9	36	38.3	782	37.4	723	33.4
3位	長崎県		福岡県		静岡県		名古屋		新潟県		釧路	
	15	53.6	348	48.9	148	40.4	461	35.0	66	31.9	13	30.2
4位	大阪		大阪		福岡県		金沢		札幌		新潟県	
	524	53.1	610	48.8	244	39.1	28	34.6	158	29.9	82	29.2
5位	広島		奈良		山形県		大阪		山形県		札幌	
	96	52.2	50	45.9	30	36.6	622	34.4	37	29.4	222	28.9

　また、重大事件について遺漏のない弁護活動を実現しようということで始められた委員会派遣は、当初福岡県弁護士会のみが実施していたが、これも実施会が次第に増え、1999年5月時点では、33会が実施するまでになり、実施について検討している会が10会存在する。全受付数に占める割合は、大きく変化するということになっているわけではないが、件数自体は、1993年の10会

で300件から、1998年には33会で920件と大幅に増加している。もっとも、委員会派遣は、現時点では主としてマスコミ報道に依拠した派遣であり、マスコミ報道の変化に影響されるだけでなく、警察署経由の申込みが増加すればそれに反比例して減少するものと推測される。

　第四に、受任率の変化も確認しておこう。1993年には、申込みのあった9907件中3484件で、41.127％とかなりの高率を示していた。しかし、その後、件数自体は増加してはいるものの申込件数の増加率ほどには増加しておらず、パーセンテージは低下を続けており、1998年には、5807件、23.7％ということになっている。

　ちなみに各年の受任率上位5番目までをあげると、**表Ⅲ**のとおりである。1998年に限ってみれば、釧路以外はいずれも受任義務を課している会であるが、登録者数からすれば、受付件数が、一人平均1ないし3件、受任が平均年1件弱で、担当事件数の少ないところで受任率が高くなっているようにも窺える。とすれば、さらに負担の平等化と受任体制の整備を図る必要があろう。

4．被疑者弁護の変化と課題

　以上のような当番弁護士についての統計的数値の変化が、被疑者弁護にどのような変化をもたらしているのであろうか。その変化は、現時点では必ずしも確定的・統計的に観察しうるものではなく、多分に仮説的・論理的に指摘しうると思われるものであるが、事態の変化に伴う課題とともに整理しておくことにする。

　まず第一に、被疑者の側の変化である。受付事件数の増加は、環境ないし条件や必要性という点で、従前起訴前弁護を依頼していたとは異なる被疑者からの依頼が増加しているといってよいであろう。すなわち、経済的に条件がないと考えていた被疑者はもちろん、なんの組織的バックアップもなく早期に弁護人を依頼することができない被疑者であったり、事実については争う余地がなく、情状のみが問題になる場合、さらには本人もその後の処分についてある程度予測がつくような場合も含めて、さまざまな個性の事件が対象になってきて

いる。したがって、事件の性格を見極めるということがいっそう重要になっており、的確な弁護を行うことができれば、従前、自白の獲得によって起訴に持ち込もうとしていたような事件は当然のこととして、基本的には事実を争っていない事件も、示談の成立や情状証拠の確保によって不起訴という結果を招来しうる可能性が広がっている。

であれば、第二に、さらに早い段階での弁護の可能性を拡大する必要があろう。すなわち逮捕直後からの弁護可能性の確保を追求する必要がある。そのためのもっとも確実な方法は、逮捕令状発付の情報の提供を要求し、委員会派遣の体制を強化することである。それが直ちには無理であっても、委員会派遣をさらに実効的なものにする情報収集の方法を考える必要があろう。

そのような早期の被疑者弁護の充実強化は、第三に、捜査と弁護の関係にも変化をもたらすことになる。従前、弁護人不在が常態であった捜査にあっては、捜査当局のイニシアチブで捜査が展開されるのは当然のことであり、そこに当事者主義的な現実的契機を見いだすことは困難であった。弁護人の早期からの関与は、その現実的契機を用意することになったと考えられるのであり、捜査当局との対等性を確保するための現実的な弁護活動が求められてきている。それは、必ずしも形式的・法的手段による対応ではなく、捜査の流動性に対応しうる公式・非公式の柔軟な方策が求められており、その対応如何によっては、被疑者・弁護側主導の早期の事件処理をも可能にする条件が生まれていると考えられる。

しかし、第四に、弁護士側の変化にも目を向ける必要がある。被疑者弁護を担う弁護士が増加したこと自体は歓迎すべきことである。しかし、絶対的に刑事事件が多いわけではない実情のなかで、通常は刑事事件をやらない、当番弁護士も２、３カ月に一度回ってくるだけという場合が相当数存在する。ということになった場合に、弁護の質をどのように維持するかが問われることにもなっている。とくに前記のように早期の的確な判断が重要になってきており、継続的な研修体制を確保する必要がますます高まっている。

また、第五に、捜査段階での弁護の充実により、捜査に対するチェックが進んでくれば、そのチェックを経て公判へ進んだ事件で求められる弁護の質はさ

第４章　刑事弁護への期待と課題　307

らに高いものになる可能性があり、捜査経過についての十分な認識を前提とした弁護活動が求められることになるであろう。それゆえ、受任率を高めるなり、当番弁護士からの引継体制を整備するなりの方策を講じる必要がある。

さらに最後に総括的に締めくくるならば、当番弁護士の創設は、被疑者弁護の活性化にとどまらず、刑事手続全体の改革を展望することも可能にする現実的基盤を用意することになったといってよい。すなわち、当番弁護士は、現行法施行当初から意図されてきた捜査段階からの糾問的・職権主義的な旧法的運用を克服する弾劾的・当事者主義的手続運用の基盤を提供し、組織的で継続・反復的な弁護活動によって各手続段階に新たな制度的枠組みを用意することを可能にしている。創設後、10年を経て、当番弁護士の実践的蓄積は、そのことを明らかにしてきたといってもよい。いま、国費による被疑者弁護の法制化をひかえて、そのことを自覚した弁護活動が求められている所以である。

第3節

保釈の実状と刑事弁護

本節は、季刊刑事弁護24号（2000年）63頁以下の「特別企画・保釈の実状と闘い方—理論編」の一編として、「保釈をめぐる裁判所の対応姿勢と弁護」とのタイトルで執筆したもの（85頁以下）を改題、補正して収録させていただいた。

1．保釈の現状

わが国の保釈問題の展開をいくらか長期的な視野の中で眺めれば、裁判所の保釈に対する頑迷なまでの拒否的姿勢は、最近はじまったことではない。しか

表

	地裁		簡裁	
	保釈率（%）	保釈 許可率（%）	保釈率（%）	保釈 許可率（%）
1966	44.9	53.4	25.1	62.3
1967	49.3	57.8	27.0	62.2
1968	49.9	57.3	28.7	65.9
1969	51.4	56.0	29.8	66.4
1970	55.8	54.4	33.5	68.0
1971	55.9	59.0	30.1	64.6
1972	58.4	60.7	30.5	65.7
1973	58.0	60.1	30.8	64.4
1974	55.2	58.5	31.0	64.5
1975	52.8	59.0	25.2	60.5
1976	50.9	56.9	23.2	58.1
1977	46.1	54.3	21.6	56.6
1978	42.8	51.2	19.5	51.4
1979	41.8	51.9	19.5	49.2
1980	37.6	52.9	18.3	51.1
1981	35.0	51.4	15.8	51.9
1982	32.5	51.6	16.7	52.7
1983	31.9	51.6	13.8	49.8
1984	27.3	51.0	13.1	51.4
1985	25.8	48.2	12.8	51.2
1986	25.4	49.0	11.6	52.2
1987	26.1	50.2	10.9	54.9
1988	24.7	49.1	12.0	58.1
1989	26.0	50.7	14.0	61.6
1990	27.9	52.1	14.2	60.1
1991	26.9	52.9	14.2	58.6
1992	24.9	52.9	13.5	60.9
1993	23.4	55.9	11.7	55.6
1994	20.6	52.2	10.5	56.5
1995	19.2	50.8	10.0	55.4
1996	17.5	48.6	9.2	52.3
1997	16.7	48.7	9.3	55.0
1998	15.5	49.3	8.3	56.6

①保釈率は、勾留人員に対して終局前に保釈が許可された人員の割合である。

②保釈許可率は、保釈が請求された人員に対して終局前に保釈が許可された人員の割合である。ただし、1986年以降、保釈が請求された人員には、繰り返し同一被告人に対して保釈請求が行われた場合にもそれぞれ1人として計上されている。

③各数字は法曹時報に掲載されている各年度の「刑事事件の概況」によった。

もある時期から傾向的に悪化の一途をたどってきたことはしばしば指摘されてきた。ちなみに、そのことを確認できる最小限の統計数字を示すならば、**表**のとおりである。

　すなわち、保釈率は、1970年から1973年頃をピークに、その後は一貫して減少傾向をたどっており、最近は地裁と簡裁のいずれもピーク時の3分の1程度になっている。この落差はきわめて大きく、裁判所の姿勢の変化を示しているようにも窺える。

　しかし、この点について、裁判所サイドからは、そもそも被告人からの保釈請求が減少しており、保釈請求件数に対する保釈人員には変化はないといった反論が行われてもいる（たとえば、仁田陸郎＝安井久治「勾留・保釈」『刑事手続（上）』〔筑摩書房・1988年〕259頁）。保釈許可率が、その数字である。確かに、保釈許可率は、保釈率ほど大きな変化は示していない。しかし、この数字も1970年代初頭をピークに減少傾向をたどっていることは間違いない。1990年代に入っていくらか上昇したが、半ばからまた減少傾向をたどっている。そして、何よりも、大野正男元最高裁判事も指摘していたように、「保釈請求件数の減少によって、保釈割合の減少を説明することはできない」（「刑事司法四〇年の軌跡・弁護士として」ジュリスト930号〔1989年〕82頁）。

　その理由は、保釈請求件数の減少傾向についても検討の余地があるからである。地裁を例にとるならば、1970年代前半には、勾留された被告人はほとんどが保釈請求を行っていた。そして保釈許可率も60％近い数字が維持されていた。しかし、1970年代後半になって減少しはじめ、1980年の保釈請求率が、70％台に落ち込み、その後はほぼ一貫して減少傾向をたどり、1998年には、約29％にまで減少した。

2．保釈減少の原因

　それでは、さらに、いかなる理由で、これらの減少傾向は生じているのであろうか。その起点が、1970年前後であるということからすれば、それが、しばしば指摘されているように、1970年前後に起こったいわゆる「司法の危機」

と無縁であるとは考えがたい。

　宮本康昭熊本地裁判事補の再任拒否をきっかけに裁判官に対する官僚統制が強化されることになり、それと並行して、刑事裁判の分野では東大事件をはじめとする学生公安事件が多発し、東京地裁を中心に強権的な事件処理が行われることになった（宮本康昭『危機にたつ司法』（汐文社・1979年）220頁以下参照）。

　すなわち、権利保釈制度が事実上崩壊し、裁量保釈決定についても検察側の準抗告が行われ、保釈保証金も高騰し、長期勾留が常態化し、勾留率、保釈却下率、起訴率が急上昇することになった。そして、この傾向は通常事件にも波及していくことになった。

　その実状は、1970年代末には、次のように報告されている。「道交・無免許でも身柄拘束での審理が多い」、「勾留の請求があれば勾留を前提とした作業が進められている」、「検察庁では、否認事件は保釈不相当にする。とくに公安・労働事件は保釈許可決定が出れば必ず準抗告。こうした検察庁の姿勢に引きずられ、保釈に対して消極的な姿勢が見られる」、「裁判官の論理は審理促進が最優先である。身柄事件は期日も早くなるし、出廷も確保されるという理由が勾留を多くしているのではないか」（全司法労働組合「最高裁の司法政策の特徴と方向」法と民主主義134号〔1979年〕21頁、さらに「特集・勾留保釈―運用の実態と問題点」自由と正義30巻6号〔1979年〕2頁以下参照）。

　このような実情が、次第に「被告人・弁護人の諦め」（大野正男・前掲ジュリスト930号82頁）を生み、保釈請求を躊躇・断念させることになったと考えられる。それゆえ、保釈率の低下が、そのまま保釈問題の現状を示していると考えるべきものである。

　しかも、重要なことは、「このような場合、罪証隠滅のおそれを理由にして、検察は求意見に対して不相当の意見を述べるし、裁判官、裁判所も同じ観点から保釈請求を却下する例が多い」といった指摘である（倉田雅充「被告人の権利としての保釈制度」自由と正義21巻11号22頁〔1970年〕）。すなわち、裁判官、裁判所が検察官の意向に異を唱えるどころか、唯々諾々と従い、さらに、それが各裁判官の独自の判断を超えた政策的判断として裁判所全体の傾向になってきたと思われることである。とくに、裁判官任官希望者の中から任官を拒

否される者が出るといったことが常態化した1970年代に任官した若手裁判官の間には、次のような事態が進行していることが指摘されていた。「第一に、単独で裁判をやる場合にも、裁判官の独立を放棄し、先輩裁判官の公然たる裁判内容にまでわたる干渉をそのまま受け入れてしまう。第2に、憲法感覚がまったく麻痺しており、たとえば否認すると絶対に保釈しない。40万円の贈賄事件で、四カ月にわたり勾留、弁護人に一回も面接せずに、四回も保釈を却下した」（法と民主主義124号〔1978年〕5頁）。

３．保釈拒否の実相と刑事弁護の課題

　以上のように、保釈にきわめて消極的な運用は、客観的には、個々の裁判官の判断を超えた政策的判断として行われてきたと考えざるをえないものである。すなわち、個々の裁判官の職権の独立を侵す統制の結果ともいうべきものであり、明らかに憲法76条3項の趣旨に反する事態の進行である。

　しかも、身体拘束の実態も、明らかに法の要請に反するものである。すなわち、実質的・具体的には、逃亡を防止し、罪証隠滅を防止するという法の目的さえ逸脱した運用が横行している（「特集こんな身柄拘束許せるか!?」季刊刑事弁護2号〔1995年〕）79頁以下参照）。

　たとえば、否認している場合に保釈を認めないというのは、身体拘束を自白追及のために利用することを当然とする発想の延長線上にあり、罪証隠滅の可能性というよりは、自白しないことへの制裁的な拘束になっている。しかも、予想される刑期をはるかに超えるような拘束も行われている。その事態は、裁判所のチェック能力の喪失というよりは、治安維持的な積極的な運用というべきものである。

　このような状況の下で、本特集によって明らかにされた憲法的、比較法的視点をどのように弁護に活かしていくべきか、あらためて確認すれば、少なくとも次の4点ほどにまとめることができるであろう。

　第1に、各裁判官、裁判所が、それぞれのケースの個性を無視した職権行使の独立性を放棄したような政策的な判断を行わないよう、各ケースの個性を前提と

した憲法、刑事訴訟法の趣旨に従った運用を行うように求めていく必要がある。

第2に、そのためにも、憲法、国際人権法における拘束のあり方についての原則をあらためて明らかにしていく必要がある。具体的には、なによりも、無罪推定と身体不拘束の原則の再確認である。これは日本国憲法の確固たる原則でもあり、さらに国際的な原則でもある。すなわち、「国家による人身の自由の制約と国家刑罰権の対象とされた市民の刑事上の防御権保障とは次元の異なる問題」である。したがって、「たとえ無実であっても自由を得るために虚偽自白をするか、あるいは、無実を貫くために自由を犠牲にしてでも容疑を否認して争うかという不条理な選択を迫る」という「人質司法」が、まさにこの原則に反するものであることを徹底的に明らかにしていかなければならない。

第3に、それは、国際人権法にとどまらず、当然先進各国の国内法においても具体化されていることである。フランスでは、わが国と同様の問題状況が存在したことが窺えるが、その改革も継続的に追求されてきており、すでに無罪推定法が成立し、事件自体を審理しない保釈・拘禁判事による未決拘禁のコントロールを規定し、施行を待つだけになっている。また、ドイツでも、国際人権法の無罪推定の原則を前提とした「勾留の執行停止」という制度が機能しており、「罪証隠滅」にしても、「被告人の態度からなる特定の事実に基づき、被告人が直接的または間接的に証拠方法に対する不正な働きかけを行う高度の蓋然性が認定できなければならない」とされ、具体的な歯止めがかかっている。イギリスでは、早期の釈放を実現するために、警察段階での保釈を広範に認めており、罪証隠滅についても証人威迫や証拠隠滅の具体的な危険が認められなければならない。これらの内容をわが国の現状と具体的に対比することで、わが国の拘束の実態の不当性を明らかにしていくことが可能であろう。

最後に、あらためて現行法の保釈に関する規定の立法経緯を確認してみる必要がある。審議の過程では、繰り返し、無罪推定の原則が存在し、保釈することが原則であることが確認されている。そして、「罪証ヲ湮滅スル虞」を裁量保釈の除外事由にしていた旧法下で、保釈が、「罪証隠滅のおそれがあるのだといって許されなかった例は、幾多枚挙にいとまが」なかった（第2回国会衆議院司法委員会議録第28号5頁）という運用に対する反省から、「裁判所が口

実に利用しないように」(同前第44号2頁)、「虞」を「疑うに足りる相当な理由」に修正した（同前第46号6頁）。

　その意味は、「だれが見てもその資料に基げば大体罪証を隠滅すると認められる場合」であり、(同前第40号9頁)、「客観性が強く要求されるに至った」(瀧川幸辰ほか『新刑事訴訟法解説』〔大学書房、1948年〕126頁)。そして、「権利保釈制度を採用する積りならむしろ本号は思いきって削除すべきであった」(同前143頁) ともいわれていたのである（大出「アンケート結果に見る身柄拘束の実態」季刊刑事弁護2号〔1995年〕87頁参照)。であれば、この立法経緯を踏まえた運用が行われなければならないことを繰り返し強調・主張していかなければならない。

　以上、制度改革への展望が明確でないなかでも運用によって事態を打開するための橋頭堡が憲法、国際人権法、刑事訴訟法に明確に存在することを認識することが重要であり、個々の事件の個性を尊重した独立した判断をするよう裁判所を粘り強く繰り返し説得していく必要がある。

第4節

事件報道の現状と刑事弁護の課題

　本節は、「季刊刑事弁護」31号（2002年）92頁以下の特別企画「刑事弁護とマスコミ報道」の総論として「事件報道の現状と刑事弁護の課題」とのタイトルで執筆したものを改題し、補正して収録させていただいた。

1．犯罪報道をめぐる問題状況

　浅野健一『犯罪報道の犯罪』（学陽書房、1984年）によって、犯罪報道に反省が迫られてからすでに久しい。犯罪報道が一方的な情報に基づき、刑事

訴訟法の原則に反し、被疑者・被告人に対する社会的な予断を生み、極端な場合には捜査当局とともに冤罪を発生させ、それを正当化してきたからである。

　そのため提起された対応策の中心は、被疑者・被告人の匿名報道であり、被疑者・被告人の人権に配慮し、一方的な社会的予断の発生を阻止しようということであった。その意味では、匿名報道はいわば象徴的な方策であり、問題提起は、犯罪報道の必要性から事件関係者、被害者の人権に対する配慮のあり方、取材のあり方、刑事手続のあり方にまで及ぶことになった。

　その問題提起が、具体的な成果も生んだ。たとえば、報道機関側では、「容疑者」呼称報道、被疑者・被告人氏名の部分的・段階的匿名化、軽微事件報道の放棄、被害者の顔写真使用の放棄、被害者・事件関係者氏名の匿名化等々の試みが行われてきた。

　しかし、これらの試みも基本的には、報道機関側の事情を前提とした一方的努力であり、報道される側の立場を視野に入れた対話の中で生まれた方策というわけではなかった。そのことも一因となっていると考えられるが、このような方策もきわめて脆弱な基盤の上で行われていることである。たとえば、これらの試みがスポーツ新聞や週刊誌、それにテレビ、とくに報道番組とは異なり、ドラマ・バラエティ番組と同様のいわゆる制作系に属するワイド・ショーにまでは広がっていない。そのためもあって、報道以外からのプレッシャーが強くなるオウム事件などのような大事件の場合には、報道の反省も貫徹されることなく、旧態依然たる事件報道に逆戻りすることになる。また、報道現場の人事異動は激しく、報道の反省を担った世代は、すでにほとんどが現場を離れ、問題関心が必ずしも実質的に継承されることになっているか疑問がある。

　これに対して、報道される側の対応体制も整備されてきたわけではない。もちろん、名誉毀損の告訴や損害賠償請求という法的手段は用いられているが、当該手続上実効的な法的効果を生む理論的・法的手当を手にすることにはなっていない。

　そのような中で、手続過程で一方的な情報に基づく報道を阻止する実践的な方策として弁護人が報道機関に対応するという方法が採られることになってき

第４章　刑事弁護への期待と課題　　315

た。しかし、弁護人の対応は、一般的には決して積極的な方策として選択されたわけではなく、最悪の事態を避けるための消極的な対応方策でしかなかった。守秘義務があり、被疑者・被告人の意向やその利益を無視して反論や情報の開示を行えるわけではないからである。また、時間的にも態勢的にも十分に対応する余裕がないのが通例である。そのためその対応は、事件報道の実情、報道機関の対応体制、弁護人の具体的なあるべき対応方策等々について十分に検討する余裕もないまま、個々の弁護士の対応に委ねられることになってきた。

とはいえ、中には、報道機関の積極的対応を確保し、有罪視報道を転換させ、冤罪を晴らすことが可能になった例や報道機関の中には、報道の原則から外れた一方的な警察情報に基づく犯罪報道の問題性を払拭するため、積極的に弁護士取材を位置づける動きも生まれた。

そこで、本特集においては、あらためて刑事弁護の視点から犯罪報道の現状を総括するとともに、刑事弁護の報道への対応方法について多角的に検討することにした。具体的には、不当な犯罪報道を理由とする刑事訴訟手続内における救済の可能性について法理論的に検討していただくとともに、弁護、報道それぞれの立場から弁護と報道の間に良好な関係が形成された実践例について報告していただき、さらに弁護と報道の関係の現状、改革可能性、改革方向について率直な意見交換をお願いした。

本節では、その前提としてまず、可能な範囲で犯罪報道の実情を確認するとともに、刑事弁護の対応方策についても検討してみることにしたい。

2．犯罪報道の現場の実情

まず最初に、報道現場の実情について確認しておこう。この間、犯罪報道改革に積極的に取り組んできている報道機関も存在する。しかし、総体としてはなお旧態依然たる状況であり、その問題点をあらためて確認しておくことにしよう。

刑事事件の報道で、被疑者・被告人について言及が始まるのは、通例、逮捕あるいは起訴の際である。これは報道各社が作っている社内基準によっており、

以前は、逮捕前に独自取材によって逮捕を煽るような記事が掲載されたこともあるが、最近では逮捕前には実名を出さないなどの配慮も行われてきている。もっとも、週刊誌やテレビのワイド・ショーでは、相変わらずの扱いを行っているだけでなく、新聞各紙も事件によっては歯止めがかからないこともありうる。全体として確たる基準が確立されているわけではないからである。

　警察・検察の動きに合わせるというのは、報道独自の責任を回避しようという姿勢のあらわれでもあった。したがって、事前取材があってもよほど確固たる材料がない限り、第一報というのは捜査当局の発表が中心になることが多い。すなわち、被疑者・被告人を一方的・断定的に非難・攻撃する内容になる。最近では、被疑者・被告人サイドから情報を取ろうという動きも広がっているが、そもそもそのような姿勢も体制もない方が多い。

　刑事事件を取材する記者は、通常警視庁や各道府県警察本部に置かれた記者クラブに所属している。記者クラブの有り様についての批判も強くなっているが、国民の知る権利に応えるためということで、記者クラブは相変わらずさまざまな形で取材についての便宜供与を受けていることが多い。たとえば、記事を書く素材も記者クラブに提供されてくる。それに、大都会のクラブや地元新聞社以外は、警察を担当する記者はだいたい各社１人であり、新人記者の場合が多い。事件・事故の取材は、いち早くその内容を確認しなければならないだけでなく、顔写真を手に入れたり、被害者の身元を確認したりということで、記者の取材のイロハを身につけるのに都合がいいということで、新人記者の実務的な教育・訓練の場にされているからである。となれば、ますます捜査当局提供の情報に頼ることになる。

　さらに悪いことには、新聞に限らずテレビでも、法学部出身の記者は少ない。たまに法学部出身者がいても、刑事訴訟法を十分マスターしているということはほとんど皆無である。そのような状況では、中途半端な研修やマニュアルだけでは、刑事訴訟法の原則に従って取材と報道が行われるということはほとんど期待できない。逮捕や起訴が、手続的にはほとんど入口にすぎないこと、その段階では何も決まっていないことについての法理論的知識のないまま、いってみれば警察的・検察的「刑事訴訟法」によって教育されてしまう。しかも新

人は、１年から長くても２年で担当が変わるので、その後も刑事訴訟法についてはその時の知識しか持ち合わせていないということにもなる。

そのような記者の書く記事が、被疑者や被告人が警察発表どおりや起訴状どおりの犯罪を犯した犯人に間違いない、ということになるのは必然である。

また、そのように報道した事件の裁判を継続的に取材・報道するということも、通常はない。担当者が異なり、司法担当記者は、警察担当よりも人数が少ないのが普通で、裁判の傍聴を日常的に行う余裕などまったくない。たとえ裁判で無罪という結論になっても、よほど注目されていた事件でもなければ、無罪判決の内容を正確に伝える記事にはならないし、犯人と決めつけた記事を社会的に打ち消せるなどということはありえない。

３．刑事弁護の対応方策

以上のように、刑事事件は報道によって社会的に認識され、報道の内容如何によっては事件のイメージがまったく異なってくる。そして、極端な場合には、事件の実相を離れて形成された社会的イメージが、刑事手続の行方を左右することにもなる。さらには、被疑者・被告人の刑事手続終了後の社会生活にも重大な影響を及ぼす。いうまでもなく、犯罪に対しては、適正な手続により相応な刑罰が科されればよいのであって、弁護人はそれを越える「社会的制裁」といったものからも被疑者・被告人を護れなければ、現代的な意味での弁護ということにはならないであろう。冤罪の場合には、ことは一層深刻である。

であれば、できうる限り早い段階で報道に対して、憲法・刑事訴訟法の原則に従った内容になるように可能な範囲で手を尽くす必要がある。

そのことを可能にするためには、個々の弁護士の努力に委ねるだけでは十分でなく、少なくとも次のような環境を整える努力が必要である。

第１に、報道現場の実情、報道側の論理に習熟することである。従前の事件報道の現場には刑事弁護との接点はほとんどなく、刑事弁護を視野に入れた取材や報道という発想さえ存在しなかった。刑事弁護の立場からは、その是非を論じる前にそのような実態を踏まえた対応が必要であり、そのためにも、報道

318　第３部　刑事弁護による改革可能性

現場の実情を知る努力が必要である。

第2に、それと同時に、刑事弁護の立場、憲法・刑事訴訟法の原則について、報道現場に理解してもらう努力が必要である。報道現場は、事件処理について日常的に接触のある警察・検察の論理に親和性を持って動いていることは間違いない。たまに接触することがある弁護側を、警察・検察と同様に信用しろといっても、直ちに信頼関係を形成することは難しい。そこで日常的に刑事弁護に理解を求める方策を講じる必要がある。

第3に、以上のような課題には、弁護士会が中心になった組織的な取組みが不可欠である。報道関係者を招聘しての弁護士に対する研修、逆に弁護士による刑事事件担当記者に対する研修、お互いの立場を理解し合うための現場記者はもちろん、記事を取り纏めるデスクや報道関係の責任者をも対象とした定期的な公式・非公式の協議等を行っていくことが必要である。

個別の事件では、その進展に従って状況を見極め、必要な対応をすべきである。その際、前述もしたように報道側がどのように対応してくる可能性があるのかある程度予測がついていれば、より有効な対応が可能になるであろう。そこで、当番弁護士との連携による「容疑者の言い分」報道など、刑事弁護との関係について最も先進的な努力を続けてきている報道機関の1つといってよい西日本新聞の報道綱領ともいうべき「人権報道の基本」の「犯罪報道」の部分を可能な範囲で紹介しながら、まとめてみよう。

この西日本新聞の「人権報道の基本」（以下、「基本」という）は、1991年4月に初版が策定され、1998年3月に、その間の事件報道への批判を踏まえ改訂されている。報道各社がすべてこのような綱領を策定しているわけではなく、しかも西日本新聞の綱領は、現状では最も刑事弁護に理解のある内容になっている。それゆえ、現状で報道機関が受け入れ可能な基準として前提にするとともに、なお不十分な点については個別に議論を積み重ねていく必要がある。

①まず、事件を受任した以上、場合によっては方法はともかく報道と向き合うことも弁護の一環であるという覚悟を決めることが重要である。そして、対応についての基本方針を決めておくことである。たとえば、報道側からコンタクトを取ってくるまで様子を見るのか、積極的にコンタクトを取るのか。コン

タクトを取ってきたときにどのように対応するのか。その時点では、報道機関に提供すべき情報がない、またすべきではないという場合にも、弁護人であることは明らかにすべきであろう。弁護人の役割を理解してもらい、話すことがないと明確に言えば、了解がつくはずである。「基本」も、「発表を鵜呑みにしない」「憲法、刑事法の基本原則を踏まえた報道を心掛ける」「断定的な書き方はしない」としており、そのためにも「弁護士などに被疑者サイドの言い分を聞く」必要があると考えており、捜査情報のチェックだけでも十分意味がある。

②弁護人に選任されたときに、すでに報道が行われている場合には、それまでの報道内容を点検し、被疑者・被告人の言い分と異なる点はもちろん、「過剰報道」についても、記者クラブあるいは個別に訂正や配慮を申し入れる。また、必要と判断する場合には、当該事件について報道する際に、必ず被疑者側の言い分を取材するよう申し入れる。もちろん、その場合、被疑者・被告人の同意ないし了解を得ておく必要があるが、逆に被疑者・被告人の言い分であっても、報道機関に伝えるべきかどうかは弁護人の立場で吟味すべき場合があることは当然である。

③報道機関に対しては個別に情報を提供すればよい場合が多いであろうが、その場合でも報道されてもよい情報と報道されては困ることを明確に区別して伝える必要がある。もちろん、事前に確認して、報道されて困るという点について報道しないという旨の確約がとれない場合には、その情報は提供すべきではない。取材が複数になる場合には、煩雑さを避けるだけでなく、各情報内容に齟齬が生じるのを避けるためにも必要に応じてあるいは定期的に記者会見を行うのも1つの方法である。

④冤罪を主張する場合にはもちろん、捜査当局の一方的な情報に対抗する必要があると判断し、情報を提供する際には、できうる限り丁寧に説明する必要がある。また、刑事訴訟法の原則に従えば、有罪判決確定までは、無罪が推定されなければならず、実名での報道を避けるよう申し入れることも忘れるべきではない。「基本」は、「被疑者、被告人は実名とする」としているが、その主たる理由は「匿名にすると、捜査当局はそれを理由に氏名を明らかにしなくなる恐れがある」という点にある。それゆえ、他方では「事件の複雑化、人権意

識の高まりのもとで、匿名報道が望ましいケースが増えてきた状況も十分留意する必要がある」とし、さらに「被疑者の社会的立場を損なうような微罪の報道は控える」ともしているので、情報を確保できる条件が整っているという前提があれば、十分議論の余地はある。

　⑤逮捕や起訴だけが大きく報道されることで、事件のイメージが固定してしまうことを避ける必要があり、裁判まで継続して取材するように申し入れるとともに、裁判が長期にわたる場合には、記者の異動、取材能力にも配慮して、繰り返しになっても事件の内容について丁寧に説明する必要がある。

　⑥判決までの間に有効に対処できなかった場合には、判決に基づいてとりうる手段を講じるべきである。無罪判決の場合にはもちろん、有罪判決の場合にも、報道内容との間に齟齬がある場合には、最低限訂正を求める。場合によっては、謝罪の要求、さらには慰謝料の請求と、法的手段に訴えることも考えるべきである。「基本」も、「最終処分まで事件をフォローし、不起訴などの場合は必ず記事にし、本人の名誉回復を図ろう。起訴後の無罪判決は言うまでもない。不起訴などの記事の大きさは、逮捕段階の報道とのバランスを考えよう」としている。

　現状では、犯罪報道がまったく行われなくなるということは想定しにくく、捜査当局から情報が提供される以上、弁護人の対応如何にかかわらず報道が行われる可能性は高い。である以上、弁護人は最低限、その報道が、被疑者・被告人にとって不利益になることを避ける努力をすべきであろう。とはいえ、一般的にマスコミに対する不信感は強く、接触すること自体を避けたいという気分が横溢していることも否定できない。しかし、その実効性はともかく、犯罪報道についての批判の広がりが記者の姿勢にまったく影響を与えていないということはなく、真摯な対応が裏切られるということは少なくなっているといってよいであろう。犯罪報道の改善も、両者の信頼関係の構築なしには実現不可能であり、各地でこの問題についての弁護士会と報道機関との対話が実質化することを期待したい。

第5章

刑事司法改革と刑事弁護

　本章では、1999年に本格化した司法改革の中で、それまで明らかになってきた改革課題をどこまで達成できたのか、改革の遂行にあたって刑事弁護に求められ、期待されている役割は何か。「季刊刑事弁護」誌上で、順次検討した3編を収録させていただいた。収録にあたっては、あくまでも執筆当時の状況を前提にした問題関心の有り様を理解していただくという意味で、その後の状況変化に対応するということはせず、改題、補正させていただいている。

第1節

刑事司法改革の行方

　本節は、1999年から2年間という期限で審議を続けていた司法制度改革審議会が、2001年6月に最終意見書を提出したのを受けて、季刊刑事弁護28号（2001年）巻頭（10頁以下）に、「刑事司法改革の行方―二〇世紀の負の遺産を払拭することができるか」とのタイトルで執筆した刑事司法に関わる部分についての論評を、改題し、補正させていただき収録した。

1．はじめに

　周知のように、司法制度改革審議会（以下、単に「審議会」という）は、本（2001）年6月12日に「最終意見書」を採択し、内閣に提出した。内閣は、15日に「司法制度改革審議会意見に関する対処方針」を決定するとともに、「政府としては、司法制度改革審議会意見を踏まえ、司法制度改革の基本理念及び推進体制等について定める司法制度改革推進のための法律案を、できる限り速やかに国会に提出して、その成立を期すとともに、三年以内を目途に関連法案の成立を目指すなど所要の措置を講ずることにより、国民と国際社会から信頼される、新しい時代にふさわしい司法制度を構築します」とする政府声明を発した。

　2年間の審議を集約した「最終意見書」の内容については、種々の評価がありえようが、筆者としては、トータルには、「現時点で望みうる最良に近い内容」になっていると評価したい。この2年間の司法改革の動きをめぐる環境は決してよかったわけではない。国民的基盤をもちえなかった司法を、国民の関心を喚起して改革するというのは、いってみれば矛盾したないものねだりであり、専門家の間では、規制緩和論に連動した司法改革ではないかということでの反対も強かった。そのようななかで、脆弱な国民的基盤のうえで、司法官僚制によって硬直化し、機能不全を起こしてきた司法について、具体的な改革の方向性を示した。たとえば、アクセス障碍を解消するための法曹人口の増員、法科大学院の設置による視野の広い、教養豊かな法曹の養成、司法官僚制を打破するための裁判官制度改革などを提案しており、刑事司法についても、裁判員制度の導入によって国民参加に道を開こうとしている。これらの改革提案は、遅ればせながら日本国憲法が予定していた司法制度および司法機能を実現するための最低限の措置であり、極めて重要な意味をもっていると考えられる。

　とはいえ、その現実化が今後の課題であるだけでなく、刑事司法全般ということでは、その内容の詳細については、なお慎重な検討を要するようにも思われる。そこで、審議会の審議の経過を簡単に振り返りながら、「最終意見書」

の意義を検討しておきたいと思う。

2．審議会での論議の経過

　司法制度改革審議会における刑事司法改革に関わる論議は、1980年代から1990年代にかけて主張されてきた改革志向とは逆向きともいってよい保守的で処罰優先的傾向の強い論議でスタートした。

　1999年11月20日に公表された「論点整理」[*1]は、「人権保障に関する国際的動向も踏まえつつ」としながらも、「新たな時代に対応した捜査・公判手続の在り方を検討すべきである」ということが第一の課題とされていた。すなわち、日本の刑事手続の人権侵害的実情に対する国際連合規約人権委員会などからの強い批判を無視することはできず、「踏まえつつ」ということにしたが、それはあくまでも念頭におく必要があるという程度であり、刑事司法の「本来の使命」は「刑罰権の実現」にあるという書きぶりであった。

　また、「国民の司法参加」についても「主権者としての国民の参加の在り方について検討する必要がある」としながらも、具体的には裁判手続への参加について陪審・参審制度の導入の「当否」を検討すべきであるとしていたにとどまる。

　これに対して、「中間報告」[*2]は、ともかくも「適正手続の保障の下」での「実体的真実の発見が求められている」ことを確認することになったが、相変わらず一部の例外的な事件を根拠に「刑事裁判の充実・迅速化」が第一義的課題であるかのような改革提案になっており、「新たな時代における捜査・公判手続の在り方」は、後景に退いたものの長年の懸案であった「公的費用による被疑者弁護制度」の導入方針も影がかすんでしまいかねなかった。おまけに、国民の司法参加について、「訴訟手続への新たな参加制度」が「必要であると考える」

＊1　月刊司法改革編集委員会「徹底分析『司法制度改革に向けて論点整理』」月刊司法改革4号（2000年）7頁以下参照。

＊2　大出「憲法・刑事訴訟法の理念の具体化を求める」月刊司法改革12号（2000年）52頁以下、月刊司法改革編集部「議事録の読み方」月刊司法改革16号（2000年）70頁以下、月刊司法改革編集委員会「徹底検証・審議会『中間報告』」月刊司法改革15号（2000年）9頁以下参照。

324　　第3部　刑事弁護による改革可能性

という合意には到達したものの、なお具体的な制度設計は明確でなく、手続に
与える影響も測りかねる状況であった。

「最終意見書」になって[*3]、制度設計の細部についてはなお未確定であるもの
の、わが国独自の刑事裁判手続への参加制度である「裁判員制度」の導入が決
定され、スタート時点からすれば相対的には大きく前進し、いくらか事態は変
わろうとしている。

しかし、この経過からは、一義的にその方向性が明確とはいえない状況であ
り、さらに具体的に検討しておく必要があるであろう。

3．自白偏重手続の克服

1980年代後半になって、死刑確定事件までが冤罪であったことが確認され、
再審による救済が進むなか、わが国の刑事司法をめぐる最大の改革課題は、自
白偏重手続の克服にあるとされてきた。その後、弁護士会の努力による当番弁
護士制度の発足や長年の接見交通権をめぐる弁護士等の闘いによって、自白の
追及を目的にした密室における取調べに歯止めをかける努力は行われてきた。
しかし、代用監獄の存続に象徴的に示されているように、警察捜査の現場の枠
組みは基本的に変わっていないし、検察・裁判所がそれを容認してきたことも
否定できないであろう。

実質的に取調べによる自白追及を目的とした逮捕・勾留が行われ、しかもそ
の拘束は、留置管理官制度ができたとはいえ、警察留置場（代用監獄）で行わ
れるのが通常であり、拘束期間は、形式的にも1事件につき23日間に及ぶと
いうシステムはなんら変わっていない。取調べの実体が事実上黙秘権を侵害し
ていると指摘されてから[*4]すでに40余年が経過しようとしているにもかかわら
ず、審議会が出した結論が、「被疑者の取調べ過程・状況について、取調べの
都度、書面による記録を義務付ける制度を導入すべきである」という提案のみ

---

*3　月刊司法改革編集委員会「徹底検証・審議会『最終意見書』」月刊司法改革22号（2001年）9
　　頁以下参照。
*4　平野龍一『刑事訴訟法』（有斐閣・1958年）106頁参照。

とは、あまりにもささやかな前進といわなければならない。

　同種の試みは、すでに「取調経過一覧表」として一度裁判所から提案され、実施されたことがある。もちろんその際には、「取調経過一覧表」作成のために記録が義務化されていたわけでもなければ、記録内容が確定されていたわけでもない。そのためということもあっただろうが、捜査当局の消極的な姿勢によって当番弁護士の積極的な接見活動にも及ばない程度の効果しかもたらさず、その利用は立ち消えになった。今回はさすがに「制度導入に当たっては、記録の正確性、客観性を担保するために必要な措置を講じなければならない」とし、さらにカッコ書きで、「必要な措置」について、「例えば、記録すべき事項を定めて定式的な形で記録させた上、その記録を後日の変更・修正を防止しうるような適切な管理体制の下で保管させるなどの方法が考えられる」と付け加えている。

　とはいえ、いわばチェックされる立場にある捜査当局の善意に頼った方策にはそもそも限界があることは当然である。また、重要なのは、記録が新たに裁判に加わることになる裁判員による自白調書の証拠能力判断において意味のある内容になるかということである。ほとんどの自白調書が捜査官による作文であることは今や常識であるにもかかわらず、証拠能力要件の存否について紛議を生じた場合に、ほとんど証拠能力が否定されないできたのは、裁判官が捜査官の方を信頼してきたことと自白調書の証拠としての有用性に傾斜した判断を行ってきたからだとしか考えられない。

　しかしその判断は、誰にでも可能というわけではないいわば「玄人芸」であり、本来証拠能力判断に要求されている判断方法でもないであろう。有罪証拠として利用できる証拠は、本来誰でもがその成立自体に疑義を差し挟むことができない適正性が要求されていると考えるべきものであり、要件の存否は客観的・形式的に判断できなければならない。とすれば、いくら担保措置を講じたからといって捜査当局自身が作成した記録には、そもそも客観性はなく、内容

＊5　梶田英雄「取調経過一覧表による立証の失敗と教訓」季刊刑事弁護14 号（1998 年）40 頁以下参照。

的に形式的判断が可能な記載が要求されることになるかも怪しい。

　ということで、あえて楽観的な予測をすれば、弁護側の争い方如何によっては、捜査当局による記録化では、裁判員の原則的判断によって証拠能力が認められないケースが激増し、取調べ状況の録音や弁護人の取調べへの立会いといったより客観性の高い方策を講じないわけにはいかなくなるであろう。もしそうなれば、代用監獄の存在自体は、さほど問題ではなくなり、自白追及のための身体拘束も続ける意味がなくなり、自白偏重手続の瓦解への兆しが現れるかもしれない。

4．公的費用による被疑者弁護制度の確立

　いずれにせよ、捜査の実情に対抗し、被疑者の権利を守るためには、弁護活動のいっそうの活性化こそが重要なポイントになる。捜査段階の弁護の重要性が認識されるようになってすでに久しいが、被疑者・被告人の人権保障のための手続の整備が遅れているぶんその必要性はますます大きくなっている。被疑者取調べの適正性の確保、起訴便宜主義の適正行使、公判のための事前準備等々、早い時点からの継続的で一貫した弁護を保障することが極めて重要であり、長年の懸案であった公的費用による被疑者弁護制度の導入が確認されたことの意味はともかくも大きかった。

　しかし、その具体的な制度設計のあり方をめぐっては、なお紆余曲折が予想される。当初、その制度設計にあたって、「公的資金導入に見合うだけの弁護活動の水準が確保されるとともに、弁護活動の適正さが確保されること」を要求するだけではなく、その担保を弁護士・弁護士会以外の第三者に委ねようとする意見もあった。現に中間報告の取りまとめ「原案」は、「個々の弁護活動の自主性・独立性が保たれるよう」留意することは求めたものの「弁護の質の確保の方法などの検討に当たっては、公的資金を投入するにふさわしいものにする」ことを求めていた。これに対し、中間報告は、公的弁護制度の「運営主体やその組織構成、運営主体に対する監督などの検討に当たっては、公的資金を投入するに、ふさわしいものとするとともに、個々の弁護活動の自主性・独

第5章　刑事司法改革と刑事弁護　　327

立性が損なわれないようにすること」を求めるとともに、「弁護士会は、弁護活動の質の確保について重大な責務を負うことを自覚し、主体的にその態勢を整備すること」としていた。

　刑事弁護は、今さら確認するまでもなく、常に刑罰権力と対峙しており、その立場に立たなければ判断できないことが多々ありうる。その立場は、これも常にといってよいほど少数者の立場であり、安易に干渉がましいことをすべきではない。それゆえ、その質の確保は、あくまでも弁護士・弁護士会に委ねるべきであり、その確認は極めて重要であったが、運営主体の問題と弁護活動を抱き合わせにしていた点などには不十分性を残していた。

　これに対して「最終意見書」は、運営主体が「公正中立な機関」であるべきことを一応確認し、選任・解任を裁判所に委ねるとともに、弁護活動の問題を運営主体の問題と切り離しており、さらに一歩を進めたとみることができる。もちろんそのことで、弁護士・弁護士会の責務もいっそう重いものになった。権力的介入を招かないためにも自らの手で弁護の質を維持するための措置を講じる必要があり、ガイドラインを早急に策定し、対応態勢を整え、速やかに公的弁護制度をスタートさせなければならない。制度をスタートさせても課題は山積しており、一日も早く、少しでも幅広く、被疑者に実質的で有効な弁護を提供する方策を考えなければならない。

　弁護を必要とする事件には、少なくとも逮捕直後から弁護人の援助を提供できるようになっていなければならない。逮捕についての情報を、裁判所あるいは捜査当局に提供させるシステムも用意されていなければならない。もしそうなっていなければ、主要な警察署に弁護士を待機させるといったことも考えられていなければならない。そうすることで、少なくとも運用上、密室での取調べを最小限に限定することが可能になるであろう。また、裁判員制度の導入に伴い、重大事件を中心に公判は集中的に行われることになり、その準備をも含め、捜査から公判までの専従態勢が必要になるであろう。そのためには、刑事事件を中核として担う「最終意見書」が想定する「常勤弁護士」等の専門の弁護士が各地に相当数育つ必要がある。2010年には、毎年3000人の法曹が輩出される予定であり、意識的に養成体制を創ることが求められるだけでなく、公

的資金等による財政的基盤を確保しての専門事務所も設立されていなければならない。

　なお、弁護士人口が増え、弁護士が身近な存在になってきたときには、財政的基盤は、国選という方式による場合のみではなく、被疑者・被告人が頼みたい弁護士に依頼した場合にも支出できるように整備されていなければならない。

　いずれにせよ、改革の要諦が、弁護士の対応如何にかかっていることがますます明らかになっているであろう。

5．裁判員制度の導入の波及効果

　被疑者段階からの弁護体制の充実・強化は、裁判員制度の成否にも大きく関わっている。そして、裁判員制度の成否は、手続全体のありように大きな影響を及ぼす可能性がある。裁判員制度自体のあり方については別に論じられるであろうから、ここでは手続に関わってのみ言及することにするが、もちろん最悪の場合には、裁判員の処罰優先的・厳罰主義が官僚裁判官を後押しして重罰化と冤罪を大量に生み出す危険性がないわけではない。しかし、それが現状とどれほど異なるということになるのかは十分吟味してみる必要がある。他方では、口頭主義・直接主義・当事者主義の実質化を実現できる可能性のほうが大きいとも考えられる。

　「最終意見書」は、裁判員制度導入の意味を「刑事裁判の充実・迅速化」の関連で位置づけているが、それは当初主張されていたような一部の例外的事件を口実とした「迅速処理」のみの追求とは異なり、論理的脈絡はともかく、「国民参加の対象とはならない事件をも含め、関連諸制度の見直しが緊要となる」と指摘するように、手続の充実・迅速化はじめ、手続全般の制度上・運用上の見直しを必然的なものにせざるをえない。

　「最終意見書」が示すその「基本的方向」だけでも次のようになっている。①真に争いのある事件の選別、②当事者の十分な事前準備、③集中審理（連日的開廷）、④裁判所の適切な訴訟指揮、⑤明確化された争点を中心にした当事者の活発な主張立証活動、である。

第5章　刑事司法改革と刑事弁護　　329

その方向性自体についてはとくに異論を差し挟まなければならないわけではない。裁判員制度が、無作為に幅広く国民の参加を求める以上、参加する国民の負担をいかに軽減するかは、制度運用の第一義的課題の一つであることは間違いないからでもある。問題は、公判を中心とするこの充実・迅速化のために用意されるべき人的体制および手続の具体的ありようである。

　とはいえ、そもそもまず最初の課題である①からして、その具体的方向性は明確でない。「最終意見書」は、英米において採用されている有罪答弁制度（アレインメント）にも言及しているが、「被告人本人に事件を処分させることの当否や量刑手続との関係等の問題点がある」等の理由から今後の検討課題としており、裁判員制度の制度設計においても対象事件を「公訴事実に対する被告人の認否による区別は設けないこととすべきである」としている。これでは方向性は見えない。憲法上は、迅速な裁判は、被告人の「権利」であることを明確にする制度設計が必要である。とすれば、被告人による処分も、「能力・環境上処分が可能かどうか」という観点から検討されるべきであり、判断にあたって弁護人の十分な援助が保障されているか、裁判所が原則的な判断を行う環境が整っているかといったことが重要であり、条件整備が進むことを期待するしかない。

　公判が開始されれば、③にあるように集中審理が不可欠である。とすればその開始の前に②のように十分な事前準備が必要であることも必然である。「十分な争点整理を行い、明確な審理計画を立てられるよう」にする必要があることは間違いない。しかし、公判を迅速に進めるためにもここが拙速であってはならない。さらに注意しなければならないのは、「最終意見書」が、「新たな準備手続を創設すべきである」として、その手続を「裁判所の主宰」に委ねようとしている点である。その実効性を確保しようとすれば、ともすれば審理を担当する裁判体あるいはその一員に争点整理を委ねるといった発想になりかねない。しかし、いくら争点整理といっても実体と一切関わりがないといったことはありえないことであり、審理を担当する裁判体あるいはその一員に委ねることは許されない。職業裁判官のみによる審理の場合にはもちろんだが、裁判員とともに審理を行う場合には、職業裁判官というだけで影響力をもつ可能性が

330　第3部　刑事弁護による改革可能性

あるうえに、争点整理に関わることで事件の内容について情報をもっているということになり、さらに影響力を増す可能性を否定できないからである。「最終意見書」が「予断排除の原則との関係にも配慮しつつ」としているのは、以上のような趣旨からと解すべきであり、毫も審理を担当する裁判体あるいはその一員に争点整理を委ねるといったことにならないようにしなければならない。

また、被告人サイドの十分な事前準備のためには、弁護人の捜査段階からの十分な援助が不可欠であることはもちろん、これも確認されているように捜査当局手持ち証拠の開示が絶対条件である。そのルールの実効性が裁判員制度の成否を左右しているといっても過言ではないであろう。

④も、被告人サイドが集中審理によって不利益を被らないようにするという観点から行われる必要がある。裁判員にもその適正性についての判断を期待することが可能であり、弁護人の活発な訴訟活動がその担保となっていることを期待したい。

⑤については、「最終意見書」が指摘しているように、「核心」は、「直接主義・口頭主義の精神を踏まえ公判廷での審理をどれだけ充実・活性化できるかというところにある」のであり、「明確化された争点をめぐって当事者が活発に主張・立証を行い、それに基づいて裁判官（および裁判員の参加する訴訟手続においては裁判員）が心証を得ていくというのが本来の公判の姿であり、それを念頭に置き、関連諸制度の在り方」を検討し、整備する必要があろう。とくに伝聞法則について、「最終意見書」は、「運用の誤り」との立場をとっているかのようでもあるが、「公判審理における直接主義・口頭主義を後退させ、伝聞法則の形骸化を招くこと」の回避を要求していることは明確であり、運用の改善を担保するためにも少なくとも現行刑訴法321条1項、322条の全面的な見直しが行われていなければならない。

6．刑事弁護の一層の活性化を

このように見てくると、今回の刑事司法改革の成否は、結局、実質的に刑事弁護の自覚的改革・改善に負っていることは明らかである。そのことは、従前

第5章　刑事司法改革と刑事弁護　　331

も抽象的・一般的には指摘されてきた。しかし、それは、現実化への最低限の保障もないなかでの精神論にならざるをえなかった。それに対して、今回は、少なくとも、被疑者に対する公的弁護制度の導入、証拠開示のルール化、裁判員制度の導入等の具体的な制度改革が提起されており、それを生かしきれるかどうかが問われているという意味ではまったく状況を異にしている。刑事弁護のよりいっそうの活性化によって刑事司法上の20世紀の負の遺産を払拭する現実的展望が明らかになり、当事者主義の実質化が進むことを願うのみである。

第2節

「季刊刑事弁護」と刑事司法改革

> 本節は、刑事司法改革を目指して創刊した『季刊刑事弁護』が創刊10周年を迎え、司法制度改革が緒についたのを受けて40号（2004年）で「刑事司法改革とこれからの刑事弁護」を特集することになり（33頁以下）、あらためて『季刊刑事弁護』創刊の意義を確認するとともに特集の趣旨を明らかにするために「本誌創刊10年と本特集の趣旨」とのタイトルで執筆したもの（34頁以下）を改題、補正し収録させていただいた。

1. 「季刊刑事弁護」創刊の意義

「季刊刑事弁護」創刊号（1995年）の「創刊特別企画」は、「21世紀の刑事弁護と刑事司法改革」をテーマとしていた。その特別企画の中で、編集委員会は、「刑事弁護の充実強化のために」と題して、日本国憲法の下での刑事弁護の推移を総括し、「『季刊刑事弁護』創刊の背景と意義」を明らかにしていた（26頁）。

その結論のみをあらためて要約的に確認しておくならば、まず当時の刑事弁

護をめぐる問題状況を次の5点に集約していた。

第1に、憲法・刑訴法は、全刑事手続を通しての当事者主義化・弁護権保障を指向していた。

第2に、しかし、学説によるその体系的理論化は遅れ、糺問的・職権主義的実務が定着化し、刑事弁護はその枠内で許容されるだけということになった。

第3に、被疑者弁護への対応体制も極めて不十分であった。その理由は、刑事弁護を独占することになった弁護士の責任意識の希薄さと絶対的人数不足であった。

第4に、先進的な弁護活動も学説と連携するにはいたらず、捜査実務・裁判所実務を前提とした実務理論が形成されることになった。

第5には、再審問題を通して学界と弁護士界が組織的・本格的に連携することになったが、そこでの救済も捜査実務・裁判所実務を前提とした枠の中にとどまっていた。

そして最後に、このような問題状況を受けて設定されるべき課題として、次の5点を挙げていた。

①被疑者弁護充実強化のためのもっと広範囲な対応体制と弁護の質的向上。

②被疑者国公選制度の確立、証拠開示等の制度改革。

③有効な弁護方法の開発。

④さらに広範な領域での学説との連携による理論的検討。

⑤刑事弁護を中心に各実務関係者との対話の場の確保。

「季刊刑事弁護」は、「以上の課題にこたえる共通のフォーラム」足らんとしたのである。

2.「季刊刑事弁護」の10年

「季刊刑事弁護」創刊以来のこの10年を振り返ってみるとき、それまでの刑事弁護の歴史を踏まえての創刊当時の問題状況についての認識と課題設定は、基本的に間違っていなかったといってよいであろう。

刑事手続全般の当事者主義の実質化、適正化は、刑事弁護の充実・強化にか

かっているといっても過言ではなかった。そして、その課題に応えるためには、刑事弁護の量的・質的拡充がなお強く求められていた。

その後の、当番弁護士の出動件数の大幅な増加による事態の進展、日本弁護士連合会刑事弁護センターを中心とする質的・量的対応体制の充実強化と被疑者国選弁護制度実現への要求は、司法改革をも主導した観があり、刑事司法改革は、被疑者国選弁護制度の導入、第1回公判開始前の証拠開示制度の導入、裁判員制度の導入などを実現することになった。

ここで、創刊以来の展開を課題に即して素描してみよう。①に関わっては、当番弁護士の出動件数の大幅な増加が、対応体制をも拡大してきたといってよいであろう。しかし、なお、弁護士過疎の解消は、緒についたばかりというだけでなく、東京は、むしろ刑事弁護離れが進行しているようにも窺われる。

②の被疑者国選弁護制度の創設にあたって、対象事件を法定合議事件に限定して（改正後の刑訴法第37条の2）開始せざるをえないとの判断は、弁護士会サイドの状況認識によったものであったことからもその実情が窺える。5年を超えない範囲で、対象事件を必要的弁護事件の範囲に拡大することになっているが（「刑事訴訟法等の一部を改正する法律」第2条）、その時点での対応体制の確保へ向けてもなお課題は大きい。

①および③にも関わる質的向上については、弁護士自身が、最低限の水準にも達していない弁護活動が存在することを率直に認め、その改善を全体のものにしていくという問題関心が広がったことは間違いない。先進的な弁護活動とのギャップが、問題の所在を明らかにすることを難しくしている面がないわけではないが、これも被疑者国選弁護制度の導入によって、あらためて弁護士総体にとって課題化されざるをえないであろう。

弁護方法としては、長年にわたった秘密交通権をめぐる闘いは、この間ようやく基本的には弁護側の勝利による決着をみることになった。しかし、被疑者の取調べをめぐる問題に決着がついたわけではなく、取調べへの立会権をはじめ、なお有効な弁護方法の開発と定着化は重要な課題である。

②に関わって、被疑者国選弁護制度導入という目標は達成した。しかし、前述した対象事件の問題だけでなく、選任時期にも問題が残った。選任のための

334　第3部　刑事弁護による改革可能性

時間的余裕といった理由から逮捕段階からではなく勾留段階からの付与ということになった。その結果、当番弁護士制度の到達点の法制化ということには必ずしもならなかった。その評価と同時に、逮捕段階での弁護権の十全な保障の方策を考えなければならない。

　また、資力要件のあり方についてもその運用を注視する必要があるが、それと関連して弁護士会に課された弁護士紹介義務（改正後の刑訴法第31条の２）をいかに遺漏なく機能させるかも重要な課題である。

　②の改革課題については、第１回公判前の証拠開示が、法制化されることになった（改正後の刑訴法第316条の14以下参照）。この改革が、これまでの証拠開示をめぐる問題状況からすれば、大きな一歩であることは間違いない。確かに、検察側が証拠調べを請求しなかった不提出証拠の開示がどこまで実現するかということでは、その運用を見極めなければならないであろう。しかし、それも弁護人の力量にかかっているとも考えられ、弁護士が新たな法制度に対応する弁護活動を如何に速やかに身につけるかということが問われているといってよいであろう。それは、裁判員制度およびそれに関連する改革をめぐっても同様のことがいえるであろう。

　このように、創刊以来、「季刊刑事弁護」が追求してきた課題の実現は、ちょうど10年を迎え、一定の成果を挙げたといってよいであろう。そのために、課題④に関わって一定の役割を果たしてきたことを自負することも許されるであろう。⑤については、必ずしも十分ではなかったが、本特集にあたっては、座談会に裁判所、法務省からもご出席を得ることができた。

　とはいえ、改革がなお不十分な点を残していることも前述したように間違いない。そこで、本特集は、創刊10周年を機に、主としてこの10年間を振り返り、今回の刑事司法改革の到達点を確認し、今後の課題を明らかにすることを目的にしている。

第3節

裁判員制度と刑事弁護人の役割

> 本節は、裁判員裁判のスタートにあたって、「裁判員裁判の幕開けと刑事弁護人の役割」（季刊刑事弁護58号〔2009年〕8頁以下）というタイトルで刑事司法改革という視点から裁判員制度の意義を論じ、改革的契機を有効に機能させるための刑事弁護人の役割について検討したものを改題、補正し、収録させていただいた。

1．裁判員制度の目的

　いよいよ裁判員裁判が始まる。裁判員制度は、人質司法、自白偏重主義、調書裁判、密室裁判として長年批判されてきた「絶望的」（平野龍一）な、わが国の刑事訴訟を変革するための第一歩であり、その改革を国民の力によって実現するための制度である。決して、最高裁判所当局が意図してきたような国民を「専門家のツマ」にしようという改革ではない。それは、今回の制度改革の起源を想起することで確認することができる。しかし、すでに四半世紀前になるその起源についての記憶は、必ずしも鮮明ではなくなっているかもしれない。とくに立法当局者として改革に携わる「官僚」たちは、せいぜい5年、10年の時間的感覚のなかで仕事をしているだけであり、そもそも問題の矮小化に気がつかないという習性の中にある。

　その直接的起源は、1983年から1984年にかけて、いわゆる免田事件、財田川事件、松山事件等の死刑確定囚が、相次いで、再審で無罪になったことであった。その誤判の原因は、いずれも共通しており、長時間にわたる拘束を手段とし、無理な密室での取調べによって獲得した虚偽自白が、調書として、捜査のみならず公判をも支配し、密室の裁判官室で裁判官を呪縛してしまう、とい

336　第3部　刑事弁護による改革可能性

う構図であった。また、その過程では、被告人に有利な証拠が無視され、隠蔽されていく（証拠の不開示）ことも共通の特徴であった。現行刑事訴訟法の下で、日本国憲法の刑事手続条項をベースにした憲法的刑事訴訟法理論によって学説をリードしてきた平野龍一が、1985年に現行法の生みの親の一人である団藤重光の古稀祝賀論文集で「わが国の刑事裁判はかなり絶望的である」という診断を下した（「現行刑事訴訟の診断」『団藤重光博士古稀祝賀論文集第4巻』〔有斐閣・1985年〕423頁）のは象徴的であった。

その平野龍一が、被疑者の黙秘権保障の実効性を確保するために、取調べ受忍義務否定説を主張したのは1958年であり（『刑事訴訟法』〔有斐閣・1958年〕106頁）、すでに半世紀が経過した。しかし、通説化した取調べ受忍義務否定説が、取調べ受忍義務の存在を主張し自白偏重主義を貫徹してきた実務を変えることはできなかった。すなわち、従前の警察・検察、そして裁判所を担い手とする実務運用にその改革・改善を委ねることは不可能であるとの認識によって到達した最後の方策が、裁判員制度の導入であり、この方法以外に日本の「絶望的」な刑事訴訟を変える方策はなかったのである。まず、そのことをあらためて確認・認識することがきわめて重要である。

2. 裁判員制度導入の経緯

死刑確定囚が、再審で無罪になるという事態を受けて、当然、警察・検察・司法当局が、その原因として明らかにされてきた人質司法、自白偏重主義、調書裁判、密室裁判等を反省し、その改革・改善の方策を講じるものと期待されていた。ところが、警察・検察はもちろん、司法当局も事態を変えるための姿勢をおよそ示さなかった。そのようななかで、諸外国では、取調べへの弁護士の立会い、取調べ全過程の録音などが常識化してきていた。

そこで、実務的に事態を打開する方策として弁護士サイドから提起されたのが、当番弁護士制度であった。そのような対応策がいかに待望されていたかは、当番弁護士制度が開始（1990年）から2年で全国化し、出動回数は、年々増加し、身体を拘束された被疑者のほぼ4割が当番弁護士の援助を受けることが

第5章　刑事司法改革と刑事弁護　　337

できるまでに発展してきたことに現れている。この当番弁護士制度の定着・発展は、従前、警察、法務・検察当局の専権ということでしか動いてこなかったわが国の刑事司法の制度的枠組みの改編を、被疑者・被告人、すなわち国民サイドから実質的に改革することが可能であることを示したということでも重要な意味を持っていた。

1990年から3回にわたった日本弁護士連合会の「司法改革に関する宣言」は、この当番弁護士制度の展開を支えにした改革可能性の追求でもあった。当番弁護士によって実現してきた被疑者弁護の充実強化を制度的に担保する被疑者国選弁護の制度化が中心的課題のひとつであったことがそのことを示していた。

これに対して、従前の実務運用に対する批判の強さとその批判をベースとした、これも従前とは異なった角度からの立法要求の意味とを司法当局と法務・検察当局は、正面から受け止めることができなかった。改革要求が、国民参加にまで及ぶ可能性が現実化するなかで、司法官僚の必死の抵抗が始まった。自らの実務運用に対する批判の意味を理解したくない、あるいはできない官僚的発想からは、陪審はおろか、どのような形であれ国民参加はおよそ受け入れられないという対応に終始することになる。しかし、司法の国民からの遊離、国民的基盤の脆弱さは、司法当局の思惑どおりの抵抗を許さないほどに深刻であり、国民参加自体を拒否する力はなかったといってよいであろう。

そこで、司法当局が考えた解釈は、従前の専門家による刑事裁判が、「高い評価を受けてきた」という前提で、「一緒に判断すること（これを「裁判員と裁判官の協働」と呼んでいます。）により、より国民の理解しやすい裁判を実現する」ための国民参加という枠組みである（最高裁判所のホームページ http://www.saibanin.courts.go.jp/qa/c1_1.html）。

しかし、この理解は、前述のような今回の刑事司法制度改革の経緯を真っ向から否定する客観性を欠いた主張であるだけでなく、国民参加の負担を強いる意味をまったく説明できていない。専門家だけの裁判が「高い評価」を受けてきたというのであれば、国民の参加は所詮、内容上の関与ではなく、「専門的な正確さ」を「理解しやすい」ものにするだけの協力を求めているとしか理解できない。これでは、最初から、判断内容のうえで国民の意見を求めようとい

う姿勢に欠ける専門家の傲慢な発想であり、司法制度改革審議会（1999年〜2001年）の「意見書」（以下、単に「意見書」という）が示した制度内容とは明らかに異なる解釈といわざるをえない。とすれば、国民は、なにゆえ、わざわざ大きな負担を負ってまで参加しなければならないのか、理解できないとしても無理はない。

３．裁判員制度の基本枠組み

　それゆえ、そのような「意見書」の解釈の妥当性は、徹底的に検証されなければならない。

　「意見書」は、まず総論的に国民の司法参加について言及するなかで、「国民的基盤を更に強固なものとして確立する」ことを目的に、「司法の中核をなす訴訟手続への新たな参加制度として、刑事訴訟事件の一部を対象に、広く一般の国民が、裁判官と共に、責任を分担しつつ協働し、裁判内容の決定に主体的に、実質的に関与することができる新たな制度を導入する」としている（12頁）。

　この表現が、多くの点で解釈の余地を残していたことは間違いない。少なくとも、「刑事訴訟事件の一部」とはどの程度の範囲なのか、「広く一般の国民」とはどの範囲なのか、「裁判官と共に、責任を分担しつつ協働し」とはどのような意味なのか、「主体的に、実質的に関与する」とはどのような関与を想定しているのか、といった点については、必ずしも明確ではない。その意味では、司法官僚の抵抗は一定の効果をあげていた。しかし、「意見書」は、各論的にそれぞれの意味をさらに敷衍していたことも忘れてはならない。

　「裁判官と裁判員との役割分担の在り方」については、「裁判員が関与する意義は、裁判官と裁判員が責任を分担しつつ、法律専門家である裁判官と非法律家である裁判員とが相互のコミュニケーションを通じてそれぞれの知識・経験を共有し、その成果を裁判内容に反映させるという点にある」とする。そして具体的には、「裁判官と裁判員は、共に評議し」、事実認定のみならず、「刑の量定の場面」に関与し、「健全な社会常識を反映させる」ことが求められている（103〜104頁）。さらに、主体的・実質的な関与を保障するためには、裁判

第5章　刑事司法改革と刑事弁護　　339

員に「評議においても、裁判官と基本的に対等の権限」を与え、「裁判員の意見が評決結果に影響を与えうるようにする必要がある」。そして、「評議の実効性を確保するという要請からは、裁判体の規模を、実質的内容を伴った結論を導き出すために、裁判官及び裁判員の全員が十分な議論を尽くすことができる程度の員数とする必要がある」としていた（104頁）。

　以上からすれば、裁判官と裁判員は、「責任を分担」することになっており、それは、司法当局の解釈のように単に「一緒に判断することにより、より国民の理解しやすい裁判を実現する」ことではないであろう。そのことは、「対等の権限」が与えられていることからも明らかであり、しかも、「裁判員の意見が評決結果に影響を与えうるようにする」ことが、当然の要請であり、その点でも司法当局の解釈は当を得ていない。

４．人数問題の意味

　また、前述のような司法当局の解釈は、裁判官・裁判員の人数をめぐる主張とも関連していた。

　司法制度改革推進本部の「裁判員制度・刑事検討会」（以下、単に「検討会」という）では、裁判官の人数については、３人説が多数を占めたが、２人説も有力だったといってよいであろう。また裁判員の人数については、３人説、４人説、５人説、６人説、11人説、12人説などが主張されたが、大括りにすれば、３〜４人説と５人以上説は、同数であった。裁判員の人数を３ないし５人とする意見は、裁判官について３人説を採っており、裁判員６名以上とする意見の多数は、裁判官２人説を採っている。

　この裁判官と裁判員の人数についての意見の相異は、概ね「意見書」の次の３点についての理解の相異に起因していたと思われる。

　①　「裁判官と裁判員の役割」についての理解の相異

　②　「全員が十分な議論を尽くすことができる程度の員数」についての理解の相異

　③　「裁判員の意見が評決結果に影響を与えうる」ように「主体的に、実質

340　　第３部　刑事弁護による改革可能性

的に関与する」の意味についての理解の相異

　裁判官と裁判員を３人の同数とする意見は、司法当局の意向を受けたといってよい意見であり、①について、これまでの裁判官のみによる重大犯罪についての裁判に問題はなかったという前提で、それに国民を加え、裁判に社会常識を反映させようという制度であると解釈しての意見であった。それゆえ、これまでの重大犯罪の裁判を行ってきたと同様裁判官３人の合議体に国民を加えればよい。また、法律問題については、専門家である裁判官が判断すべきであり、複雑困難な法律問題に対処するためにも３人が望ましく、３人であれば、意見が分かれた際多数決で決定できる、という主張であった。さらに、②に関わっても、十分な議論を尽くすには、コンパクトな裁判体である必要があり、そのためにも裁判官と裁判員を合わせて６名程度が最多人数である、ということになる。③については、裁判員各自が主体的・実質的に関与できればよい、というのである。

　これに対して、裁判員裁判は、従前の刑事裁判の問題点を解消するための新しい国民参加の制度であると考えての主張は、まったく理解が異なってくる。①については、これまでの裁判官の地位・役割に拘泥することなく、裁判員が主体的・実質的に裁判に関与できるように、新たな視点から構成を見直してみるべきであると考えていた。ということになれば、裁判官と基本的に同一の権限を有する裁判員が加わる以上、これまでと同様裁判官が３人でなければならないということはない。裁判官が1人ということでもとくに支障があるとは考えられないが、裁判官が裁判長を務め、評議にあたって司会を務めなければならないとすれば、そのほかに自由に発言できる裁判官がもう１人いてもよいであろう。法律問題について裁判官が判断することになったとしても、現在でも単独事件については裁判官１人で判断しており、特に問題があるとは思えない。裁判官２人で意見が分かれた際には、どのように決定すべきかを法定しておくことで対処可能と考えていた。

　②に関わっても、合わせて６人でなければ十分な議論が尽くせないという実証的な証明はないのであって、英米の陪審裁判やフランスの参審裁判が12人という規模で支障なく裁判を行っており、少なくとも12人前後の規模まで実

質的で十分な議論が可能である、ということになる。

③についても、専門家である裁判官と協働して、素人の裁判員が主体的・実質的に関与して評決結果に影響を及ぼすことを可能にするには、裁判員が裁判官と対等に議論できる環境を用意する必要があり、そのためには裁判員の人数を裁判官よりもかなり多くする必要がある、ということになる。

このような対抗関係からすれば、裁判官3名はともかく、裁判員が6名という結論は、司法当局の思惑とは明らかに異なり、裁判官と「対等の権限」を与えられている裁判員が「裁判内容の決定に主体的に、実質的に関与」し、「評決結果に影響を与えうる」制度としての実質を確保することになったといってよいであろう。そのことではじめて、裁判に裁判員の「健全な社会常識を反映させる」ことができるのである。

5．裁判員の常識による裁判を

であれば、弁護人としては、人数からいっても、期待されている役割からしても、いかに裁判員にその主張内容を理解してもらうかがポイントになることはいうまでもない。それは、裁判員の判断が、裁判の帰趨を決めるという認識の下に、裁判員を説得するという姿勢が重要であるということであり、弁護人のそのような姿勢を裁判員に理解してもらうことが不可欠である。

それはまた、従前、キャリアの裁判官が、有罪率99.9％というルーティンワークのなかで、ともすると被告人の声に真摯に耳を傾けることなく、密室で調書によって行ってきた裁判を変えるために、裁判員に「健全な社会常識」を発揮してもらうということである。すなわち、これまでの裁判官の「常識」にとらわれることなく、「健全な社会常識」による裁判を実現しようということである。そのためには、事実認定および量刑のあらゆる場面で、裁判官の専門家的「常識」を裁判員の「健全な社会常識」で見直すことが求められているということであり、そのことを裁判員に認識してもらうことである。

裁判員裁判実施へ向けての模擬裁判において、早くから、裁判官が従前と同様の感覚で裁判員を誘導しているということが問題視されていた。朝日新聞の

「裁判官目立つ市民誘導」という記事（2007年4月10日付朝刊東京本社13版1面）によれば、証言の信用性の判断にあたって、「証人はうそをつく必要はない」というこれまでの裁判官の「常識」的判断基準によって判断するよう誘導し、裁判員の具体的な異なる可能性の指摘に耳を貸さなかったといった例が紹介されたことがあった。裁判員役からは、「『裁判員に納得させよう』ではなく、評決が自分たちと同じになるように、というのが見え見えに感じた」という。

　また、昨（2008）年12月6日にNHKが、19時30分から放映した「ドキュメント裁判員法廷」でも、同じような場面が見られた。裁判では、多くの模擬裁判と同様、「殺意」が争われていた。裁判員たちが、それぞれの経験や知識に基づき「殺意」の有無について熱心な議論を行い、議論の方向が見えてきたところで裁判官役から、「法律上の『殺意』は、普通使う『殺意』と違う」という説明があり、一気にその基準に従った確認になってしまった。裁判官役は元裁判官ではあったが、裁判員役のみならず、多くの視聴者も、裁判員役の熱心な議論はどのような意味があったのか、結局は、専門的知識がなければ判断できないということではないか、という印象を持つことになってしまった可能性が高い。

　さらに、この番組は、サブタイトルが「あなたは死刑を言い渡せますか」になっており、量刑を死刑にするか無期懲役にするかも論議された。その議論でも、議論が進んだところで、従前の同種事案の量刑一覧が資料として提供されたが、「専門的」観点からの説明や資料は、自らの経験と知識によって行われた裁判員の議論を虚脱感の中に陥れることになりかねない。それこそは、「専門家」が犯しがちな忌むべき誤りであり、くれぐれも裁判官の「常識」を押しつけたり、裁判官の「常識」によって裁判員の「常識」を否定するといったことのないように弁護人は強く注意を喚起する必要がある。

　裁判員はじめ判断者に、法廷で明らかにされていない基準や資料を利用した証拠評価を求めることは、証拠自体についての法廷での心証形成の確認ではなく、法廷での心証形成を密室で証拠とは異なった要素によって歪めることを意味しており、密室裁判への逆戻りになりかねない。その意味でも、裁判員との論議の中から新しい「常識」を生み出していくことが求められていることを裁

判官はじめ「専門家」は、肝に銘じなければならない。

6．死刑にどう向き合うべきか

　これまで国民は、直接裁判に関わることがなく、死刑は、あくまでも観念的な問題であり、傍観者的・感情的に論じればよい問題だった。そのため、刑罰として「人の命」を奪うということと正面から向き合ってこなかったと言わざるを得ない。それゆえ、死刑の存廃問題も、所詮は他人事であり、雰囲気によって態度を決めてもさほど支障はなかった。民主主義国家においては、裁判官は、国民の負託によって「死刑」を言い渡しており、最終的にその責任は、国民が負わなければならなかったにもかかわらずである。

　それは、裁判官にとっても同様である。国民の負託により、「死刑」を言い渡しているという自覚をどこまで持っているであろうか。裁判官の判断は、ともすると、法定刑として死刑があるから、判例の基準によれば死刑にあたるから、といった判断になりかねない。

　しかし、死刑は、刑罰とはいえ、「人の命」を奪うことには違いなく、「人の命」を奪ったことに対する制裁の刑罰であれば、なぜ「人の命」を奪うことが許されるのか。許されるとしてそれはどのような場合なのか、あらためて裁判員とともに一から考え直してみることを求めていかなければならない。そのなかから、裁判員が死刑問題とどう向き合うべきかも見えてくるであろう。

　国民としては、本来これまでに徹底的に考えてこなければならなかった問題について、いわば他人事ですませてきたツケが回ってきたということである。死刑があるから裁判員になるのはイヤだというのは、国民の責任を忘れた本末転倒の議論である。であれば、死刑を廃止するために声を上げるべきであることを理解してもらわなければならない。

7．傍聴者も裁判員

　裁判員が「裁判内容の決定に主体的に実質的に関与」し、その「常識」によ

344　　第3部　刑事弁護による改革可能性

って判断することができるようにするためには、裁判をわかりやすい、その場で心証を形成できるような審理内容にしなければならない。そのために、法廷に顕出する証拠自体の吟味が重要であるだけでなく、審理方法という点では、口頭主義の徹底が不可欠である。裁判員に密室で調書を読ませるといったことはあってはならない。

　そして、公開の法廷での口頭主義の徹底は、裁判員にとってわかりやすい審理になるであろうことはもちろん、傍聴席で裁判員と同様に証拠内容を検討し、心証形成を可能にする余地を生み出すことになる。それは、調書裁判ではおよそ不可能なことであった。

　そのことで、裁判体の心証形成が適正で合理的に行われたかをも吟味することが可能になる。それが、本来、公開に求められている機能でもあろう。報道関係者も、これまでのように、証拠評価が不可能で確認不能な間接的な情報に基づき行ってきた裁判報道を、根本的に見直すことが求められることになる。報道関係者が、裁判員と同じ視点で裁判内容、判決を評価し、批判することが可能になるからである。そのことで、これまで報道機関によってタブー視され始めていた有罪判決批判も可能になるであろう。

　さらに、専門家の専権事項と考えられてきた裁判が、あらためて国民の誰にでも可能であることが示されることになるであろう。それこそが、裁判員裁判導入の重要な意義のひとつである。であれば、弁護人は、裁判員の「常識」に依拠し、傍聴席も含めた法廷全体が情報を共有し、裁判内容の適正性を担保できるような裁判を実現することを目指す必要がある。

　被告人の服装はもちろん、座席の位置など、これまではおよそ実現不可能と思われた施策による被告人に対する予断の排除をはじめ、取調過程の可視化、調書の排除、証拠開示のルール化等、従前の刑事裁判とは根本的に異なった裁判を実現できる可能性を手にした今、その可能性を最大限に生かした弁護活動こそが求められている。

◎あとがき

　「はしがき」の冒頭で、「弁護士の方たちとの共同の機会を得た」ことで、「刑事弁護の充実・強化」に関わることになったとは記したもののその経緯については、いくらか敷衍しておく必要があるように思う。

　著者は、東京都立大学法学部在学中の1968年に八海事件の第3次上告審最高裁判決に遭遇することになった。その直前から救援運動に加わることになっていたからであり、それが刑事訴訟に関心を持つことになった理由である。その第3次上告審は、その年の10月25日、劇的な最高裁による破棄自判無罪判決（刑集22巻11号961頁）によって幕を閉じることになった。それまでにも松川事件などがあったものの、自らがいくらか関わりを持った重大事件で誤判があり、しかも18年を経て、3度目の最高裁でようやく決着がつくといった事態は、極めて衝撃的だった。ということもあり、他の誤判であると主張されていた事件にも関心を持つことになり、第1次再審請求特別抗告中であった松山事件の救援運動に加わることになった。

　それゆえ、著者の刑事訴訟に関わる最大の関心事は、誤判からの被告人等の具体的な救済にあった。とはいえ、当時再審をめぐる環境は、極めて否定的な状況であり、幸い学部時代からご指導いただいていた小田中聰樹先生のご助言・ご指導をいただき大学院で再審制度について研究することを考えることになった。

　大学院進学とほぼ同時期に小田中先生のご尽力で発足した「再審制度研究会」（本書82頁参照。後に、「刑事再審制度研究会」と呼称することになり、その後継研究会が、「刑事司法研究会」として現在も活動している）の事務局をお手伝いすることになった。同研究会は、再審で苦労されている弁護士の方達の問題提起を受け、弁護士と研究者が、合宿の研究会を続け、率直で忌憚のない議論によって、本格的な共同研究を実現していた。

　幸い、1975年には、最高裁の白鳥決定があり、1989年1月31日の島田事件

無罪判決まで再審による救済が相次ぐことになり、弁護士と研究者の共同研究の重要性をあらためて認識することになった。それとともに、再審による救済の重要性は当然として、その困難性を考えれば、誤判防止にも力を注ぐことが肝要であり、その点でも弁護士と研究者の共同を強化する必要があるのではという思いを強くすることになった。そのような延長線上にあったのが本書第2部で一部を紹介することになった活動であり、また多くの研究者や弁護士の方々の協力を得て出版した『刑事弁護』（日本評論社・1993年）、その新版『新版・刑事弁護』（現代人文社・2009年）である。

　その制作にあたってくれたのが、本書の制作にもあたってくれた成澤壽信現代人文社社長であり、さらに成澤氏と共に、多くの研究者と弁護士に協力していただき創刊した『季刊刑事弁護』（現代人文社）こそは、著者なりの活動の集大成と言えるものであったかもしれない。

　そもそも不勉強で、浅学非才の著者の無理を聞き届けて下さり、これまでご指導下さった小田中先生にはお礼の言葉もない。また、いちいちお名前をあげさせていただくことはしないが、「再審制度研究会」に参加された研究者及び実務家の先生方には大変多くことを学ばせていただいた。そして、『刑事弁護』『新版・刑事弁護』『季刊刑事弁護』を共に創って下さった同志の方々にも心より感謝申し上げたい。

　最後に、『日本の冤罪』（日本評論社・1983年）の出版をお手伝いして以来の畏友であり、このような形での本書の出版を引き受けてくれた成澤現代人文社社長にあらためて厚くお礼を申し上げたい。

2019年9月末日

　　　　　　　　　　　信州駒ヶ根にて

　　　　　　　　　　　　　　　　　著　者

◎著者プロフィール

大出良知（おおで・よしとも）
1947年、宮城県生まれ。東京都立大学卒業。同大学大学院博士課程中退。静岡大学、九州大学、東京経済大学で刑事訴訟法の教鞭をとる。季刊刑事弁護創刊時の編集委員。司法制度の歴史にも関心をもち、司法制度改革にかかわっての発言も行ってきた。また、司法書士の歴史の編纂にも携わった。現在は、弁護士。九州大学名誉教授。東京経済大学名誉教授。

刑事弁護の展開と刑事訴訟

2019年10月25日　第1版第1刷発行

著　　者…………大出良知
発行人…………成澤壽信
発行所…………株式会社現代人文社
　　　　　　　　〒160-0004 東京都新宿区四谷2-10八ッ橋ビル7階
　　　　　　　　振替 00130-3-52366
　　　　　　　　電話 03-5379-0307（代表）
　　　　　　　　FAX 03-5379-5388
　　　　　　　　E-Mail henshu@genjin.jp（代表）／hanbai@genjin.jp（販売）
　　　　　　　　Web http://www.genjin.jp
発売所…………株式会社大学図書
印刷所…………株式会社ミツワ
ブックデザイン…………加藤英一郎

検印省略　PRINTED IN JAPAN　ISBN978-4-87798-738-1　C3032
© 2019 Ode Yoshitomo

本書の一部あるいは全部を無断で複写・転載・転訳載などをすること、または磁気媒体等に入力することは、法律で認められた場合を除き、著作者および出版者の権利の侵害となりますので、これらの行為をする場合には、あらかじめ小社また編集者宛に承諾を求めてください。